荆楚文库

毕昇与活字印刷

蔡学俭　顾问
孙启康　主编

荆楚文库编纂出版委员会
湖北科学技术出版社

荆楚文库

毕昇与活字印刷

BISHENG YU HUOZI YINSHUA

图书在版编目（CIP）数据

毕昇与活字印刷 / 孙启康主编.

—武汉：湖北科学技术出版社，2025. 1

ISBN 978-7-5706-3006-6

Ⅰ. ①毕…

Ⅱ. ①孙…

Ⅲ. ①毕昇—生平事迹 ②活字—印刷史—中国—古代

Ⅳ. ①K826. 16 ②TS811-092

中国国家版本馆 CIP 数据核字（2023）第 256203 号

策　　划：宋志阳

责任编辑：宋志阳　蔡　婧

整体设计：范汉成　曾显惠　思　蒙

美术编辑：喻　杨

责任校对：陈横宇

责任印制：胡　博

出版发行：湖北科学技术出版社（中国 · 武汉）

地址：武汉市雄楚大道 268 号 B 座

电话：027-87679468　　邮政编码：430070

印刷：湖北新华印务有限公司

开本：720mm×1000mm　1/16

印张：27. 75　　插页：2

字数：410 千字

版次：2025 年 1 月第 1 版　　2025 年 1 月第 1 次印刷

定价：130. 00 元

ISBN 978-7-5706-3006-6

9 787570 630066 >

出版说明

湖北乃九省通衢，北学南学交会融通之地，文明昌盛，历代文献丰厚。守望传统，编纂荆楚文献，湖北渊源有自。清同治年间设立官书局，以整理乡邦文献为旨趣。光绪年间张之洞督鄂后，以崇文书局推进典籍集成，湖北乡贤身体力行之，编纂《湖北文征》，集元明清三代湖北先哲遗作，收两千七百余作者文八千余篇，洋洋六百万言。卢氏兄弟辑录湖北先贤之作而成《湖北先正遗书》。至当代，武汉多所大学、图书馆在乡邦典籍整理方面亦多所用力。为传承和弘扬优秀传统文化，湖北省委、省政府决定编纂大型历史文献丛书《荆楚文库》。

《荆楚文库》以“抢救、保护、整理、出版”湖北文献为宗旨，分三编集藏。

甲、文献编。收录历代鄂籍人士著述，长期寓居湖北人士著述，省外人士探究湖北著述。包括传世文献、出土文献和民间文献。

乙、方志编。收录历代省志、府县志等。

丙、研究编。收录今人研究评述荆楚人物、史地、风物的学术著作和工具书及图册。

文献编、方志编录籍以1949年为下限。

研究编简体横排，文献编繁体横排，方志编影印或点校出版。

《荆楚文库》编纂出版委员会

2015年11月

活字印刷发明家——毕昇

板印書籍唐人尚未盛爲之自馮瀛王始印五
經已後典籍皆爲板本慶曆中有布衣畢
昇又爲活板其法用膠泥刻字薄如錢唇
每字爲一印火燒令堅先設一鐵板其上
以松脂臘和紙灰之類冒之欲印則以一
鐵範置鐵板上乃密布字印滿鐵範爲一
板持就火煬之藥稍鎔則以一平板按其
面則字平如砥若止印三二本未爲簡易
若印數十百千本則極爲神速常作二鐵

《梦溪笔谈》卷十八《板印书籍》书影

（采自中国国家图书馆明马元调崇祯四年刻本清陈澧批注本）

毕昇墓碑拓片

（黄冈市博物馆提供）

活字印刷渊源(文物四件)

(湖北省文物考古研究院余乐供稿)

左上:单线“S”形纹陶戳印,湖北阳新大路铺遗址出土,商周时期;

右上:复线“S”形纹陶戳印,湖北阳新大路铺遗址出土,商周时期;

左下:“起右盘”铭文,湖北随州安居出土,西周晚期;

右下:“旁伯盘”铭文,湖北枣阳曹门湾出土,春秋早期。

前　言

毕昇是我国古代的伟大发明家，他发明的活字印刷术，对推动人类文明的发展、进步做出了重大的贡献，在世界科学技术的历史长廊中树立了不朽的丰碑。他的这项伟大发明，被当时一位热衷于科学技术研究的官员沈括收录在他被近代西方学者誉为“中国科学史之里程碑”的《梦溪笔谈》一书中，遂得以广泛传播而闻名于世，受到中外学者的关注和推崇。在湖北省英山县发现毕昇墓碑及其后裔墓地之后，对活字印刷发明者毕昇生平的探讨，成为荆楚人物研究的一项新课题。

本书以活字印刷术发明者毕昇生平探索、考证为主线，兼及毕昇所创活字印刷的实证与渊源。本书收录了持各种不同观点的文章，旨在如实反映对于毕昇生平的探索、考证，以及通过质疑与析疑，互相交流、切磋，推动此项研究不断深入，取得基本共识的曲折经过，借以展示毕昇文化研究所取得的成果，彰显毕昇活字印刷技术，历经千年传承、发展、创新的辉煌历程。

一、关于毕昇生平的探索与考证

由于毕昇身为平民，经史罕传。多少年来，在一些研究古籍版本的著述中，虽然常常提到毕昇的活字印刷，但对于发明者毕昇本人的研究，只能以《梦溪笔谈》卷十八“庆历中，有布衣毕昇又为活板”的记述为唯一依据进行探索。

在民国四年（1915）和民国二十二年（1933）由商务印书馆出版的《辞源》中，都还没有收录“毕昇”的词目。1936 年由中华书局出版的《辞海》虽然列入了有关毕昇发明活字印刷的词条，但对毕昇的身世，除了说他是

"宋庆历中布衣"外，没有其他信息。海内外学者，对于毕昇的身份和职业，也是众说纷纭。有说为"铁匠"、"锻工"或"炼金术士"的，有说为"刻字良工"的。对"祥符中为王捷锻金"的"老锻工毕升"（《梦溪笔谈》卷二十《神奇》）与"庆历中""又为活板"的"布衣毕昇"，也曾隔代混淆，"升""昇"不分，说成是同一人。对毕昇的籍贯，则有"益州说"和"杭州说"等种种揣测。

中国科技史专家、《梦溪笔谈校证》的作者胡道静先生，为考订《沈括年谱》而博览群书，多方求索。于1957年撰《活字板发明者毕昇卒年及地点试探》一文，根据《梦溪笔谈》卷十八《技艺》和卷五《乐律》所记"庆历中，有布衣毕昇又为活板……昇死，其（活字）印为予群从所得，至今宝藏"和"皇祐中杭州西湖侧发地得古钟……其钟尚在钱塘予群从家藏之"以及宋人王辟之著《渑水燕谈录》记载"钱塘沈振蓄一琴名冰清"等文物收藏故事，结合沈括于皇祐三年（1051）回到故里钱塘这一时间节点，相互链接，逻辑推理，认为沈括的群从收藏毕昇的活字印可能也是在此期间，因而推断：毕昇卒于"皇祐末年（1051—1053）"；毕昇辞世的地点和他"生前使用活板印刷的地点是在杭州"。沈括恰好于此时在故里守孝三年，因而有可能在其子侄（群从）处看到古钟和这批活字印，并记录下来。这一推断，是探寻布衣毕昇行迹的一个十分重要的突破。

《辞海》1979年修订版在"毕昇"词条中，将1936年版中付诸阙如的"生卒时间"增订为："？—约1051"。显然是采信了胡道静先生上述研究成果。

《中国印刷史》的作者张秀民先生虽然曾认为："毕昇与钱塘人沈括有关，可能也是杭州一带人。"但他又特别强调："关于毕昇的一切仍有待可靠的史料或考古实物的新发现。"

湖北省英山县发现的毕昇墓碑及其后裔墓地，引起了历史、考古和出版、印刷界学者的广泛关注。先后有《毕昇墓碑鉴定及相关问题考证》和《毕昇墓地发现及相关问题初步探讨》等文章，根据墓碑的形制特点和纹饰特征，碑文内容以及年款中残存的"白（'皇'字的上半截）□四年"认定:此碑的时代属于北宋,立碑时间为皇祐四年二月,其卒年当为皇祐三年,时在布衣毕昇发明活字印刷的“庆历中”之后数年,与沈括记载的毕昇生活的年代相符,与胡道静推测“布衣毕昇”的卒年在皇祐末年也相吻合;毕昇之妻李氏,法名“妙音”,应是一个居家修行的“三宝弟子”,也是本乡本土人氏;至毕昇下葬之年已有四子、三孙。因而认为此墓之墓主毕昇与活字印刷发明者“布衣毕昇”有诸多吻合之处,是研究毕昇籍贯和身世的珍贵实物见证,布衣毕昇应是蕲州蕲水县直河乡(今湖北省英山县)人。

福建李瑞良先生在《蕲州毕昇与活字印刷》一文中,从英山处于益州和杭州两个雕版印刷中心的交汇点和所属淮南路也有比较发达的雕版事业的人文环境考量,认为:“生活在蕲州地区的人已经具备了发明活字印刷的客观条件……出现一个发明活字印刷的人才,就并不奇怪了。”中国印刷技术研究所张树栋先生来英山考察后,先后以《湖北英山发现的毕昇墓中是活字发明家毕昇吗?》和《毕昇籍贯及其发明活字印刷地点初探》(与张培华合作)赞同上述考证意见,认为毕昇的籍贯是英山,发明活字印刷的地点在杭州。

二、关于对毕昇墓碑考证的质疑与析疑

由于墓碑的关键部位年款处的字迹残缺,存在不确定性,因而引出了张秀民、任昉、曹之等诸位先生的质疑和与之相对应的答辩析疑之作。

疑辩双方争议的焦点是:英山毕昇是否就是发明活字印刷的布衣毕昇?

辩论的议题有:

——墓碑的时代特征是宋碑还是元碑?墓碑年款的纪元年号是皇祐还是皇庆?

——英山毕昇与“布衣毕昇”是否为同名同姓者?(见《英山发现的是活字发明家毕昇的墓碑吗?》)

——碑文内容不遵避讳原则,不合我国传统习俗。

——墓碑的民族风格是阿拉伯风格还是汉族风格?

——“布衣毕昇”是一个“家资颇富,善于管理,多才多艺(没有做过官)的士子”。

——英山的文化氛围和技术基础都不具备发明活字印刷的条件,毕昇与沈括有关,他的籍贯应是当时的雕版印刷中心杭州(见《毕昇考证——兼谈湖北英山出土的毕昇碑》),等等。

上述诸多议题中,最关键的是墓碑年款中的皇帝纪元年号问题。

张秀民老先生,面对着毕昇墓碑这个他所期盼的“考古实物的新发现”是否可靠,倍加审慎。他紧扣着墓碑的时代是宋还是元,年款的纪元年号是“皇祐”还是“皇庆”,再三提出质疑。为了做出令人信服的论证,析疑者在《答毕昇墓碑质疑》中,抓住墓碑年款第一字残存的半截字——“白”字跟踪追迹,全面检索并逐一分析了所有上部从“白”之字——皇、皃、帛、皂等字的字义,发现在这些字中,只有“皇”字的字义才适合用作皇帝纪元年号的第一字。而宋代及其以后历代王朝中冠以“皇”字的纪元年号,计有:宋皇祐(使用了6年)、金皇统(使用了9年)、西夏皇建(使用了1年)、元皇庆(使用了2年)等。其中金皇统虽然与墓碑上之“四年”相符,但墓碑所在的英山当时却不在金朝的版图之内,自然与墓碑年款无关;而西夏“皇建”和元“皇庆”的使用年限均未达到四年,也可排除。因而判定墓碑年款之纪元年号“非皇祐莫属”。墓碑立于“皇祐四年”可以成为定论。

对上述定论张秀民先生又另生歧义,在《英山毕昇墓碑再质疑》中又提出了他的最后一疑:“皇庆也有四年之可能”!并举出两个例证:一是“元初平阳晦明轩张存惠刻宋唐慎微《重修政和经史证类备用本草》,虽金亡已十五年,而仍用金朝泰和纪年”;二是“明建安刘氏日新堂至正癸丑刻《春秋金锁匙》一卷,按元至正只有二十八年戊申(1368),至正癸丑实际上已是明太祖洪武六年了,于易代之际,犹奉前朝正朔”。认为:“至正既可有三十四年癸丑,则皇庆有四年,也不足为奇了。”

对此，在《三答〈英山毕昇墓碑再质疑〉》中，答辩者在核查了质疑者所举例证并检索了相关历史文献后指出：所谓“元初”平阳晦明轩在1249年刻《重修政和经史证类备用本草》，之所以用“泰和甲子下己酉”纪年，是因为当时大元王朝还未建立，准确地说，是属于“蒙古时期”。此时的统治者尚未颁行纪元年号，刻书者为了使读者了解此书刻印的具体年份，因而在“己酉”之前加上“泰和甲子下”等字样，作为这个“己酉”年所属甲子的定语，与“犹奉前朝正朔”无关；而“建安刘氏日新堂”于明洪武六年刻《春秋金锁匙》时仍以“至正癸丑”纪年，是因为当时明王朝对闽、浙一带，尚未完全平定，前代遗民不服王化，“犹奉前朝正朔”所致。而皇庆是元仁宗的年号，只使用了两年，之后改元延祐，这是皇帝自己更改本朝的年号，并非改朝换代，绝对不会出现那种前代遗民不服王化，“于易代之际，犹奉前朝正朔”的现象。“皇庆也有四年之可能”只能是一种无法求证的假设。墓碑年款为皇祐四年的明确判定，为确认毕昇墓碑是探寻“布衣毕昇”行迹的信实史料，夯实了稳固的基础。

对于质疑者提出的其他关于墓碑的“民族风格”“宗教色彩”“不合避讳礼俗”以及英山的文化氛围和技术基础不具备发明活字印刷的条件，毕昇的籍贯应是杭州等疑点，析疑者在《毕昇墓碑的宗教信仰与民俗文化特色——答任昉》、《毕昇墓碑之年代断定与避讳问题》、《再说毕昇墓碑的物象崇拜与宗教色彩》和《毕昇故里何在　益州？杭州？蕲州》，以及《对〈英山毕昇碑与淮南摩尼教〉一文中几个问题的商榷》《毕昇墓碑的历史背景及其认定》等文中，对质疑者所持论点及论据，反复进行核验、鉴别、梳理、析剔后，举出一系列符合墓碑实际的实物和文献资料，做了廓清迷误、矫正曲解、列举确证、还原真相的阐释。

在针对上述诸多问题的讨论中，疑、辩各方所举例证涉及历史、考古、宗教、民族、民俗、古籍版本、书法鉴赏等多个学科。披露了不少有价值的历史资料，在助推相关问题的研究不断深入的同时，也为墓碑的研究提供了某些佐证或启迪。如张秀民先生为质疑同姓同名问题举出的例证中，反映了“宋代刻工常年在外地镂版，有的甚至终生未归（故里）”的境况，正好为毕昇死于外地，在故里招魂殡葬，提供了可资类比的佐证。曹之的《毕昇考证——兼谈湖北英山出土的毕昇碑》虽然质疑“毕昇籍贯英山”之说，但文中认为“布衣毕昇”是一个“家资颇富，善于管理，多才多艺（没有做过官）的士子”。对研究毕昇的身份，则具有参考价值。当然，其中也有个别文章由于研究取向歧异，视角不同，导致引用文献不顾前言后语，望文生义，随意曲解，以讹传讹，乃至引导“英山毕昇”到异国他乡去寻宗觅祖的现象。这也是在研究问题的过程中不可避免、但必须予以正视并引为鉴戒的。对此，李瑞良著文指出：要“把毕昇研究深入下去”，必须“把思想方法和研究方法提高一步”。要“拓宽视野、突破框框，避免囿于成见、故步自封”。提出要“坚持事物互相联系的观点、辩证的方法和多因素的综合判断，避免简单化”；要“遵循逻辑推理原则，充分估计各种可能，进行客观分析，防止混淆概念，主观武断”等十分中肯的意见（见《把毕昇研究深入下去——关于毕昇墓碑的研究方法问题》）。

通过对墓碑的时代特征、立碑年份、民族风格、宗教特色和碑文内容以及碑版装饰图案的含义等问题的反复剖析、辩证、确认；同时对沈括在《梦溪笔谈》中“布衣毕昇又为活板”的记述，进行深入研读，使墓碑的内涵愈辩愈加明晰。结合前人的研究论断，已足以阐明此“英山毕昇”与文献记载的“布衣毕昇”在身份、职业、卒年、死地等方面有着诸多吻合之处。从而坚信：墓碑所载毕昇，即活字印刷术发明者布衣毕昇。

三、毕昇研究的综述与点评

由于上述认定曾遭权威的质疑，遂形成“信者恒信，不信者恒不信”的僵持局面。

中国编辑学会副会长蔡学俭先生始终关注着毕昇研究的动态，在他主编的期刊《出版科学》上为毕昇研究提供争鸣园地，并撰写《我国毕昇研究情况和观点综述》《关于活字印刷版发明者毕昇的研究》等文，进行综合论述，推动研究的进展。在他的倡导和筹划下，于 1995 年冬，由中国编辑学会、中国印刷技术协会、湖北省文物管理委员会、湖北出版工作者协会等单位主持，在英山县召开了有北京、福建和湖北等地的出版印刷界、文物考古界和历史学界的众多学者（包括持不同意见的学者）参加的毕昇墓碑研讨会，再次对墓碑进行了集体鉴定，许多原来持怀疑态度的专家，察看了墓碑并审阅了相关研究材料（见《毕昇墓碑综考——为英山毕昇墓碑研讨会作》）之后，大都肯定和认同了前述结论。国家历史博物馆资深研究员、国家文物鉴定委员会副主任委员史树青先生在发言中即席赋诗认为墓碑年款的"……模糊岁月尚堪寻。纪年皇字仍留白，半字分明值万金"，并十分肯定地指出：墓碑年款的第一字"只能是'皇'字，不会是'重'字或别的什么字"；"墓碑上的'神主'"一词能说明毕昇是"招魂葬"。赞赏"英山考古有新获，识得淮南老布衣"。中国编辑学会会长刘杲在总结发言中赞同史树青先生的意见，也同意毕昇墓碑的发现，对"布衣毕昇"行迹的探求，是喜获"沧海遗珠"，但还只是觅得了"一鳞半爪"，还有待更加深入研究的看法，认为毕昇的研究已取得阶段性的成果。

综合各家研究所得，已可大致勾画出活字印刷发明者毕昇如下的生平梗概。

毕昇（？—1051），淮南蕲州人，善书法，喜篆刻，醉心陶艺，精通音韵，是一位未曾入仕的布衣。北宋庆历年间（1041—1048），他在杭州发明了活字印刷术，使书籍的印制，取得了"极为神速"的效果。他创制的活字印刷工具，被钱塘沈氏收藏（事见沈括《梦溪笔谈》卷十八《技艺》）。皇祐三年（1051），毕昇在杭州逝世，次年二月，其后人以他的"神主"在故里——蕲州蕲水县直河乡（今湖北省英山县）毕家铺之睡狮山麓毕家坳，实行招魂安葬。毕昇配妻李氏，法名妙音，是一名拜师记名、居家修行的佛门弟子。李氏育有四子：嘉、文、成、荣。至毕昇下葬之年已有孙男三人：文显、文斌、文忠。

当然，这对于毕昇这位科技伟人的事迹，难免挂一漏万。进一步搜寻实证，挖掘史料，予以充实完善，匡正阙失，尚有待来者继续攀求。

四、毕昇活字印刷的实证与渊源

由于沈括在《梦溪笔谈》中只记述了毕昇活字印刷的制作方法和工艺流程，却未述及其印刷的成品，也未见毕昇用活字印刷的书籍传世，因而有人怀疑他的这项发明是否付诸推广应用，就是胡道静先生也说他的活字板印刷“施用不久，即赍志以殁，可能连徒弟都未及传授”（见《活字板发明者毕昇卒年及地点试探》）。有的海外学者出于争发明权的动机，更是认为，毕昇发明的泥活字印刷术几乎没有应用，结果只不过是一项发明而已。但根据出土文物和历史文献考证，事实并非如此。

（一）毕昇活字印刷的实物见证

自 20 世纪 50 年代以来，在对我国历史文献的考证、古籍版本的研究，特别是在考古发掘出土文物的整理中，已发现不少与毕昇的发明有关的、用泥活字或木活字印书的实证。

其中最早的是北宋晚期。在浙江温州白象塔出土的“佛经残叶”，据考定是约在“北宋崇宁二年”印制的“《佛说观无量寿佛经》残叶”，是当前极为罕见的早期活字印刷本（见《早期活字印刷术的实物见证——温州市白象塔出土北宋佛经残叶介绍》）。经过商榷，已可认为：此“佛经残叶”是一幅“用活字捺印的”“佛画残片”。它“明确地告诉我们，这幅佛画的制作者在当时已置备有多种型号的活字……这一发现，使我们找到了毕昇所发明的活字印刷术北宋末年在民间推广应用的实物见证”（见《温州白象塔出土的“佛经”残叶应为活字捺印》）。崇宁二年（1103）距“布衣毕昇又为活板”的“庆历中”50 余年，当有其传承关系。

南宋时期（1127—1279）的实证，发现颇丰。在内蒙古、宁夏、甘肃等地发现的一批活字印刷品中，计有西夏文佛经多种和汉文历书等。如：1909 年俄国探险队在我国内蒙古黑水城（今属额济纳旗）遗址盗掘走大批西夏文献和文物，其中也有一定数量活字版印刷品。如印制于 12 世纪中期的西夏文泥活字版《维摩诘所说经》上、中、下卷(见《千年活字印刷史概说》)和印制于西夏襄宗李安全时期的西夏神宗光定元年(辛未年,公元1211年,相当南宋的嘉定四年)的汉文活字版历书残页(见《黑水城出土活字版汉文历书考》)。宁夏灵武县发现的西夏文《大方广佛华严经》,约为12世纪印制,其中卷五题记中有“令雕碎字(活字)”,卷四十四题记中还有“作选字(拣字、排字)出力者”等,足以证明此经为活字本的叙述。在黑水城出土的西夏文佛经抄本《胜慧到彼岸要语学禁现前解庄严论显颂》卷末的题记中有“御前注补印活字都案头监”头衔和“工院正”的职业称呼。工院是西夏的一个政府机构,管理工技制造之事,可知,活字印刷在西夏有专门政府机构和官员进行管理。看来,这一佛经抄本的底本也应是活字印本(见《千年活字印刷史概说》)。宁夏贺兰县拜寺沟古塔中出土的西夏文木活字版佛经《吉祥遍至口和本续》印制时间约为1180年(见《我国最早的木活字印刷品——西夏文佛经〈吉祥遍至口和本续〉》)。甘肃武威市亥母洞寺遗址出土的《维摩诘所说经》下卷,与前述“黑水城出土的”《维摩诘所说经》是同一种活字印本(见《千年活字印刷史概论》)。

在敦煌莫高窟也发现了几种西夏文活字印刷本《地藏菩萨本愿经》《诸密咒要语》等佛经的残页(见《千年活字印刷史概说》)。在这里先后出土的回鹘文木活字,时代考定为“12世纪到13世纪上半叶之间”,是现存最早的木活字印实物。历经沧桑,遗存数量尚有1152枚之多,且木子制作规范,镌刻笔画清晰,线条匀称流畅,显示在工艺上已臻成熟的景象。其镶刻内容,“是包括以字母、音节(词缀)和词为单位的混合类型的活字”。已蕴含了现代字母活字设计的思想和原理,“是我国活字印刷技术向西传播的中介类型活字”,是西方活字印刷术源于我国的确凿实证(见《有关回鹘文木活字的几个问题》)。

(二)毕昇活字印刷的文献记述

绍熙四年(1193)南宋名臣周必大用沈存中法以胶泥铜板,移换摹印《玉堂杂记》(并见《南宋活字印刷史料及其相关问题》《宋代继毕昇之后用活字印书的一则信史——南宋周必大以胶泥铜板摹印〈玉堂杂记〉析疑》),对设备用材,有所改进 。

淳祐年间(1241—1252),忽必烈的谋士姚枢隐居河南辉县垦荒时,以"化民成俗为心",在版刻四书五经的同时,"以《小学》书流布未广,教弟子杨古为'沈氏恬(活)版'与《近思录》《东莱经史说》诸书,散之四方"(见《四库全书·牧庵集》卷十五《中书左丞姚文献公神道碑》)。

以上各节,反映了毕昇活字印刷的推广应用,在有宋一代,已从中原腹地辐射到了东南和西北边陲,受到政府和社会上层人士的重视而乐于使用,甚至由政府设置专门机构,任用技术官员进行管理。

元初,农学家王祯著《造活字印书法》介绍了活字印书的设备制作和印刷工艺流程:"写韵刻字法"、"锼字修字法"、"作盔嵌字法"、"造轮法"、"取字法"和"作盔安字刷印法"。他按此法制成木活字并借鉴当时已广泛推行之农业机械的原理,创制了"活字版韵轮"(排字轮盘),排印出了《旌德县志》百部(见《中国活字版考》)。不仅成功完成了活字印书,更是借助农业技术革新的成果,把活字排版与机械运转相结合,起到了增效、减劳的作用。

明、清以来,有关泥活字的资料也层出不穷。

明强晟《汝南诗话》:"汝南一武弁家治地,忽得黑子数百枚,坚如牛角,每子有一字,如欧阳询体……此即宋活字,其精巧非毕昇不能作。"(见《毕昇与湖北英山出土的〈毕昇碑〉》)。

清康熙年间,山东泰安徐志定用磁活字版印《周易说略》(见《清代泰山徐氏的磁活字印本》),是对泥活字版选用材料的创新尝试。雍(正)、乾(隆)年间,浙江新昌人吕抚研制"活字泥版",具体做法是:按一定比例用米浆、纤维、泥粉和成泥条,在现成的木雕版上翻印成许多正体阴文的单体泥活字,再以之在制好的泥坯版上,按版面设计行次压印成反体阳文书版,然后刷印成书。并以之印成了自著《精订纲鉴二十一史通俗演义》(见《清吕抚活字泥板印书工艺》)。此法在泥料的配制和制版方法上都有创新,特别是制版方法,上可溯源于我国古代铸造青铜器铭文之模板制作,下则与现代铅字印刷之制作“纸型”的工艺流程有异曲同工之妙。

道光年间，吴县（今属苏州）李瑶在杭州用胶泥活字印成自著《南疆绎史勘本》和《校补金石例四种》；约略与此同时，又有安徽泾县塾师（秀才）翟金生，组织他的子弟、门徒，花费 30 多年的心血，于道光二十四年，造出泥活字 10 万余个，印出了《泥版试印初编》。其后又陆续印成《泥版试印续编》、《仙屏书屋初集》和《水东翟氏宗谱》等（并见《翟金生的又一种泥活字印本——〈试印续编〉》《关于翟氏泥活字的制造工艺问题》）。

木活字在明、清时期已为民间编修、印制氏族宗谱所广泛采用。而大规模制作与使用，则是在清乾隆时期。高宗弘历，委派内阁学士纪昀为总纂官，组织 360 余名官员（学者），“校辑《永乐大典》内之散简零编，并搜访天下遗籍，（得文、史、哲、理、工、农、医各类书籍）不下万余种，汇为《四库全书》”。并从中“择人所罕觏，有裨世道人心，及足资考镜者，剞劂流传，嘉惠来学。第种类多，则付雕非易”。经当时主办武英殿监刻事宜的大臣金简建议采用活字印刷，并主持“刻单字（木活字）二十五万余（枚）”，摆印出从《永乐大典》中摘出的各类古籍计 138 种（其中有 4 种为刊印），1413 册，经乾隆御题为：《武英殿聚珍版丛书》。遂使“民间闻风兴起”“木活字印书成为一时风气”。各地官署、郡庠、书院竞相仿效，尤以民间书坊最为活跃，纷纷以木活字排印各种经籍和小说、笔记、杂字、唱本，出售营利。一些“士大夫为了扬名显亲与表彰先贤起见，往往自制活字……来刊行自己或祖先的著作及古代地方文献”。有清一代，在“河北（含今北京）、山东、河南、江苏（含今上海）、浙江、安徽、江西、湖北、湖南、四川（含今重庆）、福建、广东、陕西、甘肃等十四省已各有活字版了”（可查阅《清代的木活字》）。由于“武英殿聚珍版”的率先垂范，从而使活字印刷不仅登上了盛世修书的皇家殿堂，担负起印制卷帙浩繁的国家文库之重任；而且在各地坊间印制蒙学和俚俗读物，对推动民间文化知识的普及与提高，也发挥了重要作用。

纵观以上各节，显现了我国传统活字印刷在宋、元、明、清时期，在不同的领域得到推广应用，并遵循着毕昇首创之活字印刷的科技原理和工艺流程，历经千年不断传承、发展、创新的轨迹。

毕昇的活字印刷是在我国深厚的文化积淀和成熟的雕版印刷技术的基础上发明的。不论是石器时代的陶纹压印，还是青铜器时代的铭文模板制作，都可窥见活字印刷的孕育基因。湖北阳新大路铺遗址出土的商周时期的陶制“S”形纹戳印，可以说是迄今发现的“活字印之祖”。随州安居出土的“起右盘”、枣阳曹门湾出土的“旁伯盘”等铜器的铭文中出现的文字颠倒、词语错位现象，则是反映西周至春秋时期，铜器冶铸作坊铸造器物时，用活字拼排铭文模板的证据（并见《活字印刷术的发明者——毕昇轶事考论》《从青铜器铭文铸造看我国活字印刷的发展渊源》）。在荆楚大地的地下文化宝库中发现的这些珍贵文物，有力地说明：毕昇发明的活字印刷术是有着悠久而深厚的历史文化渊源的。

毕昇的活字印刷术，是在北宋仁宗任用范仲淹推行“庆历新政”“兴学校”“精贡举”，社会崇尚“格物致知”的文化氛围中应运而生的，为发展古代中华印刷文化谱写了不朽篇章，对推进世界文明发展进步做出了卓越的贡献。同时也随着世界文明发展的步伐而与时俱进：

——从毕昇活板所奠定的科技原理和工艺流程，继由王祯创制“活字版韵轮”，首开活版排字与机械相嫁接的先河，到德国人古登堡的铅字活版加印刷机之改良革新，实现了从手工操作到机械运转的技术升级；

——从近代的铅字排版、机械印刷，到当代毕昇——王选的激光照排、网络传输，又实现了从“铅与火”到“光与电”的飞跃、升华！

在当前网络技术蓬勃发展的进程中，在活字印刷的祖国，又不失时机地推出自己的“拿手绝活”，采用活版印刷技术原位合成 DNA 基因芯片（可查阅《活版印刷技术原位合成 DNA 基因微阵列》），更显示出活版印刷的无限生命力与无比广阔的发展前景。

毕昇的活字印刷是中华民族优秀传统文化的精华，是我国古代人民勇于探索，勤于实践，善于创新的精神和智慧结晶，已成为中国 5000 年历史文明的象征和宝贵的历史人文资源。加强毕昇与活字印刷的深入研究，对于弘扬和传承中华优秀传统文化中饱含的基于拼搏、奉献、责任和使命担当的创新精神，提高文化自觉，坚定文化自信，以文化创新引领、支撑和驱动科技创新，激发亿万群众的智慧和创造力，汇聚经济、社会发展的新动能，切实推进大众创业、万众创新，有着重大的历史和现实意义。

加强毕昇文化的深入研究，应以相关领导部门为主导，形成相应的机制，吸引和团结有关出版、科技、历史、考古各界的学者，组织相关学科联合攻关，共同探求。要在既有资料的基础上，以已经取得的研究成果为新的起点，进一步搜寻新的实证，发掘新的史料，用历史唯物主义的观点、辩证的方法、逻辑的思维、科技的手段、兼容并包的胸怀，予以科学的诠释，使毕昇文化的发展脉络更加清晰，内涵更加丰富、充实，更能经受历史的检验，使毕昇活字印刷术的创新之火所焕发出的科技之光、智慧之光更加璀璨绚丽、永葆辉煌。

编者

2024 年 6 月

目　录

第一编　毕昇生平的探索与考证

活字印刷术的发明者——毕昇轶事考论 …………………… 孙启康(3)

活字板发明者毕昇卒年及地点试探 …………………… 胡道静(16)

毕昇墓碑鉴定及相关问题考证 …………………… 孙启康(20)

毕昇墓地发现及相关问题初步探讨 …………………… 吴晓松(25)

湖北英山发现的毕昇墓中是活字发明家毕昇吗？ ………… 张树栋(38)

蕲州毕昇与活字印刷 …………………… 李瑞良(42)

毕昇籍贯及其发明活字印刷地点初探 …………… 张培华　张树栋(46)

论毕昇的身份及其发明活字印刷术的动因和过程 ………… 刘崇民(53)

毕昇有了“户口簿” …………………… 王　溥　马民权(60)

第二编　毕昇墓碑的质疑与析疑

英山发现的是活字发明家毕昇的墓碑吗？ …………………… 张秀民(65)

答毕昇墓碑质疑 …………………… 孙启康(69)

对英山毕昇墓碑的再商榷 …………………… 张秀民(75)

二答《对英山毕昇墓碑的再商榷》 …………………… 孙启康(78)

英山毕昇墓碑再质疑 …………………… 张秀民(83)

三答《英山毕昇墓碑再质疑》 …………………… 孙启康(90)

毕昇与湖北英山出土的《毕昇碑》 …………………… 任　昉(98)

毕昇墓碑的宗教信仰与民俗文化特色——答任昉 ………… 孙启康(102)

毕昇墓碑之年代断定与避讳问题 …………………………………… 孙启康(114)
孰是孰非毕昇碑——向任昉先生讨教 ……………………………… 张树栋(119)
再谈“毕昇碑”的宗教色彩 ……………………………………………… 任　昉(123)
再说毕昇墓碑的物象崇拜与宗教色彩 ……………………………… 孙启康(127)
毕昇故里何在　益州？杭州？蕲州 ………………………………… 孙启康(133)
英山毕昇碑与淮南摩尼教 ……………………………………………… 林梅村(140)
对《英山毕昇碑与淮南摩尼教》一文中几个问题的商榷 …… 孙启康(162)
毕昇考证——兼谈湖北英山出土的毕昇碑……………………… 曹　之(173)
毕昇墓碑的历史背景及其认定 ……………………………………… 舒秀婵(197)

第三编　毕昇研究的综述与点评

毕昇墓碑综考——为英山毕昇墓碑研讨会作 ……………………… 孙启康(205)
我国毕昇研究情况和观点综述 ……………………………………… 蔡学俭(231)
英山之行的感想 …………………………………………………………… 戴文葆(238)
在英山毕昇墓碑研讨会上的发言 …………………………………… 史树青(240)
在英山毕昇墓碑研讨会上的(总结)发言………………………… 刘　杲(242)
英山毕昇墓碑研讨会情况综述 ……………………………………… 老　鸣(245)
关于活字印刷版发明者毕昇的研究 ………………………………… 蔡学俭(249)
英山“毕卅八”墓葬的发现与毕昇墓碑研究 ………………………… 吴晓松(259)
把毕昇研究深入下去——关于毕昇墓碑的研究方法问题
…………………………………………………………………………… 李瑞良(262)

第四编　毕昇活字印刷的实证与渊源

中国活字版考 ……………………………………………………………… 陶　然(277)
早期活字印刷术的实物见证——温州市白象塔出土北宋
　　佛经残叶介绍 ………………………………………………………… 金柏东(286)

对《早期活字印刷术的实物见证》一文的商榷 …………………… 刘　云(293)
温州白象塔出土的"佛经"残叶应为活字捺印 …………………… 孙启康(296)
南宋活字印刷史料及其相关问题 …………………………………… 黄宽重(302)
宋代继毕昇之后用活字印书的一则信史——南宋周必大
　　以胶泥铜板摹印《玉堂杂记》析疑 …………………………… 孙启康(309)
千年活字印刷史概说 ………………………………………………… 史金波(317)
黑水城出土活字版汉文历书考 ……………………………………… 史金波(328)
我国最早的木活字印刷品——西夏文佛经《吉祥遍至
　　口和本续》 ……………………………………………………… 牛达生(344)
有关回鹘文木活字的几个问题 ……………………………………… 彭金章(358)
清代泰山徐氏的磁活字印本 ………………………………………… 朱家濂(375)
清吕抚活字泥板印书工艺 …………………………………………… 白莉蓉(381)
新发现的泥活字印本——《泥版试印初编》 ……………………… 冀叔英(391)
清代泾县翟氏的泥活字印本 ………………………………………… 张秀民(395)
翟金生的又一种泥活字印本——《试印续编》 …………………… 蔡成瑛(401)
关于翟氏泥活字的制造工艺问题 …………………………………… 张秉伦(406)
从青铜器铭文铸造看我国活字印刷的发展渊源 ………………… 孙启康(413)

第一编

毕昇生平的探索与考证

活字印刷术的发明者
——毕昇轶事考论

孙启康*

印刷术是我国古代四大发明之一,为世界文明的传播做出了重大的贡献。宋代毕昇又发明了活字印刷术,他的这项伟大发明,是世界科学技术历史长廊中不朽的丰碑,被西方学者称为"文明之母"。可是关于他个人的事迹在我国浩如烟海的史籍中却所传甚少,只是在当时一位对科学技术怀有炽烈感情和独到见解的官员兼学者沈括的笔记——《梦溪笔谈》一书中记载了 274 个字:"庆历中,有布衣毕昇又为活板……至今宝藏。"①

这则笔记,对毕昇所创活字版的制作、应用、效果及活字印的最终归宿叙述较详细,而对发明者的生平,除了说他是一名"布衣"之外,没有提供其他信息。当时连篇累牍的官修正史,只热衷于为帝王将相树碑立传,对像毕昇这样一个布衣根本就不屑一顾。其他"稗官野史"、笔记、小说,也未发现任何线索,甚至连毕昇所创造的"活板印书"也被那些一味崇尚名流的人们说成了所谓"沈存中法"或"沈氏活板",彻头彻尾地剥夺了毕昇对于活字印刷的发明权。这就使对这位世界性的科学技术伟人的研究,历来充满了疑云迷雾。

1844 年,法国早期著名汉学家儒莲(Stanislas Julien)首先用法文把毕昇的职业译成"一个铁匠"(un forgeron),此后许多西方学者用英文把毕昇说成"锻工"或"铁匠"(smith 或 black smith)。新版《大英百科全书》则把"铁匠"改译为"炼金术士"(alchemist)。

---

* 孙启康:湖北省原文物局文物处处长、湖北省文物管理委员会研究员。

① 〔宋〕沈括:《梦溪笔谈》卷十八《技艺》。

1911 年我国近代国学大师王国维在批校崇祯马元调刻本《梦溪笔谈》时，在“布衣毕昇又为活板”条上眉批：“卷二十云：‘祥符中有老锻工毕升曾在禁中为王捷锻金’云云，当即其人。”也认为：“老锻工毕升”就是发明活字印刷的“布衣毕昇”。

胡适 1946 年在所著《读梦溪笔谈》一文中，也沿袭王国维所说：“我疑此锻工毕升即是那作活板的毕昇。”

胡道静（中国古代科技史专家）、张秀民（中国印刷史专家）等先生均否定“锻工”或“铁匠”之说，认为毕昇是一位“刻字良工”。

关于毕昇的籍贯也其说不一，清代学者会稽（今浙江绍兴）李慈铭说他是益州（治所在今成都）人，但未见提出史料依据；张秀民先生在《中国印刷术的发明及其影响》一文中则认为：“毕昇与当时钱塘人沈括有关”，因此毕昇“可能也是杭州一带人”。

以上情况说明，多少年来，许多热心于我国古代科技史研究与弘扬的学者们都为此而皓首穷经，反复求索。但由于史料奇缺，举步维艰。

1990 年，湖北省英山县草盘地镇通讯干事黄尚文同志在下乡检查抗旱工作时，在该镇的五桂墩村睡狮山麓毕家坳田畈间发现古碑一通，其上刻有“故先考毕昇神主，故先妣李氏妙音”（图 1）等字样。“是那个发明活字印刷的毕昇吗？”他想：这说不定还是一个重要发现。当即找到该村干部，将墓碑挪到安全地带存放，并及时给上级文化部门报告了这一发现。随后，他继续进行调查，又发现了包括毕昇之孙毕文忠墓在内的宋至明代一些具有特殊纹饰的平民墓碑。与此同时，英山县地方志办公室，也从该镇退休教师肖海澄先生那里，得到了发现毕昇墓碑的消息。后经县志办公室、县文联、县博物馆和黄冈地区博物馆多次现场踏勘，调查史迹，搜集家谱等有关资料进行研究后，于 1992 年底通过新闻媒体披露了英山发现活字印刷发明者毕昇墓碑的消息，引起了各方面的关注。

1993 年 4 月，笔者应英山县政府之约，前往现场考察，对墓碑进行鉴定。根据该碑的形制特点、纹饰风格和书法体式，判定其时代属于北宋。特别是经过仔细扪读碑文，发现原被锐器击伤的年款中的皇朝年号尚有残存字迹，其第一字仅存上半截，为一“白”字，第二字全被凿坏，难以辨识，第三、四两字为“四年”，笔画清晰。整个年款尚可读出“白□四年二月初七日”数字。“白□”，当是帝王纪元年号，遍查上部从“白”之字，绝大部分都不宜作纪元年号，只有“皇”字的字义适合作帝王年号的第一字，而两宋各个朝代的帝王年号冠以“皇”字的，只有北宋仁宗赵祯于庆历八年（1048）之后改元为“皇祐”，这个年号共使用了五年（1049—1053）。据此，可以断定墓碑年款中之“白□”实为“皇祐”，因而确定此碑立于“皇祐四年”（1052）。① 时在毕昇创制活字版的“庆历中”（1041—1048）之后约数年，与布衣毕昇发明活字印刷术的时间相近，与胡道静推测毕昇卒于皇祐末年即公元1051—1053年②的时间也相符。

图1 毕昇墓碑拓片

（黄冈市博物馆提供）

1993年7月，《中国文物报》发表了拙著《毕昇墓碑鉴定与相关问题考

① 孙启康：《毕昇墓碑鉴定及相关问题考证》，《中国文物报》1993年7月4日。

② 胡道静：《活字板发明者毕昇卒年及地点试探》，《文史哲》第59期，第61～63页。

证》，披露了对墓碑的鉴定意见，认为英山毕昇即是活字印刷术发明者毕昇。《中国印刷》和《科技日报》也先后转载拙文，使毕昇这一话题一下子又活跃起来。

对英山毕昇即是沈括所记之“布衣毕昇”的认定，赞同者有之，质疑者有之，见仁见智，议论纷纭，特别是印刷史学界的泰斗张秀民老先生出于对研究毕昇生平的高度关切，再三提出质疑乃至诘难。① 通过《中国印刷》、《出版科学》和《江汉考古》等期刊提供的争鸣园地，反复商榷、答辩②，从而把对毕昇的研究逐步向前推进，墓碑的学术价值和所包涵及透露的历史信息，也愈辩愈加明晰。

1995 年 12 月下旬，在《出版科学》主编、中国编辑学会副会长蔡学俭先生的发起和积极策划下，由中国编辑学会等单位主持，在英山召开的有北京、福建和湖北等地的文物考古、出版印刷史方面的专家参加的一次毕昇墓碑研讨会上，许多专家包括一些持怀疑态度的学者看了原碑后，都认为墓碑从形制上看，确为宋碑，其年款第一字，尚存上部的“白”字，第三字“四”字，笔画清晰。中国历史博物馆资深研究员、国家文物鉴定委员会副主任史树青先生察看过墓碑和研究过有关资料之后，赋诗志感。他认为此碑“雕字双行是宋刊”；对碑的年款则认为“纪年皇字仍留白，半字分明值万金”。他说：“我同意斧凿残存的是个‘皇’字，不会是‘重’字或别的字。”他也同意墓碑上的“神主”二字能说明毕昇是以“招魂葬”的形式下葬的。“英山考古有新获，识得淮南老布衣”③，肯定了这通墓碑就是沈括记载的“布衣毕昇”之碑。会议主持者中国编辑学会会长刘杲以及与会的绝大多数专家都认为可以初步认定英山毕昇墓碑是活字印刷发明者毕昇的

---

① 张秀民：《英山发现的是活字发明家毕昇的墓碑吗?》，《中国文物报》1993 年 12 月 5 日；《对英山毕昇墓碑的再商榷》，《中国印刷》1994 年第 2 期；《英山毕昇墓碑再质疑》，《中国印刷史学术研讨会文集》，印刷工业出版社 1996 年版。

② 孙启康：《答毕昇墓碑质疑》，《中国文物报》1994 年 2 月 27 日；《二答〈对毕昇墓碑的再商榷〉》，《中国印刷》1994 年第 5 期，第 60～62 页；《三答〈英山毕昇墓碑再质疑〉》，《出版科学》1996 年第 3 期，第 40～42 页。

③ 史树青同志在英山毕昇墓碑研讨会上的发言。

墓碑,毕昇墓碑的研究取得了阶段性成果。① 中国印刷技术协会常务副理事长、中国印刷博物馆筹委会副主任李志高最后表示:赞成上述专家意见,并商请英山县博物馆将毕昇墓碑原样复制,连同有关资料及相关文物送中国印刷博物馆陈列。② 在毕昇塑像的基座上刻上了"淮南路蕲州人"。

毕昇墓碑版式设计独特,选用纹样题材寓意丰富,耐人寻味,虽然字数不多,却可以从中窥见沈括当年在《梦溪笔谈》中对于布衣毕昇所未及记录的一些内容。现根据墓碑所示文字和碑版规格及纹样题材的含义,结合相关历史文献并参照前人研究所得,试作毕昇轶事考论。

一、毕昇的社会身份

此碑规制与当地一般平民百姓的墓碑大体相同,规格不高,碑文中也未见到有墓主生前职衔的记载,墓主的身份显然只是一个平民;但这通墓碑的装饰纹样设计颇具匠心,有着丰富的文化和宗教韵味,书法功力、工艺水平和文化品格都明显高于当地一般平民墓碑。结合《梦溪笔谈》的相关论述分析,此墓的主人又不像是一个与文化毫无因缘的山野村夫。他应是一个精通音韵,擅长书法,喜爱篆刻,醉心陶艺③的读书人,是一个未曾入仕的布衣④之士。

---

① 刘杲同志在英山毕昇墓碑研讨会上的发言。

② 蔡学俭:《英山毕昇墓碑研讨会情况综述》,《出版科学》1996 年第 1 期,第 39~40 页。

③ 据沈括《梦溪笔谈》记载:毕昇为活字版,"以胶泥刻字,薄如钱唇",当是能写、善刻;对泥活字以"火烧令坚",应与陶艺有关;对活字的分类贮存以"每韵为一贴",说明他精通音韵之学,而不是像那些农村的谱匠按"君王立殿堂"之类的"俚俗歌诀"来对活字进行分类。

④ 古时未曾做官的文人通常自称或被称为"布衣"。沈括《梦溪笔谈》卷十七提到的"国初,江南布衣徐熙、伪蜀翰林待诏黄筌,皆以善画著名,尤长于画花竹",也是一位学有专长的文人。如诸葛亮在《前出师表》中自称:"臣本布衣,躬耕于南阳。"李白在《与韩荆州书》中自称:"陇西布衣,流落楚汉。"

二、毕昇的职业

墓碑版式设计比较独特,具有雕刻书版的特色。碑版正中刻“荷叶莲花龛”式的“神主牌位”,与北宋时浙江刻本《金刚般若波罗蜜经》[①]卷末所刻之“荷叶莲花龛”书牌子(图2)极相似;先考、先妣名讳以阳刻文字竖排两行,其间以单线作为行界,左右边栏刻成双线;牌位两侧:其上部,左右各

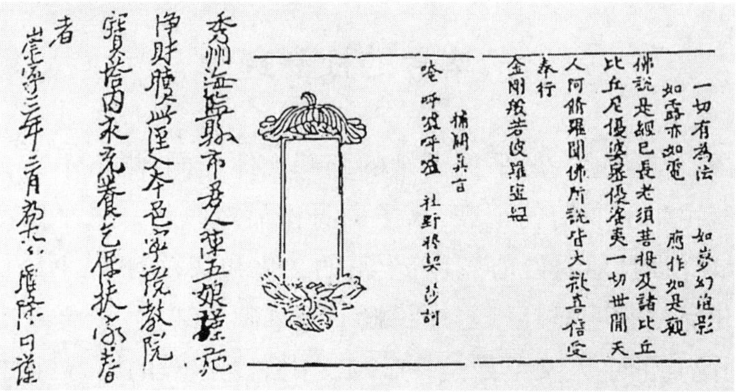

图2 《金刚般若波罗蜜经》书影

刻一圆饼状,其上分别阴刻“日”(左)“月”(右)字样,类似古籍版本以“黑丁”雕刻阴文的手法;其下左右题款行次,上端都剔成圆弧状,类似古籍版本中之“竹册栏”的“天栏”;题款文字均用阴刻,类似书版上对标题采用阴文的手法(图3)。这种碑版设计,显然是借用当时雕刻书版上的“行界”“双线边栏”“竹册栏”“阴文”“黑丁”和具有商标广告色彩的“荷叶莲花龛”式的“书坊牌记”等形式。碑款之阴刻小字,也与北宋早中期书版所用字体相似。这种形式的墓碑,所见甚稀,绝非出自当地普通碑工之手,很可能是由墓主的同行好友亲手为之设计与镌刻的。由此可以窥见,墓主人生

① 见《中国版刻图录》图版六四说明。

前与雕版行当有着密切的关系,看来他也应该是一位雕版行业的从业者(是写工、刻工、印书坊主还是出版自著作品的文人,还可以进一步探索)。庆历年间,他在雕版印刷的基础上进行革新,发明了以泥活字排版印刷书籍,取得了“极为神速”的效果。事见北宋沈括的笔记——《梦溪笔谈》。

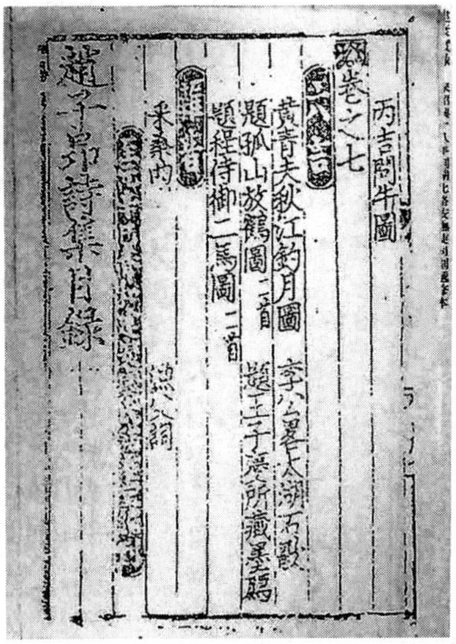
丙吉問牛圖
卷之七
黄青夫秋江釣月圖 李公略七太湖石歌
題孤山放鶴圖二首 題王子慶所藏墨鶴
題程侍御二馬圖二首
采桑曲 漁父詞
趙子昂詩集目錄

图 3 元刊《赵子昂诗集》书影

三、毕昇的家世

毕昇配妻李氏,法名妙音,根据使用“法名”入碑的习俗,可见她是一位笃信佛教,拜师记名,居家修行的“三宝弟子”。在距墓地东约 3000 米的毕家畈传为李氏宗祠废墟的田间,还遗存有一件以往祭祖时用于宰牲的椭圆形石盆,上刻“大元辛卯至正十一年九月吉日,李门第九代李昂男李荣同妻汪氏置”等字样。现在还有不少李姓民户,仍然居住在离此处不远的李家湾和上李家湾等村落。说明在宋元以来李氏宗族即世居于此。李妙音也是本乡本土人氏。李氏育有四子:毕嘉、毕文、毕成、毕荣。至毕昇下葬之年，已有孙男三人：毕文显、毕文斌、毕文忠。

四、毕昇的行踪与归宿

毕昇墓碑名讳之下刻有“神主”二字，有人以为是毕昇的字或号，还有人认为：“‘神主’一词似为摩尼教徒对祖师的专称。”甚至还以为此毕昇是摩尼教徒。① 其实，正是这“神主”二字，为我们提供了追寻墓主行踪与归宿的一个佐证。据有关史书记载：古代在宗庙内供奉的已死国君的牌位，以木或石制成，称为“神主”，后世在民间也形成为死者立“神主”（俗称灵牌或神位）的习俗。碑文所载“神主”，表明此墓是以毕昇的灵牌与其妻“李氏妙音”同穴而葬的。这是古代流行的一种丧礼——招魂葬。这种殡葬方式，通常是在其家人死于外地，无力将死者遗体运回或根本无法找到遗体安葬；或者是亲人远游外乡，久无音讯，经“追求躬访，积年不得……岁过耋老”仍无下落时，其后人就采取为死者“立木主（即神主），具衣冠，招魂设冢”，实行“追终制服”之礼。② 如《后汉书 · 邓晨传》载：东汉光武帝刘秀之姊刘元（邓晨妻），在南阳新野死于乱兵之中，尸骨未得收葬，光武称帝之后，在新野建祠宇，设神主享祭。后邓晨死时，光武帝诏令：“招迎新野主（即刘元神主），与邓晨合葬于洛阳北邙山。”唐人张籍《征妇怨》中有“万里无人收白骨，家家城下招魂葬”句，就是说的这种习俗。

“宋代刻工不只在原籍镂版，能工巧匠也往往被请到外路刻书。”他们“不少为终生职业，故连续在原籍或外地刊书”③。因长年在外地谋生，或因穷困潦倒、疾病缠身，或因意外事故，遭遇不测，甚至终生未归者也不乏其人。如“蕲州周亮，建州叶浚、杨通，福州郑英，庐州李胜”④等，因被聘至舒州刻《太平圣惠方》书版，不幸于同一天在舒州城楼遭受雷击而命丧异

---

① 林梅村：《英山毕昇碑与淮南摩尼教》，《北京大学学报》（哲学社会科学版）1997 年第 2 期，第 39 页。

② 〔清〕吴荣光：《吾学录初编》卷十九《丧礼五》。

③ 张秀民：《略论宋代的刻工》，《中国印刷》1994 年第 2 期。

④ 〔宋〕洪迈：《夷坚志》卷十二《舒州刻工》。

乡。据《梦溪笔谈》所记“布衣毕昇”死后，其所创之活字印未能传给他的子孙，而为与之毫无亲缘关系的沈括的“群从”（子侄）所得。据此可以想见他临终之时，并无亲属在其身边。因此，可以认为：英山毕昇和蕲州周亮、庐州李胜等刻工一样也当是一位离乡背井到外地从业献艺的出版印刷工作者。他身怀技艺，萍踪江湖，创业异乡，不幸身殒外地。后来可能是由雕版行业的好友，捧回他的“神主”，在故里实行招魂殡葬。

五、毕昇的卒年

英山发现的毕昇墓碑为皇祐四年二月初七日立，其卒年当在立碑之前。按当时丧葬习俗，凡富豪、世家之寿终者，大体上要停柩在家数月至一年后入葬。① 毕昇是平民，停丧时间不可能如此之久，但他是客死外地，在当时条件下，从外地奉灵回乡，需辗转数月之久，因此毕昇的卒年很可能为皇祐三年，即公元1051年。

毕昇墓地名毕家坳，其西约3千米处有居民点名毕家铺，此地濒临东河，是当时设置邮传、塘、铺或者驿站的所在。由此向北可通过邻境光州抵达当时的首都东京开封；向西可经由黄州出荆湖北路抵荆、襄、川、陕；向东是古代蕲州进入舒州、庐州（今均属安徽）至淮南路治所扬州乃至苏（州）、杭（州）的交通孔道。本地历来盛产茶、桑，尤以茶叶为著。北宋初年在东南地区实施榷茶的重要机构——“六榷务、十三山场”②中，蕲州的蕲口即为“六榷务”（国家设置的六处茶叶贸易管理机构）之一，在“十三山场”中，在蕲州就设有洗马、石桥、王祺三个山场，在黄州也设有麻城场，使蕲州成为当时重要的茶叶集散地之一，对保证国家的财政收入和军需供应起着至关重要的作用。商旅往来频繁，带动了文化的交流，促进了印刷业的发

---

①〔宋〕王安石：《临川文集》卷九十八《太常寺少卿分司南京沈公墓志铭》记沈括之父沈周卒于皇祐三年十一月，葬于次年十月；〔宋〕曾巩：《元丰类稿》卷四十五《寿昌县太君许氏墓志铭》记沈括之母卒于熙宁元年八月，葬于次年八月。

②〔宋〕沈括：《梦溪笔谈》卷十二《官政二》；〔清〕徐松：《宋会要辑稿》食货二十九之六—十六。

展。早在宋景德、祥符年间，在黄州即曾雕印《黄州图经》。① 其西邻的荆州、鄂州也有相当规模的雕版事业，虽然几经战乱摧残和岁月沧桑，至今仍可见到宋高宗绍兴十八年荆湖北路安抚使司(治今湖北江陵)据北宋嘉祐三年版补刻而成的《建康实录》递修本②和北宋末叶在鄂州刊行的《花间集》③。即使在战乱频繁的南宋时期，辖领英山的州、县治所蕲州与罗田，也有刊刻书籍的盛举。如淳熙五年蕲州刻《窦氏联珠集》④，庆元六年罗田县庠刻《离骚草木疏》⑤等。都说明蕲州及其周边地区在宋代的雕版印刷业已有相当的基础。特别值得注意的是近年来在湖北境内出土的文物中发现的一些与印刷和活字有关的实物，更是传递了许多珍贵的历史信息。

兹举二例：

一是商周时期的陶纹戳印。

2003 年在湖北省阳新县大路铺商周遗址东区发掘出土，共二件，均为黄褐色泥质陶。一件为单线“S”纹(图 4)(标本号:03ET2307)。长约 5 厘米，两端均有印纹，一端印面约为 1.6 厘米×0.7 厘米，另一端印面略小；一件为复线“S”纹(图 5)(标本号:03EH1063)，长约 6 厘米，只一端有印纹，印面约为 2 厘米×0.9 厘米。

图 4 单线“S”形纹陶戳印

图 5 复线“S”形纹陶戳印

① 〔宋〕陈振孙:《直斋书录解题》。
② 见《中国版刻图录》图版二一五说明。
③ 见《中国版刻图录》图版二一八说明。
④ 见《中国版刻图录》图版二一四说明。
⑤ 见《中国版刻图录》图版二一七说明。

与其同出的一些商周时期的陶器上也印有许多与之大同小异的“S”形纹饰（图6）和云雷纹。① 还有一些印有“蝉”形纹样的陶片，似乎是一种模仿铜器式样制作的陶器。

这些陶器和陶片上的纹饰，无疑也都是用这类戳印印成的，这两枚产自商周时期的陶文戳印，可以说是迄今发现的胶泥活字印之祖。

二是青铜器铭文铸造已采用活字排版的实例。

随州市博物馆藏有一件西周晚期至春秋早期的“起右盘”②，铸铭为（图7）：

图6 “S”形云纹陶罐

图7 “起右盘”铭文

唯起右自作用
其吉金宝盘迺（乃）
用万年子子孙孙永
宝用享□用之

这段铭文语词错位，致使有的句子不能通读。按当时制作铜器铭文通

① 湖北省文物考古研究所：《阳新大路铺》，文物出版社2013年版，第276~277页。
② 黄敬刚：《湖北随县安居出土青铜器》，《文物》1992年第2期，第51~57页。

常使用的文例,这段铭文应为:“唯起右,用其吉金,自作宝盘,迺(乃)用万年,子子孙孙永宝用享。”(其末句也可作“永宝用之”。)但在这件铜器上,却把本应排在“用其吉金”之后的“自作”二字,置于“用其吉金”之前,并在末尾还加上了“□用之”等文义明显重复的字样。不仅如此,还有几个单字如第三行之“子子孙孙”,第四行的“之”字呈颠倒状。

在枣阳市郭家庙古墓中出土的春秋早期铜器“旁伯盘”①的铸铭也出现了这种状况。此段铭文为(图8):

图8 “旁伯盘”铭文

唯旁白(伯)贝□自

用其万年子

孙永宝盘自

作宝永用享

① 《湖北枣阳郭家庙墓地曹门湾墓区(2014)M10/M13/M22发掘简报》,《江汉考古》2016年第5期,第13~35页。

也同样出现了字词错位的现象。铭文中的“贝□”是“旁伯”的名字。这段铭文的正确排列应该是:“唯旁白(伯)贝□,自作宝盘自用,其万年子孙永宝用享。”这样排列以后,还是多出了一个“永”字。而且第三行第四字“盘”字倒置。

以上现象说明西周至春秋时期,在铜器铭文铸造中已经使用活字来制作铜器铭文的模版了。但由于制版者工作疏忽,监制者把关不严,以致铸成大错!但却为我们留下了研究中国早期使用活字排版的铁证。在荆楚大地的地下文化宝库中发现的这些珍贵文物,雄辩地说明:毕昇发明活字印刷术,是有着悠久深厚的历史文化渊源的。

(原载:《出版科学》2018 年第 4 期)

活字板发明者毕昇卒年及地点试探

胡道静*

北宋布衣毕昇在庆历(1041—1048)中创制活字板印刷术,是世界文化发展史上重要的标志之一。毕氏活板的体制和操作的方法,沈括在《梦溪笔谈》卷十八中记载相当详细。但对于发明者毕昇的事迹,几无所叙述,其他文献中也绝没有关于此人的记载,因此我人殊缺乏对于这位伟大的发明家的知人论世的材料。今因考撰《沈括年谱》,抽绎史实,测知毕昇去世的近似年份及其地点,或足为研究印刷史者之一助,记之于次。

《梦溪笔谈》云:"昇死,其印为予群从所得,至今宝藏。"没有说是什么时候死的,以及死在什么地方。

按,沈括为杭州钱塘人,但是他的父亲沈周携眷宦游在外,所以他不是生长在故乡的;及他成年以后,本身从政于四方,也很少在故乡居住。他首次返至故里并居住了一个较长的时期,乃是他的父亲自明州任告老,挈眷归第的时候,时为皇祐三年(1051)秋。沈周还里以后不久,即在同年的十一月去世。这时,沈括年21岁①遂守丧墓庐。到至和元年(1054)终父丧,出仕为沭阳县主簿,此后宦踪历东海、宣州、宛丘、扬州、汴都、延州等地,贬放至随州,量移至秀州,晚年定居在润州,即死于润。中间虽偶返故里,逗留的时日也是很少的。从考察沈括的行迹中,得知只有皇祐末年(1051—1053)是他一生中在故里居住得最久。

---

* 胡道静,古文献学家、科技史学家,曾任国务院古籍整理规划小组成员,(巴黎)国际科学史研究院通讯院士。

① 沈括生于宋天圣九年(1031),考见拙著《梦溪笔谈校证》,上海古籍出版社 1987 年版,第 992~999 页。钱大昕《疑年录》定于天圣八年(1030);张荫麟《沈括编年事辑》定于明道元年(1032);胡适《读〈梦溪笔谈〉》定于天圣七年(1029)都是不正确的。

这时，恰好是沈括的侄辈在故里从事于文物之搜集的时期。《梦溪笔谈》卷五有一条云："皇祐中，杭州西湖侧发地得一古钟……其钟至今尚在钱塘，予群从家藏之。"毕昇死而其活字印为沈括群从所得，有最大的可能是同一时期的事。沈括群从此时正居乡里而搜集文物，沈括自己亦在里面躬逢其盛，故后来记叙其事于《梦溪笔谈》中。

这一推测如距事实不远，则可以思索得两项情况：

1.沈括群从收毕氏活字印于皇祐间，即说明毕昇去世在此时。皇祐中距庆历中不过数年，由此可知毕氏发明活板印刷术后，施用不久，即赍志以殁，可能连徒弟都未及传授。宋代活字板事实上未甚流行①，以及有关这一重大发明的记述之稀少，由此可以得到解释。

2.沈括群从得毕氏活字印于杭州，即说明毕昇生前使用活板印刷的地点是在杭州。此事具有甚重要的意义。因为自从雕板印刷术发明以来，杭州就成为刻书的三大中心之一（其他两处是成都和开封）或四大中心之一（加上福建的建宁）。到了宋初，杭州雕板工技愈精，多数官本且下杭州开雕②，表明了杭板在当时已居于全国印刷事业的领袖地位③。赵万里先生在《中国印本书籍发展简史》中说："因为杭州在五代时，已是一个政治而兼经济的中心，良工毕萃于是。"以此来说明杭板之所以精的客观原因是最恰当不过的。"良工毕萃"在杭，则毕昇之萃于杭，以及他是一个良工的身份也就是异常合乎情理的。唯其为雕板良工，业精于勤，这才提供了可能发明活板印刷术的条件——也就是说，这种发明并不是出于偶然的事情。

现在还要研究一下，在沈括群从之中，哪几位是可能收藏毕氏活字印的？

---

① 《天禄琳琅书目后编》著录宋词本毛诗，因"自"字横印，定为活字本，但据赵万里先生鉴定，这其实是明铜活字本（见《中国印本书籍发展简史》）。刘之驷校《刘随州集》，谓"以北宋活字本校一过"，郑振铎先生疑其仍是明初活字本（见《劫中得书续记》）。

② 王国维《两浙古刊本考序》：及宋有天下，南并吴越，嗣后国子监刊书，若《七经正义》，若"史汉三史"，若南北朝《七史》，若《唐书》，若《资治通鉴》，若诸医书，皆下杭州镂板。北宋监本刊于杭者，殆居泰半。

③ 叶梦得《石林燕语》："天下印书，以杭州为上，蜀本次之，福建最下。"

按，沈括的亲兄为沈披，不详其有子否。沈括的伯父沈同有二子：振与扶。振有二子：逵与述。扶有五子：遘、迥、辽、遨、逌。[①] 这七位群从中，遘、辽最有声名，与其叔沈括共号为“三沈”[②]。但是，遘、辽都去世较早：遘以治平四年（1067）下世[③]，辽以元丰八年（1085）下世[④]。而沈括著述《梦溪笔谈》系在元祐年代的后期[⑤]，此时沈括记到古钟时说“今尚在钱塘，予群从家藏之”；记到毕氏活字印，又说“予群从所得，至今宝藏”，则此群从云云，必非遘与辽可知。

舍遘与辽之群从中，以逵、述两兄弟的可能性为较大。因据他们的同代人王辟之所作的《渑水燕谈录》卷八的记载，沈述的父亲[⑥]沈振曾蓄有珍贵的古琴一张，传至述手。推想沈振爱收文物，其子逵、述或染其习。

另外还有要辨明一种不可信的说法。

由于《梦溪笔谈》卷二十有一条说：“祥符（1008—1016）中，方士王捷……能作黄金。有老锻工毕升曾在禁中，为捷锻金”云云。王国维先生在其所藏明崇祯刊本《梦溪笔谈》毕昇活字板条上面批道[⑦]：“卷二十毕升云云，当即其人。”这只是姑述所疑。而胡适在《谈〈梦溪笔谈〉》中却大逞其臆说。

> 祥符与庆历相去近30年，我疑此锻工毕升即是那作活板的毕昇。因为他是锻工，所以他能想到用燔土作字范，铸成活字。因为他曾为方士王捷作假黄金，故他有冶金试验的兴趣。
>
> 美国学者Swingle最留意《梦溪笔谈》所记活板一条。他前年对我说：毕昇的活字是金属做的；所谓胶泥刻字，乃是作铸字的范型也。此意甚新。我细思量之后，觉得他的解释很有理。火烧胶泥作字，似

---

① 详见拙著《梦溪笔谈校证》，第10~11页。

② 见王应麟《小学绀珠》。这是当时人的看法。《宋史》也以三沈合传。

③ 见陆心源《三续疑年录》。按，陆氏考沈遘的生年在天圣三年（1025）则是错误的，详见拙编《新校正本梦溪笔谈》。

④ 见陶容、于士雄《历代名人生卒年表补》（载于《江苏省立国学图书馆第九年刊》）。

⑤ 详见拙著《梦溪笔谈校证》引言，第22页。

⑥ 原文作“振侄述”，乃记载之误。当云“振子述”。

⑦ 见《梦溪笔谈校证》，第598页。

不合情理。也许毕昇所用是锡类。[①]

这个说法好像很耸动听闻,细按之知其大谬不然。因为:

1.《梦溪笔谈》卷二十明言毕升为"老锻工",言"老",则为王捷锻金时至少已有50多岁;由祥符中到庆历中,最少也要30年,如彼毕昇与此毕升为一人,则至其发明活字板印刷术时,已经要接近90岁的高龄了。可惜他在做炼金术的助手时不是青工,所以不能给胡适提出于事理无谬的证据。

2.以为"火烧胶泥作字似不合情理",这是胡适不了解情况而做的错误判断。直到清代,还是有用烧泥活字印的书,名为"烧熟瓦字"或"陶活字"。徐森玉老先生说,光绪(1875—1908)年间,无锡还有用泥活字来印书,他并见过宜黄县的泥活字印本。毕昇的老方法也传到朝鲜,在20年前朝鲜还保存着陶制的大小活字200多个,日本人并藏有朝鲜陶活字印的《性理喻林》及《玉纂》,在《成篑堂善本书目》里印有《玉纂》的书影。[②] 清末的"宫门抄"有用泥板来刻印的,俗称"豆腐干儿板"。[③] 后者虽是用整块的泥板来刻字印报,并非活字,但也可证明泥板之能用于印刷。

秦汉以前古籍,字多通假,人名亦非例外,故有声转、音近的异写。此例用于校订中古以后的书籍则不可。固然也有传抄、传刻的笔误,但单凭形音相近而无他证即断为同一人则不可。《梦溪笔谈》中且有姓名完全相同而实非一人者,计凡三见:卷九"守江州"条的胡则与同卷"为丁晋公贬行"条的胡则;卷十三"智捕真盗"条的陈述古与卷二十五"天子请客"条的陈述古;卷二十五"交趾"条的李绪与《补笔谈》卷二"真伪墨迹"条的李绪,都是风马牛不相及的。毕昇、毕升也正不是一个人。毕昇的事迹虽少,但像胡适这样地附会是要不得的。

(原载:《文史哲》1957年第7期)

---

① 见《大公报》1946年11月20日,《文史周刊》第6期。

② 张秀民:《中国印刷术的发明及其对亚洲各国的影响》,《文物参考资料》第28期。

③ 戈公振:《中国报学史》。

毕昇墓碑鉴定及相关问题考证

孙启康

我国古代四大发明之一——活字印刷的发明者毕昇的墓碑最近在湖北英山草盘地五桂墩村发现，这一发现填补了中华文明史上的一个空白。

墓碑高 110 厘米，宽 70 厘米，边沿刻卷草花纹，具北宋墓碑特点。中间阳刻两行大字：

故先考毕昇神主
故先妣李氏妙音 墓

两边小字为阴刻，有"孝子：毕嘉、毕文、毕成、毕荣；孙男：毕文显、毕文斌、毕文忠"和"年（或'十'）二月初七日"等字样。

这一发现，引起不少学者关注，但由于报道中对碑刻的形制特征描述不详，特别是未能将墓碑年款全文录出，无法确认此碑是何朝、何年所立，因而对碑文所载毕昇是否即宋"庆历间"发明活字印刷术的"布衣毕昇"，颇有疑议。

最近笔者应英山县有关部门之约，前往现场考察，现将考察所获介绍如下。

一、墓碑的形制及年代

毕昇墓碑系用灰褐色麻石凿成，为竖长方形圆头碑，周边饰卷草花纹，正中刻成神灵牌位形式：上作火焰宝珠顶华盖，下设梯形牌座，牌心并列考妣名讳,均为阳刻。华盖下方,左右分别镌成日、月图形,并刻字标明;孝子孝孙具名及年款,分别刻于牌位两侧日、月之下(图1)。

图1　毕昇墓碑

碑为圆头,乃宋、元时期常见的碑刻形制,卷草花纹之雕刻技法亦为宋代风格,考妣名讳采用阳刻正书,起笔圆浑,收笔藏锋,不仅是宋代墓碑特色,而且书体与宋代刊本之印刷体相近。特别是其中"毕"字下部的一短横被置于该字的中部,继承了汉隶(如《校官碑》)的写法,饶有古意。综上数点,视此碑为宋碑当无问题。

碑的年款,以往各家报道都只录出"年二月初七日"六字,其实年字之上还有三个字,只是由于碑石风化严重,又遭撞击损伤,笔画多有残缺,未能判读。此次经精心摩拓,仔细辨识,尚可读出第一字和第三字。

第一字,上部为"白"字,其下为三横画,其一、二两横画中间,尚存直划连接,应是一"王"字,从"白"从"王",当是"皇"字。

第三字,因剥蚀太甚,笔画极浅,但细看仍可看清“四”字的全部笔画。

第二字损坏得最厉害,已面目全非,只能看出一些零星笔画,不能直接判为某字。据上所述,此碑年款已可读出八个字,即“皇□四年二月初七日”。“皇□”应为帝王纪元年号,而两宋各朝皇帝纪元中冠以“皇”字的只有仁宗赵祯于庆历八年(1048)之后改元为“皇祐”(1049—1053)。据此可以肯定此碑年款的年号,非“皇祐”莫属。因而可断此碑立于宋皇祐四年,即公元1052年。时在毕昇创制成活字版的庆历年间(1041—1048)之后数年,与《梦溪笔谈》记载的“布衣毕昇”所处的年代相符,确属活字印刷术发明者毕昇的墓碑。

二、墓碑的史料价值

毕昇是世界印刷史上的伟大革新家,他发明的活字印刷术虽然影响远达海外,为世界文明的传播做出了伟大贡献,可是关于他个人的事迹,在我国浩如烟海的史籍中却所传甚少。只是在宋代科学家沈括所著的《梦溪笔谈》中记载了274个字。毕昇墓碑可以说是自北宋迄今被发现的第二条有关毕昇的信实史料,弥足珍贵。它所载碑文虽然字数不足50,却能为说明毕昇的籍贯、家庭、卒年等问题提供实证。

(一)关于毕昇的籍贯

墓碑发现于英山县草盘地镇五桂墩村毕家坳,其西约3千米处有居民点名毕家铺,这里现在虽然人户较少,但至少从宋代开始,此地就曾是官府设置邮传驿站的地点;由毕家坳往东约3千米处的红花咀村,据《英山县地名志》记载,曾是毕、李、肖三姓聚居之地。附近还有毕家畈等地名。这一带虽然很难找到一家毕姓民户,但尚保存一些明代以前的毕姓坟墓,说明英山草盘地镇一带的确曾是毕氏宗族聚居之地,毕昇死后,理当魂归故里。因此可以肯定“布衣毕昇”是宋时的淮南路蕲州(今湖北英山县)人氏。

在红花咀村附近田畈中发现有一件长近2米的椭圆形石盆,上刻“大元辛卯至正十一年九月吉日李门第九代李昂男李荣同妻汪氏置……”等字样，据说这里曾是李氏宗祠所在地，附近还有一些名为李家湾、李家上湾的村落，至今仍聚居着许多李姓人户，说明宋元以来李氏宗族世居于此，毕昇之妻李氏妙音也当是本乡本土人氏。

（二）关于毕昇的后代

在20世纪40年代末，曾有人以为毕昇之子名群从，并说毕昇死后，其活字印为其子毕群从所得。持这种说法的人，是因为对《梦溪笔谈》毕昇条所记之“昇死，其印为予群从所得”一文中的“予”字，误读为“子”字所致。这里的“予”显然是《梦溪笔谈》的作者沈括的自称；“群从”一词，是古人对子侄辈们称谓，《后汉书·李固传》有“今梁氏戚为椒房……而子弟群从，荣显有加”。如沈括曾称其伯父沈同之孙沈遘（字文通）为“予群从文通”，更能说明“群从”不是人名，而是沈括对子侄辈的泛称。此碑明载毕昇死时已有四子：嘉、文、成、荣；三孙：文显、文斌、文忠。更可澄清前人之误解。

（三）关于毕昇的卒年

关于毕昇去世的具体时间，胡道静先生在《活字板发明者毕昇卒年及地点试探》一文中，曾根据沈括《梦溪笔谈》卷五“乐律门”所载：“皇祐中杭州西湖侧发地得古钟……其钟今尚在钱塘予群从家藏之”一事，认为毕昇死后，其活字印可能也正是此时被沈氏子侄收藏；而客居外地的沈括本人也正是在皇祐三年（1051）八月随其父沈周回到杭州，并因守父丧在杭居住到至和元年（1054）正月，因而有可能直接了解关于活字版的详细情况，据此进行试探性的推测：毕昇卒年可能是在皇祐末年，即公元1051—1053年。

英山发现的毕昇墓碑为皇祐四年竖立，其卒年当在立碑之前。按当时丧葬习俗，凡富豪世家寿终者，大体上要停柩在家数月至一年之后入葬，如沈括之父沈周卒于皇祐三年十一月，葬于次年十月（见《沈周墓志铭》）；其母许氏卒于熙宁元年八月,葬于次年八月(见《许氏墓志铭》),均于一年之后入葬。蕲水富户侯严,卒于元祐四年二月,葬于当年十二月(见《宋隐居侯君墓志铭》),在300多天后入葬。毕昇是平民,停丧时间不可能有如此之久,但他很可能是客死外地,在当时条件下,他的亲属从得知亲人噩耗后奔丧外地至奉灵回乡,至少需辗转数月之久,因此毕昇卒年应为皇祐三年,即1051年。

图2 毕昇墓地远景

毕昇墓碑的发现,是湖北省文物普查工作的一项重要收获,是英山县史志、文物工作者在中国科技史料收集上的一项重大突破。

(原载:《中国文物报》1993年7月4日)

毕昇墓地发现及相关问题初步探讨

吴晓松*

中国古代四大发明之一的活字印刷术,举世公认,其首创者是我国北宋平民毕昇。他在宋仁宗庆历年间(1041—1048)用胶泥刻字,每字一印,用火烧硬,在铁制的框子里排列字印,用松脂、腊和纸灰调制成药品,通过火烘以固定,使之成为一整体,用这种方法可以印千余本书籍。其印刷工艺原理与现代铅字排版印刷大体相同。

毕昇所创胶泥活字印刷,不仅是我国印刷术发展史上的一次革新,也是人类印刷事业发展中的一大创举,这对世界文化的发展与交流,对人类文明的传播,有着极其深远的影响。我国印刷术曾先后传入邻近的朝鲜、日本、越南、菲律宾,并西传至伊朗,影响了非洲的埃及和欧洲、美洲、大洋洲,传遍了全世界,这是中国人民对世界文明做出的伟大贡献。马克思高度评价:火药、指南针、印刷术“是预告资产阶级社会到来的三大发明。火药把骑士阶层炸得粉碎,指南针打开了世界市场并建立了殖民地,而印刷术则变成新教的工具,总的来说变成科学复兴的手段,变成对精神发展创造必要前提的最强大的杠杆”①。毕昇所创活字印刷术比明永乐十八年(1420)朝鲜铜活字印刷的《孝顺事实》早出近 400 年,也比明景泰元年(1450)德国人古登堡用所制活字模浇铸铅合金活字排版印刷的《四十二行圣经》早出 400 余年。

在我国历史上唯一较详细记载毕昇活字印刷术的文献仅有北宋沈括

---

* 吴晓松,黄冈地区博物馆馆长,副研究员。

① 马克思:《经济学手稿(1861—1863 年)》,《马克思恩格斯全集》第 47 卷,人民出版社 1979 年版,第 427 页。

的《梦溪笔谈》，其后，历代虽有很多著述中提及，但仍未超出沈氏之记载，找不到更多的新内容。至于毕昇的籍贯和生卒年则无点滴记载，仅有后人的推测。1990 年湖北英山发现的毕昇及其后裔墓地，解决了史料中的缺憾，填补了中国科技史上近千年来的有关空白，是继沈括《梦溪笔谈》记载毕昇活字印刷术后的一次重大的考古发现。

本文就上述发现及其相关问题予以探讨，以就教于学界同仁。

一、毕昇及其后裔墓地的发现和考证

（一）毕昇墓考

位于湖北英山草盘地镇五桂墩村睡狮山之阳的毕昇墓，由黄尚文先生于 1990 年发现，该墓在县城东北约 41 千米，墓向东，墓碑为变质岩麻灰石凿成，呈竖梯形圆头式、带基座。碑高 113 厘米、宽 65 ~ 70 厘米、厚 9 ~ 16 厘米，下部榫头残损，残痕宽 32 厘米。碑周边刻饰连枝云纹，碑中上部施浮雕宝珠顶华盖，下部为火焰纹雕饰，中间阳刻两行大字"故先考毕昇神主、故先妣李氏妙音墓"，其字形古朴。华盖两旁分别镌刻下垂金铃，中刻"日""月"字样，上款："孝子：毕嘉（一说惠）、毕文、毕成、毕荣；孙男：毕文显、毕文斌、毕文忠。"下款："□□四年二月初七日，志造。"（图 1）

碑基座的石质与碑同，宽 82 厘米、高 23 厘米、厚 56 厘米，卯孔长 32 厘米、宽 17 厘米、深 23 厘米。碑座卯孔与碑榫残痕吻合。

以上碑文除"嘉"字有异议外，另有下款开头两字不清。碑石因遭自然风化和人为损伤，其文部分缺笔或刻道较浅，但经对照拓本和原碑文反复判辨考证，不难看出：

第一字，为上下结构，上半部为"白"，仅撇部刻道较浅，但能识读；下部第一横画较为清楚，对照原碑和拓本及照片，用放大镜观察，依稀可辨为"王"字。从"白"从"王"，为"皇"字。因此第一字可判读为"皇"。

第二字，是左右结构，左半部点、横折撇，仅折部断笔，点、横、撇可辨，可视为"氵",可释为"礻"部。右半部不清无法判读。

图 1　毕昇的墓碑

(1990 年在湖北英山草盘地镇五桂墩村发现)

"皇[礻]"应为皇帝纪年,查北宋皇帝纪年冠"皇"字的年号仅有宋仁宗赵祯于公元 1049 年 2 月 4 日改元为皇祐元年正月初一日之"皇祐"。据此可推断该碑文下款第一、二字为"皇祐",全文为"皇祐四年二月初七日志造"。恰是"庆历(1041—1048)中,有布衣毕昇又为活板"①之后的 1052 年。毕昇死后下葬于皇祐四年(1052),其卒年当在这之前,这与毕昇卒于皇祐三年(1051)的传统说法相吻合。

毕昇墓碑的造型及花纹装饰是北宋时期常见的一种形制,其周边所饰连枝云纹,是宋代带共性的一种装饰图案,它脱胎于唐代的忍冬花纹,与缠

① 〔北宋〕沈括:《梦溪笔谈》卷十八《技艺》。

枝纹共存于宋朝始末。江苏泰州宋故姜司马姜仁惠，卒于嘉祐元年(1056)，墓中出土完整墓志铭一合，其四周所刻连枝云纹图案与毕昇墓碑所饰相同。① 死于熙宁十年(1077)的张约，其墓志铭出土于山东济南南郊，周边所饰“连枝纹”与毕昇墓碑所饰连枝云纹相同。② 从考古类型学可证明毕昇墓当为北宋中期偏前。

毕昇墓碑所饰花纹和墓主人名讳充满浓郁的佛教和迷信色彩。碑心所施华盖宝顶当属“金像辇”之宝盖，两旁所饰圆饼，应为宝盖四面所垂金铃在碑上的平面正视③；周边所饰连枝云纹，寓意“与神通”“辟恶鬼”④。其妻李氏，在家奉佛，成为居士，“妙音”当为受戒时由本师授予的法号，是故，墓碑上对毕昇之妻李氏不用传统“孺人”称谓，而称法号。

(二)毕文忠墓考

据毕昇墓碑铭载，毕昇有四男三孙，毕文忠是毕昇孙男。继毕昇墓发现后的1993年5月，距毕昇墓地西南9千米的过路滩乡王湾葫芦地发现了毕文忠墓。该墓保存完好，墓向为340°、墓碑亦为竖梯形圆头式，并与基座成榫卯结构连成一体，通高135厘米，碑高121厘米、宽74~80厘米、厚11~19厘米，基座宽110厘米、高14厘米、厚57厘米，榫头插入基座卯孔，非常严密，周边饰连枝云纹，碑中上部饰宝珠华盖，下部饰笑莲一朵。碑为变质岩青灰石凿成，岩体中的石英颗粒突出于碑面，风化严重，故碑文多有脱笔、缺笔现象，反复对比拓本和原碑，可辨认碑中间阴刻楷书“故□□毕⃞公⃞文忠神主墓”，中间两旁“□□三⃞儒⃞人、张□四⃞□人”，上款：“□□□元⃞年十一月□”，下款“戊寅年十二月廿⃞九日造⃞，孝男：马潮、马未立”。

此碑应为毕文忠同二位夫人的合葬墓碑，其上款应为皇帝年号，可惜

---

① 《江苏泰州北宋墓出土器物》，《东南文化》1987年第3期，第67页。

② 《〈张约墓志铭〉的撰文者张掞》，《文物》1987年第3期，第82页。

③ 〔北魏〕杨衒之：《洛阳伽蓝记》。

④ 〔西汉〕司马迁：《史记·封禅书》。

缺笔难于判读,所幸下款“戊寅年十二月十九日”清晰可辨。“戊寅”,为干支纪年,结合上款和毕昇下葬年考证,当为北宋哲宗赵煦年号元符元年(1098),是年恰是干支纪年“戊寅”年,上距毕昇下葬年皇祐四年(1052)47年,是完全相符的。孝男“马潮、马未”,应是毕文忠之子“毕马潮、毕马未”省去姓氏的称谓。

毕文忠墓碑形制、花纹、墓主人名讳称谓风格与毕昇墓碑无异,是北宋时期共同的特征,周边所饰连枝云纹刻道较之毕昇墓碑为细密,所见字体结构不及毕昇碑文古朴,为宋体字,显得成熟,从考古类型学上分析毕文忠墓,亦应晚于毕昇墓。

如果说毕昇墓碑所反映的佛教色彩浓郁,那么,毕文忠墓碑所反映的佛教色彩则更为强烈,其上所施宝盖、金铃刻饰更加抽象,其下所饰莲花即为佛座莲台,比毕昇墓碑所饰更为完善。

(三)相关发现及意义

毕昇祖孙墓葬在英山草盘地一带相继发现并非偶然。除此外,这一带还发现有明永乐六年(1408)“毕君原亮十秀才墓”等数座毕氏家族墓葬。当地流传甚广的所谓“毕宰相府”旧址六处之多,这些地面还能见到瓦砾和大型建筑构件,诸如石柱础等。还有20世纪50年代通过航摄按国际分幅标明的1∶50000地形图,所标明的“毕家铺”“毕家坳”“毕家畈”等地名一直沿用至今。尽管此地今无毕姓聚居,但可证明约在宋、明时期这里毕姓甚众,并可能出现了一些小官吏,“宰相”则应是当地对大小官吏的尊称。于是,“毕宰相府”应运而生。

(四)毕昇籍贯

关于毕昇籍贯,一直无文献记载可考,自宋以来是悬而未决的疑案,有的学者说他是钱塘(杭州)人,也有学者说他是益州(成都)人。

钱塘说者,依据《梦溪笔谈》的记载,认为沈括的生年略后于毕昇,毕昇发明活字时,沈括只有十多岁,两人均为钱塘人。又据《梦溪笔谈》载,毕昇死后，其印为沈氏子侄所得，由此可见，他对毕昇活字印刷是比较了解的，“因此毕昇可能也是杭州一带人”①。其说当属推测，不足为证。

益州说者，仅清人李慈铭，今北京图书馆藏李越缦藏本《居易录》（清人王士祯著）卷二十五：“活字版起于毕昇，宋时人。”在“时人”之下旁有墨笔注“益州人”三小字②。李氏此说不见根据，不足为信。

湖北英山发现毕昇及其后裔墓地，有碑文为证，与沈氏《梦溪笔谈》中的记载吻合，又与传统认为毕昇卒年相符。因此，活字印刷术发明者毕昇应是英山人。

二、毕昇活字印刷的科学性

我国北宋时期杰出的科学家沈括，在晚年所著述的笔记体文集《梦溪笔谈》，是“中国科学史的里程碑”③。自刊行后，历代刊本不绝，主要有宋乾道本，元大德本，明弘治本、稗海本、津逮本、崇祯本，清学津本和四部丛刊本等，所记录的平民毕昇发明活字印刷术，是浩如烟海的古籍中唯一记载毕昇的文字，其科学性已被后学所证实。虽然历代文人依此做过很多著述，但未超出沈氏之记载。现根据元大德本抄录如后：

> 板印书籍，唐人尚未盛为之，自冯瀛王始印五经，已后典籍，皆为板本。庆历中，有布衣毕昇，又为活板，其法用胶泥刻字，薄如钱唇，每字为一印，火烧令坚。先设一铁板，其上以松脂、腊和纸灰之类冒之。欲印则以一铁范置铁板上，乃密布字印，满铁范为一板，持就火炀之，药稍熔，则以一平板按其面，则字平如砥，若止印三二本未为简易；若印数十百千本则极为神速。常作二铁板，一板印刷，一板已自布字，此印者才毕，则第二板已具，更互用之，瞬息可就。每一字皆有数印，如

① 张秀民：《中国印刷术的发明及其影响》，人民出版社 1958 年版。
② 张秀民：《中国印刷术的发明及其影响》，人民出版社 1958 年版。
③［英］李约瑟：《中国科学技术史》第 1 卷。

"之""也"等字,每字有二十余印,以备一板内有重复者。不用则以纸贴之,每韵为一贴,木格贮之,有奇字素无备者,旋刻之,以草火烧,瞬息可成。不以木为之者,木理有疏密,沾水则高下不平,兼与药相粘,不可取。不若燔土,用讫再火令药熔,以手拂之,其印自落,殊不沾污。昇死,其印为余群从所得,至今保藏。①

毕昇死后,其活字印为沈括子侄辈所得并"保藏",由此可见他对毕昇活字印刷是了解的,故其记载应为信史。有关毕昇活字印刷的这段文字先后被译成法、英、德、俄文,传遍全世界并被世人所公认。

然而,对于毕昇所创胶泥活字的问题,国内外也有学者提出过怀疑,如"罗振玉以为泥不能印刷;胡适以为烧胶泥作字,似不合情理,也许毕昇所用是锡类;美国斯文格尔(C.T.Swingle)以为毕昇的活字是金属做的,所谓胶泥刻字,乃是作铸字的范型"②。

其实胶泥不仅可以做字,而且可以印书。清雍正年间,山东泰安州人徐志定,于1718年在泥活字上上釉创造了瓷活字,1719年春天印成了同邑人张尔岐所著的《周易说略》③。清代安徽泾县人翟金生,他是一个穷教书人,读了沈括《梦溪笔谈》所记的泥版,很感兴趣,在生活极端艰苦的情况下,同其子翟一棠、一杰、一新、发曾,孙子翟家祥,外孙查光鼎和学生左宽等,用毕昇遗法造十万多个泥活字,并分字形为大、中、小、次小、最小五号,"坚贞同骨角",他用自制的泥活字于1844年自编自印了《泥版试印初编》,现藏北京图书馆④;于1846年用泥活字印刷了清黄爵滋著述的《仙屏书屋初集》十六卷五册,现藏浙江嘉兴图书馆⑤;于咸丰七年(1857)又翻印

① 《梦溪笔谈》卷十八《技艺》。

② [英]李约瑟:《中国科学技术史》第1卷。

③ 《泰安县志·人物志》卷七,民国重修本,转引自《文物》1961年3期。

④ 《梦溪笔谈译注》,安徽科学技术出版社1979年版。

⑤ 此说见毛春翔:《古书版本常谈》,中华书局1977年版。另一说见《清代泾县翟氏的泥活字印本》,《文物》1961年第3期,认为此书是1848年5月印成,翟家印好四百部送往黄家,有书藏于故宫博物院;参见张秉伦:《关于翟金生的泥活字问题的初步研究》,《文物》1979年第10期。

明代翟氏老家谱，名为《水东翟氏宗谱》，封面上题有“泥聚珍版重印”字样，现藏北京图书馆。翟金生是根据毕昇的方法制造泥活字，并吸取了后来铜活字和铅活字制法，先作字模，再以字模制字的经验，发展了泥活字的制字方法。

毕昇烧土为活字的方法，传到邻近的朝鲜，称为陶活字，在20世纪30年代，朝鲜还保存着陶制大小活字200余个，不知是何年所制，日本所藏《性理喻林》《玉纂》《古今历代撮要》，据说都是陶活字本。①

考古学发现的早期活字印刷品中也能得到证实。浙江温州市郊的北宋白象塔，于1965年拆塔清理，清理中在第二层发现回旋式北宋《佛说观无量寿佛经》残叶，其阔13厘米、高9厘米，可辨认者计166字，为该经第四至九观一部分。字面布列密集，首尾相插，并出现倒字、漏字现象，纸面字迹可见轻微凹陷的“齿痕”迹象等，具有较为明显的活字印刷的本质特征，经专家们的反复研究，断定它是北宋活字印刷品无疑。② 此残经的绝对年代是北宋崇宁二年(1103)，该年上距毕昇首创活字版的庆历年50余年，当时使用活字印刷是完全可能的。无独有偶，不仅在文化繁荣的汉族地区，活字印刷被使用，就是在文化滞后的少数民族地区也发现有使用活字印刷的史实。1987年5月在甘肃省武威市新华乡缠山村亥母洞寺遗址中就发现了一批西夏文佛经、文书、唐卡等文物。1989年对其整理时，发现了一本西夏文泥活字版本折叠式长卷佛经《维摩诘所说经》下卷，共54面，面长28厘米、宽12厘米，每面7行，每行17字，计6400多字。根据同出的其他契约及记账单等，说明《维摩诘所说经》的印刷时间，最晚不迟于夏献宗乾定年间(1224—1226)。又根据经文第二行研究，说明该经最早应是西夏仁宗时(1140—1193)版本。该经文面印墨轻重不均，字体、行格歪斜，竖不成行，横不成线；有的字笔画生硬变形，竖不垂直，横不连贯。刻字时因刀刃挤占，向内或向外偏斜，形成方不为块，角不为角，出现明显断边、碰碎剥落之痕迹等。有泥活字版本的一切特征，它上距毕昇发明泥活

① 张秀民：《中国印刷术的发明及其影响》，人民出版社1958年版。

② 徐定水、金柏东：《温州市北宋白象塔清理报告》，《文物》1987年第5期，第1~14页。

字版 100 年左右,此时使用活字印刷更是可能。这两件早期活字印刷品是沈括关于毕昇活字印刷记述的科学实证。

三、两宋时期的英山

据文献记载,宋太宗至道年间(995—997),天下设十五路,“英山”(未建县,只是地域称谓)属淮南路蕲州蕲水县辖,淮南路版图东至大海,南达长江,西至湖北黄陂,北逾淮水,范围包括今江苏、安徽的淮北地区各一部分和河南的永城、鹿邑等县以及湖北黄陂、新洲、黄冈等地。到宋神宗熙宁五年(1072)淮南路分为东西两路①,“英山”属淮南西路蕲州蕲水县辖,淮南西路亦名淮西路,其版图包括今安徽凤阳、和县以西,余三至未变。宋哲宗元祐八年(1093),分蕲水县石桥镇复置罗田县,“英山”属罗田县辖。至南宋度宗咸淳六年(1270)分罗田县直河乡置英山县。至此,在中国历史上始有英山县。

中华人民共和国成立以来,英山县考古发现中以宋代文物居多,其中出土物不乏官窑生产的精美瓷器及其他重要文物,尤以宋墓中出土的买地券有文可考,甚有价值。

1.出土于今英山县城东门外的刘氏十三娘墓,墓主人卒于熙宁六年(1073)十一月二十一日,地券文记载她是“蕲州蕲水县直河乡安仁里河西保”人②。

2.出土于孔坊乡大屋基的田三郎墓,墓主人卒于熙宁十年(1077)三月初五日,下葬于同年十二月二十日,地券文载他是“大宋国蕲州蕲水县直河乡石桥里苦竹保”人。

3.与田三郎墓同出的孔氏十七娘墓,地券文载墓主人卒于熙宁十年四月初二日,与田三郎同时下葬,亦是“大宋国蕲州蕲水县直河乡石桥里苦

① 《宋史》卷八十八《地理志》:“淮南路,旧为一路,熙宁五年,分为东西两路。”
② 英山县博物馆藏买地券。

竹保”人①。

4.出土于今英山县城附近的郑昌四郎墓,墓主人卒于元丰元年(1078)十二月二十日,地券文载他是“蕲州蕲水县直河乡安仁里河西保”人②。

5.出土于今英山县城北的胡氏六娘墓,墓主人卒于元丰四年(1081)四月初一日,地券文载她是“大宋国淮南道蕲州蕲水县直河乡安仁里北场保中庄”人③。应为淮南西路。

6.出土于三门河乡郭家湾的谢文诣墓,墓主人卒于熙宁十年(1077)九月二十九日,下葬于同年十二月二十九日,地券文载他是“蕲州蕲水县直河乡”人④。

7.出土于英山县的余毅二郎墓,墓主人生于嘉祐三年(1058),卒于元祐二年(1087),下葬于元祐四年(1089),地券文载他是“大宋国淮南道蕲州蕲水县直河乡马安里湖陂保”人⑤。

8.出土于今英山县城附近的何延祚十郎墓,墓主人生于康定元年(1040),卒于崇宁四年(1105)正月二十二日,下葬于同年,地券文载他是“大宋国淮南道蕲州罗田县直河乡安仁里合安保”人⑥。当为淮南西路蕲州罗田县直河乡。

综上可见,未建县之前的“英山”属淮南路蕲州蕲水县直河乡;1072 年之后则属于淮南西路,州、县、乡未变;1093 年则由蕲水县划归罗田县辖。直河乡版图大致包括今之英山县全境,毕昇、毕文忠生活时代大体在这前后,直到 1270 年方设置英山县。这些已从出土的地券文中得到证实。因此,毕昇应为淮南路蕲州蕲水县直河乡人,毕文忠生活的淮南西路蕲州蕲水县直河乡,晚年则划归复置的罗田县直河乡辖。

---

① 英山县博物馆藏买地券。
② 英山县博物馆藏买地券。
③ 英山县博物馆藏买地券。
④ 英山县博物馆藏买地券。
⑤ 英山县博物馆藏买地券。
⑥ 英山县博物馆藏买地券。

四、沈括与英山

今之英山,在北宋时期属淮南路蕲州蕲水县直河乡,毕昇就生活在这一时期的直河乡北部。

沈括出生于钱塘(杭州),从小就随父沈周到过蜀中、闽中、泉州、开封、金陵、明州等地,其生活阅历十分丰富。至和元年(1054),24岁的沈括初仕海州沭阳县主簿,次年升任东海县令,之后多有擢升。到晚年仕途坎坷,被贬谪宣州(安徽宣城)、延州(陕西延安)、秀州(浙江嘉兴)。在他的一生中,可能数度来过淮南路所辖的蕲水县直河乡,即今之英山县,发现考察到毕昇发明的活字版,并对胶泥活字的生产流程、排版印刷工艺进行过科学研究。

1.嘉祐八年(1063),33岁的沈括进士及第,次年升任扬州司理参军,为淮南转运使张蒭所赏识,张向朝廷推荐他。是年沈括丧妻,张又把女儿嫁给沈括为继室。[①] 扬州是路治所在,任扬州司理参军的沈括有可能到所辖之"英山",也可能随岳丈到淮南路的"英山"。

2.熙宁八年(1075),是年七月,45岁的沈括任淮南、两浙安抚使[②]。"英山"属淮南西路蕲水县辖。

3.熙宁十年(1077),47岁的沈括,是年二月详定江、淮盐法。[③]

4.元丰五年(1082),52岁的沈括,于十月被贬均州团练副使,安置在随州。次年居随州法云禅院。[④]

5.元丰八年(1085),55岁的沈括迁秀州(嘉兴)团练副使,自随州经安陆、汉口东下,隆冬抵秀州,沿途考察江、汉间地理,确定古云梦所在。[⑤] 以

---

① 《东都事略》卷八十六《沈括传》,《长兴集》卷二十九《张公墓志铭》。

② 《续资治通鉴长编》卷二六六、卷二七九、卷二八〇。

③ 《续资治通鉴长编》卷二六六、卷二七九、卷二八〇。

④ 《宋史》卷十六《神宗纪》,《续资治通鉴长编》卷三二九、卷三三〇。

⑤ 《长兴集》卷十六《秀州谢表》,《梦溪笔谈 · 云梦考》,《长兴集》卷十,《王荆公年谱考略》卷二十四。

上史料证明,沈括有五度来英山的可能,接触到毕昇发明的活字版,并带回家乡钱塘(杭州),让其“群从”保藏。

五、毕昇与毕升

《梦溪笔谈》卷十八记载了平民毕昇发明胶泥活字版。卷二十载:

祥符中,方士王捷。本黥卒,尝以罪配沙门岛,能作黄金。有老锻工毕升,曾在禁中为捷锻金。升云:“其法为炉灶,使人隔墙鼓鞴,盖不欲人觇其启闭也。”其金,铁为之,初自冶中出,色尚黑。凡百余两为一饼,每饼辐解凿为八片,谓之“鸦嘴金”者是也,今人尚有藏者。

毕升不仅是铁匠,也是冶金匠。因此,法国人儒莲于1847年把毕昇译成铁匠(un forgeron),此后很多外国学者就照他译成铁匠(smith)或(black smith)。国内学者王国维亦如是说,他在批校的崇祯马元调刻本《梦溪笔谈》所记毕昇活字版条上有亲笔眉批:“‘卷二十云,祥符中有老锻工毕升曾在禁中为王捷锻金’云云,当即其人。”①这位“老锻工”毕升,是否就是活字版发明者毕昇呢?不是。

据载,“老锻工”毕升生活在宋真宗大中祥符年间(1008—1016),而毕昇在庆历年间(1041—1048)发明活字印刷,两者相距三四十年,如是一人,则很难想象祥符年间的老艺人毕升再活约40年,接近百岁时发明活字印刷,更何况“昇”与“升”字音同形不同。

“毕昇”与“毕升”音同,“昇”与“升”义随着时代的先后亦有差异。《说文解字》卷十五斗部,升:“十龠也,从斗亦象形,识蒸切。”卷七日部,昇:“日上也,从日升声,古只用升。识蒸切。”说明在早期只有“升”,而无“昇”。随着社会的发展,贫富分化加剧,量器“升”在实际生活中的使用频繁和不可或缺,随着文化的繁荣,原“升”字远不能适应人们新的需要,故

① 张秀民:《中国印刷术的发明及其影响》,人民出版社1958年版。

从“升”字中分离出以“上升”“进级”为主义的“昇”字。在现代汉语中去繁就简，追寻古义，则用“升”来取代“昇”。

毕昇生活的宋代用字十分严格，避讳成风，“昇”与“升”是有严格区分的，因此，沈括《梦溪笔谈》卷十八所记载的活字印刷者“毕昇”和卷二十所载老锻工“毕升”不是同一人。

毕昇墓地，紧依东河，前面为一山谷盆地——毕家畈，是今之鄂、豫、皖三省交界处，毕昇生活的宋代属淮南路蕲州蕲水县直河乡。这一地区直到1932年一直隶属今之华东地区，因此，在政治、经济、文化上与华东地区交往频繁。在宋代，这一地区北上占有汴梁之地利，东下可通过安庆过大江接受当时中国文化繁荣的另一中心杭州地区先进文化的传播和辐射。沈括有可能数度来到“英山”，对毕昇所创胶泥活字版进行考察、研究、收藏，并记录在《梦溪笔谈》中传诸后世。

至于，沈括记载活字版的原料胶泥、松脂、腊，在英山更是资源不乏。

这一切说明英山在宋代已基本具备历史、地理、经济、资源条件，它对于毕昇发明活字印刷术是有一定意义的。在英山不仅发现了毕昇墓，而且还发现了其后裔毕文忠墓，加之相关发现，这绝非偶然，只能证明活字印刷术发明家毕昇是英山人，其卒年和下葬年月也通过碑文得到考实，即卒于皇祐三年（1051），下葬于皇祐四年（1052）二月。

（原载：《中国科技史料》1994年第2期）

湖北英山发现的毕昇墓中是活字发明家毕昇吗？

张树栋*

湖北英山草盘地发现毕昇墓，引起国内外学术界普遍关注。关注的焦点是"湖北英山毕昇墓中埋葬的真的是活字发明家毕昇吗？"为此，笔者应中国印刷工业协会会长、中国印刷博物馆筹备委员会主任范老慕韩先生之邀，同中国印刷工业协会柯庭耀同志、中国印刷技术协会田玉仓同志，于1993年11月2—8日，赴湖北英山草盘地做实地考察。承蒙湖北省新闻出版局、文化厅文管会和博物馆，黄冈地区出版局、文化局，英山县文化局、博物馆、县志办等单位领导的大力支持，得以目睹毕昇墓碑和相关文物以及出土现场；访问了省、地、县各级参与考察、鉴定的专家、工作人员和当地乡民，并听取其陈述；了解了毕昇墓碑的出土、考察和鉴定情况。鉴于英山毕昇墓的形制等情况已在《中国文物报》（1993年7月4日第3版）、《科技日报》（1993年8月1日第2版）等不少报刊上做了较为详细的介绍和报道，本文仅就英山毕昇墓中埋葬的是不是北宋活字发明家毕昇这一课题做简要论述。

一、湖北英山为毕昇故里确定无疑

自1990年7月发现毕昇墓碑并上报当地政府迄今，英山县有关部门在对毕昇墓进行长达三年的勘察中，又发现了毕昇之孙毕文忠等毕氏坟墓，收集到不少有关毕氏的传说，找到了被认定为毕昇后裔的太湖高山毕氏族谱，并于1993年10月中旬召开历时四天，有武汉大学历史系考古研

* 张树栋，中国印刷科学技术研究所副编审。

究室教授杨宝成、湖北省文管会研究员孙启康、湖北省博物馆研究员谭维四、湖北文物考古研究所研究员王劲等著名考古专家参加的鉴定会议，会议以毕昇墓碑的形制、花纹、结构和碑文为依据，以毕文忠墓碑等文物为旁证，认定英山县草盘地确系毕昇故里，毕昇墓碑立于北宋皇祐四年(1052)，墓主即我国北宋活字发明家毕昇。笔者是致力于印刷历史研究和学习的出版印刷工作者，由于对考古一窍不通，但经仔细、认真地实地勘察，也认为英山确是毕昇故里，然而，对英山毕昇是否就是北宋活字发明家毕昇仍有一丝疑虑。

二、英山毕昇真的是活字发明家毕昇吗？

笔者在英山实地考察中耳闻目睹有关毕昇古文物、族谱和传说，认定毕昇(按包括同名同姓者)故里在英山有余，说英山毕昇就是活字发明家毕昇则证据不足，笔者不得不以现存文物和考古专家们的鉴定为基础，对这一课题做进一步的分析和探讨。

1.英山毕昇墓碑上的“毕昇”二字，与活字印刷发明家毕昇音同字同，且清晰可辨，加之毕昇孙男毕文忠及其他毕氏墓之发现为旁证，英山草盘地为毕昇故里确定无疑。

2.毕昇墓碑和毕文忠墓碑上的年款是确定毕昇卒年和是不是活字发明家毕昇的极为重要的实物证据。仔细观察碑文和拓片，毕昇碑文年款确系孙启康文(7月4日《文物报》第3版，8月1日《科技日报》第2版)所述，为“皇□四年二月初七日”。其中“年二月初七日”易辨；“皇、四”二字虽模糊，但可辨认；第二字字形偏扁，近于“祐”字。虽考古鉴定为“皇祐四年二月初七日”，但为慎重计，笔者又查阅了宋元明清四朝的帝王纪元，以寻找可能存在的其他因素，在宋元明清四朝，帝王纪元首字冠以“皇”字者，仅有北宋“皇祐”和元朝“皇庆”，而元之“皇庆”仅有二年，加之，毕文忠碑立于“戊寅”年，元皇庆后第一个戊寅年为1338年，毕文忠时年不足30岁(据毕昇碑文文忠最小推断)，根据民俗尚非立碑年龄，据此，元皇庆可以排除,宋皇祐后的第一个戊寅年是 1098 年,距毕昇逝世 47 年,其时毕文忠已 50 余,符合人寿规律,由上述可以断定,毕昇卒年非“皇祐”莫属。

3.上述能以断定毕昇是英山人,葬于北宋皇祐四年,即公元 1052 年,然世间巧合颇多,仍不宜断定这位英山毕昇就是北宋发明活字印刷术的发明家毕昇,笔者不得不再做这样的深入探讨和推论:

(1)北宋人口数千万,人口虽多但姓氏亦众,毕姓又是小姓,加之可用作人名的升字的同音字有“升”“生”“声”等多种,与活字发明家毕昇重名重姓、音同字同,而又年龄接近的可能性非常小。

(2)宋代的英山属淮南路,有邮路和驿站,是从洛阳、开封通往南方的交通要道,这里人文水准较高,又邻近造纸刻书盛地。在雕版印刷黄金时代的宋朝,英山必有刻书活动,毕昇从业刻书并转赴刻书中心杭州,在杭州发明了活字印刷,在情理之中。

(3)毕昇逝世前后,恰逢沈括守父丧居杭州之时,当时括虽未入仕,但已成年,又酷爱科学技术。括于杭州守父丧闲居,结识毕昇并了解新发明的活字印刷术几乎势在必然。昇死,因其活字印刷质量比不上雕版印刷而难以推广,由沈括收藏古物的子侄所藏,亦在情理之中。

从上述不难看出,说英山毕昇即活字印刷发明家毕昇虽无确证,但巧合之处如此之多,说明英山毕昇即活字发明家毕昇的可能性非常大,笔者认为:“在没有发现更为确切的文献和文物证据之前,把英山毕昇认定为北宋活字印刷发明家毕昇是适宜的。”

三、赘语

毕昇是中国也是世界上的伟大发明家,勘察、考证和研究毕昇生平是件极其严肃的事情,这是历史赋予我们,尤其是英山人的历史使命。期望在勘察考证中能够坚持实事求是的科学态度,万不可像搞文学创作那样夸张和虚构。摆在我们面前的首要任务是通过进一步地勘察、考证和整理,获取更加充实的文物资料，以无可辩驳的史实，进一步证明，英山毕昇确是沈括《梦溪笔谈》里记载的那位活字印刷发明家毕昇。

1993年11月6日于湖北英山

（原载：《中国印刷史》1994年第1期）

蕲州毕昇与活字印刷

李瑞良*

北宋的毕昇是世界公认的第一个创造活字印刷的发明家。关于他的发明,与他约略同时的沈括在《梦溪笔谈》中有专节介绍,这也是仅有的文字记载(江少虞的《皇朝事实类苑》也有类似记载)。但这个记载着重介绍毕昇发明的制作方法,对发明者毕昇本人只提到他的布衣身份,不及其余,连籍贯也没说。了解毕昇的生活环境和生平事迹,是研究中国出版史和文化史的一个重要问题,因为任何发明创造都不是孤立的,都是在一定的历史背景下各种主客观条件交互作用的结果。弄清毕昇的籍贯及其生平事迹,不仅可以更好地了解这一重大发明的诸多因素,而且有助于揭示宋代书籍文化的方方面面,特别是当时图书的社会需求和覆盖面、雕版印刷的地理分布以及书籍流通的地区网络等。毕昇籍贯问题之所以值得重视,原因就在这里。

毕昇是什么地方人,至今尚无定论。清末著名学者李慈铭说毕昇是益州人,但没有提供任何论据。今人张秀民先生在《中国印刷史》中根据沈括《梦溪笔谈》这一记载的行文语气,以及毕昇死后其活字为沈括子侄所得等情况,认为毕昇与沈家可能有亲戚关系,因沈括籍贯是浙江钱塘,又进而推测毕昇也是杭州人。但这毕竟是推测,所以张秀民先生也认为“关于毕昇的生平籍贯,至今仍是一个谜”(《中国印刷史》第二章)。

最近引起学术界注意的是 1990 年湖北英山县毕昇墓的发现。墓址在英山县城东北 41 千米的草盘地镇。经考古专家考证,结合文献记载,已在

---

* 李瑞良,福建人民出版社编审。

以下几点取得进展：

1.根据墓葬类型和墓碑造型及其边饰花纹，初步可以肯定这是宋墓；

2.墓碑阳刻“故先考毕昇神主，故先妣李氏妙音墓”字样，墓主名字与发明活字印刷的毕昇相同；

3.碑文下款为“××四年二月初七日”，头二字漫漶不清，但可以辨认第一字为上下结构，依稀可辨为“皇”字，第二字是左右结构，结合宋代帝王年号，可以推断为“皇祐四年”，与今人推测毕昇卒于皇祐三年相吻合。

以上几点虽然还有人质疑，还需要做进一步考证，但已可以初步肯定这是研究毕昇籍贯的一个重要线索。

为了解决毕昇籍贯问题，除上述几点有待考实外，还需要进一步论证的是，如果英山县的这个墓主的确是北宋庆历至皇祐年间人，那么，这个毕昇究竟是发明活字印刷的毕昇，还是同时代同姓名的另一个与活字印刷不相干的人？本文想就这方面谈谈。

在未找到直接证据以前，有必要从文化地理角度做一些宏观历史考察，探究毕昇所处的生活环境和他的活动范围，这将有助于问题的解决。

这里不妨暂时撇开蕲州英山，先从李慈铭的益州说和张秀民的杭州说谈起。

李慈铭说毕昇是益州(今成都)人，张秀民则推测为杭州人，这两个地方都是唐宋时期雕版印刷发达地区，说明李、张都认为活字印刷的发明离不开雕版印刷的发达，这是正确的。益州是雕版印刷最早发端的地方。现存最早的印刷品都是唐代的，其中有一件是唐僖宗中和二年(882)成都民间印刷的历书，上有“剑南西川成都府樊赏家历”字样。唐代的柳玭在《柳氏家训序》中记载了他在成都书市上亲眼所见的各种雕版印刷品，说：“其书多阴阳杂说、占梦、相宅、九宫五纬之流，又有字书、小学，率雕版印纸，浸染不可尽晓”，说明唐代后期成都的印刷作坊已有一定规模。历代版本学家都引用这条史料。到北宋初，益州地区的雕版印刷业已高度发达，一个重要证据是，宋太祖于开宝四年(971)敕遣张从信到益州写金泥字《大藏经》一部，第二年，又下令在成都雕刊我国第一部《大藏经》，从开宝五年

(972)开雕,到宋太宗太平兴国八年(983)完成,历时12年,共计5000余卷,经板13万块,规模之大可知。由此可见,在唐宋之际,四川成都不仅是我国雕版印刷的发祥地,而且是全国刻书中心之一。再说杭州,杭州是五代时吴越国钱氏政权的都城,拥有杭、嘉、湖和苏州平原之地利,经济文化发达,是当时东南的政治经济文化中心,雕版印刷也在此时兴起。1924年雷峰塔倒塌时发现的塔图和印经,说明杭州在唐末宋初也是一个雕版印刷发达地区,因此和益州、福建建阳麻沙并称为全国三大刻书中心。

值得注意的是,从地理位置来说,湖北蕲州(英山所属)正夹在益州和杭州这两个刻书中心的中间。蕲州英山在宋代属淮南路管辖。淮南路是宋代十五路之一,治所在扬州,辖境南至长江,东至海,西至今湖北黄陂、河南光山,北逾淮水,包括江北淮南的大片地区。宋神宗熙宁年中又分为东西两路,蕲州属淮南西路,这一片地区是江汉平原的侧翼,西靠武汉。江汉平原是长江和汉水的交叉地带,农业一向发达,武汉更是全国水陆交通重心和南北交通孔道。优越的地理位置使这个地区成为各个地区文化的汇合点,而英山正位于这个汇合点的边缘。此地东北与安徽接壤,是鄂、豫、皖三省交界处,东南可通安庆,北上可达汴梁,西沿长江可入四川。这样的地理位置和当时的行政区划联系起来,对我们了解活字印刷的发明,将是有帮助的。这就是说,宋代的淮南路所属地区,在杭州和益州这两个刻书中心的交互影响下,雕版印刷也逐渐兴盛。淮南路治所扬州在唐代已十分繁荣,富庶甲天下,时称“扬一益二”,和益州并为东西两个经济中心。早在中唐时,扬州一带就和杭州并称为雕印发达之地。唐穆宗长庆四年(824)任浙东观察使的元稹在为白居易《白氏长庆集》写序时提到:“扬、越间多作书模勒乐天及余杂诗,卖于市肆中也。”王国维认为这是刻印书籍的重要记载。《旧唐书·文宗纪》载唐文宗大和九年(835)“敕诸道府不得私置历日板”。此事起因是东川节度使冯宿到任后,发现所属州县民间私自印卖历书,流行于市。颁赐历书、更换正朔,原是皇帝的特权,民间为了牟利,竟赶在官历未颁之前出售私历,当然“有乖敬授之道”,于是奏请取缔。《册府元龟》卷一百六十载有冯宿奏疏,说明此事原委:

> 准敕,禁断印历日板。剑南、两川及淮南道皆以板印历日鬻于市。每岁司天台未奏颁下新历,其印书已满天下,有乖敬授之道,故命禁之。

这则记载透露,当时私人印卖的历书"已满天下",到处流行,特别是剑南、两川及淮南道是印卖历书的重点地区。请注意这里提到了淮南道,唐代的淮南道即宋代的淮南路。这是蕲州一带雕版印刷品流行的最早记载,说明包括英山在内的整个淮南道的雕版印刷在唐代已很繁盛。即使英山附近没有雕印工场,但雕印品已充斥于市,则是没有疑问的。毕昇生活在北宋前期,上距唐文宗大和年间已有100多年,他所在的蕲州地区,包括今江苏扬州、安徽歙县、江西洪州等地,雕版印刷都很发达,这些地区的刻本有些还流传到现在。举例说,记载毕昇事迹的《梦溪笔谈》现存最早的刻本就是宋孝宗乾道二年(1166)在淮南路刻印的。

总之,在宋代,湖北蕲州英山地带正位于东西两个刻书中心(杭州和益州)的两个辐射圈交界处,无论是雕版印刷术还是印刷品,都不能不在这一带流传。可以断言,生活在蕲州地区的人在北宋时早已接触到雕版印刷品。活字印刷是在雕版印刷的基础上出现的印刷技术上的飞跃,雕版印刷则是发明活字印刷的基础和前提条件,生活在蕲州地区的人已经具备了发明活字印刷的客观条件,在这种情况下,出现一个发明活字印刷的人才,就并不奇怪了。

当然,本文只是从客观环境方面论证蕲州毕昇发明活字印刷的可能性。要把这个可能性变为历史事实,还需要挖掘更多的历史资料,包括出土文物和文献记载,从中找到直接的证据。在文献记载方面,不应忽视有关的地方志和族谱资料。

(原载:《出版科学》1994年第4期)

毕昇籍贯及其发明活字印刷地点初探

张培华* 张树栋

一、引言

活字发明家毕昇的籍贯及其发明活字印刷的地点，因发明活字印刷的意义重大而受到人们的普遍关注。然而，由于有关毕昇生平、业绩的史料极为匮乏，或者说，有关毕昇的情况除北宋沈括著《梦溪笔谈》中的那段记载之外，别无痕迹可寻，致使关于毕昇籍贯及其发明活字印刷地点的研究和论述，皆处在猜测之中，均无实据。但这并不意味着对毕昇籍贯及其发明活字印刷地点的研究已经陷入绝境。从以往的研究和沈括著《梦溪笔谈》的有关记载中，完全可以理出一丝线索，尤其是可以结合近年来湖北英山发现的毕昇碑及其相关文物，加以去粗取精、去伪存真、符合逻辑的推理功夫，进而得出更合于客观实际、大多数人都能接受的结论。

仔细分析各家对毕昇籍贯及其发明活字印刷地点的论述，不难看出，在如下几个问题上已经或基本上得到共识。这就是：

1.活字印刷是在雕版印刷基础上发展而来的，能够发明活字印刷的人，必是长期从事雕版印刷业的人，甚至毕昇本人就是一位雕版印书的工匠。

2.毕昇发明活字印刷的地点，必在当时雕版印刷比较发达的地区，而且在这一地区，社会对印刷这一工艺技术有着广泛的需求，经常出现供不应求的局面。

* 张培华，工作单位为北京外国语大学。

3.沈括如此具体、翔实地记载、描述了毕昇发明的活字印刷术，说明沈括或其子侄(群从)与毕昇有着较为密切的联系。

笔者认为，上述三点是研究毕昇发明活字印刷地点的不可偏废的基本条件。

二、毕昇籍贯及其发明活字印刷地点研究上的误区

学术研究，难免步入误区，一旦进入误区，势必争论不休，难以自拔。就拿当前有关毕昇籍贯及其发明活字印刷地点的研究来说，毕昇其人和其发明活字印刷的地点，可能同出一地，也可能不在一地，不能混为一谈。把它混为一谈，势必出现一些于探寻毕昇发明活字印刷地点并无多大实际意义的争论。笔者认为，那种"因毕昇故里在英山，而断定其发明活字印刷也必在英山"；或者，以"英山历史上不具备发明活字印刷条件、沈括也未到过英山"为由，从而断定毕昇故里不是英山的观点都未必见妥，因为人是可以流动的。历史上，譬如毕昇所在的宋朝，有不少刻工离乡背井，到外地谋生。尤其是当时的刻书中心城市都集中了不少来自各地的优良刻工。张秀民先生在其《略论宋代的刻工》一文中明确指出：

> 宋刻工不只在原籍镂版，能工巧匠往往被请到外路刊书。……绍兴十六年淮南转运司刊王怀隐等编撰的《太平圣惠方》，分一半在舒州(今安庆)刻，内有蕲州周亮，建州叶濬、杨通，福州郑英，庐州李胜等，汇集了淮南西路、福建路等刻工，不幸同一天为雷电击毙。可知当时刻工流动性很大。①

由此可以推论：既然宋朝刻工流动性很大，蕲州周亮可以到舒州去刻《太平圣惠方》，那么同是蕲州(蕲州古辖英山)的毕昇自然也可以走出英山，到外地谋生，从事刻书并发明了活字印刷。因此，研究毕昇籍贯及其发明活字印刷地点，只有走出"将二者混为一谈"这个误区，才能深入地研究

① 张秀民：《略论宋代的刻工》，《中国印刷》1994年第2期。

下去，进而逐渐贴近历史的真实。

三、英山是毕昇故里似可确认

英山是不是毕昇故里，关键在于英山发现的那方“毕昇墓碑”能为此提供多少和何种程度的证据。对此，笔者认为：“在没有发现更为确切的、足以否定英山毕昇即北宋活字印刷发明家毕昇的文物或文献证据之前，把英山毕昇认定为活字发明家毕昇是适宜的。”理由是：

1.英山毕昇墓碑上的“毕昇”二字，与北宋活字印刷发明家毕昇不仅同名同姓，而且音同字同，在人口虽多但姓氏亦众，毕姓又是小姓的北宋，同名同姓者的可能性非常小。张秀民先生在其为第一届中国印刷史学术研讨会撰写的论文——《略论宋代的刻工》中明确指出：

> 宋刻工姓氏可考者，约有一百六十一姓。以王、陈、李、张、刘姓为最多。王姓刻工约八十人，陈、李、张、刘各约六十人。其他各姓或十人、或数十人左右，稀姓仅一二人。

需要着重指出的是：张老先生提供的数据是包括北宋、南宋在内，仅一百六十一姓可考的刻工。毕姓很可能不在其中，即使在这一百六十一姓中，也必是稀姓，最多也不过一二人。况且，英山毕昇与活字发明家毕昇卒年亦同。会有重名重姓的可能吗？

2.判明英山毕昇是不是北宋活字发明家毕昇的最重要的依据，是毕昇碑上那行年款。目睹过毕昇碑文的专家学者所发表的文章，几乎都说这行年款为“皇□四年二月初七日”。若此，则此碑非活字发明家毕昇莫属。因此碑已经专家鉴定为宋碑，且于1994年被国家文物局定为馆藏一级文物。退一步讲，即使此碑为宋元时期物，也因元代“皇庆”纪年仅二年，而毕昇碑年款上的“四”字明晰可辨，元碑亦可排除。排除元，则必为宋。宋之皇祐四年恰在毕昇发明活字印刷之后数年，且与以往胡道静等专家学者对毕昇卒年的考证、判断相符。①

3.1993 年 10 月,在湖北英山召开了有数名著名文物考古专家参加的鉴定会。会议以毕昇碑的形制、花纹、结构和碑文为依据,毕文忠墓碑等文物资料为旁证,认定英山县草盘地确系毕昇故里,毕昇墓碑立于北宋皇祐四年(1052),墓主即我国北宋活字发明家毕昇。笔者尊重专家们的鉴定,认为专家们的鉴定意见是可信的。

四、毕昇发明活字印刷的地点在杭州

前已述及,将毕昇籍贯与毕昇发明活字印刷的地点混为一谈是不可取的。毕昇故里在英山,其发明活字印刷的地点可能在英山,也可能不在英山,以英山发现的毕昇碑和沈括《梦溪笔谈》上有关毕昇发明的活字印刷术的记载为依据,结合胡道静、李希泌、张秀民、廖公弦、项弋平、曹之等学者的考证和判断,笔者认为,毕昇发明活字印刷的地点很可能是在杭州。理由是:

1.毕昇生在英山,从业他乡,死于任所。这有碑文为证。毕昇碑的中间阳刻两行大字(图 1):

故先考毕昇神主
故先妣李氏妙音 墓

这两行竖刻碑文的"毕昇神主"四字,明确表明此墓是以毕昇的灵牌与其妻李氏妙音同穴而葬的"招魂葬"墓。招魂葬是中国古代习用的一种葬礼,流行至今。用于夫妻死于异地,尸骨不能合葬,各以灵牌代之。对"神主"一词的解释,各辞书基本一致。《现代汉语词典》的释文最为简单、明了,为"写着死人名字的狭长的小木牌,是供奉和祭祀的对象"。毕昇碑碑文本身提供的毕昇死于外地的证据应该说是确凿的。而这个外地自然是他的任所——一个雕版印刷发达之地。

---

① 认定和标明毕昇卒年为 1051 年前后的专家和刊物有胡道静、《辞源》、《辞海》。

图 1　毕昇墓碑

2.活字印刷的发明,必出在雕版印刷发达之地。北宋时期雕版印刷中心有杭州、益州、汴京、福建等多处,其中以杭州为最。五代时期,杭州偏安一隅,免遭战乱,经济、文化乃至宗教事业都相当发达。北方的能工巧匠因避战祸,纷纷南迁,致使杭州的刻书业如雨后春笋,蓬勃发展,逐渐成为全国的刻书中心。就连当时北宋首都汴京国子监校定《九经注疏》《十七史》以及重要的字书、医书、算书等,也要送到杭州刻版。[①] 宋代叶梦得曾说:"天下印书,以杭州为上,蜀本次之,福建最下。"毛春翔著《古书版本常谈》也说:"宋刻本,就地方而言,杭州刻的最精,蜀本次之,建刻最下。那些所谓国子监本,绝大部分是杭州刻的。"显然,杭州具备活字印刷发明的条件。

3.杭州是沈括的祖居之地,是沈括或其子侄结识毕昇机会最多、可能性最大的地方。尤其是毕昇逝世之日,恰是沈括因居父丧而居于杭州长达三年之久之时。此时的沈括年已 21 岁。自幼喜爱科学而又聪颖过人、学识渊博的沈括,到了 21 岁,恐怕不大可能放过结识毕昇,了解和记载毕昇

① 项弋平:《宋代杭州的刻书与毕昇发明活字印刷的地点》,《文献》第 18 辑,书目文献出版社 1983 年版。

发明活字印刷这一机会。退一步讲,即使沈括没有直接接触毕昇,“至今宝藏”着毕昇发明的活字印刷工具、材料的“群从”,与毕昇结识可能性最大的地点也是他们祖居之地——杭州。

4.迄今,对于毕昇发明活字印刷地点的说法大约有益州、建安、汴京、蕲州、杭州等五种。其中,认为在杭州的人最多。著名中国科技史专家胡道静,于1957年撰文《活字板发明者毕昇卒年及地点试探》,阐述他多年研究成果,认为毕昇籍贯在杭州,逝于皇祐年间(1051年前后);著名印刷史专家张秀民,以沈括祖居杭州为据,认为毕昇是杭州一带人;电影《毕昇》作者、贵州省作协副主席廖公弦,为编写剧本,苦心探索,得出毕昇是杭州人的结论;电影《毕昇》导演于得水,跑遍全国13个城市进行考察,最后认定毕昇是杭州人,所以影片场景表现的多是杭州西湖;李希泌、蔡景峰等编写的《中国古代科学家的故事》①中有关毕昇部分,认为毕昇发明活字印刷的地点是杭州。此外,北京大学的宿白教授、《宋代杭州的刻书与毕昇发明活字印刷的地点》的作者项弋平、武汉大学教授曹之等学者,也都认为毕昇是杭州人。如此多的专家学者,都认为毕昇发明活字印刷的地点在杭州,这从一个方面,也说明毕昇从业杭州具有较大的可能性。

5.全国政协委员、国家文物鉴定委员会副主任委员史树青老先生,于1995年12月下旬亲赴英山,对毕昇墓碑及其相关文物进行实地考察。在察看了毕昇碑的地理位置、方位和向背之后,认为此碑中心阳刻系毕昇牌位,加之有神主二字,说明毕昇死于外地,其碑面向东南,则说明毕昇死于苏杭一带。史老的科学论断,无疑大大增加了毕昇发明活字印刷的地点在杭州的可信性。

五、结语

对笔者本文所持观点,可做如下归纳:

1.1993年10月中旬,湖北省著名文物考古专家在英山做历时四天的

---

① 中国少年儿童出版社1984年版。

实地考察,并做出鉴定。鉴定认为“英山县草盘地确系毕昇故里,毕昇墓碑立于北宋皇祐四年(1052)、墓主即我国北宋活字发明家毕昇”。笔者尊重专家们的正式鉴定,认为专家的鉴定意见是可信的。需要指出的是,专家的鉴定意见,只是确认英山是毕昇故里,并未提出毕昇发明活字印刷地点问题。

2.迄今所有对毕昇籍贯及其发明活字印刷地点的论述,虽均无实据,但认为是杭州的占绝大多数,这绝不是偶然的巧合。胡道静、张秀民等专家皆以治学严谨著称,绝不妄言,这从一个侧面说明,毕昇从业杭州具有很大的可能性。

3.以往有关毕昇籍贯的论述,多将毕昇籍贯与其发明活字印刷的地点混为一谈。客观上,毕昇可以在原籍就业,也可到外地谋生。碑文“毕昇神主”四字是毕昇死于他乡的证据。因此,无论因毕昇故里在英山而视其发明活字印刷也必在英山,还是因英山不具备发明活字印刷条件、沈括也没到过英山,而断定英山不是毕昇故里,都是不可取的。

4.杭州是北宋刻书中心,其发达、繁荣程度远胜于益州和汴京,更非蕲州可比。而更重要的是沈括祖居杭州,且于毕昇逝世前后正在杭州守丧闲居,具有与毕昇直接联系的可能性。退一步讲,即使沈括与毕昇无直接联系,其居于祖居之地的子侄们必与毕昇有直接交往。非此难以解释毕昇遗物由沈括之“群从”宝藏,且沈括《梦溪笔谈》记载又如此缜密、翔实,因此,笔者认为:毕昇故里在英山,其发明活字印刷的地点是杭州;毕昇之妻李氏妙音先于毕昇而辞世,毕昇于北宋皇祐三年(1051)在杭州逝世后,其子孙于皇祐四年(1052)在原籍英山县草盘地镇五桂墩村为毕昇立了现存的这方招魂葬墓碑。

主观见解,不一定正确,欢迎批评、指教。

(原载:《中国印刷史学术研讨会文集》,
印刷工业出版社 1996 年版)

论毕昇的身份及其发明活字印刷术的动因和过程

刘崇民*

活字印刷术是北宋毕昇（？—1051）发明的，是我国古代对世界文明发展有巨大影响的四大发明之一。有关这一重大发明的文章著作不少，但大多数是重复沈括（1031—1095）的记述，缺乏深刻的解析，这影响了世界对活字印刷术发明于中国古代的进一步认同。为有助于解决这个问题，笔者从全新的视角，审视史料，就毕昇的身份、发明活字印刷术的动因、过程做探讨，抛砖引玉，就教方家。

对毕昇发明活字印刷术，古籍中只有北宋沈括的简要记述。研究活字印刷术发明，分析沈括的记述十分重要。沈括的记述如下：

> 庆历中，有布衣毕昇，又为活板。其法：用胶泥刻字，薄如钱唇，每字为一印，火烧令坚。先设一铁板，其上以松脂、腊和纸灰之类冒之。欲印，则以一铁范置铁板上，乃密布字印。满铁范为一板，持就火炀之；药稍熔，则以一平板按其面，则字平如砥。若止印三二本，未为简易；若印数十百千本，则极为神速。……不以木为之者，木理有疏密，沾水则高下不平，兼与药相粘，不可取。不若燔土，用讫，再火令药熔，以手拂之，其印自落，殊不沾污。昇死，其印为予群从所得，至今保藏。①

---

* 刘崇民，中华铁路总工会组织部部长。

① ［宋］沈括原著，胡道静、金良年、胡小静译注：《梦溪笔谈全译》，贵州人民出版社1998年版，第576~577页。

一、关于毕昇的身份

由于沈括字面上只道其“布衣”,许多学者便做出了推测。概括起来有三类。一是不提毕昇的身份,只说他是宋代发明家①。二是笼统地称毕昇为工匠。如“能工巧匠”②“工匠”③“天才工人”④“民间艺人”⑤“普通劳动人民”⑥。三是进一步推论毕昇的身份是印刷工。如“印刷工”⑦“刻版工匠”⑧“中国刻工”⑨。这些说法都不够准确。对毕昇的身份,实际上沈括不仅仅说他是“布衣”,还指出了细节。一是毕昇有发明活字印刷术所需的人力、物力、财力。毕昇制造大量泥活字,需要选土、制泥、做字坯、刻字、烧硬;而烧硬成陶活字又需要制窑、用火;排版需要制造排字铁底盘和铁框,要有固版用的松脂、腊等。这些是需要大量的财力、物力和人力的。可见,活字印刷术的发明不是一个人能够完成的。如果毕昇只是一个普通的雕版工匠、一名印刷工,是无此财力来发明活字印刷术的,也是无法组织指挥多名工匠或学徒参与发明活字印刷术的。因此,毕昇起码是雕版印刷作坊的业主。二是从昇死其印为予群从所得来看,毕昇发明的这一套活字是其私人财产,死后交给了沈括的子侄辈。如果毕昇的身份是印刷工、刻

---

① 《辞海》(缩印本),上海辞书出版社 1999 年版,第 3846 页,2009 年版,第 143 页。

② 来新夏等:《中国古代图书事业史》,上海人民出版社 1990 年版,第 208 页。

③ 葛金芳:《中国经济通史》第 5 卷,湖南人民出版社 2002 年版,第 405 页。

④ 张树栋等:《中华印刷通史》,台北财团法人印刷传播兴才文教基金会 2004 年版,第 393、396、409~410 页。

⑤ 李万健:《中国古代印刷术》,大象出版社 1997 年版,第 72 页。

⑥ 张秀民:《中国活字印刷简史》,《中国印刷史料选辑——活字印刷源流》,印刷工业出版社 1989 年版,第 11 页。

⑦ 潘吉星:《中国金属活字印刷技术史》,辽宁科学技术出版社 2001 年版,第 17 页。

⑧ 冯国超主编:《中华文明史》第 2 卷,光明日报出版社 2002 年版,第 21 页。

⑨ 恒慕义撰,刘修业译:《中国活字印刷术之检讨》,《中国印刷史料选辑——活字印刷源流》,印刷工业出版社 1989 年版,第 103 页。

板工,应是被雇用的劳力①,其发明的活字印刷术实物是属于雇用他的作坊主的,财产权不在毕昇,因而毕昇也无权支配。由此也可以推论,毕昇的身份不是印刷工、刻板工,而是雕版印刷作坊主。

二、关于毕昇发明活字印刷术的动因

毕昇是不会无缘无故发明活字印刷术的。新发明活字印刷术来印刷书籍,其投入较雕版印刷要大,而活字印刷的书籍并不能比雕版印刷的书籍多卖钱。因此,毕昇发明活字印刷术的原因只能有两种情况:第一是不计代价为自己印书,第二是他人不计代价让其印书。

分析第一种情况。从毕昇以后较早采用活字印刷术的情况看,率先采用活字印刷术的不是雕版印刷作坊主,而是为自己印书的有识官员。如南宋名相周必大(1126—1204)用沈括记述的方法,以胶泥铜板移换摹印了他所著的《玉堂杂记》。又如,元代先后在安徽旌德、江西永丰任县尹的农学家王祯,为印刷自己撰写的《农书》,命工匠刻制木活字三万多个,并首先用这套活字印刷了《旌德县志》一百部。② 这些有识官员,有印刷自己的著作或者所编撰书籍的需要,又能承担得起刻制活字排版印刷书籍的高额费用。而毕昇则不然,毕昇作为布衣,可能没有自己编撰的著作,更无自己编撰的著作可印。毕昇为大量印刷自己的著作而发明活字印刷术的可能性很小。毕昇发明活字印刷术的动因,显然来自外部,即第二种情况。

分析第二种情况。毕昇作为雕版印刷作坊主,从事印刷是要营利挣钱的。由于怕亏本,毕昇因正常印书而自发、主动发明活字印刷术的可能性不大。要使毕昇以发明活字印刷术来印书,又不亏本,还能多挣钱,最合理

---

① 宋代规模较大的书坊通常设有编辑、雕刻、印刷、装裱、校对等多道工序,这些工序一个人无法完成,需要雇用若干甚至众多劳力。(石莹、张星久:《宋代的商品经济与经营管理》,尹进主编《中国古代商品经济与经营管理研究》,武汉大学出版社 1991 年版,第 276、296 页)

② 张树栋等:《中华印刷通史》,台北财团法人印刷传播兴才文教基金会 2004 年版,第 393、396、409~410 页。

的原因解释是:有人以不计代价为前提,要求或限定毕昇在很短的时间内大批量印刷某种书籍(北宋庆历年间确实大量存在这种情况,因为篇幅有限,本文不予论证),即满足常规的雕版印刷难以实现的印刷需要。

三、关于毕昇发明活字印刷术的过程

毕昇要在限定的时间内交付印刷物,以时间最短、速度最快的方式印刷,就需要创新印刷方式,以提高效率。后世,清乾隆时期的总管内务大臣、四库全书处副总裁金简,奏请皇帝批准武英殿改用活字排版印刷后来纂修的《四库全书》,一个十分重要的原因是:“内外汇集遗书及万种”,用雕版发刊,“不惟所用版片浩繁,且逐部刊刻亦需时日”①,也即用传统的雕版印刷方式已经不能如期完成任务。这何尝不是毕昇发明新的印刷方式的原因。针对雕版印刷的缺陷,毕昇作为雕版印刷作坊主,熟悉用单个木活字块修复破损雕版的技术,会首先想到雕刻字板不如排现成的活字快,于是就开始研发木活字。而研发木活字,何种方法最快?这也有两种方法:一是专门刻制木活字,即制造一个一个小木块,再在上边写反字、刻反字,再锯成一个一个的木活字块,再修整;二是锯雕版直接成木活字,即把存储的已往用过的雕版锯开,直接形成一个一个的木活字块,再修整。

从第一种方法来说。我们用清代的实例,做一比较。金简建议乾隆改用木活字印《四库全书》时,将刻雕版与制木活字进行详细对比。他举例说:刻一部《史记》需用银 1450 余两,其中,制梨木板 2675 块,每块用银一钱,共用银 267 两五钱,占总用银 18.5%;须写刻 118.9 万字,每写刻百字工价一钱,共用银 1180 余两,占总用银 81. 5%。② 同一部书,如用木活字印刷,不需要把全部字都刻出来,只需要把书中的不同文字及版内重复字分

① 《管四库全书刊刻等事务金简奏酌办活字书版并呈套板样式折》,中国第一历史档案馆编《纂修〈四库全书〉档案》129 号,上海古籍出版社 1997 年版,第 177 页。

② 《管四库全书刊刻等事务金简奏酌办活字书版并呈套板样式折》,中国第一历史档案馆编《纂修〈四库全书〉档案》129 号,上海古籍出版社 1997 年版,第 177 页。

别刻成单字块。就印同一部书而言,采用雕版印刷,刻字量与书的总字数呈正比;采用木活字印刷,刻字量与书的总字数呈反比,书的总字数越多,需要刻的字数会增加,但占总字数的比例会缩小。元代王祯为印《农书》用两年时间刻制了 3 万多个木活字,印刷了总字数 6 万多字的《旌德县志》,也就是说印 6 万多字的书,刻制 3 万多个活字就够用了,①这就是一例。如用木活字印《史记》,按照金简与雕印《史记》的对比,需要刻 15 万个枣木活字。而雕 15 万个枣木字,每百字工料需银八钱,约需银 1200 余两。此外,加上木槽板、添空木子、箱格等,共需银 1400 余两。② 而金简实际制造了枣木活字 253500 个,其中,制造枣木子,每百个用银二钱二分;刻工每百个字用银四钱五分;写宋体字每百个用工银二分,计制造每百个木活字合银六钱九分,总计用银 1749 余两。连同备用的枣木子、配套器具等,通共实用银 2339 余两。③ 按此计算,制造 15 万个枣木活字,实际用银 1035 两(其中,制造枣木子用银 330 两,占 31.9%;刻字用银 675 两,占 65.2%;写宋体字用银 30 两,占 2.9%),制造备用的枣木子、木槽板等,实际用银 349 两,共计 1384 两。由此可见,制造木活字的工料费共为雕刻印版的 71.4%,制造木活字及备用制品的工料费共为雕刻印版的 95.8%。比较两者,雕刻印版,完成后除印刷《史记》,别无他用。而刻制一套木活字,不仅能印刷《史记》,以后还能印所有的书籍。这说明,专门刻制木活字较雕刻印版,所节省的工料主要在以后。就从头开始而言,专门刻制木活字较雕刻印版只是略有节省;如属于探索研制活字,可能不节省。

从第二种方法来说,宋代刻本字与字之间是有间隙的,其中许多大、中型字刻本字与字之间有足够大间隙,有些超过 2 毫米,这样可以满足锯雕

---

① 〔元〕王祯撰,缪启愉译注:《东鲁王氏农书译注》,上海古籍出版社 1994 年版,第 760~762 页。

② 《管四库全书刊刻等事务金简奏酌办活字书版并呈套板样式折》,中国第一历史档案馆编《纂修〈四库全书〉档案》129 号,上海古籍出版社 1997 年版,第 177 页。

③ 《四库全书处副总裁金简奏核销制刻活版木字器具实用工料银两并请为定例折》,中国第一历史档案馆编《纂修〈四库全书〉档案》155 号,上海古籍出版社 1997 年版,第 207~209 页。

版直接成木活字又不伤字的要求。锯现成的雕版直接成木活字，不需要制造雕版工料费，不需要写刻工料费，所需要的只是把现成的木刻印版锯成一个个的活字块，再进行修整。我们还以上述清代实例说话。用木活字印118.9万字的《史记》，无须锯出118.9万个木活字，锯出15万个就够了。这样，就节省了制造雕刻印版所需的全部工料费1450两银子。所需要的只是把15万字的雕版锯成15万个木活字的工料费。弄清这个问题，需要分析一下与之相似的制造15万个木子的330两银工料费。制造木子，是从原木或大木板、大木方开始的，通过锯，形成小木板或小木方，再形成小木块，再修整成木子。而锯雕刻印版相当于直接从形成木子坯的前一道工序开始。因此，锯雕刻印版直接成木活字，节省部分大体相当于制造雕版的由原木到制成木板的工料钱。按制造每块木板用银一钱计算，15万字需要制造木板338块，计省银34两。这样，锯雕刻印版直接成15万个木活字，所需工料银292两，相当于雕刻印版工料银的20.1%。比较专门刻制木活字，锯雕刻印版直接成15万个木活字，也无须写、刻15万个字，所付出的只是制造15万个木子工料费的大部分，即银292两，相当于专门刻制15万个木活字工料银的28.2%。如果加上备用部分的工料费，锯雕刻印版直接成15万个木活字，合计需银641两，相当于雕刻118.9万字印版工料银的44.2%，相当于专门刻制15万个木活字总工料银的46.3%。显然，锯雕版直接成木活字比雕刻印版要快得多，锯雕版直接成木活字比专门刻制木活字也快得多。

如将这两种方法制造的木活字付诸印刷、装订成书，在印刷前还需要增加检字、排版、校对、固版(解版)的时间。这样，两种方法都要增加一部分工钱。但增加后，并不改变锯雕版直接成木活字排版印刷较雕版印刷最节省时间和劳动的优势，较专门刻制木活字排版印刷大量节省时间和劳动的优势。

用锯雕版直接成木活字排版印刷方法最省工、最省料，也最快。毕昇发明活字印刷术满足外部急迫的批量印刷需要，自然会从锯雕版直接成木活字排版印刷入手。这也是沈括记载给出的。一是毕昇发明活字印刷术时,先尝试制木活字,后又放弃改制泥活字,“不以木为之者,木理有疏密,沾水则高下不平”,实际指出了毕昇制造木活字的方法,不是专门刻制。笔者观察过我国古代不同的木雕版,它们均由纵向破木制板雕字而成,整块板木纹理为顺茬。那么,雕版锯成单个木活字后,单个木活字纹理茬皆横向,加之木理疏密不同所致的不同木性不再受木板整体的制约,会发生变形,遇潮气、沾水更易变形。毕昇的木活字发生变形,只能说明是锯雕版直接成木活字。二是沈括记载的“兼与药相粘”,是指木活字版用松脂、腊等固定后解版时化不尽。毕昇为什么用松脂、腊等填充物融化了固定木活字印版,而不是像后世木活字印刷那样用木片或竹片等做成的楔子将范内活字揳紧,使一范活字成为一块整版?当时,木工技术已很发达,类似的技术已经存在和普遍采用。毕昇没有使用便捷的固定技术,而是使用烦琐的填充物融化固定技术,反映的恰恰是其锯雕版直接成木活字排版印刷所需。锯雕版直接成木活字,锯成的单个字可能有的大一些,有的小一些,有的甚至呈不规则方形。这样,用楔子紧固法固版,木活字难以排整齐;单个木活字受力不均,易折断。用填充黏结法固定,就能使不规整划一的活字排整齐并且不发生折断。

联系起来看,沈括关于毕昇开始制造的木活字“沾水则高下不平”“兼与药相粘”的记述,实际是指印刷着墨时木活字出现了变形、印刷后解版时黏结剂化不尽。显然,毕昇用锯雕版直接形成的木活字排版印刷了书籍,按时交付了“数十百千本”印本。而后,毕昇进一步改进其发明,研制泥活字排版印刷。实际上,毕昇发明活字印刷术的过程分两个阶段。第一阶段,发明木活字印刷术;第二阶段,发明泥活字印刷术。毕昇两个阶段的发明,成为后世采用和改进木活字印刷术、泥活字印刷术、铜(锡)活字印刷术的源头。中国的木活字印刷术与泥活字印刷术一样,最早是毕昇发明的。元代王祯并不是最早发明木活字印刷术之人,而是最早改进木活字印刷术之人。

(原载:《理论学习与探索》2013 年第 5 期)

毕昇有了“户口簿”

王　溥　马民权*

“火药把骑士阶层炸得粉碎，指南针打开了世界市场并建立了殖民地，而印刷术却变成新教的工具，总的来说变成科学复兴的手段，变成对精神发展创造必要前提的最强大的杠杆。”马克思对中国的四大发明如此评述。

然而，为世界文明做出不可估量贡献的活字印刷术发明家——毕昇老祖的“户口”却一直悬而未决，成为千古之谜。

是历史过于久远抑或神主出身布衣而致？无人知晓，但公元1993年7月10日新华社的一则电讯不啻为一声巨雷，震惊了海内外：毕昇神主原出生大别山深处的英山县。

这是“民族的骄傲，乡土的光荣”。其实，从毕昇墓的发现到考古专家的认定，已历经三年风风雨雨。

1990年春寒料峭的一天，英山县草盘地镇退休教师萧海澄，风尘仆仆来到他的堂弟萧浪平的家中，神秘兮兮地告诉萧浪平：“据大屋村退休干部王炎升说，五桂墩村睡狮山李家坟山发现了毕昇的墓碑。不知是不是那个中国四大发明之一的毕昇？”言者有心，听者有意。年届花甲的萧浪平深知此消息意义重大，不顾年迈，马不停蹄地赶到县志办，向县志办主任陈凯文通报这一重大发现。陈凯文先后任英山县文化馆馆长、文化局局长，对文物考古可谓行家里手。陈凯文闻此消息，大喜过望，当即与有关人士研究，形成一致意见：先行实地勘察，然后再查阅资料逐步证实，没有十分

---

* 马民权，英山县文联主席、《大别山风采》主编。

把握,不能公开。

毕昇碑墓发现的考证工作由此拉开了序幕,勘考人员出于严谨的科学态度,没有公开中国文明史上的这一重大发现。

无独有偶。当年9月,草盘地镇通讯干事黄尚文检查抗旱路过五桂墩村,在九组睡狮山东边一田缺中洗脚时,偶见一块圆头石碑横亘田缺外水凼旁,石碑上“神主”二字隐约可见,颇觉惊奇。仔细辨别,认出“毕昇”两字。黄曾参与过地名普查和文物普查工作,可谓有识之士。当即将田缺堵住,用水将石板上面污泥洗去,即认出中间两竖行阳刻大字和两边阴刻小字,又鉴别了周边花纹,断定此乃墓碑。在与村民的交谈中,黄得知当地人们认为此碑犯人,由墓地搬上李家坟山,再从坟山搬下丢至于此。黄认识到此碑价值非同小可,便与村支书商量,嘱咐安排人将碑抬归睡狮山,务必要保护好。随后,在抗旱汇报会上,黄尚文向草盘地镇主要负责人反映发现毕昇墓碑一事。当时镇主要领导以“旱情严重,关键是逼水,而不是毕昇”为由忽视了此事。黄又亲自赴县委办及县文化部门反映情况,但闻者均以“怕是不可能吧?!”一笑了之。

对毕昇墓碑发现和考证工作做出重大贡献的黄尚文并未因此而气馁,相反,黄即“越级”向黄冈地区博物馆汇报了这激动人心的发现。在后来的日子里,黄尚文起早贪黑攀山越岭,通过大量细致的工作,对草盘地镇一带以及邻近安徽地区进行了大面积调查,先后发现毕姓墓地10多处,毕氏相府旧址6处,掌握了许多宝贵的文物资料,特别是毕昇子孙墓的发现,为毕昇籍贯考证提供了新的有力佐证。

就在有关部门都不敢相信这一重大发现之时,英山县志办的几位热心人士却紧锣密鼓地对毕昇碑与墓地进行勘考、查证工作。

1991年8月8日,在五桂墩村找到了毕昇墓地,取得了第一手资料,为毕昇研究考证工作奠定了基础。

与此同时,查找毕氏宗谱的活动正通过多种途径,在全国范围内展开,并得到安徽、山东、四川、福建、辽宁等省及湖北省浠水、新洲等地相关部门的鼎力相助。

1992年12月8日《湖北日报》头版刊发了这一重大消息，如石击水，激起了社会各界强烈反响。此后《光明日报》、《中国旅游报》、《人民日报》海外版、《新闻出版报》、《工人日报》、《世纪行》、《报刊文摘》等全国各大报刊陆续以图片、文字等形式予以报道。毕昇墓碑的专题新闻，在中央电视台、中央人民广播电台、湖北电视台播放。东坡赤壁诗社副社长叶钟华同志将英山发现毕昇墓的报道，请人译成英、法、日、意等外文向海外投递。

新闻传媒的"炒爆"引起了各级领导和考古学者的高度重视，著名作家、闻一多基金会名誉会长、原湖北省委老领导李尔重获悉后，第一个对这一重大发现进行论证肯定。

考古专家张尤智，中国考古学会成员、湖北省考古学会理事吴晓松，著名文史研究工作者李儒科等考古界名流接踵而至，亲赴实地勘考，并初步得出定论：毕昇是英山人。

1993年4月24日，全国著名考古专家、湖北省文化厅文物处处长孙启康等专家学者赴实地拍摄拓印了毕昇墓碑，并对毕家畈中原来出土的元代李氏石盆进行了考证，得出结论：活字版印刷术发明家毕昇葬在英山，祖籍在英山，可以定论。7月4日的《中国文物报》全文发表了孙启康的鉴定论文，中国史学界一个长期争论不休的千古之谜终于解开。

（原载：《湖北农民报》1993年10月23日）

第二编

毕昇墓碑的质疑与析疑

英山发现的是活字发明家毕昇的墓碑吗？

张秀民*

世界首先发明活字印刷术的毕昇，不载于正史或其他传记，只见于宋科学家沈括（1031—1095）的《梦溪笔谈》卷十八。此后凡提到毕昇的，无不抄录沈氏原文，或节抄数句，再也找不到一点新线索。

《梦溪笔谈》载“庆历中（1041—1048）有布衣毕昇又为活板”。但对他的籍贯生平并未交代清楚。自从1847年法国早期著名汉学家茹莲首先用法文把他译成“一个铁匠”，以后很多西方学者用英文译成铁匠。①

笔者1958年旧作《中国印刷术的发明及其影响》引《梦溪笔谈》卷二十说：“方士王捷本是一个犯罪发配沙门岛的兵士（本书编者按：应为“方士王捷，本黥卒，尝以罪配沙门岛”），能作黄金。有一位老锻工毕升曾在皇宫中为他锻金……所以毕升不但是铁匠，也是冶金匠。不过这位铁匠毕升是不是就是外国学者以及王国维等所说发明活字版的毕昇呢？我想还不能这样肯定。因为毕升与毕昇，音同字不同。又锻工毕升是宋真宗大中祥符中（1008—1016）人，在那时已年老，所以被称为‘老锻工’。而毕昇则是仁宗庆历（1041—1048）年间人，两者时代相去三四十年，一个老人再活上三四十年，不是快近一百岁了吗？这样高寿的老翁能否发明活字版，是值得怀疑的。”

又说：“毕昇与当时杭州人沈括有关，所以死后，肯把他创造的活字工

---

* 张秀民（1907—2006），国家图书馆资深研究员，中国印刷史研究奠基人，著名版本、目录学家。

① S.Julien笔者旧译作儒莲，近人或译作余利安或俞琏，均非。他自有中文名茹莲。自称小儒，译有《孟子》《道德经》《太上感应篇》。铁匠法文作forgeron，英文作smith或black smith，新版《大英百科全书》译成alchemist（炼金术士）。

具交给沈括的子侄辈,因此毕昇可能也是杭州一带人,而清李慈铭说他是‘益州人’①。李氏以博学称,不知他有何根据。”

新作《中国印刷史》(上海人民出版社 1989 年版),关于毕昇问题,基本上沿袭上述旧说。不过对新版《大英百科全书》把“铁匠”改成“炼金术士”认为是不对的。

又近年,有人以为“布衣是他的身份,锻工是他的职业”。又推算“祥符时毕升正是 30 左右的壮年,适于给方士王捷当助手,做体力劳动的锻工”。祥符中老锻工毕升,若果为 30 左右的壮年,沈氏岂能称他为老。又说毕升在沈括时尚存,两人并讲了话。按毕升在祥符中炼金时,沈括尚未出生,两人何能对话?这显然是错误的。故新作中仍以能炼金的老铁匠毕升与发明泥活字的毕昇是两人。因此笔者一向主张发明活字的毕昇,不能简化作毕升。

约十年前看了电影《毕昇》,说毕昇在杭州开毕氏活字馆,受官府逼害,被射伤,与其妻同被钱塘江大潮水吞没。又说他的技术,被人卖给外国商人。我国古代无技术转让之事,假使 11 世纪外国人已知道毕昇的秘密,那么为什么要等到 400 年后德国古登堡才发明活字版呢?文学艺术,可以虚构夸张,但要合乎情理。

因此毕昇的生平籍贯,至今仍是一个谜。

今年春因事赴杭州,偶见 4 月 2 日《报刊文摘》有《湖北英山发现毕昇墓地》的简略报道。当时认为可疑,如可信,那是印刷史上一大突破。5 月底回嵊县二十八都,写信给北京王益先生,问是否可请中国印刷技术协会做进一步调查。不久王先生回信说:“英山毕昇墓恐不可信,可能已有人去查问,未见回音。”7 月 12 日收到《中国印刷》编辑田玉仓先生从《中国文物报》7 月 4 日剪下孙启康先生《毕昇墓碑鉴定及相关问题考证》一文,并问:“不知您对此有何看法?”过了一星期,又蒙王先生剪寄《人民日报》7 月 12 日一角。

孙先生的此文(下简称《考证》)文字较长,分为:一、墓碑的形制及年

---

① 李慈铭越缦堂藏书过去由北图袁同礼馆长全部购入。在其藏本清王士祯《居易录》卷二十五,在“毕昇宋时人”下旁有李氏墨笔“益州人”三小字。

代;二、墓碑的史料价值。其要点是肯定布衣毕昇是宋时的淮南路蕲州(今湖北英山县)人氏。此碑明载毕昇死时已有四子:嘉、文、成、荣,三孙:文显、文斌、文忠。毕昇的卒年应为皇祐三年。

《人民日报》的报道较短,标题是《湖北英山发现毕昇墓碑,活字发明者卒年获实证》。基本上依据孙氏《考证》的观点而加以肯定。

常见乡村明清墓碑均有“大明”“皇明”“大清”“皇清”字样,而此碑无“大明”“皇宋”字样。《考证》说“碑为圆头乃宋、元时期常见的碑刻形制”,则此圆头碑也可解释为元碑。

《考证》说:“各家报道碑的年款,只录出‘年二月初七日’六字(据照片小字只能看出‘二月’两字,右边小字均看不见)。此次经精心摩拓,仔细辨识,尚可读出八个字,即‘皇□四年二月初七日’。……可以肯定此碑的年款的年号,非皇祐(1049—1053)莫属。”

《考证》说:“碑石风化严重,又遭撞击损伤,笔画多有残缺,未能判读。”今将笔画模糊的第一字,认为上半是白,下半是王,合起来成一“皇”字,是否要打折扣呢?“第二字损坏最厉害,已面目全非,不能直接判为某字”,今主观地把此空白填上“祐”字,成为“皇祐”是否合适呢?第三字“四”因剥蚀太甚,是否原为两笔画的“二字”呢?若将空白缺文改成“庆”,岂非成为元皇庆二年(1313)碑?

即使确为宋皇祐四年碑,也不能肯定它就是发明活字版毕昇的墓碑。因为宋代劳动人民多为单名,容易重复相同。如宋代刻书工人以升名者有吴升、金升、林升、何升、刘升、季升、长沙陈升等。以昇名者有张昇、王昇、李昇、陈昇、长沙陈昇、周昇、金昇、方昇、何昇、章昇、骆昇、孙昇、蔡昇、徐昇、黄昇等15人(各人所刻书从略)。其中李昇在南宋前期刊《汉书》《后汉书》与淳祐十年(1250)刊《国朝诸臣奏议》之李升相去约百年,当然不是一个人。方昇与金昇淳熙二年(1175)同在严州刊《通鉴纪事本末》,方昇又刊咸淳《临安志》(1266—1274),也是两个人。所以英山墓中的毕昇与发明活字印刷的毕昇可能也是同姓同名。

毕昇发明的泥活字,是自己喜爱之物。他既有四个儿子、三个孙子,照理应传给自己的子孙，作为传家宝。为什么其活字印反而落到千里以外之钱塘沈家呢？沈括说："昇死，其印为予群从所得，至今宝（一作'保'）藏（一作'藏之'）。"沈括在毕昇发明活字版时，只是十几岁儿童。《考证》昇死于皇祐三年，沈括也刚弱冠，他的侄子晚辈，可能尚未出生，或很幼小，怎么知道活字宝贵宝藏起来呢？英山布衣毕家，与遥远的杭州沈氏官宦之家，到底有何关系呢？

以上是个人不成熟的看法，可能有误，希望读者教正。末了谢谢王先生、田先生惠赐资料。

一九九三年七月二十三日（癸酉大暑）
张秀民书于瞻山老家　时年八十六岁

草此文竟，昨日又蒙田先生剪寄八月一日之《科技日报》大字标题《重大发现毕昇碑》，其内容即为上述孙先生《考证》之全文。惟所附照片，比《中国文物报》披露的清晰得多。毕昇的"昇"不像《文物报》如"昂"字。在

故先考毕昇神主
故先妣李氏妙音　墓

两行阳文大字旁上端两侧，有明显的"日""月"两小字。在右边"日"字，下列有子孙名字（均阴文）。左边"月"字下只看清"二月"两字。"二月"以上几个字，当为最重要之年号，可惜已一片糊涂，根本无笔迹可寻！成为无年号之墓碑，就无法确定它是宋碑或元碑，甚至是明碑。倘为元明碑，则与北宋的毕昇，自然毫不相干。在无其他可信之物或文献旁证前，遽认此英山墓就是活字发明家毕昇的墓，证据不足，使人难信。

八月十三日又记

（原载：《北京图书馆馆刊》1993年第3~4期）

答毕昇墓碑质疑

孙启康

拙文《毕昇墓碑鉴定及相关问题考证》在《中国文物报》披露后，引起各界关注。特别是我国印刷史学泰斗张秀民老先生，以其86岁高龄，于盛夏大暑节挥汗著文赐教。他以《英山发现的是活字发明家毕昇的墓碑吗?》一文提出质疑，读后我深受启迪。张老质疑之要点有三:

一是英山毕昇墓碑是宋碑还是元碑？其年款是否为元之“皇庆”?

二是对布衣毕昇死于皇祐三年表示怀疑。

三是认为英山毕昇可能是与布衣毕昇同名同姓者。

为有利研究探讨，谨作简答，敬希张老及读者教正。

一是关于墓碑的时代特征与具体年代。在草撰拙文时因惧劣作必冗之讥，未将墓碑年代考证依据一一阐发。今既质疑，不妨稍加铺叙，以解疑难。

1.此碑确为宋代特征。

其依据有三:第一，碑之边饰卷草(亦称唐草、弯草)花纹，乃唐代习用的忍冬花纹之演变，宋代民间碑志多喜采用。如陕西府谷县出土的北宋李夫人墓志[①]，湖北浠水县出土的宋故隐居侯君墓志[②]，都作阴刻卷草花纹。而元、明时代之碑刻边饰，多作细线阴刻幅云或“∽”形云纹。清代碑边则多饰“丁字锦”“拐子锦”或“回文锦”等纹样。第二，碑心刻考妣名讳的牌位，上覆华盖，下托莲花。这种装饰与浙江宁波天封塔地宫[③]出土的绍兴

① 应新:《陕西府谷县出土北宋〈李夫人墓志〉》,《文物》1978年第12期，第91页。

② 湖北省浠水县博物馆藏碑。

③ 林士民:《浙江宁波天封塔地宫发掘报告》,《文物》1991年第1期，第1页。

十四年(1144)所铸银殿壁间雕饰的幡幢的形制极其相似。第三,墓碑边框内沿顶部作尖券形式,是宋以前建筑物门窗的装饰风格。这种墓碑装饰手法,在元、明时代所制碑刻中已经消失。

2.墓碑的纪年年号确为“皇祐”。

年款第一字上部从“白”,笔画清晰,绝非“日”“曰”“田”等字。其下三横画虽已漫漶,但绝无撇、捺、点、啄之痕。上部从“白”之字,计有“皋”“泉”“皃”“皂”“皛”。这些字下部的笔画皆与此“白”下现存笔画不相符合,因而只能是“皇”字。

“祐”字(第二字)确实难以看清,但第三字“四”字仍存有全部笔画。这就可以根据墓碑的时代特征和历史情况予以判定。查历代帝王自西汉刘恒到清溥仪的纪元年号中,第一字取“白”字或其上部为“白”字的只有12个,即白雀(后秦,元年为384年,下同)、白龙(南汉,925)和皇始(前秦,351)、皇初(后秦,394)、皇始(后魏,396)、皇兴(后魏,467)、皇建(北齐,560)、皇泰(隋,618)、皇祐(北宋,1049)、皇统(金,1141)、皇建(西夏,1210)、皇庆(元,1312)等。这12个年号中属于宋王朝建立(960)以前的有8个,与墓碑无关;属宋及以后的有皇祐、皇统、皇建、皇庆。皇统是金熙宗的年号,皇统四年相当于南宋绍兴十四年(1144)。此时南宋与金人以淮水为界相对峙,而且墓碑所在地点英山,有宋一代从来未入金人版图。因而碑的纪年不可能是“皇统”。皇建是西夏年号,仅使用了一年。从时间、空间上都与此碑不相符合,皇庆是元仁宗的年号,二年后改元,也与本碑文所载之“四年”不符。因而此碑的年号只能是“皇祐”,定为“皇”字未打折扣,“祐”字也不是“主观填上的”。

至于墓碑的年号之前未冠以“大宋”“皇宋”字样的问题,这在其他碑志中也是常见的。如河南禹县发现的北宋阳翟县《公据》碑的年款只题“祥符二年二月”①,陕西麟游县保存的宋刻游师雄《过九成宫旧址题诗碑》仅刻“元祐五年岁次庚午五月……”②,山西朔县明万历增修长城《碑

① 《文物》1988年第3期,第76页。
② 《文物》1987年第3期,第81页。

记》只刻万历三年[①],都未冠以王朝称号。

二是张老对布衣毕昇死于皇祐三年表示怀疑的理由为:“沈括在毕昇发明活字版时,只是十几岁的儿童。……皇祐三年,沈括也刚弱冠,他的侄子晚辈可能尚未出生或很幼小,怎么知道活字宝贵宝藏起来呢?”

要说明这个问题,得从沈括及其侄辈的相关情况谈起。

沈括父辈有兄弟二人:伯父沈同,父亲沈周。沈括生于天圣九年(1031,另有天圣七年、八年和明道元年三说),其时沈周已是五十三岁[②],乃晚年育子。因此沈括在堂兄弟中排行最末,在子侄辈看来他辈分高,年龄小。他的堂侄有的比他还年长。如次堂兄沈扶之长子沈遘(字文通)就比他大三岁,沈遘之三弟沈辽(字睿达)只比沈括小一岁[③]。由于他们三人年龄相若又齐名于当世,因而《宋史·列传》中竟将“三沈”合立一传,并错误地认为是兄弟三人,皇祐三年,沈括行年二十有一,沈遘、沈辽则分别为二十三岁和二十岁皆至弱冠,并非幼童。由于沈同、沈周都是进士出身,沈括等出自书香门第,家学渊源,自幼即潜心向学、关心世事。如沈括康定元年(1040)随父在泉州时,年仅十岁即能阅读蜀中农民起义首领《李顺案款》,了解其起义及被镇压的经过[④];庆历中途经南安时曾鉴赏唐代书家、诗人韩偓四世孙韩奕收藏的韩偓的诗文集,盛称其“字极淳劲可爱”[⑤];皇祐中曾在钱塘主簿高世安家鉴赏王羲之手书《乐毅论》之刻石,认为“羲之小楷字于此殆绝,《遗教经》之类皆非其比也”[⑥],都反映了青少年时期的沈括对于法书的鉴赏能力。即使是年龄最小的沈辽,在少年时也颇有才气。黄庭坚曾说他“未冠家居,已有文章名”[⑦]“妙于楷法,备古今体,寸墨尺纸,

---

① 《文物》1987 年第 3 期,第 92 页。

② 张家驹:《沈括》,上海人民出版社 1962 年版,第 236 页。

③ 据〔宋〕王称《东都事略》卷七十六《沈遘列传》,以及〔宋〕沈辽《云巢集》附黄庭坚《沈睿达墓志铭》推算。

④ 《梦溪笔谈》卷二十五。

⑤ 《梦溪笔谈》卷二十七。

⑥ 《梦溪笔谈》卷二十七。

⑦ 〔宋〕沈辽《云巢集》附黄庭坚《沈睿达墓志铭》。

落笔辄为人争取”①,也反映了他的学识与功力。

至于收藏碑版、古器,少年时期的沈括就曾经亲与其事。如“庆历中予(按:沈括自称)在金陵,有饔人以一方石镇肉,视之若有镌刻,试取石洗濯,乃海陵王墓铭,谢朓撰并书,其字如钟繇,极可爱,予携之十余年……”②;沈氏群从收藏古器之事也屡有记述,如“皇祐中杭州西湖侧发地得古钟,……其钟今尚在钱塘予群从家收藏”③;“钱塘沈振(按:沈括之堂兄)蓄一琴,名冰清”,后传其子沈述,有人求购,“索百千不售”④,等等。上述事实说明,沈括之昆季、群从在皇祐年间不仅具有鉴赏古器碑版的能力,而且十分热衷于这样的收藏活动。胡道静先生在研究布衣毕昇的卒年、死地时,也正是根据这些事实,作出活字板发明者毕昇可能卒于皇祐末年,即公元 1051—1053 年的推测的。

三是张老认为“英山墓中的毕昇与发明活字印刷的毕昇,可能也是同姓同名”,并列举宋代刻工中之名“升”者七人和名“昇”者十五人,作为旁证。愚以为,这些同名的刻工虽然为数不少,但毕竟是宋代 300 多年或者至少是南宋时期 150 余年的累计数,而名姓完全相同的仅有陈升、李昇、方昇三对,共六位。其中的两位李昇所处的时代前后“相去约百年”,两位方昇前后也相距 90 多年,还未见举出两位同姓、同名而又同处于一个时期的例子。而毕昇其人,在宋代浩如烟海的史籍中还未发现与之名姓完全雷同的。据与布衣毕昇同时的沈括记载:毕昇于宋“庆历中”发明了活字板,其后死去。因此,他的卒年应在庆历(1041—1048)之后的若干年。据今人胡道静先生综合包括《梦溪笔谈》在内的宋人笔记进行研究,推测他卒于庆历之后的皇祐年间⑤;而现存湖北英山的毕昇墓碑又恰好是皇祐四年所立。这正好为沈括的记述、胡道静的推测提供了“镂于金石”的有力实证。

① 〔宋〕沈辽:《云巢集》附黄庭坚《沈睿达墓志铭》。
② 《梦溪笔谈》卷十五。
③ 《梦溪笔谈》卷五。
④ 〔宋〕王辟之:《渑水燕谈录》卷八。
⑤ 胡道静:《活字板发明者毕昇卒年及地点试探》,《文史哲》第 59 期。

这绝不是历史的偶然巧合。历史上二人同姓、同名、同时代甚至同年出生的例子是容易找到的，而二人同名、同姓、同时代而卒年也很相近的现象是很难产生的。

宋代版刻书籍所载刻工，有的只刊姓名，有的虽然标明了籍贯，如"蕲州周亮""庐州李胜"①等，但并未注明乡里，更未记载他们的生平或简历。有许多刻工的名字同时出现在不同地区、不同年份刊行的版本上，如南宋刻本中刻工"刘文"这个名字，同时出现在温州《大唐六典》(绍兴四年版)、明州《文选》(绍兴二十八年版)、池州《文选》(淳熙八年版)、隆兴《吕氏家塾读诗记》(淳熙九年版)和鄂州《通鉴》、高邮军《淮海集》、国子监《陈书》、池州《山海经》等多种版本上②。版本研究者都认为，这些书均属同一刘文参与刊刻，如果按照对待英山毕昇墓碑的质疑，硬说它们的刻工中有两位同姓同名的"刘文"，也很可能会找到一些理由。因此，我们对英山发现的毕昇墓碑，首先应该肯定它是研究布衣毕昇的一则重要的实证资料，它有利于开拓人们对于毕昇研究的视野。当然，也应对张老所提出的否定意见予以足够的重视，其目的在于以这个"否定"为动力，推动大家继续探求，寻找更多的资料来肯定或者进一步否定这个"否定"，使对毕昇及其开创的活字版印刷事业的研究更加广泛、深入地开展起来。

一九九三年十二月十三日

附言：此稿写成后，捧张老《英山发现的是活字发明家毕昇的墓碑吗？》再次拜读，似觉对毕昇活字为什么不传给子孙一节言犹未尽，兹赘于后。愚以为毕昇发明的活字是未能传给子孙，这恐怕与发明家晚年的境遇有关，从深层看当有其社会原因。如当时社会对新生事物持何种态度，毕昇的以刻版谋生的同行们对这项省时、省工的印刷技术革新是否赞成，推

① 见〔宋〕洪迈《夷坚记·丙志》卷十二《舒州刻工》条，转引自宿白：《南宋版刻印刷》，《文物》1962 年第 1 期，第 24 页。

② 宿白：《南宋版刻印刷》，《文物》1962 年第 1 期，第 24 页。

广这项技术有无阻力，等等，属于印刷史研究应该解决的问题。对此，我是槛外之人，不敢班门弄斧，切望印刷史学界的有识之士能有所阐发。至于活字为何落到沈家，目前我也只能说：这批活字不会是从英山毕家运往钱塘沈家的，也不是沈氏群从不远千里而来英山收集的。只可能是当毕昇死时或死后，这批活字流落在沈氏群从的世居或寓居之地，遂为沈氏所收藏。

十二月十三日又记

（原载：《中国印刷》1994年第2期）

对英山毕昇墓碑的再商榷

张秀民

英山毕昇墓碑的考证,关键在于年号问题。此碑现已无年号可寻,就无法确定它是哪一朝的碑。

孙启康先生《毕昇墓碑鉴定及相关问题考证》(以下简称《考证》),说:“碑石风化严重,又遭撞击损伤,笔画多有残缺,未能判读。”《答毕昇墓碑质疑》(以下简称《答质疑》)说:“年款第一字上部从‘白’,笔画清晰,……其下三横画虽已漫漶,但绝无撇、捺、点、啄之痕。……因而只能是‘皇’字”,今将上部“白”与其下漫漶的三横画联合起来成“皇”字。一般人恐怕不敢把它念成“皇”字。因下三横画缺少中间一竖。因此,这个所谓“皇”字可能要打折扣。不知是否即“重”字。“重”字的上部与下部均与“皇”字十分近似。“重和”是宋徽宗的年号(1118—1119)。若为重和碑,则与《考证》所说“毕昇卒年为皇祐三年,即 1051 年”又相矛盾矣。

“第二字损坏得最厉害,已面目全非,只能看出一些零星笔画,不能直接判为某字。”面目全非的第二字已成为空白,今将空白填上一“祐”字,认为“非‘皇祐’莫属”,这只是一种猜测之辞。因为现在的碑上根本找不到“皇祐”二字连在一起的年号字样,单凭主观推测,殊难作为科学依据。今观复制的墓碑照片,除中间两行大字比较清晰外,右边“日”字下有子孙名,左边“月”字下只看清“二月”两字,最重要之年号已一片糊涂,根本看不清,已成为无年号墓碑。

“第三字‘四’字仍存有全部笔画”(照片中已看不见),因而否定笔者元皇庆碑的说法。但是,“四”字笔画已有部分漫漶,仍可存疑。

《考证》说“碑为圆头,乃宋、元时期常见的碑刻形制”(《答质疑》已肯定花纹形制为宋碑），则此圆头碑既可称为宋碑，也可解释为元碑。若为元碑，自然与北宋毕昇无关了。又认为“墓碑的纪年年号确为‘皇祐’”的说法，仍不敢苟同。

以上是碑刻的年代问题。又毕昇的籍贯，也有问题。笔者旧作以为“毕昇与当时杭州人沈括有关，所以，死后肯把他创制的泥活字印交给沈括的侄子们宝藏。因此毕昇也可能是杭州一带人”。沈氏《梦溪笔谈》所谈毕昇泥活字的造法与排印工序及试印经过，不可能是十几岁的沈括远涉千里，到偏僻的英山参观采访得来的，也不可能是英山毕昇向杭州沈括写的报告，只能是沈括据当时当地见闻记录下来的。《答质疑》说：“这批活字不会是从英山毕家运往钱塘沈家的，也不是沈氏群从不远千里而来英山收集的。”那么，怎么会落到杭州沈家的呢？毕昇究竟是英山人，还是杭州人，也值得讨论。

又宋代劳动人民多单名，名氏最易重复。宋刻工中同姓同名者有林盛、马良等三十八对、七十六人。以“升”名者有十五人，其中李升、方升两对，又是同名同姓，因此，怀疑英山毕昇也可能与活字创始人毕昇，同名同姓。

总之，从时间与空间看，若以为英山毕昇就是活字印刷发明家，尚须有其他可信之实物或文献来证明，才能肯定。

一九九四年元旦张秀民书于
嵊县瞻山老家

附记：去年七八月间蒙《中国印刷》编辑田玉仓先生，先后剪寄《中国文物报》《科技日报》所载孙启康先生的大作《毕昇墓碑鉴定及相关问题考证》。王益先生又剪寄《人民日报》的报道一角。当时笔者就写了《英山发现的是活字发明家毕昇的墓碑吗？》。十二月十六日接到《中国文物报》刊发的《毕昇墓质疑》（内予群从误作子群从），即为上述拙文的摘要，不久又收到《中国印刷》第 42 期内刊载孙先生及拙文全文。

十一月中国印刷博物馆筹委会范慕韩先生,委托田先生与印刷工业出版社张树栋先生等,往湖北英山实地了解。两位先生曾先后来信。十二月二十八日又收到田先生寄来孙先生的新作《答毕昇墓碑质疑》,长达十五页的新考证复印稿。乃不顾十分严寒,又将愚见于今年元旦写成此短文,名《对英山毕昇墓碑的再商榷》,以就正于孙先生及读者。

元月四日又记

(原载:《中国印刷》1994年第2期)

二答《对英山毕昇墓碑的再商榷》

孙启康

《中国印刷》1994年第2期同时刊载拙作《答毕昇墓碑质疑》和张秀民先生《对英山毕昇墓碑的再商榷》(以下简称《再商榷》)。承编辑部鼓励争鸣,热心提供园地,不胜感谢!张老不吝赐教,再次就毕昇墓碑年代与毕昇籍贯等问题提出商榷。这种执着探索精神,令我感佩尤深!谨再恭呈答卷求正。

一、关于毕昇墓碑的年代

《再商榷》强调指出:"英山毕昇墓碑的考证,关键在于年号问题。此碑现已无年号可寻,就无法确定它是哪一朝的碑。"文章如果到此为止,那么这个问题就没有"商榷"的必要了。但张老毕竟还是放心不下,又提出了三点疑问:

一是:"这个所谓'皇'字(按:指墓碑年款第一字)……不知是否即'重'字。'重'字的上部与下部均与'皇'字十分近似。'重和'是宋徽宗的年号(1118—1119)。"

二是认为年款中"四年"的"四"字"仍可存疑"。

三是"圆头碑既可称为宋碑,也可以解释为元碑"。其落脚点是:"若为元碑,自然与北宋毕昇无关了。"

笔者认为:第一,"重"字与"皇"字虽然在外形轮廓上有其相近之处,但这两个字的组合结构是有其明显差异的。"重"字是由"千""里"二字或"千""田""土"三个部分组成的竖向连体结构,而"皇"字则是由"白"

"王"二字组成的竖向分体结构;"重"字的首笔为一平撇处于字的顶部正中,其最宽处在上部的一横画,其正中有竖画上下贯通;而"皇"字的一斜撇却在字的上部左侧,其最宽处在底部的一横画,其中间一竖画只贯通了下部的"王"字。因此,"重""皇"二字是不容易混淆的。

从碑文实况看,年款第一字上部为"白",笔画清晰,与"重"字没有丝毫联系。

第二,墓碑年款第三字——"四"字,字形完整,一笔未缺。这个"四"字,即使如张老所设想的那样,它的竖向笔画全部缺失,也不能读为"二"字。因为它的两道横向笔画是上长下短,而且相距较开,与"二"字的体势也是不相同的。无论宋"重和二年"还是元"皇庆二年",都与它沾不上边。

第三,碑作圆头,对宋、元两代的碑石来说,这种形制是其共性特征。而不同时代的碑刻,其纹饰题材、雕刻技法、风格、气韵,都有其个性特点。笔者在《答毕昇墓碑质疑》中,断定墓碑"为宋代特征"的三点依据①,即是它的个性特色。如果对碑石的个性特征不加讨论,仅仅根据"圆头碑"这一点就说"毕碑"不是宋代碑刻,就好像一个相马师面对着一匹"毛如皓雪"的骏马,不去分辨它的颜色,就说"马非白马"一样。

至于张老认为:墓碑照片上的"年号已一片糊涂,根本看不清"②等等。这是由于我们目前还受着某些技术条件的局限,并不是碑石本身的问题。

总之,英山毕昇墓碑的形制与纹饰特征,是宋非元;它的年款文字至少可以确定为:"[白]□四年二月初七日"("白"字下部的笔画可权且抛开不论)。确定此碑立于"皇祐四年"之法,是根据墓碑反映出的上述历史信息,结合历史文献资料进行排比研究后推断的,绝非随意猜测或主观臆断。迄今为止,凡是看过原碑的或是能比较客观地倾听墓碑实况介绍的外省方家,大都正视这一事实,即湖北英山确有一通立于宋皇祐四年的毕昇墓碑存在。因为这是研究问题的基础,有了这个基础,研究工作才能做到脚踏实地。至于英山毕昇是否就是"庆历中"创造活字的毕昇,不妨允许"仁者

① 《中国印刷》1994 年第 2 期,第 72 页。

② 张秀民:《对英山毕昇墓碑的再商榷》,《中国印刷》1994 年第 2 期,第 75 页。

见仁,智者见智”。只有“百家争鸣”,才能愈辩愈明。

二、关于布衣毕昇的籍贯

《再商榷》认为:“毕昇究竟是英山人,还是杭州人,也值得讨论。”兹应张老之征,就此剖判如下。

“杭州说”者以为:“毕昇与当时杭州人沈括有关,所以,死后肯把他创制的泥活字印交给沈括的侄子们宝藏。因此毕昇也可能是杭州一带人。”①而毕昇与沈括之间究竟有何关联呢?迄今为止还只能作如是说:即毕昇是沈括《梦溪笔谈》中所记载的科技人物之一,而沈括则是毕昇活字印刷术的唯一记录者。除此之外,找不出其他关系。固然上述记录“是沈括据当时当地的见闻记录下来的。”②然而沈氏的见闻,有可能是直接的,也有可能是间接的。《梦溪笔谈》卷十八“版印书籍”条中,虽然记述了毕昇创制的活字版及印刷的操作过程,论及泥字与木字的优劣,还提到了由于“昇死”,遂使活字易主的情况。但是对于活字印刷所出的“成品”或者“试印张”的质量却无记述。据此,可以认为沈括的这一见闻的来源,很可能属于后者。因沈括素来观察事物洞达,记事精详,心思缜密。如果他是直接看到过毕昇活字印刷全部操作过程,是一定会对其印制的“成品”或“试样”予以充分注意并对雕版印刷与活字印刷的成品质量加以评述的。同时,对他所熟知和赞赏的活字印刷术创造者毕昇的辞世,在记录中也不会仅以一个“死”字就轻轻带过的。由此看来,沈括可能是在其子侄处鉴赏过毕昇活字印刷的一些设备,并听到了对有关情况的介绍后记录下来的。

至于毕昇在“死后肯把他创制的活字印交给沈括的侄子们宝藏”的说法,按迄今所获的资讯,还难以看出毕、沈之间有什么深交情谊与信任的基础,特别是人在死后,对于自己遗物的处理已丧失了“肯”或“不肯”给谁的

① 张秀民:《对英山毕昇墓碑的再商榷》,《中国印刷》1994 年第 2 期,第 75 页。
② 张秀民:《对英山毕昇墓碑的再商榷》,《中国印刷》1994 年第 2 期,第 75 页。

执行能力,如果未发现毕昇死前曾留有遗嘱的迹象,这个“死后肯”“交给”一说是很难成立的。

张老问及毕昇的活字“怎么会落到杭州沈家的呢?”据沈括记载:是因为“昇死,其印为予群从所得。”至于沈氏群从是通过什么方式(是接受赠予、交换还是购于估肆?)来实现这种产权转移的? 因史籍无载,也不好妄加猜测。

总之,毕、沈之间很难说有什么密切关联,因此,不能以沈括的籍贯所在来作为追寻毕昇籍贯的坐标。

毕昇籍贯“英山说”,是由于近年在湖北英山发现了一通毕昇墓碑而引发出来的。虽然还有某些歧见,但终不失为一宗研究毕昇的物证。

正如张老所说:“宋代刻工不只在原籍镂版,能工巧匠也往往被请到外路刊书。”①“如‘建安游熙’‘建安余良’到湖州刊《论语集说》。‘建安周祥’至江西刊吕祖谦《吕氏家塾读诗记》。”②“蕲州周亮,建州叶濬、杨通,福州郑英,庐州李胜到舒州刻《太平圣惠方》”③等(对此张老著述甚丰,这里无须罗列)。如此说可以认同,则“蕲州毕昇”④也当是一位离乡背井到外地从业献艺的雕版写工或者刻工。从以下两点可证:

1.墓碑刊文为“故先考毕昇神主墓”。这刻在名讳之下的“神主”二字,并非毕昇的字或号,也不能认为是对毕昇的尊称。据有关“礼书”记载:古代在宗庙内供奉的已死国君的牌位,以木或石制成,称为“神主”,也简称“主”。这种祭礼,可追溯到春秋时期。后世在民间也形成为死者立神主(俗称灵牌或神位)的习俗。这足以说明“蕲州毕昇”是身怀技艺,萍踪江湖,创业异乡,不幸身殒外地。后由其亲属或友人捧回他的“神主”还乡安葬的。这是古代流行的一种“招魂葬”。唐人张籍《征妇怨》中有“万里无人收白骨,家家城下招魂葬”句,就是说的这种习俗。笔者在《毕昇墓

① 张秀民:《略论宋代的刻工》,《中国印刷》1994年第2期,第30页。
② 张秀民:《略论宋代的刻工》,《中国印刷》1994年第2期,第30页。
③ 张秀民:《略论宋代的刻工》,《中国印刷》1994年第2期,第30页。
④ 湖北英山县在北宋时属蕲州,为直河乡。

碑鉴定及相关问题考证》中说毕昇死后是“魂归故里”①,其实证依据亦在于此。

2.毕昇墓碑的碑板设计十分独特,定与雕版有关。碑板正中的牌位,上饰宝珠荷叶华盖,下托莲瓣,两边刻以凸起双线;考妣名讳分别以阳刻文字并列两行,行间亦刻凸线作为界格;牌位两侧题款行次,上端镌作圆弧状,极似古籍版本中之竹册版界格的弧线天栏。这种设计手法,显然是借鉴当时雕刻版面上的“行界”“双线边栏”“竹册栏”和具有艺术特色的“书坊牌记”等形式,移植到碑板上来的。这种形式的碑板,极为罕见,绝非出自当地一般碑工之手,很可能是由毕昇的同行友好亲手为之镌刻的。由此可以窥见,英山毕昇与雕版行当的不解之缘。

千百年来,布衣毕昇的遗踪何在,一直杳若冥鸿。多少有志于弘扬中华文明的热心学人,曾为此而“皓首穷经”,反复求索。而今总算觅得了“一鳞半爪”,正宜啸聚同好,跟踪追迹,探其究竟。庶不致让这一曾推动历史文明进步的伟人轨迹,因“雨打平沙”而失之交臂,再度沉沦。

一九九四年六月六日

(原载:《中国印刷》1994 年第 5 期)

① 《中国文物报》1993 年 7 月 4 日;《中国印刷》第 42 期,第 81 页。

英山毕昇墓碑再质疑

张秀民

自从1993年报道英山发现毕昇墓碑,引起国内外学术界的关注。报刊、电台、电视台多次宣传,认为此毕昇,即发明活字印刷术的毕昇。完全是依据孙启康先生《毕昇墓碑鉴定及相关问题考证》(下简称《考证》)一文,而予以肯定。笔者在《中国印刷》等报刊上,先后数次提出不同的看法,认为若只凭此碑孤证殊难作为定论。今年春,湖北出版社社长蔡学俭先生来信,邀赴英山,视察此碑。以年迈,不便远行辞。回书是否可从湖北地方文献或其他实物,找些旁证。最近7月20日《人民日报》又刊《英山毕昇故里》的文章,因此认为此问题仍值得再讨论,现将愚见略述于下。

一、毕昇墓碑年代问题

过去乡间墓碑,常看到大书深刻"皇明""皇清"等朝代年号,而此碑并无"皇宋"字样,因此难以肯定为宋碑。孙先生《考证》说"碑石风化严重,又遭撞击损伤,笔画多有残缺,未能判读",又说"它的年款文字,至少可定为㿝□四年二月初七日(白字下部的笔画,可权且不论)"①。如把上面两方块,连在一起,作为年号,恐怕谁也猜不出是哪一个朝代的什么年号。《考证》可能先入为主,先定为宋碑,于是认为"非皇祐莫属",如不论白字下半部笔画那怎么能知道是"皇"字呢?张树栋先生曾专程赴英山县仔细观察过此碑。他说:"实际上原碑之皇字,上半部分的白字偏长,下半部分

① 孙启康:《二答〈对英山毕昇墓碑的再商榷〉》,《中国印刷》1994年第5期。

有三横,其中间一横向左伸出,呈≡状……如实描绘,其年款为皇□四年二月初七日"①。今案"皇"字上半部的白字应偏短而今偏长,下半部三横,末横应较长,而今中间一横较长,三横中也未述及中间有一竖。因此这个模糊不全的"皇",是否真为"皇"字,恐要打折扣,因为下部王字无一直。第二个字无笔画痕迹,已如木板书中的无字"墨等",今主观地填上"祐"字,至于原碑是否为"祐"字,现已无法证明。为了实事求是,因此它只能作为年号待考碑,这是问题的关键。

笔者过去曾怀疑"皇祐",或为"皇庆"之误。而元仁宗皇庆只有二年(1312—1313)并无四年,四年应是仁宗延祐二年(1315),因此此说也有问题。然而皇庆也有四年之可能。如明建安刘氏日新堂至正癸丑刻《春秋金锁匙》一卷。按元至正只有二十八年戊申(1368),至正癸丑实际上已是明太祖洪武六年了。于易代之际,犹奉前元正朔。这与元初平阳晦明轩张存惠刻宋唐慎微《重修政和经史证类备用本草》,虽金亡已十五年,而仍用金朝泰和纪年,可谓无独有偶。至正既可有三十四年癸丑,则皇庆有四年,也不足为奇了。英山僻远交通闭塞,信息不灵,当时不知有延祐新年号因而仍用皇庆旧号。若果为14世纪的元皇庆碑,自然与11世纪的毕昇无涉了。

《考证》说"碑为圆头形,乃宋元时期常见的形制"。则此圆头形碑,也可解释为元碑。后来他又改称"碑的形制与纹饰特征是宋非元"。但任昉先生则称"此碑纹饰与现存元代阿拉伯人碑十分相似,从此碑的形制与内容看绝非宋刻,时代不能早于元,估计属于元末,不能晚于明初"②。任先生所举北京牛街清真寺阿拉伯人碑的形制和纹饰与此碑确属相似(图1),并非如孙先生所说的是一种风马牛关系。而与孙先生所显示荷叶华盖下托莲瓣图,并无关联,因为墓碑上看不出有荷叶莲花图案,而荷叶莲花牌子,则多见于明刻本上。

此碑最使人惊奇的,是碑上方左右各有明显的圆圈内刻阴文日、月二字,日字下有三层子孙名字,月字下方为年款,此种带日月字样的碑刻殊为

① 张树栋:《孰是孰非毕昇碑——向任昉先生讨教》,《中国印刷》1995年第2期。

② 孙启康:《英山毕昇墓碑的宗教色彩及相关问题——与任昉先生商榷》,《中国印刷》1995年第1期。

罕见。所以任先生认为"带有明显的外来文化和外来宗教色彩,毕氏一家均为日月教(明教,即摩尼教)徒",见解新颖。

图1 北京牛街清真寺阿拉伯人碑(线图)

碑上日字下,阴刻有孝子毕嘉、毕文、毕成、毕荣,孙男毕文显、毕文斌、毕文忠等名,任先生以为"碑文直称考妣名讳,文显、文忠等子辈,不避其父辈毕文之名,不合传统避讳原则,而赵宋为我国最重礼法的朝代,因此断定此碑,绝非宋碑"。今案宋板书基本上避讳,有的极严,有的较宽,有的不只避帝王讳,又避家讳。如陆子遹刻其父陆游《渭南文集》,凡"游"字均缺笔。四明史氏刻《友林乙藁》均避作者史弥宁的"寍"字。而此碑不避家讳,自然使人怀疑。

孙先生说:"毕昇也应是雕版行业的一名较受同行尊敬的刻工。从毕昇墓碑名讳之下的'神主'二字,可知墓主是在外地身故,骸骨未归。他的葬礼是采用的一种招魂葬。"①今据碑上所刻毕氏有四男三孙,则他最少已

① 孙启康:《英山毕昇墓碑的宗教色彩及相关问题——与任昉先生商榷》,《中国印刷》1995年第1期。1995笔者在乡间,只见引文,未能见到任先生全文。

有六七十岁了。《考证》以为“皇祐三年(1051)他卒于外地”则与庆历中发明活字的年代,又不合。皇祐三年以前,他出外雕版刻字为生,不可能在外地工场上造活字。宋代刻工以刻字多寡计酬,工作紧张,不可能来试制活字。泥活字虽比铜活字价廉,但也需一定的经费,工艺制作,并不简单,又需要不少时间。清代道光年间泾县翟金生与其四个儿子共同造泥活字,不是花了三十年心血吗?因此毕氏造泥字,应该在他壮盛之年,也就是说要比庆历年间要早了。

此碑即使是宋皇祐碑,也难肯定就是发明活字版的毕昇。因为宋代刻工多单名,姓名容易重复相同。如以“升”名者,有吴升、金升、林升、何升、刘升、李升、长沙陈升等七人。以“昇”名者有张昇、王昇、李昇、周昇、金昇、方昇、何昇、章昇、孙昇、骆昇、蔡昇、徐昇、黄昇、陈昇、长沙陈昇等十五人(各人所刻书从略)。其中李昇在南宋前期刊《汉书》《后汉书》与淳祐十年(1250)刊《国朝诸臣奏议》之李昇相去约百年,当然不是一个人。方昇与金昇淳熙二年(1175)同在严州刻《通鉴纪事本末》,方昇又刊咸淳《监安志》(1266—1274)(本书编者按:“监安志”疑为“临安志”之误),也是两人。陈昇与长沙陈昇也应是两人。因此出现了三对同名同姓的李昇、方昇、陈昇,所以英山墓主的毕昇与发明活字术的毕昇,也可能是同姓同名。

二、毕昇籍贯问题

沈括《梦溪笔谈》所记毕昇泥活字的造法与排印工序,试验经过,不可能是十几岁的沈括远涉千里,到偏僻的英山参观采访得来,也不可能是英山毕昇向杭州沈括写的报告,只能是沈括根据当时当地见闻记录下来的。《考证》说“这批活字,不会是英山毕家运往钱塘沈家的,也不是沈氏群从不远千里而来英山收集的”。那么怎么会落到沈家的呢?布衣毕昇,与官宦之家的杭州沈家,到底有何关系呢?笔者旧著《中国印刷术的发明及其影响》以为“毕昇与当时杭州沈括有关,所以死后肯把创制的泥活字交给沈括的侄子们宝藏,因此毕昇也可能是杭州一带人”。新出拙著《中国印刷史》也沿袭此说,拙说也为不少人所接受,如旧电影《毕昇》即作杭州人。

清光绪年间著名学者会稽李慈铭,则以为“益州人”①惜李氏未注明出处,不知他有何根据。

《考证》说“可以肯定布衣毕昇,是宋时淮南路蕲州(湖北英山县)人氏”。任先生以为“英山向为穷乡僻壤,在历史上,经济、文化不足称,造纸业、印刷业不足道,本不具备发明活字印刷的客观条件”。而杭州、益州的条件,自然比蕲州好得多。毕昇究竟何处人仍需研究。

三、毕昇与老锻工毕升

《梦溪笔谈》未将毕昇的籍贯、生平交代清楚,只知他是一个“布衣”(普通劳动人民),除此以外,又无其他文献记载。关于他的生平事迹,一向无考。1847 年法国早期著名汉学家自己谦称小儒的茹莲,首先用法文把他译成“一个铁匠”②。以后很多西方学者,用英文译成“铁匠”。新版《大英百科全书》则改译为“炼金术士”。王国维先生云:“祥符中有老锻工毕升,曾在禁中为王捷锻金云云,当即其人”③。不过这位为方士王捷锻金的老锻工,是否就是活字发明家毕昇呢?笔者过去认为不能这样肯定。因为毕升是宋真宗大中祥符(1008—1016)时人,当时已年老,所以被称“老锻工”。而毕昇则是仁宗庆历时人,时代相差三四十年。一个老人再活上

---

① 北图有清李越缦堂旧藏清王士祯《居易录》,在卷二十五“活字版起于毕昇,宋时人”下旁有墨笔“益州人”三小字,审其笔迹出于李氏之手。

② 茹莲(Stanislas Julien)笔者旧译作“儒莲”,近人译作“余利安”或“俞琏”均非。在他的拉丁文译本《西讲孟子》书名页上署中文“尔梁茹莲小儒校”。见神田喜一郎博士所赠《皀盦藏书绝句》蝴蝶装本。一个铁匠法文作 un forgeron,英文作 smith 或 black smith,新版《大英百科全书》改译作 alchemist。

③ 见北图藏明崇祯马元调刻本《梦溪笔谈》卷二十,王氏亲笔眉批。沈氏原书云:“祥符中方士王捷本黥卒,尝以罪发配沙门岛,能作黄金,有老锻工毕升曾在禁中,为捷锻金。升云:其金铁为之,初自冶中出,色尚黑,凡百余两为一饼,每饼幅解凿为八片谓之鸦嘴金者是也,今人尚有藏者。……”宋寇宗奭《本草衍义》亦载此事。王捷,汀州人,见宋代《临江志》。

三四十年,不是百岁左右了吗?这样百岁老翁,能否发明活字,是值得怀疑的。又毕“升”与毕“昇”,音同,字不同,上述宋刻工中就有不少名升的,又有更多名昇的,所以不可能是一个人。

近年又有人以为“布衣是他的身份,锻工是他的职业”,又推算“祥符时升正是三十左右的壮年,适于给方士王捷当助手,做体力劳动的锻工”。祥符时若果只有三十左右,沈括岂能称他为“老锻工”。又说“毕升在沈括时尚存,两人并讲了话”。祥符时沈括尚未出生,两人岂能对话?这显然是错误的。故《中国印刷史》仍从旧作,能炼金的老铁匠毕升与发明活字的毕昇,是两个人,不能混为一谈。笔者因此一向主张发明活字的毕“昇”不可简化作毕“升”。现在有的报刊及今年初中课本把发明活字的毕昇,简化作毕“升”是不合适的。

一九九五年乙亥九月张秀民书于嵊县瞻山老家,时年八十八岁

补 记

碑文双行大书:

故先考毕昇神主
故先妣李氏妙音 墓

普通称亡父为“先考”亡母为“先妣”,今在先考先妣上又冠有已故之“故”字,殊嫌叠床架屋过于重复。

又刻有“孝子毕嘉、毕文、毕成、毕荣,孙男毕文显、毕文斌、毕文忠”。碑文既称先考先妣,当为其子毕嘉、毕文等四子所立,孙男毕文显等三人当称“先祖考”“先祖妣”,不能称为“先考”“先妣”,否则亦当称毕嘉等“率”子毕文显等,而今并无“率”字,故碑文的称呼殊多可议处,是否为宋碑仍

值得怀疑。

1995年12月26—28日,在湖北省英山县联合召开英山毕昇墓碑研讨会,“初步认定英山的毕昇墓是北宋活字印刷发明家毕昇之墓”“这是一个阶段性的成果”。所举最重要的新理由为“雕字双行是宋刊”的诗句。今案宋刊字体多种多样,有颜体、柳体、欧体、苏体、瘦金体,又有作者手书,如宋岳珂《玉楮诗稿》、杨次山《历代故事》等。今观此碑似近于手写体,今据《中国文物报》1993年7月4日图片,毕昇阳形浮起末二笔作卩,似近昂字,而《科技日报》1993年8月1日图片“考”“毕”二字已经挖补,昇字末笔多一“、”。上文所引宋刻工二十五人名昇中,未有作昇的,则多此一“、”的昇字是否“宋刊”仍可存疑。

总之,此碑的年代问题、毕昇的籍贯等问题,以及毕昇是否原名毕昂,仍有不少可待商榷处,个人仍保留愚见不敢盲从。

一九九六年丙子孟春张秀民书于瞻山廿八都老家,时年八十有九

(原载:《中国印刷史学术研讨会文集》,
印刷工业出版社1996年版)

三答《英山毕昇墓碑再质疑》

孙启康

在湖北英山县发现的毕昇墓碑，笔者曾根据该碑的形制与纹饰特征以及年款残存字迹，断定此碑立于北宋仁宗皇祐四年，即公元1052年，并依其镌刻内容所留下的历史信息，考证英山毕昇与北宋沈括《梦溪笔谈》所载之庆历(1041—1048)中为活板的"布衣毕昇"，在姓名、身份、所处时代、职业、卒年乃至死于外地的境况等六个方面均相符合，因而认定，活字印刷术发明者毕昇的故里在蕲州。① 后经多次邀请湖北省内及北京、福建等地文物界、出版印刷界专家现场考察鉴定，对笔者所说，多表赞同。

近读我国印刷史学界老前辈张秀民先生《英山毕昇墓碑再质疑》一文②，其看法有以下三点：一是碑的年款为元代的"皇庆四年"；二是与墓碑图案有关的荷叶莲花牌子，多见于明刻本上；三是墓碑字体是否宋刊？

张老一再质疑，出于对毕昇研究抱有很高期望，对推动研究无疑是有力的鞭策。今三呈答卷，谨求教焉！

一、毕昇墓碑年款是否有为"皇庆四年"的可能

张老认为，毕昇墓碑年款之年号为"皇庆"，并说"皇庆也有四年之可能"。又说"元仁宗皇庆只有二年(1312—1313)并无四年，四年应是仁宗延祐二年(1315)，因此此说也有问题"。为了解决他自己提出的与历史实际相矛盾的问题，于是提出了"英山僻远，交通闭塞，信息不灵，当时不知

① 《毕昇墓碑综考》，《出版史研究》第4辑，第13~40页。

② 《中国印刷史学术研讨会文集(1996年)》，第267~273页。

有延祐新年号因而仍用皇庆旧号”的设想。为了证实这一设想的合理性，张老举了两个例子：

一是“明建安刘氏日新堂至正癸丑刻《春秋金锁匙》一卷。按元至正只有二十八年戊申（1368），至正癸丑实际上已是明太祖洪武六年了。于易代之际，犹奉前元正朔。”

二是“元初平阳晦明轩张存惠，刻宋唐慎微《重修政和经史证类备用本草》，虽金亡已十五年，而仍用金朝泰和纪年，可谓无独有偶。”

进而认为：“至正既可有三十四年癸丑，则皇庆有四年，也不足为奇了。”

笔者认为，张老所举的两个例子都有其特殊的历史背景，形成这种现象的原因可能各不相同。

1.“元初平阳晦明轩”在“金亡已十五年”以后“仍用金朝泰和纪年”，与“犹奉前朝正朔”无关。

这里张老所说的“元初”实际上是蒙古时期。自1207年铁木真建立蒙古，至1271年之前为蒙古时期。这一时期，虽然经历了拖雷（睿宗）、窝阔台（太宗）、乃马真氏（太宗后）、贵由（定宗）、斡兀（定宗后）、蒙哥（宪宗）七代更替，都未建立纪元年号。直到1260年忽必烈（世祖）执政才建立纪元年号为“中统”，五年后改元为至元，至元八年才建国号曰“大元”。准确地说：大元帝国是从1271年建立的。

平阳（今山西临汾一带）又称平水，是金朝的版刻中心，平阳张氏晦明轩是当时比较著名的私家书坊，其金朝刻本见诸著录的有金泰和（四年）甲子（1204）和泰和（六年）丙寅（1026）刊行的《经史证类大观本草》和《丹渊集》等书①。晦明轩张存惠在“金亡已十五年”后的己酉之年刻《重修政和经史证类备用本草》②，时当蒙古统治者贵由（定宗）之妻斡兀执政的第一年（1249），此书卷首之碑形书坊牌记所署年款为“泰和甲子下己酉冬日”。为什么在“己酉”之前要加上“泰和甲子下”字样？这是因为当时当

① 叶德辉：《书林清话》卷四。

② 此书藏北京图书馆。

地的统治者未定纪元年号,如年款仅记岁次己酉,就使读者特别是后人无法了解刻书的具体年份,如沿用金朝末帝的天兴(1234)年号,则有犹奉前朝正朔之嫌。于是就在“己酉”之前冠以“泰和甲子下”字样,作为对这个己酉之年所处的具体时间段的界定。这里的“泰和”二字,只不过是用作这个己酉年所属“甲子”的定语,它所属的朝代和金朝末帝已相去四代,不会有被认为是犹奉前朝正朔的嫌疑。这很可能是在当时没有纪元年号的情况下,在记载年代方面的一种约定俗成的做法。

2.“明建安刘氏日新堂至正癸丑刻《春秋金钥匙》一卷”(按:书名应为《春秋金锁匙》)①;可谓是于易代之际一些地方民心尚未归顺而出现的犹奉前朝正朔的现象。

据《明实录》载:洪武六年春正月……福州府山民聚众作乱……,温州府民周党三等相结为盗,据瑞安……,庚午(福州)罗源县山贼作乱……,四月……福建古田县山贼作乱……,五月……(福州)永福县民诱众作乱……,直到洪武十九年五月还有“福建将乐县阳门庵”之“妖僧彭玉琳”与“新淦县民杨文、曾尚敬等谋乱……,玉琳称晋王,伪置官属,建元天定”等。在这种情况下,洪武六年出现沿用至正年号的现象,是可以理解的。

不仅如此,就是在《春秋金锁匙》的作者赵汸的家乡海宁(今安徽休宁县)商山义塾于1364年刻成赵汸所著《春秋师说》《春秋属辞》等书时,朱元璋已占据此地达八年之久,但仍沿用元至正年号②。朱元璋在洪武三十一年传位给其孙允炆,改元建文,但在建文四年六月,朱棣入南京后,废除了建文皇帝纪元年号,于“秋七月……诏令以洪武三十五年为纪”③,于是在建文四年之后,又重新出现了“洪武年号”。在唐朝也有许多这样的事例。这些都是在改朝或者换代之际,沿用前朝正朔的现象,不足为奇。

可是要说英山这个地方在元仁宗延祐二年时还“不知有延祐新年

---

① 刘锦文日新堂至正癸丑所刻《春秋金锁匙》仅见于近人叶德辉《书林清话》卷四,其他刊本如微波榭本、学津讨原本、学海类编本以及《书林清话》所据之丁丙《善本堂藏书志》,均作《春秋金锁匙》。疑叶德辉《书林清话》对书名著录有误。

②《铁琴铜剑楼藏宋元本书目·经部·元刊》。

③《明史·成祖本纪》。

号”,仍沿用皇庆旧号,就不可思议了。

第一,元仁宗于皇庆二年之后——1314 年改元延祐,是属于同一个皇帝对自己使用的纪年年号的更换,通常要作为一件大事降诏颁布天下。这种改元既不是改朝,也不是换代,根本不会出现前朝遗民或当代叛逆不服王化,犹奉前朝正朔的现象。

第二,元朝为了加强中央对地方的控制,在各路、府、州、县,都有由中央派遣的达鲁花赤,作为地方官吏的正职,密切各地与中央的关系。英山县也不会例外,皇帝改元之诏两年之后还未下达到这里,是不可想象的。

第三,毕昇故里英山毕家铺,对元大都(北京)来说可谓僻远,但作为邮传驿站,距当时所隶属的庐州、蕲州、蕲水县的治所,都较近便,并不闭塞,不会在两年之后,还不知道皇帝改元的消息。

第四,即使毕家后代信息不灵,但办理丧事时延请的那些为亡灵超度的僧侣和勘定墓地、择定下葬吉日的阴阳术士们,具有“云游四方”的职业特点,也不会对皇帝改元一无所知。他们都有一本必备的官府颁行的历书,当不会出现这种错误。

因此,“皇庆也有四年之可能”的可能性是不存在的。

二、“荷叶莲花牌子”的年代问题

张老认为:“墓碑上看不出有荷叶莲花图案,而荷叶莲花牌子,则多见于明刻本上。”这里有必要说明一下。拙文所说的毕昇墓碑正中所刻的神灵牌位,“上覆宝珠荷叶华盖”,就是指刻在墓碑考妣名讳之上状如下覆荷叶,顶饰宝珠的宝盖;所谓“下托莲瓣花纹”,就是在牌位下部梯形牌座的空白处即“毕昇神主墓”的“墓”字之下尚存的几片阳刻的莲花瓣(至少有两片较清楚)①。

这种荷叶莲花牌子,虽然“多见于明代刻本”,但也不能说在明代以前的刻本上就不曾出现过。如北宋时刻本《金刚般若波罗蜜经》的卷尾,就

① 《出版史研究》1996 年第 4 辑,第 17 页图一。

有这种“荷叶莲花龛”式的图形①，只不过是北宋刻本多被金人掠去，大部散失，能流传至今的很少。可是类似的牌记，在出土文物中却并不罕见，如在河北磁县观台镇的观台村、东艾口、冶子村等的宋代磁州窑遗址中出土的许多北宋时出产的磁枕上，就印有这种上下以荷叶莲花图案装饰、中间刻“张家造”或“张家枕”(图1)字样的牌记②。比较著名的有1973年出土于观台村窑址的北宋童子牧鹅枕③，以及现藏于甘肃省博物馆有北宋仁宗“明道元年巧月造”题记的虎纹磁枕等④，可见这种“荷叶莲花龛”式的牌记，不仅用于版刻书籍，而且成了一种比较流行的手工业商标图记。北宋刊本上这种荷叶莲花龛的构图比较匀称，各个部位装饰配置得体，线条也较为流畅、生动，说明此时由于版刻工艺的成熟，是这种牌记被广泛用作商标图样的流行时期。明刻本上的书坊牌记中的荷叶莲花则与牌记主体的比例极不均衡，线条也很生硬，显示出这种形式的牌记在明代特别是明晚期已经退化的迹象。

图1 “张家枕”牌记

---

①《出版史研究》1996年第4辑，封二图三。

② 1964年故宫博物院研究员李炳辉先生等采自河北磁县观台镇冶子村磁州窑遗址北宋时期的地层中。

③ 国家文物局:《中国文物精华大辞典·陶瓷卷》，上海辞书出版社1995年版，第302~303页。

④ 国家文物局:《中国文物精华大辞典·陶瓷卷》，上海辞书出版社1995年版，第302~303页。

三、墓碑字体是否宋刊

张老在《补记》中对史树青先生认为英山毕昇墓碑“雕字双行是宋刊”的说法①提出了两个疑点。

一是《中国文物报》1993 年 7 月 4 日发表的毕昇墓碑图片，昇字阳形浮起末二笔作卩，似近昂字，而《科技日报》1993 年 8 月 1 日发表的毕昇墓碑图片，“‘考’‘毕’二字已经挖补，昇字末笔多一‘、’”。质疑既然质到了这种地步，就牵涉到相关人员的学风和品质了，“挖补”墓碑字迹，属于制造伪证，这是学术界所不齿的。这里需要说明的是，不论是《中国文物报》还是《科技日报》发表的毕昇墓碑图片（照片、拓片各一张），都是笔者于 1993 年 5 月同时寄给中国文物报社的。《中国文物报》发表时用了照片，《科技日报》转载拙文时，向中国文物报社要去了拓片。由于该报选用纸张质量稍好一点，而拓片又是黑白分明，所以印刷出来的字迹就更清楚一些。作为与古籍版本、印刷品打了多年交道的张老先生，对这一点应该是理解的。事实上《中国文物报》刊出的图片所显示“昇”字的笔画也是清楚的，此字的中部有一道很明显的横画左右贯通，不论横看竖看，都不能读作“昂”字。

史树青先生去湖北考察毕昇墓碑之前，也有人向他表示过这种“挖补”怀疑，可是史老到现场看了墓地，看了墓碑之后，对“动没动刀”的怀疑就消除了，可谓“百闻不如一见”。

二是“昇”字末笔多出一“、”是否“宋刊”？

由于张老所见“宋刻工二十五人名昇中，未有作昇的”，因此他认为“多此一‘、’的昇字是否宋刊仍可存疑”。

笔者以为：宋代刻工刻于书籍“版心”的姓名，多系刻工信手自刻，并未由写工书写，近似后来的“匠体”。毕昇墓碑的字体则是已经张老认同

① 史树青：《英山毕昇墓碑研讨会感赋》，《出版史研究》1996 年第 4 辑，第 11 页。

的“近于手写体”。既然两者的体式不同,其书写主体和文字的赋存载体也不同,两者之间在写法上存在某种差异,是应该容许的。这种写法,是否可以作为断定毕昇墓碑是宋刊的依据之一,要看宋代人是否有过这种书写习惯。据笔者所见,“昇”字末笔加一“、”的写法,在东晋王羲之的书法中即已出现,唐代颜真卿的《放生池帖》,宋代苏轼被收入《三希堂法帖》的书法作品中,都有这种写法。而“昇”字末笔加一点的写法,更广见于隋智永《真草千字文》、唐虞世南《孔子庙堂碑》、褚遂良《房玄龄碑》、欧阳通《道因法师碑》和《三希堂法帖》中所辑宋人苏轼、米芾的书法真迹,以及宋徽宗赵佶《真书千字文》中。看来这种书写习惯,在唐代已很盛行,宋人书法亦承其流风余韵。这个“昇”字的写法,与宋人的书写习惯是一致的。

北宋刻书,率用唐人书体,尤以早期多用欧体,而毕昇墓碑的阴刻楷字,结体端整,笔画清劲,转折清晰有角,字形略显竖长的特点,颇有欧体韵味。年款第一字皇字上部的“白”,字形偏长,与欧阳询《九成宫醴泉铭》中:“皇帝爰在弱冠”之“皇”和“醴泉出于阙庭”之“泉”上部的“白”字的结体,均极相似,也说明此碑所用之书体,与宋刊本的书风有其渊源关系。由此看来,史树青先生认为“雕字双行是宋刊”是有依据的。

关于同名同姓问题,笔者此前在《答毕昇墓碑质疑》一文中已有申述,不再重复。这里仅介绍一组统计数据,或许有助于问题的说明。在《宋会要辑稿人名索引》中,所列王姓人数为 1300 多人,其中同名者有 10 例、20 人;李姓人数亦为 1300 余人,同名者 8 例、19 人,其中 4 人相同者 1 例,3 人相同者 1 例;张姓 1200 余人,同名者 4 例、9 人,其中 3 人相同者 1 例;赵姓 2000 余人,同名者 3 例、8 人,4 人同一姓名者 1 例。这些同名同姓的人物中,有不少还是分别属于不同时代的。毕姓人物只有 19 人,竟无一例同名者。这说明毕姓在宋朝也是人口较少的宗族,不大容易出现同姓同名的情况。特别是出现像英山毕昇与布衣毕昇这种身份、时代、卒年、职业和死于外地的境况都很相同的同名同姓者,就更难想象了。

对毕昇墓碑的研究,正如许多专家所说:关键在于年款的确定,“争论的就是(年款)那个地方,别的都是小问题”。当然也不是说这项研究就到此为止了。

对布衣毕昇的研究,还有大量工作要做,切望关心这一问题的专家把着眼点放到进一步发现新的史料和文物实证上来,以便把这项研究深入下去。

（原载:《出版科学》1996 年第 3 期)

毕昇与湖北英山出土的《毕昇碑》

任　昉*

活字印刷的发明者毕昇，可以说是世界知名的历史人物。但有关毕昇的历史记载，却仅见北宋沈括的《梦溪笔谈》，且十分简略，原文为："庆历（1041—1048）中，有布衣毕昇，又为活板。"据此，仅知毕昇为北宋仁宗时期布衣。而关于毕昇的籍贯，史籍更无一字涉及。但这并不妨碍研究者据理揣测。自古迄今，大致有三说：

1.汝南说。为明人强晟所创。强晟《汝南诗话》记传闻云："汝南一武弁家治地，忽得黑子数百枚，坚如牛角，每子有一字，如欧阳询体……此即宋活字，其精巧非毕昇不能作。"毕昇所造活字在汝南出土，遂有汝南说。但此说并不可信。因为活字印刷，自元人王祯撰《农书》附录"活字印书法"以来，已广为人知，各地均可仿造，并非汝南独有。

2.益州说。为清人李慈铭所创。李慈铭在家藏王士祯《居易录》上批注，谓毕昇为"益州人"。但未提供任何佐证。估计是根据北宋印刷业的发展状况所做的一种揣测。我们知道，唐代的益州，经济、文化非常繁荣，造纸业兴盛，印刷业已具有相当规模。北宋时期，益州印刷业达到极盛，称为"蜀本"。而活字印刷的发明，必在经济、文化非常繁荣，造纸业、印刷业十分兴盛的地区。据此，李慈铭揣测毕昇为益州人，应该说有一定的道理。可惜作为揣测，学术界无法承认。

3.杭州说。为今人胡道静、张秀民等先生所创。胡先生怀疑毕昇"乃杭州之一雕版良工"（《梦溪笔谈校证》）。张先生则怀疑毕昇与沈括家有

* 任昉，曾在中国文物研究所从事出土墓志研究，现为故宫博物院研究员。

亲戚关系,“沈括是杭州人,毕昇可能也是杭州一带人”(《毕昇》)。宋代的杭州,也是经济、文化非常繁荣,造纸业、印刷业十分兴盛的地区。据此,胡、张等先生揣测毕昇为杭州人,应该说也有一定的道理。电影《毕昇》谓毕昇在杭州开设“毕氏活字印书铺”,采用的就是杭州说。但所谓杭州说,是否真的可信,似乎也还不能作为定论。

现在又有所谓英山说。根据是该地出土了一方“毕昇碑”。关于此碑,国内外多家报刊、电台和电视台都作了报道,专家、学者也都参加了讨论。虽然还未成为定论,但从目前情况看,认为此毕昇即彼毕昇者似乎占了优势。也就是说,所谓英山说,已逐渐为某些专家所认可。但笔者却深表怀疑。姑且不论英山向为穷乡僻壤,在历史上,经济、文化不足称,造纸业、印刷业不足道,本不具备发明活字印刷的客观条件。即如此碑所披露的种种问题,参加讨论者也均未涉及。因此,还有进一步探讨的必要。

据介绍,这方“毕昇碑”于1990年在英山县草盘地镇五桂墩村出土。碑为青石制成,高110厘米,宽70厘米,厚13~15厘米。边框刻有卷云花纹。内部上作火焰华盖顶。中分三栏:右栏小字阴刻子孙姓名;中栏采用神灵牌位形式,大字阳刻考妣姓名;左栏小字阴刻年月日。又,右栏上阴刻一“日”字,左栏上阴刻一“月”字。照录如下:

			毕嘉　毕文	毕文显
右栏	日	孝子		孙男毕文斌
			毕成　毕荣	毕文忠
中栏	故先考毕昇神主 故先妣李氏妙音		墓	
左栏	月	□□□年二月初七日		

首先,此碑从形制看,绝非宋碑,与我国传统碑亦不类;从内容看,绝非宋制,与我国传统碑制更大相径庭。譬如:右栏父以“文”为名,子以“文”为辈,不合传统避讳原则。中栏考妣均直称名讳,与传统碑多称公及夫人

亦大异。我们知道,赵宋为我国古代最重礼法的朝代。倘若此碑确系宋碑,则其不避父名,直称父母、祖父母名讳,子孙之不肖,一至乃尔,岂不很值得奇怪！其次,此碑从形制看,带有明显的异国风格;从内容看,带有明显的宗教色彩。譬如:卷云花纹和火焰华盖顶,为国内出土阿拉伯人碑所常见。阴刻“日”“月”二字,又称“神主”,并采用神灵牌位形式,显示与某种复杂的信仰和宗教有关。我们知道。国内出土的阿拉伯人碑,时间多在元代或元代之后,而我国民间的信仰和宗教趋于复杂,也在这一时期。倘若此碑确系宋碑,则其形制和内容如此超前,岂不也很值得奇怪！

在研究过程中,笔者深感问题多多,仅凭一己之力很难解决,于是特向有关专家请教。先向著名文物研究专家王去非先生请教。他的观点与笔者相同,认为时代不能早于元。再向全国文物鉴定委员会委员王敏先生请教。他也认为时代不能早于元,估计属于元末,不能晚于明初。他说,此碑纹饰,与自己亲自拓过的二方元代阿拉伯人碑十分相似。按他说的二方元代阿拉伯人碑,现藏北京牛街礼拜寺,图版曾经发表,为著名伊斯兰教石刻,笔者通过认真比较,发现此碑纹饰,与扬州现存的元代阿拉伯人捏古伯碑、泉州现存的元代阿拉伯人和加·利里碑、永春县达鲁花赤碑等也十分相似。这三方元代阿拉伯人碑,也为著名伊斯兰教石刻。最后向文物出版社编审张圣福先生请教,他所定时代与前二位先生相同,认为从形制和风格等方面看,与汉族传统习惯不合,而带有明显外来文化和外来宗教的色彩。经过三位先生的证实,笔者感到问题的解决有了眉目。

我们知道,在我国历史上,毕姓本为纯粹的汉姓,经北魏变革才出现所谓胡姓。但大家一般都忽略中亚也有音译的毕姓。按中亚本有粟特国,以昭武为族姓。后来该国分裂,先后形成康、安、曹、史、米、何、穆、毕等众多小国,人民各以所在国号为姓,我国史籍以其国姓众多,统称为“昭武九姓”。但实际可考的只有康、安、曹、史、米、何、穆七姓。毕国(今中亚土库曼斯坦毕地)人民是否曾以毕为姓,完全不可考。然而该国至唐又名戊地。《新唐书·西域下》康国条谓“九姓”中有戊地。戊地大概为毕之反语,似乎该国人民应曾以毕为姓。当然这只是一个假设,并无确凿的证据。

但有此假设,对于“毕昇碑”的研究,等于多了一条线索,总是有益无害的。

众所周知,“昭武九姓”诸国本信火祆教,唐以后多改信摩尼教。摩尼教崇拜日月光明,教徒以日月图形为信仰标志。在唐代,“昭武九姓”人民已大量进入我国,摩尼教在我国流传甚广。近年出土唐代摩尼教文物和吐鲁番古代寺院残存唐宋摩尼教壁画中,屡见此日月图形的信仰标志。五代以后,由于这些中亚移民多已汉化,汉人不少亦渐信摩尼教,该教始合汉族日月二字,又称明教。宋元时代,明教与白莲、弥勒等民间宗教逐渐融合。元末韩山童称“明王”,其子韩林儿称“小明王”,朱元璋建旗以“山河奄有中华地,日月重开大宋天”为号召,均属明教起义。明分日月,故明教又称日月教。朱元璋起义成功,建国号为明,也与他本人曾信仰明教颇有关系。

至此,再重观“毕昇碑”。姑不论此毕氏是否中亚毕国移民的后裔,碑上单刻日、月二字,应为从中亚传来并经汉化的明教亦即日月教的信仰标志。新发现的毕昇子孙毕成碑和毕文忠碑,上亦刻此信仰标志。足见此毕氏一家均为日月教徒。英山宋属淮南西路,之后也一直隶属今之安徽,直到 1932 年才划归湖北。元代的安徽,是日月教活动频繁的地区。这也是安徽人朱元璋等利用该教组织起义的重要基础。英山毕氏一家为日月教徒不足为怪。日月教传自中亚,故此日月教徒碑的纹饰和风格,与同样传自中亚的伊斯兰教石刻十分相似。日月教在宋元被称为“魔教”,至明清仍屡遭朝廷禁断,原因之一是该教违背传统,不守礼法。此日月教徒碑的题款和格式,与我国传统碑制大相径庭,大概就由于这个缘故。这样,有关毕昇碑的所有问题都可以迎刃而解了。至于某些专家先入为主,断定此毕昇碑为北宋皇祐四年(1052)立,毕成碑为北宋嘉祐七年(1062)立,毕文忠碑为北宋元符元年(1098)立,实际此三碑纪年处均漫漶莫辨,都不足为据。

明教亦即日月教的石刻现存甚少。该教教徒的碑更为罕见。毕昇碑的出土,可以说填补了这方面的空白。因此,尽管此毕昇不是彼毕昇,这方毕昇碑也是极有价值的。

(原载:《中国文物报》1994 年 9 月 25 日)

毕昇墓碑的宗教信仰与民俗文化特色
——答任昉

孙启康

1990年在湖北英山县草盘地镇五桂墩村的睡狮山麓发现毕昇墓碑一通（图1），其形制系宋《营造法式》中所载之“笏头碣”，边饰阳刻卷草花纹，碑心镌成神灵牌形式，其上阳刻考妣姓名二行并列。文为：

故先考毕昇神主
故先妣李氏妙音　墓

其左右两侧上方，分别刻标有“日”“月”字样的日月图像，在考妣姓名两侧：

一侧：孝子　毕嘉　毕文　毕成　毕荣　孙男　毕文显　毕文斌　毕文忠

另一侧：皇□四年二月初七日

按此碑之形制及纹饰题材、雕刻技法与风格气韵，应属宋碑特征；其年款经考证判定为北宋仁宗庆历（1041—1048）之后的皇祐四年（1052）①，与当时的官员兼学者沈括（1031—1095）所著《梦溪笔谈》中记述的“庆历中”发明活字印刷术的“布衣毕昇”所处年代和卒年相符。

---

①《毕昇墓碑鉴定及相关问题考证》，《中国文物报》1993年7月4日。

图 1　英山毕昇墓碑拓片(碑首为圆头)

此碑虽然碑版面积不到一平方米,碑文字题不足五十,但却是研究活字印刷发明者"布衣毕昇"的里籍、后嗣、卒年的唯一实物依据;而其碑版所示之文化内涵,亦可资探索"布衣毕昇"生平轨迹之佐证。

近阅《中国文物报》载任昉《毕昇与湖北英山出土的〈毕昇碑〉》①(下简称任文)一文,该文认为:毕昇墓碑所在地英山"本不具备发明活字印刷的客观条件",此碑从形制上看,绝非宋碑,与我国传统碑亦不类;从内容看,绝非宋制,与我国传统碑制更"大相径庭"。感到有很多"值得奇怪"之处。因而对"此毕昇即彼毕昇"深表怀疑。任氏在"通过认真比较"后,发现此碑纹饰与北京、扬州、泉州等地现存的信奉伊斯兰教的"元代阿拉伯人碑"十分相似,"碑上单刻日、月二字,应为从中亚传来并经过汉化的明教亦即日月教的信仰标志","英山此毕氏一家为日月教徒不足为怪"。最后认为"此毕昇不是彼毕昇",下了否定的断语。

---

① 见《中国文物报》1994 年 9 月 25 日。

笔者读后,深感对任文中所提出的诸多“值得奇怪”的问题,有予以阐答的必要,现就英山毕昇墓碑所示的宗教色彩、信仰标志、丧葬习俗、碑版风格及年代之判定等,略述浅见求正。

一、特征鲜明的宗教色彩

任文以为:此碑纹饰中的“卷云(按:应为卷草)花纹和火焰(按:应为宝珠荷叶)华盖顶,为国内出土阿拉伯人碑所常见。”与现藏北京牛街礼拜寺的“二方元代阿拉伯人碑”和泉州现存的元代阿拉伯人“永春县达鲁花赤碑”(图2)都“十分相似”。“与汉族传统习惯不合而带有明显外来文化和外来宗教色彩”与“明显的异国风格”。

图2 泉州出土元永春县达鲁花赤碑(残)
(碑首为双重弧曲尖券)

笔者认为:此碑确实带有外来的宗教色彩,但这种色彩不属于来至西亚阿拉伯的伊斯兰教。因为伊斯兰教墓碑的形制多为“双重弧曲尖券”或“三重弧曲尖券”状的碑首,而毕昇墓碑的碑首则为圆头,完全符合我国传统的“笏头碣”的制式。这两种碑的形制与纹饰之风格气韵,恰如任氏所说是“大相径庭”的。

要辨析毕昇碑的宗教属性，不妨从下列各点来考察。第一，墓碑正中镌刻的神灵牌位，上覆宝珠荷叶华盖，下以莲花装饰。这与浙江宁波建于宋绍兴十四年的天封塔地宫①出土的“荷叶荷莲银牌”(图3)极其相似；第二，墓碑边框内沿作尖券形式，是宋代及宋以前佛塔上“莲瓣形尖券龛门”的风格；第三，碑的边饰为卷草花纹，也是佛教器物的装饰所常用的忍冬花之演变；第四，碑文中的“先妣李氏”名曰“妙音”，乃是用的法名。这种佛教信士弟子中的女性使用法名的情况，在宁波天封塔地宫出土的文物中，亦不乏其例，如其中的缠花荷莲银牌、银香炉和银簪上，分别刻有“李六娘法名净因，同男黄文俊、文义等”、“女弟(子)倪氏廿一娘……法明(名)净日……”和“徐氏二十娘子法名净明……”等。从以上四点，可以说明毕昇墓碑含有鲜明的佛教特色，毕昇之妻李氏妙音乃是一位笃信佛教的“三宝弟子”，与伊斯兰教似乎没有任何因缘。

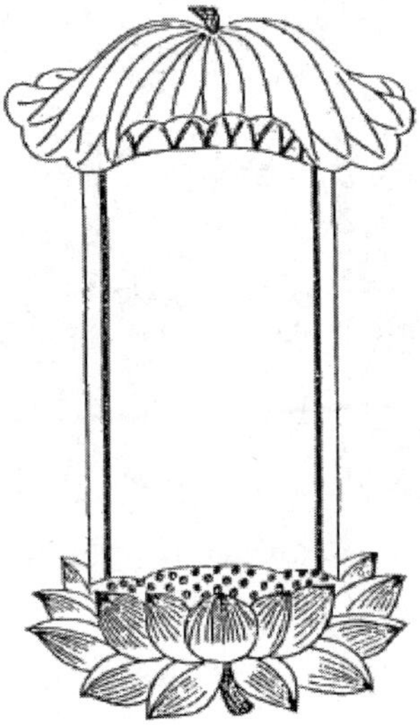

图3 浙江宁波天封塔地宫出土荷叶荷莲银牌(南宋)

① 《浙江宁波天封塔地宫发掘报告》，《文物》1991年第1期，第1页。

二、华夏民族的信仰标志

对于墓碑上端两侧所饰之阴刻“日”“月”字样的圆轮状图像，任氏则认为是“摩尼教崇拜日月光明”的“信仰标志”。大家知道，摩尼教是伊朗古代宗教之一，由波斯人摩尼（约216—约276）于3世纪所创，其教杂糅祆教、基督教、佛教等教义中的思想材料而形成自己独特的信仰。该教崇拜“四大尊严”，其中“神的光明”即日月，是其教徒的崇拜对象之一。通常所见的摩尼教碑，其形制亦为伊斯兰宗教石刻的“双重弧曲尖券”；而纹饰内容，则以巴格达式的天篷形华盖、基督教的“十字架”和佛教的幡幢、莲花等图案杂缀于一碑之上（图4）。至今还未见到镌有日、月图像的摩尼教碑。

图4　泉州出土元代摩尼教墓碑

笔者以为：毕昇墓碑所镌之日月图像，乃是我国古代崇拜日月星辰的一种传统的信仰标志。所谓：“日为太阳之精，主生恩德……”；“月为太阴之精，以之配日……”。这种崇拜天地、山川、日、月、星辰，“禋于六宗”的礼俗，在《书·舜典》与“殷墟卜辞”中均有记载。秦始皇即帝位三年，“东巡郡县……遂东游海上,行礼祠名山大川及八神”①。在这“八神”之中,即有“月主”和“日主”。在长沙马王堆一号汉墓[下葬于西汉文帝年间(前179—前157)]、山东临沂金雀山九号汉墓和甘肃武威汉墓(西汉末年)②出土旌幡上部左右两侧,都画有日和月的图像。一般认为丧葬出殡时使用这种仪仗,是为了引度亡魂升天,或者是“招魂以复魄”,使死者安土。现存云南省陆良县贞元堡的一通立于南朝宋孝武帝大明二年(458),碑文自称为楚令尹子文之后的《宋故龙骧将军护镇蛮校尉宁州刺史邛都县侯爨使君之碑》③,其碑首两侧也分别饰以刻有“金乌”和“蟾蜍”的日、月图像。据此,可以认为:毕昇墓碑所饰之日、月图像,乃是华夏民族的一种传统信仰标志。与摩尼教、日月教乃至伊斯兰教石刻中之“云、月”图案,有其明显的区别。两者一承汉风、一宗西范,其风格是迥然不同的。作为东亚腹地先秦“三代受命始祖”之一的周文王之子姬高——毕公的后裔毕昇,为什么一定要让他压晚时代,降低辈分,改换教门,到“中亚土库曼斯坦毕地”乃至西亚的阿拉伯去寻宗觅祖呢?

三、异乎寻常的丧葬礼俗

墓碑于毕昇名讳之下镌刻“神主”字样,也是任氏在文中引以为“怪”而又未及论述的。有的学者竟将其作为毕昇之“字”来解释。笔者以为:这“神主”二字,并非毕昇的“字”或“号”,也不是对墓主的尊称。据有关史籍记载:古代在宗庙中供奉的已死国君牌位,称为“神主”,也简称“主”。这称祭祀礼仪,可追溯到春秋时期。如《春秋谷梁传·文公二年》:“作僖公主”;《后汉书·光武帝纪上》:“大司徒邓禹入长安,遣府掾奉十一帝神主纳于太庙。”后世在民间也形成为死者立神主(又称神位或灵牌)的习俗。此墓碑刻“神主”二字,表明墓中是以毕昇的灵牌入葬的。这是我国

① 《史记·封禅书》。
② 《中国大百科全书·考古学》,中国大百科全书出版社1986年版,第164页。
③ 即书法史上称为“大爨”的《爨龙颜碑》,是我国第一批全国重点文物保护单位。

古代流行的一种招魂殡葬的习俗。这种殡葬方式，通常是在其家人死于外地，无力将死者遗体运回或根本无法找到遗体安葬；或者是亲人远游外乡，久无音讯，经“追求躬访，积年不得……岁过耋老”仍无下落时，其后人就采取为死者“立木主（即神主），具衣冠，招魂设冢”①，实行“追终制服”之礼。如《后汉书·邓晨传》载：邓晨妻刘元，乃光武帝刘秀之姊，在南阳新野（今河南新野县）死于乱兵之中，尸骨未得收葬。光武即位后、追封为新野节义长公主，在新野建祠庙，立神主享祭。后邓晨死时，“光武帝诏令以公主官属礼仪，招迎新野主（即刘元神主）与邓晨合葬洛阳北邙山”。唐人张籍《征妇怨》中有“万里无人收白骨，家家城下招魂葬”句，就是说的这种习俗。由此可见，墓主毕昇系死在外乡，骸骨未归，其后人是以“先考”的“神主”与“先妣李氏妙音”同穴合葬的。

四、设计独特的碑版风格

毕昇墓碑碑版的设计布局和装饰手法具有独特的风格，与一般墓碑不同。通常所见平民墓碑，在边框以内的碑心，多为一个平面；除有品级的官宦之家的墓碑在碑额上加施纹饰和以阳刻文字篆额外，一般平民之碑的碑文则全用阴刻文字，其正中的考妣名讳、均竖排为一行，只是其中的“考、妣”“父、母”等少数字样在行中左右并列。而毕碑的版式却十分独特。如：碑心正中刻成上覆宝珠荷叶华盖顶，下托莲瓣的神灵牌位，上载考妣名讳分别以阳刻文字并列两行，行间加上凸起单线，作为界格，左右再加双线边框。牌位两侧的题款行次，上端以剔地起凸的手法镌作圆弧状、仿佛古籍雕版中之“竹册栏”的天栏；上、下款均用阴刻文字，也沿袭了版刻书籍中对题、款采用“阴文”的惯例。这种独特的版式章法，显然是借鉴当时雕刻书版上的“行界”“双线边栏”“竹册栏”“阴文”和具有艺术特色的荷叶莲花龛式的“书坊牌记”等形式，移植到碑版上来的。特别是正中的牌位

---

① 〔清〕吴荣光：《吾学录初编》卷十九《丧礼门》。

式样，与北宋时浙江刻本《金刚般若波罗蜜经》卷尾所刊之“荷叶莲花龛”①（图 5）极相类似；碑款之阴刻小字，也具有笔画瘦劲，转折清晰有角，字体略显竖长的特征，与北宋早中期书版所用字体相似。这种形式的牌版极为罕见，绝非出自当地一般碑工之手，很可能是由毕昇的同行好友亲手为之镌刻的，由此可以窥见，墓主生前从事雕行当的职业特点。

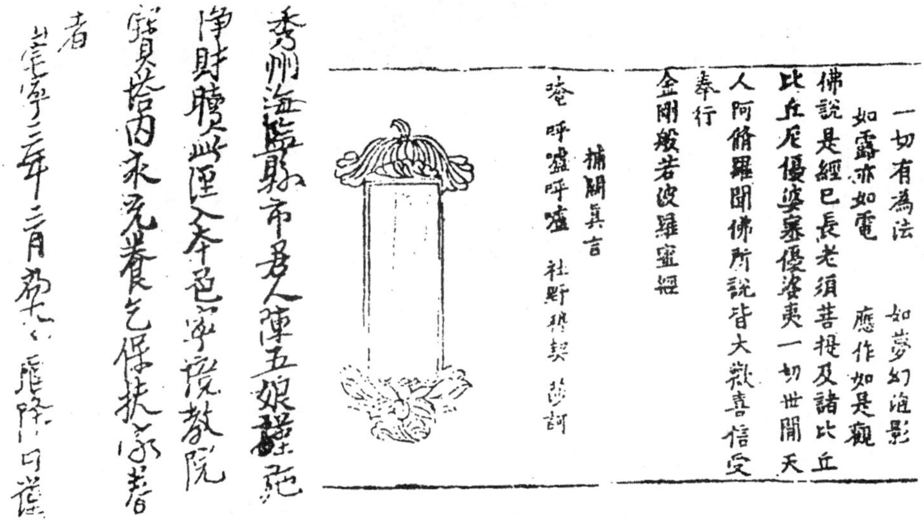

图 5　北宋刻本《金刚般若波罗蜜经》

五、确凿有据的立碑年代

对于毕昇墓碑的年代，任文断定：此碑“绝非宋碑”。其依据：1.碑文“直称考妣名讳”，“文显”“文忠”等子侄辈不避其父辈“毕文”之名，“不合传统避讳原则”，“而赵宋为我国最重礼法的朝代”；2.此碑纹饰与“元代阿拉伯人碑十分相似”，“时代不能早于元，估计属于元末，不能晚于明初”。

① 北京图书馆：《中国版刻图录》图版六四。

笔者认为:要确定此碑的年代,主要应依据它的形制、纹饰和年款来断定。第一,此碑所采用的笏头碣(即圆头碑)制式,在北宋王安石执政期间(1069—1076)开始编修,后经将作监少监李诫编订,至元符三年(1100)编成的《营造法式》一书中即有著录;其纹饰特征,按本文论述该碑的碑版风格与宗教色彩等有关各节中所举之北宋时期的"荷叶莲花龛"和宁波天封塔地宫出土文物等例证,即足以证明为宋代风格。而任文所列举之"北京牛街礼拜寺"的"元代阿拉伯人碑"和泉州现存的元代"著名伊斯兰教石刻",除其边框所饰之"卷云"花纹与毕碑边饰的"卷草纹"有相似之处外,其形制和风格都是有明显差异的。第二、此碑年款,尚存"皇□四年二月初七日"等字样。而两宋时期历代皇朝年号,冠以"皇"字的,只有宋仁宗赵祯于庆历之后改元为"皇祐",这个年号共使用了五年(1049—1053),因此,此碑年款中的"皇□"应为"皇祐"。如果此碑属于元代,那么,这个"皇□"就应是元仁宗的年号"皇庆",这样推定显然与此碑纹饰特征所具有的宋代风格相互矛盾,而且元之皇庆年号只使用了两年(1312—1313),与墓碑年款所载之"四年"也是不相符合的。因此,将此碑的立碑年份定为"皇祐四年"是根据碑上所存之虽有残缺但仍可辨识的文字,结合历史文献进行排比推断而科学判定的,绝非"先入为主"的主观推测或凭空臆断。

至于此碑不合我国最重礼法的赵宋朝代的避讳原则,是否可以作为否定其为宋代碑刻的依据?这就需要仔细考察一下,在当时的整个社会中对这项礼法进行普及的深度和广度如何?大家知道我国自西周开始,即有避讳的礼法。其后历代沿袭、愈衍愈繁。避君讳,避太子讳,避皇后及后家讳,避国主、诸侯讳,避家讳等,禁忌甚多。有因此而改地名,改物名,改人姓、名的。特别有趣的是唐代著名诗人李贺,以其父名"晋肃",为避"晋"字,怀着满腹文章而终身不考进士;唐末杨行密据扬州时,扬州人为避"密"字,竟将蜂酿之"蜜"称为"蜂糖";宋仁宗名赵祯,其宫嫔则把"蒸饼"呼为"炊饼",但民间并未全然附从。即使在士大夫以上阶层,也存在不避讳的现象。君臣同名,父子、祖孙同名者,也不乏其例。如周襄王(前

651—前619)名“郑”,卫成公(前634—前600)亦名“郑”;南朝宋武帝(420—422)名“裕”,其臣谢景仁、张茂度亦名“裕”;宋明帝(465—471)名“彧”,其臣王景文亦名“彧”;周历王(前877—前841)名“胡”,其六世孙僖王(前681—前677)则名“胡齐”;蔡文侯(前611—前592)名“申”,其五世孙昭侯(前518—前491)亦名“申”;北魏献文帝(466—471)名“弘”,其子孝文帝(471—499)名“宏”;魏安同之父名“屈”,而安同之子亦名“屈”等①。就是在所谓“最重礼法”的“赵宋”时代,对于最犯禁忌的皇帝之讳,也有不全避的。如:宋建本《纂图互注点校毛诗》只避“筐”“匡”(宋太祖讳)两字,“桓”字(真宗讳)或避或不避,而徽宗赵佶之“佶”字亦不缺笔。这说明当时在民间,对于避皇帝之讳的礼法的遵守,也不是十分严格的。毕昇乃一介布衣,其子孙又僻居山野,不谙或不从避讳之制,是不足为怪的。因而也不能以此碑“不合避讳原则”就断定它“绝非宋碑”。因一通山野之民的墓碑不合避讳礼法,就“先入为主”地断然否定它有据可考的立碑年代,这正是任氏对“毕昇碑”的研究失之偏颇的原因之一。

六、创业异乡的科技伟人

导致任氏的研究失之偏颇的另一原因,是过分地强调了在英山发明活字印刷是否具备客观条件。任文在讨论“毕碑”时,一开始就特别强调:“英山向为穷乡僻壤,在历史上,经济、文化不足称,造纸业、印刷业不足道,本不具备发明活字印刷的客观条件。”言下之意,即英山不具备产生活字发明家毕昇的条件。因而对“此毕昇即彼毕昇”深表怀疑。如就英山的条件而论,这种怀疑也不无道理。然而英山当时虽属穷乡,无力发展印刷事业,但其所在的江淮京湖一带的印刷事业还是比较发达的。如其西邻荆州、鄂州,在北宋时期即兴起了雕版事业,虽然几经战乱摧残与岁月沧桑,

---

① 参阅〔宋〕周密《齐东野语》卷四《避讳》。

至今仍可见到北宋仁宗嘉祐三年在江陵府刻成的《建康实录》①和北宋末叶在鄂州刊行的《花间集》②等技术水平较高和具有本地刻风的珍贵版本。其南邻赣州，在北宋中期的雕刻业也达到了成熟阶段。这里在北宋仁宗嘉祐八年刊印的佛顶心观世音菩萨大陀罗尼经，即远传到了湖南郴州③。即使在战乱频仍的南宋时期，辖领英山的州、县治所蕲州（今湖北蕲春县）与罗田（今湖北罗田县），也有刊刻书籍的盛举，当时在这里刊行的《窦氏联珠集》④《离骚草木疏》⑤等书现亦存在。在邻近地区形成的这种文化氛围，对于英山的民智开发，势必产生一定的影响。虽然这种影响仍不足以为毕昇造成在英山研制活字版的条件；但须知"好男儿志在四方"，大凡伟人创业，多不限于本土。如唐代陆羽的故乡湖北天门（唐时为复州）并无名茶，却并未妨碍他编撰成我国第一部茶学专著——《茶经》而被奉为"茶神"；明代李时珍世居之蕲州也不是全国名医荟萃之所和天下药材集散之地，他遍历名山、查访搜寻，终能集历代《本草》之大成，推出皇皇巨著《本草纲目》而被尊为"医圣"。这就是游历四海，成就伟业的例证。

据我国印刷史学界泰斗张秀民老先生著文披露："宋刻工不只在原籍镂版，能工巧匠也往往被请到外路刊书"⑥。如平江（今江苏苏州）张俊至广东潮阳刊《通鉴总类》⑦，东阳黄七、黄戬到江西鄱阳刻《万首唐人绝句》⑧等。他们"不少为终生职业，故连续在原籍或外地刊书⑨"。如南宋时的刻工刘文就曾先后在今浙江、安徽、江西、湖北等省的许多州、县刊书。他们长年谋食外地，甚至终未归者也不乏其人。如"蕲州周亮，建州叶浚、

---

① 北宋嘉祐三年版，南宋绍兴十八年递修本，为传世最早刻本，见《中国版刻图录》图版二一五说明。

② 参阅《中国版刻图录》图版二一八说明。

③ 参阅宿白《南宋的雕版印刷》，《文物》1962 年第 1 期，第 4 页。

④ 淳熙五年蕲州刻本，见《中国版刻图录》图版二一四说明。

⑤ 庆元六年罗田刻本，见《中国版刻图录》图版二一七说明。

⑥ 参阅张秀民《略论宋代的刻工》，《中国印刷》1994 年第 2 期，第 31 页。

⑦ 参阅张秀民《略论宋代的刻工》，《中国印刷》1994 年第 2 期，第 31 页。

⑧ 参阅张秀民《略论宋代的刻工》，《中国印刷》1994 年第 2 期，第 31 页。

⑨ 参阅张秀民《略论宋代的刻工》，《中国印刷》1994 年第 2 期，第 31 页。

杨通,福州郑英,庐州李胜等”因被聘至舒州刻《太平圣惠方》书版,不幸于同一天被雷电击毙①,而命丧异乡。

沈括《梦溪笔谈》所记“布衣毕昇”死后,其所创之活字印未能传给他的子孙,而为与之毫无亲缘关系的沈氏群从所得。根据这一情况,可以想见毕昇临终之时,并无亲属在其身边。因此可以认为“布衣毕昇”和上述刻工一样,也是长年从业外地,终生未归故里的。而英山毕昇墓碑所显示的雕版职业特色和招魂殡葬的习俗,说明此墓之墓主毕昇,也当是一位离乡背井到外地从业献艺的雕版写工或者刻工。他身怀技艺,萍踪江湖,创业外乡,不幸身殒异域,幸赖其同行好友捧回他的“神主”才得以在其故里——淮南路蕲州蕲水县直河乡(今英山县)毕家铺的睡狮山麓毕家坳实行招魂殡葬的。

纵观上述各节,可以认定:英山毕昇与发明活字印刷的“布衣毕昇”有五点相同之处,即姓名完全相同、所处时代相同、卒年相同、职业相同、最终死于异乡的境况相同。因此,可以说英山毕昇即发明活字印刷术的科技伟人“布衣毕昇”是符合客观事实的。

(原载:《江汉考古》1995年第1期)

① 〔宋〕洪迈:《夷坚志·丙志》卷十二《舒州刻工》。

毕昇墓碑之年代断定与避讳问题

孙启康

湖北英山发现的毕昇墓碑，根据其碑体形制、纹饰题材与风格、气韵，断为宋碑，又据其年款中尚存文字，详加考证，断定此碑立于北宋仁宗皇祐四年。① 此说经有关专家会同鉴别，大致已成定论。

但近来又有学者以为此碑"绝非宋制"，其理由是：该碑文中出现了"父以'文'为名，子以'文'为辈"的现象，即子侄辈'文显''文忠'等未避其父辈'毕文'之名，'不合传统避讳原则'。而"赵宋为我国古代最重礼法的朝代。倘若此碑确系宋碑，则其不避父名……岂不很值得奇怪！"②

作为一位文物研究专家，从避讳的角度，对于墓碑的年代鉴定提出质疑，是不无道理的。因为在文物鉴定中，对于碑志、版本、书画的鉴定，往往以其中的文字是否反映了避讳的现象，作为辨别和确定该项文物的真伪和年代的佐证之一；而毕碑的时代特征和被认定的年代与不避讳的现象，又似乎有其矛盾之处。

为了廓清这个问题，有必要对我国古代的避讳礼法特别是"最重礼法"的赵宋时代有关避讳的实况，做一番考察。

一、从西周至隋唐的避讳礼法

在我国古代的宗法社会里，从西周开始，就崇尚避讳之礼，其后历代相承，愈衍愈繁。避帝王讳、避太子讳、避皇后讳、避国主讳、避诸侯讳、避圣

① 详见孙启康《答毕昇墓碑质疑》，《中国印刷》1994 年第 2 期，第 73 页。

② 见任昉《毕昇与湖北英山出土的〈毕昇碑〉》，《中国文物报》1994 年 9 月 25 日。

贤讳等,对这些人的名字,要求众所共讳,称为公讳;对于子孙避父祖、宗亲之讳,则称为家讳。由于禁忌太多,有因此而改地名,改物名,改月令名,改官署、官职名,改人姓、名的。避讳的具体办法,大体有以下三种:

一是易字法。如汉文帝名刘恒,就将“恒山”改名“常山”;秦始皇名“政”,则改“正月”为“征月”,将“公正”“矫正”等词汇中之“正”字,一律改作“端”①字。

二是省笔法。如唐太宗李世民之“世”字省去一笔作“世”。

三是去字法。如唐王朝统治者之祖辈有名李虎的,李延寿在撰写南北朝的历史时就将韩擒虎之名去掉虎字,写作“韩擒”。

特别有趣的是:后汉书的作者范晔,以其父名“泰”,为避“泰”字,而不就“太子詹事”之职;唐代窦曾以父名“至忠”,也不肯当“中书舍人”;李贺因其父名“晋肃”,竟怀着满腹文章而终身不考“进士”;杨行密割据扬州时,扬州人为避“密”字,竟将蜂酿之“蜜”称为“蜂糖”。

唐代以前,虽然避讳礼法较为流行,但也存在一些不避讳的现象。君臣同名,父子、祖孙同名者不乏其例。如周襄王(前651—前619)名“郑”,卫成公(前634—前600)亦名“郑”;南朝宋武帝(420—422)名“裕”,其臣谢景仁、张茂度亦名“裕”;宋明帝(465—471)名“彧”,其臣王景文亦名“彧”;周厉王(前877—前841)名“胡”,其六世孙僖王(前681—前677)则名“胡齐”;蔡文侯(前611—前592)名“申”,其五世孙昭候(前518—前481)亦名“申”;北魏献文帝(466—471)名“弘”,其子孝文帝(471—499)亦名“宏”;魏安同之父名“屈”,而安同之子亦名“屈”②等等。这说明当时即使在王侯之家与士大夫阶层中,对这项礼法的遵守也不是全都那么严格的。

二、赵宋时代的避讳实况

在“最重礼法”的赵宋时代的避讳实况,可以从避公讳和避家讳两方

① 《睡虎地秦墓竹简·语书》,文物出版社1978年版,第14页。

② 参阅周密《齐东野语》卷四《避讳》。

面来考察。

在避公讳方面，总体上比前代更为繁杂，不仅帝王、宰相之讳要避，就连一个州官，也要求下属邑宰在言谈和行文的词句中回避上级官吏之名。如宣和年间的常州知州徐申，因其下属邑宰在向他报告公事时，在语言中用了“申”字，徐即怒形于色，斥责他触犯了“君为县宰岂不知长吏名乃作意相侮”①。虽然如此，但也还有疏漏之处，如宋建本《纂图互注点校毛诗》，亦只避匡、筐（宋太祖讳）两字，桓字（宋真宗讳）或避，或不避，而徽宗赵佶的佶字亦不缺笔②。这很可能是属于民间所刻书版，未经官府监校所致。

避家讳之制，似乎在北宋中期以前还不太统一，这可能与当时谱牒之学的发展程度有关。谱牒学在我国文化史上曾经是一门显学，它是为了适应士族门阀制度的需要而兴盛起来的，特别在东汉以后至南北朝时期发展尤为突出。当时，人尚谱系之学，家藏谱系之书。当然，这个“家”，指的只是“卿大夫”“世家”之“家”，并不包括庶民阶层。可是由于唐朝末年的农民起义，使士族门阀制度受到了毁灭性的打击，又经过五代十国的战乱，更使门阀士族被扫除净尽，“取士不问家世，婚姻不问阀阅”③，于是“由贱而贵者耻言其先，由贫而富者不录其祖”“谱遂大废”④。

赵宋王朝是在士族门阀制度的废墟上建立起来的，这时的社会结构发生了很大的变化。一些过去并没有什么身份的官僚、地主取代了士族地主而成了地主阶级的主体。他们为了更有效地控制农民阶级，以巩固其家族的经济和政治地位，便乞灵于古老的宗法制度，重新组建封建家族组织。大约从北宋仁宗时代起，一些士大夫如苏洵、欧阳修等便率先编撰本家族的新族谱，于是造谱之风又从此在士大夫阶层中兴盛起来。此时，在一些仕宦之家，对于上下辈次的命名大都比较讲究辈分。如名取两字，则以其

① 周密：《齐东野语》卷四《避讳》。
② 张秀民：《清代泾县翟氏泥活字印本》，《文物》1961 年第 3 期，第 30 页。
③ 郑樵：《通志 · 氏族略 · 氏族序》。
④ 苏洵：《嘉祐集》卷十三《谱例》。

中第一字(也有用第二字的)为辈分标志;如取单字为名,则以本字的偏旁为辈分标志。如《梦溪笔谈》的作者沈括的父辈:沈同、沈周,名皆从“口”;其兄弟辈:振、扶、披、括,名皆从“手”;其子侄辈:逵、述、遘、辽……,名皆从“辶”。又如与沈括约略同时的曾巩(繁体字为“鞏”,北宋嘉祐年间进士),兄弟六人:晔、巩(鞏)、牟、宰、布、肇,名皆从“丨”(音 gǔn),其三子:绾、综、纲,名皆从“糸”(音 mì);有六孙:悊、忞、愈、恳、忿、憇,名皆从“心”。辈次明确,各不相犯。但是,也存在着对辈次区分不严的情况。即使是当时作为编撰新族谱的首倡者之一的欧阳修所编制的《欧阳氏谱图》①中,就存在着晚辈与长辈的名字辈次混同的现象。如欧阳修之祖辈兄弟八人,其名分别为:俊、伸、仪、伾、信、偃(修之祖父)、佺、儆,名皆从“人”,而欧阳修之名也从“人”;欧阳修之叔,一名“旦”,一名“晔”,名皆从“日”,而欧阳修之兄名“昞”,亦从“日”。这显然是下名犯上,而“昞”“修”之名也未注重辈分标志。可是,欧阳修之堂弟:宗古、宗道(旦之子),宗颜、宗闵、宗孟(晔之子)等的命名,又是讲究辈次的。这种现象,正好说明当时的谱牒之学,还只是复兴伊始,处于一种风尚更替时期,对于晚辈命名应与长辈之名回避的礼法,还处于逐步完善的阶段。

据有关文献记载:苏洵的《苏氏族谱》系于宋至和二年(1055)编成②;《欧阳氏谱图》的完稿时间,也大约是至和二年或稍后。③ 毕昇墓碑立于皇祐四年(1052),时在欧、苏编成族谱之前;而毕氏子、孙之命名,则更在此前。如果上述情况能得到认同,则在毕氏墓碑之上出现与《欧阳氏族谱》之中相类似的“不合传统避讳原则”的现象,就不足为怪了。何况毕昇乃一介布衣,其子孙又僻居山野,因不谙而未从避讳之制,也是合乎情理的。因此,不应以此碑不合避讳原则而断它“绝非宋制”。

避讳虽然在鉴定文物中能起到某些佐证作用,但只能作为一种辅助依

① 《欧阳文忠公集》卷七十一《欧阳氏谱图序》。
② 《嘉祐集》卷十三《族谱后录下篇》。
③ 《欧阳文忠公集》卷七十一《欧阳氏谱图序》。

据,鉴定文物的主要依据,应是文物本身所具有的时代和风格的特征。如果只论避讳这一点,而不及其余,是很难做出准确的鉴定结论的。

(原载:《出版科学》1995 年第 2 期)

孰是孰非毕昇碑
——向任昉先生讨教

张树栋

湖北英山发现毕昇墓碑，引起国内外学术界普遍关注，不少报刊、电台、电视台予以报道并加以评述，国外学者也来函探询，湖北省文物考古部门组织力量进行实地考察、论证，对毕昇碑做出了有六位著名文物考古专家签名的省级鉴定。鉴定确认："此碑是北宋皇祐四年(1052)所立。墓主即我国北宋时期活字印刷术发明家毕昇。"此后，不少专家学者围绕毕昇碑之真伪问题展开了深入细致的探讨。其中，最引人注目的除孙启康先生的几篇答辩性文章外，当属《中国文物报》于1994年9月25日发表的任昉先生宏文《毕昇与湖北英山出土的〈毕昇碑〉》，它是迄今唯一对湖北省文物考古鉴定予以明确否定的文章。笔者曾受中国印刷博物馆筹委会主任范慕韩先生之托，亲赴英山做实地考察，目睹了毕昇墓碑和相关文物及其出土现场，访问并聆听了省、地、县各级参与考察、鉴定的专家、工作人员和当地乡民及其陈述，了解了毕昇墓碑的出土、考察及鉴定情况。拜读任文后，颇感困惑，不知孰是。特撰此文，向任昉先生讨教。

任文明确指出："此碑从形制看，绝非宋碑……从内容看，绝非宋制。"显然这是对湖北省文物鉴定的明确否定。余以为，任先生既以如此肯定的语言，断然否定湖北省著名文物考古专家们的鉴定意见，必然有其自以为无可争议的充足证据。然观其全文，其依据无非是：

1."英山向为穷乡僻壤，在历史上，经济、文化不足称，造纸业、印刷业不足道，本不具备发明活字印刷的客观条件。"余以为，英山是毕昇故里，并不一定是毕昇发明活字印刷之地，因为人是可以流动的，何况古之英山既有邮路和驿站，又是人文水平较高之地。毕昇故里在英山，毕昇发明活字印刷术也必在英山之说未必见妥。

2.任先生“深感问题多多,仅凭一己之力很难解决,于是特向有关专家请教”。遗憾的是任文只谈了几位著名文物考古专家的意见及其认定此碑并非宋碑的判断,而未详细介绍专家们支持这一判断的依据。余以为几位专家的意见是极为重要的,理应予以详细介绍。笔者期待着聆听专家们的教诲。

3.任文以较多笔墨论证“英山毕氏一家为日月教徒。日月教传自中亚,故此日月教徒碑的纹饰和风格,与同样传自中亚的伊斯兰教石刻十分相似”。如果没猜错的话,作者的意思是说英山毕昇乃中亚移民后裔。可任文又说:“在唐代,‘昭武九姓’人民已大量进入我国,摩尼教在我国流行甚广。”“五代以后,由于这些中亚移民多已汉化,汉人不少亦渐信摩尼教。”由此可以推论,信奉日月教的英山毕昇,既可能是几百年前进入中国并已汉化了的中亚移民的后裔,也可能是“亦渐信摩尼教”的汉人。众所周知,中国是个多民族、宗教信仰多样化的国家,不少民族和宗教都来自国外,在中国这块古老、文明的土地上繁衍、融合。笔者感到不解的是:难道唐时已经进入中国,五代已经汉化了的中亚移民的后裔,到了几百年后的宋朝,就不能从业印刷、发明活字印刷术?信奉日月教的汉人,死后就不能立上一方刻有日月纹饰的墓碑?何况“近年出土唐代摩尼教文物和吐鲁番古代寺院残存唐宋摩尼教壁画中,屡见此日月图形的信仰标志”。

4.毕昇碑文内容,“右栏父以‘文’为名,子以‘文’为辈,不合传统避讳原则。中栏考妣直称名讳,与传统碑多称公及夫人亦大异。……倘若此碑确系宋碑,则其不避父名,直称父母、祖父母名讳,子孙之不肖,一至乃尔,岂不很值得奇怪!”这是任文断定此碑绝非宋碑的一条重要依据。笔者也曾对此产生疑虑。恰是任文解开了余之疑团。任文云:“日月教在宋元被称为‘魔教’,至明清仍屡遭朝廷禁断,原因之一是该教违背传统,不守礼法。此日月教徒碑的题款和格式,与我国传统碑制大相径庭,大概就由于这个缘故。”对任文稍加联想,必可得出这样的结论:元代日月教之违背传统,不守礼法,乃由宋沿袭而来,北宋毕昇既是日月教徒,其碑文不合传统避讳原则，当在情理之中，任先生怎么反将其作为判定英山毕昇碑不是宋碑的依据呢？

5.任文断定毕昇碑不早于元朝的另一条根据是："英山毕昇碑的形制纹饰，与现存元代阿拉伯人碑十分相似。"而"国内出土的阿拉伯人碑，时间多在元代或元代之后。"任文此言给笔者的直接印象是：尽管日月教和有日月图形标志的文物早于元代之前数百年已存在，但有此标志而又早于元的墓碑石刻尚未发现，从而断定这方新出土的毕昇碑也不会早于元朝。这种把现存最早的当成客观上最早的研究历史的思维方式，笔者实在不敢恭维。

6.任文在抄录碑文年款时，将"年"前三字全部空起来，说："实际此三碑（按：指毕昇、毕成、毕文忠三碑）纪年处均漫漶莫辨，都不足为据。"想任先生定已亲自仔细观察过原碑，否则作为一个文物考古专家绝不会贸然下此断语。笔者曾专程赶赴英山县，仔细观察过毕昇碑及其拓片，其纪年部分确系孙启康先生所描述的那样，"四"字较易辨，"皇"字模糊，但尚能辨识多数笔画，基本上可以判定为"皇"；第二字全无笔画痕迹，无法辨识。实际上，原碑之"皇"字，上半部分的"白"字偏长，下半部分有三横，其中间一横向左伸出，呈"三"状，可能属年久碰撞损伤所致；第二字呈扁方残迹，无笔画可识；第三字是"四"字，较为易辨。如实描绘，其年款为："皇□四年二月初七日"。湖北文物考古专家鉴定为"皇祐四年二月初七日"立，是有一定道理的。

7.任文在论证毕氏一家为日月教徒，毕昇碑的纹饰和风格与传自中亚的伊斯兰教石刻十分相似之后，得出了"这样，有关'毕昇碑'的所有问题都可以迎刃而解了"的结论。笔者对这一结论百思不得其解。笔者认为，任文论证除给毕昇和毕昇碑以宗教色彩，而这些宗教色彩又不会对此毕昇即彼毕昇构成问题之外，实在看不出还迎刃而解了哪些问题。

由于活字印刷术的发明是影响深远的伟大发明，因此毕昇墓碑的出土引起国内外学术界的格外重视。大家各抒己见，见仁见智，共同探讨，以求辨其真伪，这是大好事。殷切期望有志于此的专家学者到英山做实地考察,获取更为可靠的第一手资料,做出更贴近史实的、科学的论断。

笔者认为:毕昇碑上那行虽然模糊但尚能辨的年款,是判定此毕昇是不是彼毕昇的主要依据。到目前为止,说英山毕昇即北宋活字印刷发明家毕昇虽无确证,但巧合之处颇多(参见拙作《毕昇墓考察论证》,载《新闻出版报》1994 年 1 月 5 日,第 884 期,第 3 版),说明英山毕昇即北宋活字印刷发明家毕昇的可能性非常大,在没有发现足以否定它的、更为确切的文献和文物证据之前,把英山毕昇认定为北宋活字印刷发明家毕昇是适宜的。

笔者是个学习也可称之为研究印刷史的出版印刷工作者,于文物考古一窍不通。在文物考古方面,不敢在专家面前说三道四,只是出于一个出版印刷工作者的责任感,就对任先生宏文不解之处,向任先生讨教。不妥之处,尚请鉴谅。

(原载:《印刷史研究》1995 年第 2 期)

再谈“毕昇碑”的宗教色彩

任　昉

近年来,围绕湖北英山出土的“毕昇碑”,学术界展开了一场讨论。讨论的重点,主要是,此毕昇是否就是北宋活字印刷发明者毕昇。笔者曾撰《毕昇与湖北英山出土的〈毕昇碑〉》一文,否定其说,认为该碑为元末明初所立,上镌“日”“月”二字,以及形制纹饰,均带有外来宗教的色彩,实际是一方摩尼教——明教——日月教教徒碑。该文刊于中国文物研究所文物古文献研究部主编的《出土文献研究》第三集。该文摘要,提前刊于《中国文物报》1994 年 9 月 25 日第 3 版。笔者原本认为,自己对“毕昇碑”的研究,到此已经结束,可以退出这场讨论了。不料近接《出版科学》主编蔡学俭先生函,知该文摘要发表后,引起了一些反响。孙启康先生曾撰《毕昇墓碑的物象崇拜与宗教色彩》一文(该刊 1995 年第 1 期,以下简称“孙文”)认为:“毕昇碑”所镌“日”“月”二字,为“汉族传统的物象崇拜”;其形制纹饰,是“道道地地的佛教色彩”。由于孙文对“毕昇碑”的宗教色彩的确有误会,笔者特撰此文做一些必要的说明。

首先要说明的是,不仅汉族,世界上的任何民族,在其原始阶段,对日、月都是崇拜的。同样,很多宗教,如火祆教、萨满教,由于教义的关系,对日、月也都是崇拜的。但崇拜与信仰标志是两回事。中国古代,“国之大事,唯祀与戎”。君主自封“天子”,天地万物,无所不祀。现代的北京,还有明清遗留的天、地、日、月四坛。但君主的信仰及其标志却是“龙”。火祆教的信仰标志,主要是“火”,故又称拜火教。萨满教的信仰标志,主要是“天”,每年五月祭天为该教大典。汉武帝伐匈奴,曾“得(匈奴)休屠王祭天金人”[①],可见该教对祭天之重视。以“日”“月”为信仰标志的,只有摩尼教亦即日月教。

至于孙文提到汉晋及刘宋时期,某些旌幡、图画、墓碑,上面也绘镌日、月图像,实际与崇拜无关。所谓旌幡,指长沙马王堆汉墓出土的帛画。这种帛画,不止一幅。关于其性质,说法很多,目前尚无定论。但关于其内容,研究者意见基本一致,都认为与墓葬主人有关。[②] 有的研究者认为:“毫无疑问,这是墓主人升仙的图像”[③]。有的研究者认为:“这些图形的大意极其明显,那就是表示图中的主人已经死亡,受到人间的祭享,而其神明则上升于天,永远受到日、月的照临。”如有的研究者认为:“画面上段绘日、月、升龙和蛇身神人等图形,象征着天上境界;下段绘蛟龙穿璧图案,以及墓主出行、宴飨等场面。整个主题思想是‘引魂升天’。”[④]很明显,帛画中的日、月,不过是天上境界的象征,表示墓葬主人已由人间升天,并无任何崇拜的意思。这种以日、月及星辰象征天界的随葬画,有的直接刻于墓室顶部。如研究者所说:“在汉代画像石墓中,也有不少将日、月、星辰刻石置于顶部。如陕西米脂汉画像石墓中即有前室券顶嵌太阳刻石,后室顶部嵌月亮刻石。河南唐河针织厂画像石墓二室顶部置有太阳、月亮、星宿、北斗等天象刻石。都表现了将墓顶作为天穹的意识。”[⑤]很明显,这里的日、月,也不过是天上境界的象征,也无任何崇拜的意思。所谓图画,指吐鲁番古代墓葬出土的西晋纸本《地主生活图》。这幅纸图,据研究,实际是墓葬壁画的草图。吐鲁番晋十六国墓葬发现壁画五幅,与该纸图相同,顶部也都绘有日、月图形。但如研究者所指出,这些纸画和壁画,描绘的都是墓葬主人生前生活的场景[⑥]。很明显,其中的日、月(还有星辰),也不过是

---

① 《汉书》卷六十四《匈奴传上》,中华书局 1962 年版。

② 马雍:《论长沙马王堆一号汉墓出土帛画的名称和作用》,《考古》1973 年第 2 期。

③ 中国社会科学院考古研究所:《新中国的考古发现和研究》,文物出版社 1984 年版。

④ 《中国大百科全书 · 考古学》,中国大百科全书出版社 1986 年版。

⑤ 肖路:《埋在地下的宇宙——汉画像石墓和壁画墓的布局》,《文物天地》1991 年第 1 期。

⑥ 王素:《吐鲁番晋十六国墓葬所出纸画和壁画》,《文物天地》1992 年第 4 期。

普通生活画卷中的景物,也无任何崇拜的意思。所谓墓碑,指云南出土的刘宋《爨龙颜碑》。但须注意:(1)该碑所镌为“踆乌”“蟾蜍”,仅象征日、月,本未带任何宗教色彩。我们总不能将元杂剧开场白经常唱的“金乌(日)落,玉兔(月)升”,都说成是什么物象崇拜吧。(2)“爨”本为我国西南地区少数民族,属于古百濮族。如前所说世界上的任何民族,在其原始阶段,对日、月都是崇拜的。即使该碑所镌“踆乌”“蟾蜍”,确属日、月崇拜,也是百濮族的传统,与所谓“汉族传统的物象崇拜”没有关系。就是说,孙文竭力强调日、月崇拜是“汉族传统的物象崇拜”,却举不出一个明确的例子加以证明。如果碑镌日、月是“汉族传统的物象崇拜”,其例证应该俯拾即是。而笔者研究碑志多年,由汉至元,英山毕氏诸碑除外,也从未见有一方汉族碑志镌有日、月字样。笔者以为,这个问题已很清楚,实在没有必要继续讨论。

其次要说明的是,摩尼教亦即日月教,本系杂糅佛教、火袄教、基督教三教而成,一向带有佛教色彩。唐玄宗开元二十年(732)七月敕即称:“末摩尼法本是邪见,妄称佛教。诳惑黎元,宜严加禁断。”①甚至直称摩尼为“释氏之外教”②。宋代的摩尼教,供奉“肉佛、骨佛、血佛”③。元代的泉州摩尼草庵,祀“摩尼佛”,也就是“宋摩尼光佛”④。这些都说明摩尼教具有浓厚的佛教色彩。因此,孙文说“毕昇碑”具有“佛教色彩”本来不错,但加“道道地地的”形容词却大误。因为一旦与“日”“月”二字印证,这便不是什么佛教色彩,而是摩尼教亦即日月教色彩了。

最后要说明的是,一方碑志,一件文物,其形制纹饰,都应是浑然一体的。“毕昇碑”所镌“日”“月”二字,与其所带有的宗教色彩,也应毫无扞格。将前者解释为“汉族传统的物象崇拜”,后者解释为“道道地地的佛教色彩”,本身就难以自圆其说。笔者孤陋寡闻,至今尚未见过佛教徒崇拜

---

①《通典》卷四十注引,中华书局1980年版。

②《旧唐书》卷十八上《武宗纪》,中华书局1975年版。又《通鉴》卷二四八胡三省注引,中华书局1962年版。

③ 陆游:《渭南文集》卷五。

④《闽书》卷七。

日、月,或者崇拜日、月的人信仰佛教。而目前唯一能将二者结合加以解释的,也只有摩尼教亦即日月教。因此,在学术界没有找到其他合理解释前,笔者是不可能改变自己的观点的。

(原载:《出版科学》1995 年第 3 期)

再说毕昇墓碑的物象崇拜与宗教色彩

孙启康

最近，在《出版科学》1995年第3期读到任昉先生《再谈“毕昇碑”的宗教色彩》一文（以下称“任文”），此文着力否定毕昇墓碑所刻之“日、月图像源于汉族传统的物象崇拜”，并以“摩尼教崇拜日、月光明”为依据，断定“以‘日’‘月’为信仰标志的，只有摩尼教亦即日月教”。认为拙文《毕昇墓碑的物象崇拜与宗教色彩》①中，“将前者（指日、月图像）解释为‘汉族传统的物象崇拜’，后者（指莲、荷、蔓草图案等）解释为‘道道地地的佛教色彩’，本身就难以自圆其说”。兹再说之，以证拙作前说并无不“圆”之处。并就摩尼教徒碑石以日、月为“信仰标志”出于何典，向任昉先生求教。

一、汉族崇拜日月，源远流长

汉族对于日、月的崇祀，源于华夏先民对于自然界物象（包括日、月）的崇拜。从《尚书·尧典》中的“寅宾出日”“寅饯纳日”、《尚书·舜典》中的“禋于六宗”，到《史记·封禅书》中的秦始皇祀“八神”；从《礼记·祭法》中的“祭天”“祭地”“祭日”“祭月”，到明清天子的礼拜天、地、日、月四坛，是历代相沿的。在先秦经典以及诸子百家的著述中，论及日、月，无不备极尊崇。如：“日生于东，月生于西，阴阳长短，终始相巡，以致天下和”（《礼记·祭义》）；“日往则月来，月往则日来，日、月相推，而明生焉”（《易·系辞》下）；“日、月得天，而能久照”（《易·恒卦》）；“日掌阳，月掌阴”

---

① 《出版科学》1995年第1期，第37页。

(《管子·四时》);“阴阳之义配日、月”(《易·系辞》上);“日、月者天之使也”(《淮南子·天文训》)等,都说明日、月在华夏民族心目中的崇高地位。

在丧葬礼俗方面,从秦始皇陵墓中的天文星象乃至汉、唐迄宋历代墓葬中出土的帛画、壁画、纸画所绘的日、月星辰与天文图像,都应该是起源于远古时期华夏先民崇拜天体物象的延续。

“任文”以为,这些屡见于古代墓葬中的日、月星辰、天象图案,“与崇拜无关”,只不过是“天上境界的象征”,还把吐鲁番古墓中出土的西晋纸本《地主生活图》中所绘的日、月星辰图像,说成“不过是普通生活画卷中的景物,也无任何崇拜的意思”。

如果要对这些涉及丧葬仪礼的图画中的日、月星辰做具体解释,也可以说是一种“天上境界的象征”,因为“象征”是一种抽象的概念;但如果说有些画面上出现的日、月星辰是“普通生活画卷中的景物”,就令人费解,因为“景物”应该是一种具象的描绘。以《地主生活图》为例,在这幅图上,日、月星辰一起出现在这个“普通生活画卷”中,人们就不禁要提出疑问:这幅画描绘的究竟是白昼,还是夜晚?如画的是夜晚的景物,就应该是“金乌落、玉兔升”,群星灿烂。如果画的是白天的景象,就应该是红日高照,星、月隐形。如果在人们的普通生活中发生了这种日、月、星辰在白天或者在夜晚一齐出现的天象,按照古代“天文”“五行”学说的解释,就叫作:“日月失度、星宿悖行”是自然界发生了反常现象,是一种灾祸行将降临的征兆。西晋时期的知识阶层是具备这种常识的。如果说这幅画是墓中壁画的草图,墓主的后代和图画的作者,无论如何也不会为画中的主人翁安排这样一个显示凶兆的生活画卷。因此,此画的日、月、星辰,表现的并不是“普通生活画卷中的景物”,仍然应该是“天上境界的象征”。

所谓“象征”,就是用具体物象表示某种抽象的概念,或者思想感情。不论各派专家对它们的含义做出何种诠释,总跳不出思想文化这个范畴。帛画中的日、月、星辰与墓碑上的日、月图像可能在具体含义上不尽相同,但作为一种思想文化则是一脉相承的。汉族崇祀日、月的传统,始于远古,延及近代,源远流长。

二、爨氏族源楚郢，望出中原，并非爨蛮

“任文”以为：“‘爨’本为我国西南地区少数民族，属于古百濮族……即使该碑（指南朝宋孝武帝时的《爨龙颜碑》）所镌‘踆乌’‘蟾蜍’，确属日、月崇拜，也是百濮族的传统，与所谓‘汉族传统的物象崇拜’没有关系。”显然，任昉先生以为爨龙颜也是西南地区的少数民族。

这里应该指出：“任文”所谓属于古百濮族的“爨”与作为爨龙颜的姓氏的“爨”，是两个不同的概念，前者是民族的名称，后者是人的姓氏，两者不能混为一谈。

关于爨龙颜的族系，据爨道庆于南朝宋孝武帝大明二年所撰《爨龙颜碑》碑文叙述：爨氏为“颛顼之玄胄”“祝融之眇（渺）胤”。乃楚令尹子文之子斗班之后，因以“班”为氏，其先辈有：“班朗绍踪于季叶……蝉蜕河东，逍遥中原；班彪删定汉记；班固述修道训；爰及汉末，采邑于爨，因氏族焉！……乃祖肃、魏尚书仆射河南尹……位列九均，舒翮中朝，迁运庸、蜀（鄂西北、四川一带），流薄南入（进入云南）……君承尚书之玄孙、监军之令子也！……”①碑文表明：爨氏是在三国后期（或稍后）才由中朝辗转迁至西南少数民族地区供职的中原氏族，并非当地土著。

关于“爨蛮”，历史上也确有其说。如晋代的东西两爨，唐代的“东爨乌蛮”“西爨白蛮”等。从字面上看，似乎“爨”即是“蛮”。《辞源》1979年修订本中对“爨”字的“释义”为：“我国西南地区少数民族名，属古百濮族”，与“任文”所说仅存一字之差。但《辞源》释义最后特地向读者提示：要参阅顾炎武《天下郡国利病书》。该书“爨蛮”一节云：“爨氏，本安邑（今山西夏县西南）人，在晋时为南宁（今云南曲靖市一带）太守。中国乱，遂王蛮中。今陆凉有爨王碑，云是楚令尹子文之后……西汉末，食邑于爨，遂以为氏。”《唐书》：“自曲州、靖州西南，通谓之‘西爨白蛮’，自弥鹿、升麻二州至步头，谓之‘东爨乌蛮’。蛮本以乌、白为号，无姓氏，其称‘爨’者，

---

①〔清〕陆增祥：《八琼室金石补正》卷十。

从其酋长之姓耳!”读书读到这里,才知道关于爨氏与爨蛮的联系与区别是前人早就讲清楚了的。

顾氏所说的“陆凉有爨王碑”,即现存于云南陆良县贞元堡的《爨龙颜碑》。爨氏为安邑人,望出中原,爨氏不等于爨蛮,所谓爨蛮,不过是外界对爨氏所统领的蛮族人的称呼。因此,爨氏属“西南地区少数民族”的说法,也是一种误解。《爨龙颜碑》所刻的日、月图像,仍应是汉族物象崇拜的传统。

三、摩尼教以日、月为信仰标志的说法缺乏实证依据

“任文”强调:“以‘日’‘月’为信仰标志的,只有摩尼教亦即日月教”,“一旦与‘日’‘月’二字印证,这便不是什么佛教色彩,而是摩尼教亦即日月教色彩了。”

这一说法看来十分肯定,可是,对于摩尼教教徒的碑究竟是什么样子?却并未说出。就《毕昇与湖北英山出土的〈毕昇碑〉》一文的结尾所云:“明教亦即日月教的石刻现存甚少。该教教徒的碑更为罕见。毕昇碑的出土,可以说填补了这方面的空白。”①这段文字清楚地说明:任昉先生在他这篇文章搁笔之时,对于摩尼教亦即日月教教徒的碑是什么样子,在心目中还是一片空白。一旦看到毕昇墓碑上的“日”“月”图形,就认定它是传自中亚土库曼斯坦毕地的摩尼教亦即日月教教徒的墓碑,以为是填补了这方面的“空白”。

笔者对于碑志孤陋寡闻,只是翻阅到一些属于摩尼教的碑石,如《摩尼石刻》(图1)②,系用形状不规则的石材刻成,其上用波斯文铭刻着摩尼教的神秘咒语,通体无任何纹饰。又如出土于福建泉州的摩尼教教徒墓碑③,其碑首为“双重弧曲尖券”式样,与伊斯兰教碑的形制相同;碑心的图

① 《中国文物报》1994年9月25日,第3版。

② 任继愈主编:《宗教词典》,上海人民出版社1981年版,第1142页。

③ 吴文良:《泉州宗教石刻》,科学出版社1957年版,图110。

案以巴格达式的天篷形华盖,基督教的"十字架"和佛教的莲花、幡幢等组成,也未见日月教的信仰标志——"日、月图像"(图2)。因此。是否真有镌刻日、月图形作为其"信仰标志"的摩尼教亦即日月教教徒的碑,还有待于有关方面公布新的证据。

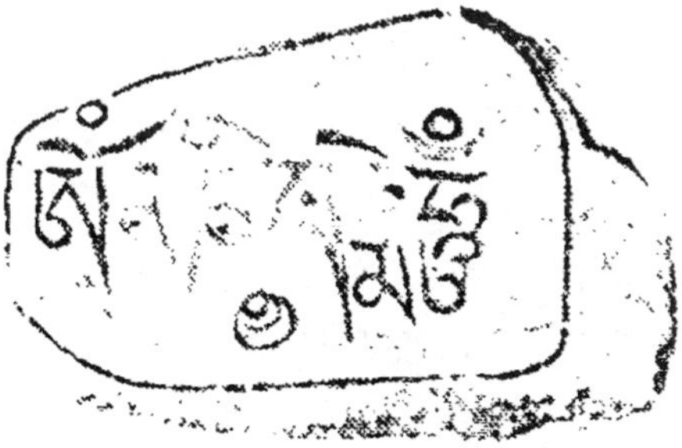

图1　摩尼石刻(摹自《宗教词典》)

图2　摩尼教墓碑(摹自《泉州宗教石刻》,科学出版社1957年版,图110)

任昉先生虽然提出了"近年出土唐代摩尼教文物和吐鲁番古代寺院残存唐宋摩尼教壁画中屡见此日月图形的信仰标志"①,来作为证明毕昇墓碑是摩尼教教徒之碑的旁证。但对所列文物实证的出土和现存地点及其所具有的特征或具体内容乃至日月图形在那些壁画中的位置及其与相关景象的组合关系,都未做具体介绍,其资料出处也未注明,因而还无法衡量和验证这些例子的准确程度,使人们感到这一说法缺乏实证依据。

四、毕昇墓碑纹饰特征符合汉族的民俗传统,与佛教信仰并无抵牾之处

"任文"指出:"至今尚未见过佛教教徒崇拜日、月,或者崇拜日、月的

①《中国文物报》1994年9月25日,第3版。

人信仰佛教。而目前唯一能将二者结合加以解释的,也只有摩尼教亦即日月教。”

这段话是想说明日、月崇拜与佛教信仰是相矛盾的,只有把摩尼教的信仰标志——日、月和莲荷等佛教色彩相结合,才符合这个“本系杂糅佛教、火祆教、基督教三教而成”的摩尼教的特色。摩尼教不是杂糅上述三教而成。该教是“在琐罗亚斯德教(即火祆教)二元论的基础上,吸收了基督教、佛教、诺替斯教等思想材料而形成了自己的独特信仰”①。

笔者认为,在佛教活动中,虽然没有礼拜日、月的内容,但在其经籍中却有《大日经》《金光明经》;在佛、菩萨的名称中,也有“大日如来”“水月观音”。“大日如来”的梵音为“毗卢遮那”,意译为“光明普照”和“大日”。在佛教寺院中也屡见“佛日增辉”等祝愿词语,这说明日、月至少不是佛教的禁忌。可见,日、月图形与佛教色彩,并无牴牾之处。

华夏民族有着多神崇拜的习俗,既崇祀天地,日、月、星辰;也敬奉祖先、佛道、神鬼。人们祈年丰就祭天地,想致富就敬财神,求子则拜观音,求雨就拜龙王。在神灵界,既有跨教神祇,亦有客串菩萨。如关羽,既是道坛的“天君”。又是佛门的“伽蓝”,佛、道两家都竞相借重他的“威灵”。有的道教宫观,在殿堂内既供高踞于神坛之上的真武帝君,又奉端坐于莲台之上的观音大士。虽然是越教杂糅,但这种教际“合营”或者说“神灵引进”,却正好迎合了一些世俗信士多重信仰,多头祈求的心理需求。

从多重信仰的角度看,在毕昇墓碑同时出现日、月图形和佛教色彩,也是符合汉族的文化传统的。

(原载:《出版科学》1995 年 4 期)

① 任继愈主编:《宗教词典》,上海人民出版社 1981 年第 1 版,第 1142 页。

毕昇故里何在　益州？杭州？蕲州

孙启康

毕昇是我国古代四大发明之一——活字印刷术的发明者。这项伟大发明虽然在世界同行业中领先400余年,可是毕昇的生平却未能借助自己行业的工具而刊印传世,甚至连他的故里何在也成了千古之谜,其说不一。有说他是益州人的,有说他是杭州人的。近来又有以英山发现的毕昇墓碑为依据的“毕昇故里为蕲州(英山)”之说。本文拟就上述三说予以剖判,并向读者求正。

一、益州说

主张此说者为清末学者会稽(今浙江绍兴)李慈铭。他在自藏的清王士祯(顺治十五年进士)《居易录》①卷二十五“活字版起于毕昇,昇宋时人”条下,以墨笔批注“益州人”三字。李系清光绪朝进士,官至御史,博学多闻。但对此说未见提出任何依据,也未对外界披露。虽屡有人提及,却无法令学界认同。

二、杭州说

持此说的是浙江嵊县张秀民先生。他在《中国印刷术的发明及其影响》一书中以为:“《梦溪笔谈》所谈毕昇泥活字的造法与排印工序及试印经过,是沈括据当时当地的见闻记录下来的”,“毕昇与当时杭州人沈括有

---

① 此书现藏北京图书馆。

关,所以死后肯把他创制的活字印交给沈括的侄子们宝藏。因此毕昇也可能是杭州一带人”。张先生是我国印刷史学界泰斗,影响颇大。从此说者有电影《毕昇》,演述毕昇在杭州开设毕氏印书馆,后为官府所迫,被箭射伤,夫妻双双被钱塘江大潮吞没,具有传奇色彩。此说是以毕昇与沈括的关系作为推论依据的,是否可以成立,则要看毕、沈之间到底有何关联?笔者以为:对于毕、沈之间的关系,据迄今所见资料,还只能作如是说:毕昇是沈括《梦溪笔谈》中所记载的科技人物之一;沈括则是毕昇活字印刷术的唯一记录者。除此之外,找不出其他关系。固然上述记录,“是沈括据当时当地的见闻记录下来的”,然而沈括的“见”与“闻”,有可能是直接的,也有可能是间接的。

沈括在《梦溪笔谈》卷十八“版印书籍”条中,记述了毕昇创制活字版的下列情况:

1.毕昇创制活字版的大体时间——“庆历中,有布衣毕昇又为活板”。

2.泥活字的制法——“其法以胶泥刻字,薄如钱唇,每字为一印,火烧令坚”。

3.活字版印刷的排版设备与操作程序——“先设一铁板,其上以松脂、腊和纸灰之类冒之。欲印则以一铁范置铁板上,乃密布字印,满铁范为一板,持就火炀之,药稍熔,则以一平板按其面,则字平如砥”。

4.活板印刷的功效——“常作二铁板,一板印刷,一板已自布字,此印者才毕,则第二板已具,更互用之,瞬息可就”。“若止印三二本,未为简易。若印数十百千本,则极为神速”。

5.活字的置备与保管方法——“每一字皆有数印,如‘之’‘也’等字,每字有二十余印,以备一板内有重复者”。“奇字素无备者,旋刻之,以草火烧,瞬息可成”。“不用则以纸贴之,每韵为一贴,木格贮之”。

6.泥活字与木活字的优劣比较——“不以木为之者,木理有疏密,沾水则高下不平,兼与药相粘不可取;不若燔土,用讫,再火令药熔,以手拂之,其印自落,殊不沾污”。

7.活字版的归宿及产权易主的原因——“昇死,其印为予群从所得,至今宝藏”①。

但是,这项见闻记录,却缺乏下述内容:

(1)活字印刷术发明者毕昇的状貌。

(2)活字印刷之“成品”或“试印品”的质量以及活字印刷品与板刻印刷品之质量孰优孰劣的比较。

(3)毕昇死时的境况,等等。

因此,可以认为,沈括的这一见闻的来源,有可能是间接的。因沈括素来观察事物洞达,记事精详,心思缜密。如果他是直接看到过毕昇活字印刷的全部操作过程,是一定会对其印制的“成品”或“试印品”予以充分注意,并对雕版印刷与活字印刷所出“成品”的质量加以比较和评述。如果沈括与毕昇曾相结识,在这段记述中,对他所熟识和颇为赞许的活字版创造者的辞世,也不会只是淡淡地以一个“死”字,作为交代活字印产权易主的原因而轻轻带过。由此看来,沈括可能只是在其子侄处鉴赏他们所收藏的古董奇器时,看到并研究过毕昇活字印刷的有关设备,并听了对有关情况的介绍后记录下来的。

关于毕昇在“死后肯把他创制的活字印交给沈括的侄子们宝藏”的说法,按迄今所获的资讯,还难以看出毕昇与沈氏群从之间有什么深交情谊。何况人死后对遗物的处理,已丧失了“肯”或者“不肯”给谁的执行能力。如果未发现毕昇死前曾有遗言的迹象,这个“死后肯”“交给”一说,是很难成立的。至于毕昇的活字印怎么会落到杭州沈家?据沈括记载:是因为“昇死,其印为予群从所得”。而沈氏群从是通过什么方式(接受赠予?交换?购于估肆?)来实现这种产权转移?因史籍无载,也不好妄加猜测。

总之,毕、沈之间很难查出有什么亲缘或其他密切关联,因此,不能以沈括的籍贯所在作为探测毕昇故里的坐标。

---

① 以上引文均见《梦溪笔谈》卷十八《技艺》。

三、蕲州说

此说以毕昇墓碑为依据。该碑于1990年在湖北省英山县草盘地镇五桂墩村毕家坳发现，碑的形制属笏头碣(即圆头碑)，边饰卷草花纹，碑心镌成宝珠荷叶莲花龛式的神灵牌位，其中阳刻文字两行："故先考毕昇神主""故先妣李氏妙音"，两行之下共一"墓"字。其左侧为孝子孝孙具名，右侧年款尚可见"皇□四年二月初七日"等字样。上、下款顶端各作圆轮状图形，并分别刻有"日""月"字样。笔者以为，此碑乃活字印刷术发明者"布衣毕昇"之墓碑。其依据有三：

1.墓碑之形制、纹饰具宋代特征。

如笏头碣这种石碑形制，是宋《营造法式》中所著录的碑石制式之一；碑饰中的卷草花纹、宝珠荷叶华盖、碑框内沿的莲花瓣尖券以及题款文字的书体等，都具北宋特征。墓碑年款之"皇□四年"，有人曾认为是元代仁宗的年号——"皇庆"。这种说法显然与此碑纹饰特征的宋代风格相互矛盾。而且元之"皇庆"年号(1312—1313)只使用了两年，与墓碑所载之"四年"亦不符合。查两宋时期的皇朝年号冠以"皇"字的，只有仁宗赵祯于庆历之后改元"皇祐"，这个年号使用了五年(1049—1053)。因此，此碑的年款可据此定为"皇祐四年"①，与沈括所著《梦溪笔谈》中所记"庆历中"创"为活板"的"布衣毕昇"所处的时代相符，其去世的具体时间亦与今人胡道静先生推测为宋仁宗"庆历"之后的"皇祐年间"②甚相吻合。

2.墓碑版式具有雕版特色。

此墓碑之版面(图1)设计十分独特，定与雕版有关。碑版正中所刻牌位，上饰宝珠荷叶华盖，下托莲瓣，左右阳刻双线边栏，考妣姓名亦以阳刻文字并列两行，行间以单线作为行界；牌位两侧题款行次，上端剔成圆弧状，题款文字均用阴刻，类似古籍版本中之"竹册栏"的"天栏"和标题采用

---

① 详考见孙启康《答毕昇墓碑质疑》，《中国印刷》1994年第2期，第72页。

② 胡道静：《活字板发明者毕昇卒年及地点试探》，《文史哲》第59期，第61页。

“阴文”的手法。这种版式设计，显然是借鉴当时雕刻书版（图 2）上的“行界”“双线边栏”“竹册栏”“阴文”和具有艺术色彩的“荷叶莲花龛”（图 3）式样的“书坊牌记”等形式，移植到碑板上来的。这种形式的碑刻，极为罕见，绝非出自当地一般碑工之手，很可能是由毕昇的同行好友亲手为之设计与镌刻的，由此可以窥见。墓主人生前从事雕书事业的职业特点。

图 1

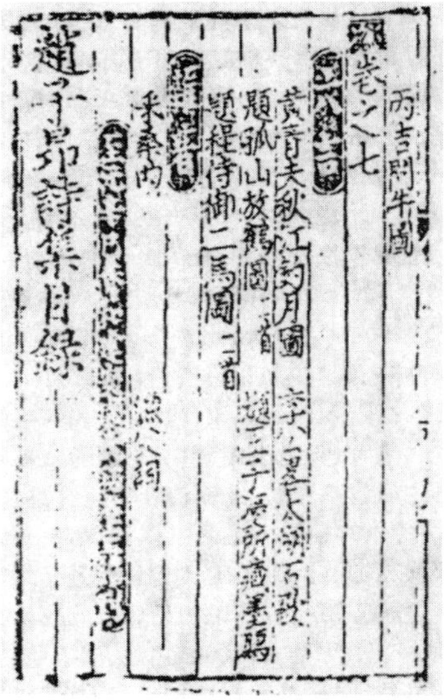

图 2

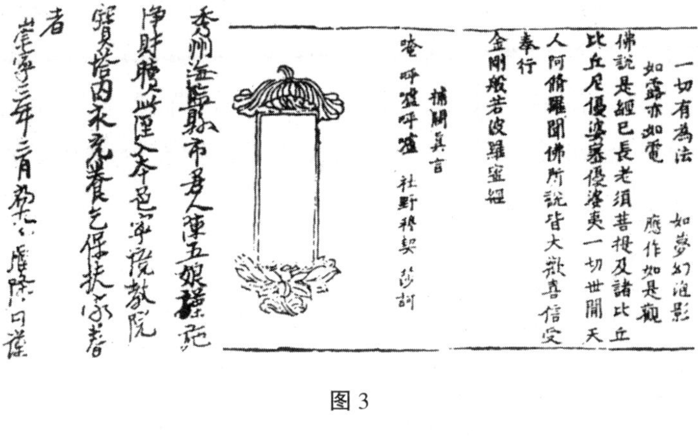

一切有為法　如夢幻泡影
如露亦如電　應作如是觀
佛說是經已長老須菩提及諸比丘
比丘尼優婆塞優婆夷一切世間天
人阿脩羅聞佛所說皆大歡喜信受
奉行
金剛般若波羅蜜經
補闕真言
唵　呼嚧呼嚧　社野穆契　莎訶

图 3

3.墓主毕昇系招魂归葬。

墓碑在毕昇姓名之下刻有“神主”二字,这绝非是毕昇的字或号,也不能认为是对墓主的尊称。据有关礼书记载:古代在宗庙内供奉的已死国君的牌位,以木或石制成,称为“神主”,也简称“主”。这种祭祀礼仪,可追溯到春秋时期。[①] 后世在民间也形成为死者立“神主”(俗称灵牌或神位)的习俗。碑文所载“神主”,表明此墓是以毕昇的灵牌与其妻“李氏妙音”同穴而葬的。这是古代流行的一种丧礼——招魂葬[②]史载:东汉光武刘秀之姊刘元(嫁夫邓晨),在南阳新野(今河南新野县)死于乱兵之中,尸骨未得收葬,“光武帝即位后,追封为新野节义长公主”,在新野建祠宇、设神主享祭。后邓晨死时,“光武帝诏令以公主官属礼仪,招迎新野主(即刘元神主),与邓晨合葬于洛阳北邙山”[③]。唐人张籍《征妇怨》中有“万里无人收白骨,家家城下招魂葬”句,就是说的这种习俗。

综上所述,此墓墓主毕昇与沈括所记之“布衣毕昇”,不仅姓名、所处时代、卒年、职业相同,而且因从业外地而死于异乡的境况也很相同。这绝不是历史的偶然巧合。

据张秀民先生《略论宋代的刻工》[④]一文披露:“宋代刻工中的能工巧匠,往往被请到外路刊书。如建安(今福建建瓯)周祥至江西刊吕祖谦《吕氏家塾读诗记》,建安游熙、余良到湖州(今浙江湖州市)刊《论语集说》”等。这些刻工,为出外就业而死于外地的也不乏其人。如蕲州周亮,建州叶浚、杨通,福州郑英,庐州李胜等于绍兴十六年在舒州(今安徽安庆)刻《太平圣惠方》一书时,不幸于同一天遭受雷击而命丧异乡。[⑤] 蕲州(今英山)毕昇也当是一位离乡背井到外地从业献艺的雕板写工或者刻工。他身怀技艺,萍踪江湖,创业异乡,不幸身殒外地。由友人捧回他的“神主”,才得以在故里实行招魂安葬。

① 《春秋谷梁传 · 文公二年》“作僖公主”。

② 参阅〔清〕吴荣光:《吾学录初编》卷十九《丧礼门》。

③ 《后汉书 · 邓晨传》。

④ 《中国印刷》1994 年第 2 期,第 30 页。

⑤ 〔宋〕洪迈:《夷坚丙 · 丙志》卷十二《舒州刻工》。

据此，可以认为英山毕家坳发现的毕昇墓碑，即《梦溪笔谈》所载的“布衣毕昇”与其妻李氏妙音的合葬碑记。

在墓地附近，有居民点名毕家铺，此地濒临东河，当英山进入安徽的交通孔道，是古代设置传、塘、铺或者驿站的所在。其周围至今还有毕家畈、毕家河等地片名称和一批包括毕昇之孙毕文忠墓在内的宋至明代的毕姓坟墓，说明毕氏宗族曾世居于此。这里在北宋时隶属淮南路蕲州蕲水县直河乡，因此可以说：蕲州蕲水县直河乡（今湖北英山县）毕家铺，是活字印刷术发明者——“布衣毕昇”的故里。

（原载：《出版科学》1994年第4期）

英山毕昇碑与淮南摩尼教

林梅村*

一、英山毕昇碑对中国摩尼教考古研究之意义

《湖北日报》1992年12月8日发布了一则新闻。报道说活字印刷发明人毕昇的墓碑于1990年在靠近安徽的湖北英山县发现。1993年初，《中国旅游报》、《中国文物报》和《人民日报》相继转发这条消息。据说英国学者李约瑟博士听到消息后也对这个发现表示极大关注。①

国家新闻出版广电总局和国家文物局于1995年12月在英山县联合召开关于毕昇碑的学术讨论会。据会议录，墓碑中间阳刻两行字："故先考毕昇神主""故先妣李氏妙香"。其下为碑铭。碑左阴刻："孝子毕惠(嘉)、毕文、毕成、毕荣；孝孙毕文显、毕文斌、毕文忠"；碑右阴刻："□□四年二月初七日"。碑上方左右分别阴刻"日"和"月"两字。据墓碑拓片，碑额刻有华盖、璎珞和莲花图案。令人不解的是，此碑年号被人用斧凿毁。与会专家认为，凿碑不是今人所为，而是历史上的农民起义为反对皇权而凿。所以只毁年号，其余未动。研究者凭残留字迹以为年号是北宋仁宗年号"皇祐"，并推测此碑系毕昇客死杭州一年后其子孙为他在家乡所立招魂碑，故墓碑面向毕昇客死之杭州。墓碑两侧刻有"日月"二字，表明墓主人信奉摩尼教。②

---

* 林梅村，北京大学考古学系副教授。

① 吴晓松：《李约瑟关心英山发现毕昇墓碑》，《出版科学》1994年第4期。

② 老鸣：《英山毕昇墓碑研讨会情况综述》，《出版科学》1996年第1期，第39~40页；蔡学俭：《我国毕昇研究情况和观点综述》，《出版发行研究》1995年第4期。此文收入《新华文摘》1995年第10期，第208~210页。

毕昇碑发现地点在今英山县草盘地镇五桂墩村毕家坳,今天当地已无人姓毕。据20世纪50年代航拍的国际分幅1∶5万的地形图,英山还有“毕家铺”和“毕家畈”等以“毕家”取名的地名。70年代英山出土过北宋政和四年(1114)石质买地券,近年还发现写有“毕卅八”字样的宋代瓷碗。看来毕家曾是英山大户,至晚宋代就有这些地名。①

英山在唐代淮南道蕲州境内,宋元则为淮南西路蕲州。其后一直隶属安徽,1932年才划归湖北。据《新唐书·地理志》,蕲州下辖四县:蕲春、黄梅、广济和蕲水(或作浠水)。蕲州人杰地灵,明代药学巨著《本草纲目》的作者李时珍的家乡就在蕲春,现代诗人闻一多的家乡浠水包括今英山县。② 然而英山毕昇是否就是沈括笔下的毕昇,印刷史专家张秀民和研究历代碑刻的任昉女士先后撰文表示不同意见。③ 毕昇卒年史无明载。时下所说毕昇卒于北宋皇祐三年基于胡道静先生早年一个推测。④ 所以仅凭这一点还不足以服人。我们相信,只要在毕氏墓地进行全面考古调查和科学发掘,双方的争议迟早会澄清的。

目前已经澄清的一个重要事实是:毕昇碑两侧所刻“日月”二字及碑额所刻华盖和璎珞图案表明墓主人毕昇是摩尼教信徒。⑤ 任昉女士最先注意到这个问题,她认为,此碑“与汉族的传统习惯不合,而带有明显外来文化和外来宗教的色彩”,“摩尼教崇拜日月光明,教徒以日月图形为信仰标志”,唐代西域康国人“曾以毕为姓”,足见毕氏一家均为“从中亚传来并

---

① 吴晓松等:《英山县发现毕昇及其后裔墓葬考证》,《出版科学》1994年第1期,第39~40页;黄冈地区博物馆等:《英山县茅竹湾宋墓发掘》,《江汉考古》1988年第3期。

② 参见《旧唐书·地理志》淮南道蕲州条。

③ 张秀民:《英山发现的是活字发明家毕昇的墓碑吗?》,《中国印刷》1993年第2期;《对英山毕昇墓碑的再商榷》,《中国印刷》1994年第2期。

④ 胡道静:《活字板发明者毕昇卒年及地点试探》,《文史哲》1957年第59期。

⑤ 据福建泉州的考古材料,摩尼教墓碑和景教墓碑的区别是:摩尼教墓碑均刻有华盖、璎珞和莲花,后者显然受佛教艺术影响,新疆柏孜克里克发现的摩尼教绘画也有华盖和璎珞图案;而泉州的景教墓碑一般没有华盖、璎珞和莲花。参见李玉昆:《福建晋江草庵摩尼教遗迹探索》,《世界宗教研究》1986年第2期,第138页;林梅村:《西域文明——考古、民族、语言和宗教新论》,东方出版社1995年版,图版18。摩尼教华盖的宗教意义目前尚不清楚。

经汉化的"日月教徒。文中还引证北京牛街元代阿拉伯人碑和泉州元代阿拉伯人碑断定英山毕昇碑立于元末。[①] 据调查,英山草盘地一带发现的毕昇祖孙墓碑都刻有"日月"二字。这就清楚地表明毕氏墓地乃摩尼教徒墓地,英山可能是中世纪摩尼教在华传播的一个中心。这是20世纪中国境内摩尼教考古又一重大发现。可惜研究者纠缠于此碑是否为发明家毕昇墓碑,殊不知英山摩尼教墓地的发现对研究这门古老的西方宗教在淮南的流布具有多么重要的意义。

摩尼教今天已经无人信奉,但历史上它曾广布欧亚大陆,对世界历史的发展产生过巨大影响。摩尼教系公元3世纪中叶由波斯人摩尼(Mānī,约216—约276)在波斯西部创立。[②] 其教义主张世界由善恶二神主宰,世间充满光明与黑暗之斗争的二元论。摩尼教还融合西亚和中亚流行的佛教、景教、祆教和诺思替教的某些因素[③],传入中国后又汲取道教内容以吸引中国信徒。这是摩尼教屡遭迫害,却能广布世界的重要原因。唐人不明其教义,音译为"摩尼教"。宋人据其不事神佛,但拜日、月,以为真佛,称其为"明教"。[④]

关于摩尼教初传中国的时间,研究者起初根据《佛祖统纪》卷三十九的记载定在唐初。其文云:"延载元年(694)……波斯国人拂多诞(本注:西海大秦国人)持《二宗经》伪教来朝。"[⑤]20世纪70年代澳大利亚国立大学的柳存仁先生在《魏书》记录的农民起义史料中查出若干摩尼教传入中国的蛛

---

① 任昉:《毕昇与湖北英山出土的〈毕昇碑〉》,《中国文物报》1994年9月25日,第3版;《再谈"毕昇碑"的宗教色彩》,《出版科学》1995年第3期,第37~38页。后文提到她尚有更详细的研究发表于《出土文献研究》第3集。

② 摩尼子《通典》卷四十、《宋史》卷七十一和《夷坚志》又作"末摩尼",当译自波斯语Mâr Mani,意为"摩尼主",说见伯希和、沙畹著,冯承均译:《摩尼教流行中国考》,《西域南海史地考证译丛》第八编,中华书局1995年重印版,第50页。

③ P.R.L.Brown,The Diffusion of Manichaeism in the Roman Empire,*Religion and Society in the Age of St. Augustine*,London,1972,pp.104~105。

④ 参见庄绰《鸡肋编》卷上。

⑤ 伯希和、沙畹著,冯承均译:《摩尼教流行中国考》,《西域南海史地考证译丛》第八编,中华书局1958年版;陈垣:《摩尼教入中国考》,《陈垣学术论文集》第1集,中华书局1980年版。

丝马迹,如《魏书·裴延儁传》记载:"时(普通五年,524)有五城郡山胡冯宜都、贺悦、回成等以妖妄惑众,假称帝号,服素衣,持白伞白幡……"这条史料无疑可说明摩尼教曾在北魏流行。① 然而《魏书》所述仍不是摩尼教最早入华的史料。唐人常沂《灵鬼志》记载:"太元十二年,道人外国来,能吞刀吐火,吐珠玉金银。自说其所受术即白衣非沙门也。"②摩尼教尚白,"其徒白衣白冠"③。这位外国白衣道人无疑即摩尼法师。唐以前有三个朝代使用过太元年号,即东吴孙权(251)、前凉张俊(324—345)和东晋孝武帝(376—396),东吴仅用一年太元年号,应首先排除在外。唐人奉东晋为正朔,自然不会用前凉年号。那么《灵鬼志》的"太元十二年"当为东晋孝武帝太元十二年(387),这大概是目前所知摩尼教传入中国的最早记录。④

摩尼教真正在中国民间传播始于唐代⑤,五代十国时期被农民利用来反对以佛道两教为国教的统治者,如五代梁国陈州"末尼"党魁毋乙领导的农民起义。⑥ 宋元两朝许多民间秘密社团都以摩尼教为旗号,多次发动反封建压迫的起义。朱元璋领导的农民运动最终成功,建立了明朝。史树青先生甚至认为"明朝的得名跟明教有关系"⑦。可见摩尼教考古对研究中国中古史意义之重大。

摩尼教在西方和中国均为历朝禁教,保存下来的古迹很少。19 世纪

---

① 柳存仁:《唐前火祆教和摩尼教之遗痕》,林悟殊译,《世界宗教研究》1981 年第 3 集,第 36~61 页。

② 其书早佚。本文所引见《法苑珠林》卷七《咒术篇》。

③ 参见《佛祖统纪》卷四十。

④ 英国著名伊朗学家亨宁曾提出,20 世纪初德国考察队在新疆喀什噶尔河下游发现的一件塞语文书为摩尼教文书,说见 W. B. Henning,"Neue Naterialen zur Geschichte des Manichaismus",ZDMG 90,Wiesbaden,1936,pp.1~18。这件文书的年代约为 4 世纪左右,但新的研究表明该文书涉及小乘佛教说一切有部,与摩尼教无关。参见林梅村:《西域文明——考古、民族、语言和宗教新论》,东方出版社 1995 年版,第 234~251 页。

⑤ 敦煌藏经洞发现了唐写本《摩尼教残经》、《摩尼光佛教法仪略》和《下部赞》三部摩尼教汉文译经,为摩尼教在中国民间传播提供了直接证据。其录文可参见林悟殊:《摩尼教及其东渐》,中华书局 1987 年版。

⑥ 毋乙利用摩尼教起义见《佛祖统纪》卷四十、四十二和五十四;并见《新五代史》卷三、《旧五代史》卷十及《僧史略》卷下。

⑦ 史树青:《英山毕墓碑研讨会上的发言》,《出版科学》1996 年第 1 期,第 36 页。

以前人们对摩尼教所知甚少,主要通过基督教或佛教著作对异端外道的零星描述来了解摩尼教。20 世纪初叶以来,中国和北非埃及不断发现摩尼教法堂遗址、墓地以及东西方各种文字抄写的摩尼经残卷,终于使人们窥见摩尼教的真实面貌。

中国境内摩尼教考古有四个重大发现为世人瞩目。20 世纪初德国考察队在新疆吐鲁番发掘出大批唐宋时期的摩尼教法堂遗址及文物,堪称中国境内摩尼教考古第一次重大发现。① 稍后,敦煌藏经洞又发现了唐写本摩尼教汉文译经和回鹘文译经,可谓中国境内摩尼教考古第二次重大发现。② 50 年代吴文良先生在福建泉州南门外 20 千米晋江县华表山找到一处宋元时期的摩尼教草庵遗址。泉州摩尼草庵的发现当属中国境内摩尼教考古第三次重大发现。③ 1989 年浙江温州苍南县发现一元明时期的摩

① A.V.Le Coq, *Die buddhistische Spatantike in Mittelasien* Ⅱ:*Die manichaische Miniatureen*, Berlin, 1923, reprinted in Graz, 1973, Hans-Joachin Klimkeit, *Manichaean Art Calligraphy*, Leiden, 1962。近年日本学者森安孝夫和北大晁华山先生又在吐鲁番对摩尼教遗址做了新的调查,详见森安孝夫:《ウイタルニマニ教我の研究》,《大阪大学文学部纪要》1991 年版,第 31~32 页(荣新江书评见《西域研究》1994 年第 1 期,第 99~103 页);晁华山:《寻觅湮没千年的东方摩尼寺》,《中国文化》1993 年第 8 期,第 1~20 页。

② 敦煌发现的摩尼教汉文译经录文见林悟殊《本世纪来摩尼教资料的新发现及其研究概况》,《摩尼教及其东渐》,中华书局 1987 年版,第 1~11 页;敦煌所出回鹘文摩尼教文献见杨富学和牛汝极合著《沙州回鹘及其文献》,甘肃文化出版社 1995 年版。近年日本伊朗学者吉田丰还从斯坦因敦煌收集品中发现一个用汉字音译的阿拉美语和中古波斯语交替的摩尼教祈祷文残片。参见 Y. Yoshida, *Manichaean Arameic in the Chinese Hymnscroll*, *BSOAS* XLV.2, 1983, pp.326~331。

③ 该遗址位于晋江市罗山乡谢店大队苏内村华表山麓,当地人称为"草庵"。明代何乔元《闽书》卷七《方域志》始见记载。清代抄本《西山杂志》记载:宋绍兴十八年(1148)有僧人在石刀山建摩尼寺。或以为宋石刀山即今华表山。华表山于清代曾重修,1949 年后政府多次拨款重修。遗址内现存一座摩尼光佛的高浮雕像。其上摩崖原有"观念清净光明,大力智慧,无上至尊,摩尼光佛"石刻文字,70 年代损毁。《晋江县文管会文件》(晋文〔81〕006 号文件)记录:"1980 年 10 月,重新整理四墙基,在清基时,于基层 98 厘米深处,发现宋代黑瓷瓶残片数十块,上有字样。其中有较完整的一块,上书'明教会'三字,字迹清楚……并有宝丰□等字样。"参见吴文良:《泉州宗教石刻》,科学出版社 1957 年版,第 44~45 页;林文明:《摩尼教和草庵遗址》,《海交史研究》1978 年第 1 期;庄为玑:《泉州摩尼教初探》,《世界宗教研究》1983 年第 3 期,第 72~82 页。

尼教石碑《选真寺记》。碑文云："选真寺为苏邻国之教者宅焉。"[①]明代何乔远《名山藏·王享记》云："苏门达剌国,汉之条支,唐之波斯大食,皆其地也。其西有苏邻国,摩尼佛生焉,号具智大明使,自唐时入中国。"由此可知选真寺必为摩尼教法堂。这个发现当属中国境内摩尼教考古第四次重大发现。

20 世纪 90 年代湖北英山摩尼教墓地的发现应算作中国境内摩尼教考古的第五次重大发现。新疆、甘肃、福建和浙江地处边陲海疆,外来宗教文化传入这些地方事在情理之中。况且史籍对这四个地方流行摩尼教多少有些记载。英山摩尼教墓地则不同,它位于中国内陆长江中游。以前人们只在北非阿尔及利亚和埃及发现过摩尼教墓地,中国境内发现摩尼教墓地,这还是第一次。[②] 这个发现不仅将带来许多前人不知的史学新知,并有可能揭示江南水乡的农民为什么信奉远在波斯的宗教,并据以发动反对封建压迫的起义。从这个意义上讲,英山摩尼教考古新发现的重要性绝不亚于中国境内前四次摩尼教考古重大发现。

二、淮南摩尼教之来龙去脉

淮南摩尼教史至少要从唐代写起。这门西方宗教之所以传入淮南要追溯到回鹘人在漠北施行的宗教改革。史载唐宝应二年(763)牟羽可汗从洛阳把睿容等四位摩尼法师携回鄂尔浑河畔的回鹘都城。这些摩尼法师在漠北"阐扬二祀,洞彻三际。况法师妙达明门,精研七部,才高海岳,

---

① 周梦江:《从苍南摩尼寺的发现谈温州摩尼教》,《海交史研究》1990 年第 2 期,第 75~79 页。

② P.Alfaric,"Un manuscrit manichéen.Le document de Tebessa",*Revued Historire et de Literature Religieuses*,n.s.Ⅵ,1920,pp.62~98;C.Schmidt ,H.J.Polotsky,"Ein Mani-Fund in Ägypten.Originalschriften des Mani und seiner Schüler",*SPAW*,1933,pp.4~90;福建泉州发现过摩尼教墓碑,但都是 1940 年从城墙中拆出,墓地情况至今不明。

辩若悬河,故能开政教于回鹘"①。在摩尼法师的诱导下,牟羽可汗终于放弃草原民族古老的萨满教,改立摩尼教为回鹘国教。②

摩尼教传入蒙古草原不久,回鹘可汗即派摩尼师到中国内地传教。《册府元龟·外臣部·请求》载:元和二年(807),"回鹘使者请于河南府、太原府置摩尼寺三所。"同书《和亲》又载:"元和十二年回鹘又遣摩尼僧寺等八人至,帝使有司计之,礼费约五百万贯,时方内有诛讨,计时度费,未遂其请。以摩尼常为回鹘信奉,使宰相言其不可。"英国考古学家斯坦因曾在敦煌藏经洞发现目前所知最古老的回鹘摩尼教文书。其中一件为突厥鲁尼文书写的《占卜书》(编号 Or.8212-160)。书末跋尾记曰:"虎年二月十五日,在大云堂摩尼寺小僧听预言师,为吾人之兄长热将军和伊特查克抄录。"③所谓"大云堂"译自唐人对摩尼法堂的称谓"大云光明寺"。《佛祖统纪》卷四十一记载:大历三年(768)"敕回纥奉末尼者,建大云光明寺"④。那么敦煌突厥鲁尼文《占卜书》的"虎年"大概指唐大历九年(774)甲寅岁。斯坦因敦煌收集品中还有一件用摩尼字母抄写的突厥语摩尼教忏悔文(编号 Or.8112-178)。⑤ 论者或以为其年代在 5 世纪,但摩尼教 8 世纪中叶才传入漠北,这份突厥语摩尼教文献的年代显然不能早于摩尼教初传漠北的年代。

回鹘可汗很快就不满足于仅在中原建寺传教,进而提出派摩尼师到江

---

① 此为清末在外蒙古发现的《九姓回鹘爱登里啰汨没密施合毗伽可汗圣文神武碑》之第 8 行,录文见张星烺《中西交通史料汇编》第三册,中华书局 1978 年版,第 160 页。德国考察队在吐鲁番发现的《牟羽可汗入教记》更为详细地介绍了回鹘从萨满教改奉摩尼教的过程。参见 W. Bang und A. von Gabain,"Turkische Turfan-Texte Ⅱ",*SPAW*,1929,pp.7~9;译文见冯家昇等《维吾尔族史料简编》上册,民族出版社 1981 年版,第 35 页。

② 回鹘原始宗教萨满教的情况,参见瑞典学者多桑《多桑蒙古史》第 1 卷,冯承均译,中华书局 1962 年版,第 62 页。

③ V. Thomsen,"Dr.M.A.Stein's Manuscripts in Turkish Runic Script from Miran and Tunhuang",*JRAS*,1912,第 190~124 页.译文参见杨富学、牛汝极《沙州回鹘及其文献》,甘肃文化出版社 1995 年版,第 67~68、245~246 页。

④ "回纥"即唐人对回鹘人的早期称谓,后在回鹘可汗的要求下改称"回鹘"。

⑤ J.P.Admussen,*X ästāvanft Studies in Manichaeism*,Copenhagen,1965,pp.167~234;李经纬:《摩尼教徒忏悔词》,《世界宗教研究》1982 年第 3 期,第 57~78 页。

南传教。《佛祖统纪》卷五十四记唐大历六年(771),“回纥请于荆、扬、洪、越等州置大云光明寺。其徒白衣白冠”。回鹘可汗屡屡要求派摩尼师到中国建寺传教,其实另有所谋。应该注意到回鹘人向唐廷提出建寺的地方都在长江中下游或东南沿海。唐代荆州即今湖北沙市,扬州即今江苏扬州,洪州即今江西南昌,越州则在今浙江宁波。牟羽可汗要求在这些地方建寺只是借口,其真实目的显然是要在江南经商。因为安史之乱使中原经济遭到严重破坏,免于战乱的江南地区仍保持经济繁荣。所以回鹘可汗欲在江南经商。

自牟羽可汗施行宗教改革后,摩尼师成了回鹘国师。来自唐东京的四位摩尼师都不是洛阳人,而是侨居中国的粟特胡人,唐人称之为“昭武九姓”。唐朝开国初年长安城已有粟特摩尼师的行迹。北宋姚宽《西溪丛语》记载:“唐贞观五年(631)有传法穆护何禄将祆教旨阙闻奏。敕令长安崇化坊立祆寺;另大秦寺,又名波斯寺。”何禄乃昭武九姓何氏粟特人。其法号“穆护”译自粟特语mwck,源于中古波斯语mwj'k(教师、主教)[①],旧译“慕阇”。那么何禄实际上是摩尼教粟特教区的大主教。他“将祆教旨阙”大概只是幌子,真实目的显然是来华传摩尼教。史载开元七年(719)“吐火罗国支汗那帝赊,上表献解天文人大慕阇。其人智慧幽深,问无不知”。吐火罗即大夏,看来摩尼教大夏教区的大主教随后也来到长安。[②] 唐贞观至开元民间一度风靡摩尼教,显然和摩尼教粟特及大夏教区的主教亲自来华传教有关。摩尼教在民间的泛滥惊动了朝廷,唐玄宗下诏禁此邪教。《通典》卷四十记开元二十年(732)七月敕:“末摩尼本是邪见,妄称佛教,诳惑黎元,宜严加禁断。以其西胡等既是乡法,当身自行,不须科罪者。”[③] 也就是说,唐廷视摩尼教为邪教,严令禁止其在民间传播,但尊重来华胡商信仰摩尼教的风俗习惯。所以穆护何禄、吐火罗大慕阇之流并未因开元禁

---

① J. Gershevitch, *A Grammer of Manichean Sogdina*, Oxford, 1961, pp.976~990。

② 吐鲁番发现的摩尼教经典中有一残片用大夏文书写,参见 M. Boyce, “The Manichaean Literature in MiddleIranian”, *Handbuch der Orientalistilk* Ⅰ, 4, *Iranistik* 2, *Literature Lfg* Ⅰ, Leiden, 1968, pp.67~76。

③ 这条史料并见《僧史略》卷下,《佛祖统纪》卷四十、卷五十。

教而被驱逐出境。据《九姓回鹘可汗碑》,牟羽可汗从洛阳携归漠北的摩尼师即以摩尼教大主教慕阇为首。漠北传教的摩尼师显然都是昭武九姓胡人,属于中亚摩尼教团。

摩尼教如何传入粟特,现在还不能说得十分清楚。德国考察队在吐鲁番发现的摩尼教残片 M2 记述了摩尼大弟子阿莫到中亚传教的故事。故事说:阿莫要渡过阿姆河传教,但遭到守护阿姆河的女神巴格德的拒绝。后来由于阿莫的恳求、说服,并且朗读了摩尼的《净命宝藏经》,终于使女神同意他渡过阿姆河传教。这个故事颇具神话色彩,但多少反映了一些摩尼教传入粟特的史迹。① 看来摩尼生前可能已经派摩尼师渡过阿姆河,进入粟特传教。10 世纪阿拉伯作家奈丁的《群书类述》又载:波斯王瓦拉赫兰一世(Varahrām Ⅰ,272—275 在位)一改过去宽容的宗教政策,下令在全国范围内扫除摩尼教,并将其创始人摩尼处死。大规模的追捕和屠杀,迫使波斯摩尼教徒亡命他乡。"他们被迫东逃,直到渡过大夏河(Balkh,指阿姆河),进入可汗国土。"②在流亡中亚的波斯摩尼师影响下,粟特人很早就接触并信仰摩尼教,德国考察队在新疆吐鲁番曾发现大批摩尼粟特文残经。英国伊朗学家基舍维茨为其编写了《摩尼粟特语语法》。③ 这些材料有助于了解中亚粟特摩尼教团的形成史。6 世纪中叶,粟特摩尼教团就派人在西突厥、波斯和东罗马之间频频进行穿梭外交和传教活动。这个摩尼教外交使团的头目名叫 Maniah(摩尼亚赫)。据俄国学者皮古列夫斯基分析,ah 系叙利亚语"兄弟",那么这位粟特外交使节的名字意为"摩尼兄弟"。④ 以上材料表明 3—6 世纪粟特盛行摩尼教,那么从洛阳到漠北传教

---

① P.Asmussen, *Manchaean Literature*, New York: Delmar, 1975, pp.22~23;林悟殊:《摩尼教及其东渐》,中华书局 1987 年版,第 39 页。

② B. Dodge, *The Fihrist of al-Nadim*, New York, 1970, p802;关于瓦拉赫兰在位年代,参见威廉·兰格《世界史编年手册·古代和中世纪部分》,刘绪贻等译,三联书店 1981 年版,第 261 页。

③ I. Gershevitch, *A Grammer of Mani chean Sogdian*, Oxford, 1961。

④ N.Pigulewskaja, *Byzanz auf den Wegen nach Indiedn*, Berlin, 1963;姜伯勤:《敦煌吐鲁番文书与丝绸之路》,文物出版社 1994 年版,第 9 页。

的摩尼师无疑都是粟特人。

粟特人是中世纪著名的商业民族。丝绸之路的国际贸易即在他们操纵之下。回鹘本来以畜牧业为生。粟特摩尼师不仅帮助牟羽可汗进行宗教改革,同时还要求他进行经济改革,以使回鹘经济从传统的畜牧业向粟特人擅长的商业贸易转化。这就是牟羽可汗不断要求到中国内地建摩尼法堂的内幕。李肇《唐国史补》卷下记载:“回纥常与摩尼议政,故京城为之立寺。其法日晚乃食,敬水而茹荤,不饮乳酪。其大摩尼数年一易,往来中国。小者转江岭。西市商胡橐其源,生于回纥有功也。”牟羽可汗自持平定安史之乱有功,唐廷不能不同意回鹘人以建寺为由实欲在中国内地经商的要求。

回鹘所派摩尼师在江南传教确实远及越州。《太平广记》卷一〇七《报应记》载:“吴可久,越人。唐元和十五年(820)居长安奉摩尼教。妻王氏亦从之。”吴可久是越州人,他与妻子王氏最初接触摩尼教大概就在越州的摩尼法堂,尔后才来到摩尼师云集的长安。自唐廷允许回鹘摩尼师在中原传教以来,摩尼教在唐民间再度风行。敦煌藏经洞出有唐写本摩尼经汉文译本可以说明这一点。

回鹘所派摩尼师的行迹也留在了湖北英山。《全唐文》卷七二七舒元舆《永兴县重岩寺碑》的记载值得注意。① 其碑序曰:

> 国朝沿近古而有加焉,亦容杂夷而来者,有摩尼焉,大秦焉,祆教焉。合天下三夷寺,不足当吾释寺一小邑之数也。

《永兴县重岩寺碑》立于唐长庆四年(824)。据《新唐书·地理志》,唐永兴县属江南西道鄂州,即今湖北阳新县。鄂州与蕲州相邻,英山所在蕲

---

① 法国汉学家沙畹及伯希和最先注意到这条摩尼教史料,说见伯希和、沙畹《摩尼教流行中国考》,冯承均译,《西域南海史地考证译丛》第八编,中华书局 1995 年重印版,第 71 页。

水县距永兴县约120千米。[1] 从《永兴县重岩寺碑》的描述看,重岩寺附近的三夷教寺院规模都不太大。它们自然不会建在重岩寺这座颇具规模的释门佛寺旁,但一定距重岩寺不远。这样重岩寺的僧人才知道附近有三夷教寺院。永兴县距离英山县仅120千米,而英山又有中世纪摩尼教墓地,那么《永兴县重岩寺碑》所说摩尼寺很可能就在英山。所以摩尼教最初传入英山大约在唐大历六年至长庆四年间(771—824)。据报道,英山毕氏墓地附近尚有不少古遗址,"当地流传甚广的'毕宰相府'旧址达六处之多。这些地方地面还能见到瓦砾和大型建筑构件,诸如石柱础等"[2]。其中是否会有摩尼教法堂?这是今后考古发掘值得特别注意的地方。

三、英山毕氏与李氏族源考

前文分析,牟羽可汗欲经商江南其实受回鹘国内粟特摩尼师的指使。李肇《唐国史补》卷下曰:"回鹘常与摩尼议政,故京师为之立寺……其大摩尼数年一易,往来中国。小者年转江岭,西市商胡橐其源,生于回鹘有功也。"牟羽时代摩尼教传入回鹘的时间并不长,这时在回鹘传教的摩尼师大概都不是回鹘本族人。况且回鹘人本以游牧为生,不善经商之道。那么回鹘可汗派到江南的摩尼师显然都是为回鹘服务的粟特摩尼师及粟特商胡。粟特人操持回鹘对外贸易,史籍多有反映。《旧唐书·回纥传》载:"始回纥至中国,常参以九姓胡,往往留京师,至千人,居资殖产甚厚。"唐代诗人杜甫《解闷十二诗》曰:"商胡离别下扬州,忆上西陵故驿楼。为问淮南米贵贱,老夫乘兴欲东游。"既然如此,毕家坳的摩尼教墓地则可能是唐代经商传教江南的粟特胡人后裔墓地。

魏晋隋唐文献把中亚不同城邦来华的粟特人分别冠以不同汉姓。如

---

① 参见谭其骧《中国历史地图集·隋唐五代十国时期》第五册,中国地图出版社1989年版,第57~58页。

② 吴晓松等:《英山县发现毕昇及其后裔墓葬的考证》,《出版科学》1994年第1期,第40页。

撒马尔干来的粟特人称康氏,塔什干来的称石氏,布哈拉来的称安氏等,统称“昭武九姓胡”。关于九姓胡,除康、石和安三姓外,唐代文献还提到米、史、曹、何、穆、竺和火寻七姓。然而穆国指波斯东境谋夫城,竺国为大夏城邦呾密,火寻国系粟特邻邦花剌子模,此三城并非粟特城邦。如此算来粟特只有七姓,不足九姓。有人认为九姓乃言其多,不一定真有九个粟特城邦。然而正如任昉女士指出的,昭武九姓尚有毕氏。①

《隋书·西域传》记载:“(安)国之西百余里有毕国,可千余家。其国无君长,安国统之。大业五年(609),遣使贡献,后遂绝焉。”②《大唐西域记》卷一称此国为“伐地”。据法国汉学家儒莲考证,伐地就是阿拉伯作家纳尔沙希(943—944)的《布哈拉史》所说阿姆河畔 Bitik 村落。从安国到呼罗珊及波斯要在这里渡阿姆河。③ 这个村落位于安国布哈拉城西南约 200 千米。目前学界大都根据儒莲之说认为毕国就是《大唐西域记》的“伐地”。毕国的粟特人自然以毕氏为姓。昭武九姓之毕氏亦见洛阳出土墓志。《康元敬墓志》曰:康元敬,“相州安阳人也。原夫吹律命氏。其先肇自康居,毕万之后。因从孝文,遂居于邺。祖乐,魏骠骑大将军……父仟相,齐九州摩诃大萨宝,寻改授龙骧将军”。康居系文献对粟特的早期称谓。康元敬卒于唐咸亨四年(673)。其先乃粟特毕国“毕万之后”,本姓毕氏。④ 所以英山毕氏家族无疑即昭武九姓胡毕氏之后裔。毕碑称墓主人为“神主”。温州苍南摩尼寺《选真寺记》曰:今兹幸遂潺,□□祖考,寺之东无作祠宇,以奉神主。⑤ “神主”一词似为摩尼教徒对祖师的专称。

---

①《毕昇与湖北英山出土的〈毕昇碑〉》,《中国文物报》1994 年 9 月 25 日,第 3 版。

② 毕国亦见《北史·西域传》。玄奘介绍中亚粟特国捕喝国说:“从此国西四百余里,至伐地国。唐言西安国。”捕喝,即乌兹别克斯坦的布哈拉。玄奘的“伐地国”,《新唐书·西域传》作“戊地”,即《隋书》和《北史》之“毕国”,参见季羡林等:《大唐西域记校注》,中华书局 1985 年版,第 94~95 页。

③ 张星烺:《中西交通史料汇编》第 3 册,中华书局 1978 年版,第 97 页。

④ 李健超:《汉唐时期长安洛阳的西域人》,《西北历史研究》,三秦出版社 1988 年版,第 66 页。

⑤ 周梦江:《从苍南摩尼寺的发现谈温州摩尼教》,《海交史研究》1990 年第 2 期,第 75 页。

英山毕昇之妻名曰“李妙香”①。妙香译自梵语 sugandha，或作“善香”。② 研究者早就发现摩尼教为推广其说，融合了佛教、景教和袄教许多内容。这是它屡遭迫害，却能广布世界的重要原因。摩尼教传入中国后，迎合中国传统宗教，走了佛化及道化之路。福建晋江华表山的摩尼教草庵就是一处典型的佛化摩尼教寺院。庵中摩尼教像题记称摩尼为“摩尼光佛”，以求摩尼与佛教有不解之缘。所以摩尼教徒李妙香取具有佛教色彩的法号不足为怪。其实真正应该注意的是李妙香的姓氏。

胡人取汉姓始自魏晋时期。魏晋重门阀，入居中原的少数民族多攀附中国古代名人，以求得汉人尊重。李氏为胡人喜用的汉姓之一。姚薇元先生《北朝胡姓考》曾对这个现象做如下分析。他说：“又隋申国公李穆，传称自云陇西成纪人，汉李陵之后，陵没匈奴，子孙代居北狄，其后随魏南迁，复归并、陇。疑其本高车泣伏利氏，入魏改李氏。周司空李贤即其兄，是贤亦胡族。”李氏为唐朝王室姓氏，故波斯来华侨居的胡人亦喜用李氏为姓。1980 年西安东郊发现波斯侨民李素墓。据墓志记载，这位波斯侨民“字文贞，西波斯人也……公本国王之甥也……天宝中衔自君命，来通国好，承我帝泽，纳充质子……拜银清光禄大夫检校左散骑……特赐姓李，封陇西郡，因以得姓也。”③入唐为官的波斯人还有李元谅，本安息（波斯古称）人，本姓安氏。“帝念其勋劳，又赐李氏，改名元谅。”④陕西华县尚有建于唐德宗贞元五年（789）的李元谅碑。⑤ 唐代姓李的波斯人不都是王室册封的，唐宣宗时（847—859），大食的波斯人李彦升，“天子诏春司考其才。二年以进士名显”⑥。唐穆宗长庆四年（824）有“波斯大贾李苏沙进沉香亭子材，

① 本书编者按：“妙香”应是“妙音”

② 荻原云来等：《汉译对照梵和大辞典》，新文丰出版公司 1979 年版，第 1476 页。

③ 陈国英：《西安东郊三座唐墓清理记》，《考古与文物》1981 年第 2 期。

④ 参见《新唐书·李元谅传》。

⑤ 李健超：《汉唐时期长安洛阳的西域人》，《西北历史研究》，三秦出版社 1988 年版，第 59 页。

⑥ 参见《文苑英华》卷四六四。

以钱一千贯文、绢一千匹赐之”①。唐代姓李的波斯人还有《海药本草》的作者李珣,唐肃宗时(757—761)安息人李抱玉、李抱真及其孙女李景裕。唐僖宗时(875—888)波斯人李玹,“随僖宗入蜀,授率府率”。波斯人李绚和李舜弦兄妹均为唐代有名的诗人,凡61首诗词收入《全唐诗》卷七六〇、七九六和八九六。唐朝大诗人李白生于中亚碎叶,不及一代竟然家谱难寻,故史家陈寅恪先生怀疑李白可能也是胡人。②

除波斯人外,漠北的突厥和回鹘人也常以李氏为姓。唐宣宗时(847—859)有回鹘人李茂勋,西突厥沙陀人李国昌、李克用父子。李克用因镇压黄巢起义而名显天下。《册府元龟》卷九七六载:“后唐天成四年(929)八月癸亥,北京奏葬摩尼和尚。摩尼,回纥之佛师也。先自本国来太原。少尹李彦图者,武帝时怀化郡王李思忠之孙也。思忠本回鹘王子温没斯也,归国赐姓名。”这又是一户姓李的回鹘摩尼教世家。

关于唐代江淮摩尼教史,李德裕《会昌一品集》卷五《赐回鹘可汗书》云:“摩尼教天宝以前,中国禁断,自累朝缘回鹘敬信,始许兴行。江淮数镇,皆令阐教。”既然波斯和回鹘侨民多以李氏为姓,回鹘摩尼师曾在江淮传摩尼教,不能不让人怀疑这位嫁给粟特摩尼教徒的李妙香是否亦为胡人之后。

保义可汗死后回鹘内乱迭起。唐大和六年(832)回鹘昭礼可汗被其部下所杀。③ 唐开成初年(839)在位的回鹘特勤可汗又险遭粟特国相安允合谋杀。④ 频繁的内乱使漠北回鹘的国力大大削弱,终于在唐开成五年(840)被北方游牧人黠戛斯攻破位于鄂尔浑河流域的都城。回鹘被迫从漠北西迁中亚。⑤ 同时,唐朝借回鹘国破之机首先收回其在江淮的传教权。《会昌一品集》卷五《赐回鹘可汗书》又载:

---

① 参见《册府元龟·台省部》。
② 陈寅恪:《李太白氏族之疑问》,《清华学报》1935年第10卷第1期。
③ 参见《资治通鉴》卷二四四。
④ 参见《新唐书·回鹘传》。
⑤ 参见《新唐书·回鹘传》及《旧唐书·回纥传》。

近各得本道申奏,缘自闻回鹘破亡,奉法者因兹懈怠。蕃僧在彼,稍似无依。吴楚水乡,人性嚣薄。信心既去,翕习至难……朕深念异国远僧,欲其安堵。且令于两都及大原信响处行教,其江淮诸寺权停。待回鹘本土安宁,即却令如旧。

由于外来宗教在中国肆意泛滥,僧尼遍布天下而无人生产,造成唐朝经济严重衰退。于是唐武宗采纳道士赵归真建议,罢黜佛教,同时禁断摩尼、大秦、火祆三夷教,史称“会昌灭佛”。摩尼教于会昌三年(843)首先被禁。《佛祖统纪》卷四十二载,会昌三年“敕天下摩尼寺并令罢废”;同卷又载:“会昌三年敕天下末尼寺并令废罢。京城女末尼七十人皆死。在回纥者流之诸道,死者大半。”①《僧史略》卷下亦载:“会昌三年敕天下摩尼寺并废入宫。京城女摩尼七十二人死。及在此国回纥诸摩尼等,配流诸道,死者大半。”此时黠戛斯已经攻破漠北回鹘都城,长安城回鹘摩尼教僧尼实际上已经无家可归,所以长安城70余女摩尼师殉教身亡。其余则被发配全国诸道。英山属唐淮南道,应有回鹘摩尼教徒发配此地。所以李妙香也有可能是京城发配到诸道的回鹘摩尼师之后。

四、五代宋元淮南摩尼教寻踪

五代至两宋,文献很少提及境外有摩尼师来华。史籍仅存以下三条材料。《旧五代史·回鹘传》记载:“周广顺元年(951)二月,(高昌回鹘)遣使并摩尼贡玉团、白叠、貂皮等。”《宋史·外国传》载:“于阗国,建隆二年(961)十二月,遣本国摩尼师贡琉璃瓶二、胡锦一段。”《宋史·大食国传》载:“大食国,咸平六年(1003)又遣使婆罗钦三摩尼等来贡方物。摩尼等对于崇政殿,持真珠以进。自云离国日诚愿得瞻威颜即献此,乞不给回赐。真宗不欲违其意,俟其还,犹加恩赉。”公元840年回鹘被黠戛斯击败,从漠北西迁中亚。于阗和高昌流行摩尼教显然是受回鹘人影响。大食这时已

① 参见《佛祖统纪》卷四十二。

经入主波斯,故大食摩尼师即波斯摩尼师。从以上三条记载看,唐以后波斯和中亚的摩尼教团只和中国统治阶层打过交道,而和中国社会下层的摩尼教民间组织已经失去了联系。所以这个时期中国民间流行的摩尼教当视为唐代传入中国的摩尼教的继续发展。

五代十国时期,摩尼教被农民利用来反对以佛道两教为国教的统治者。其中以五代梁国陈州"末尼"党魁毋乙领导的农民起义最为著名。①《佛祖统纪》卷四十二和卷五十四并载:"陈州末尼聚众反,立毋乙为天子。朝廷发兵擒毋乙斩之。其徒以不茹荤饮酒,夜聚淫秽,画魔王踞坐,佛为洗足,云佛是大乘,我法乃上上乘,其上慢不法有若此。"毋乙发动起义过程中曾和淮南的摩尼教民间组织进行联系。《旧五代史》卷十记录此事。书中说:"梁贞明六年(920)冬十月,陈州妖贼毋乙、董乙伏诛。陈州里俗之人,喜习左道,依浮屠氏之教,自立一宗,号曰上乘。不食荤茹,诱化庸民,糅杂淫秽,宵聚昼散。州县因循,遂致滋蔓。时刺史惠王友能恃戚藩之宠,动多不法,故奸慝之徒,望风影附。毋乙数辈,渐及千人,攻掠乡社,长吏不能诘。是岁秋,其众益盛,南通淮夷。朝廷累发州兵讨捕,反为贼所败。陈、颍、蔡三州大被其毒。"梁国陈州即今河南淮阳,蔡州即今安徽汝南,颍州即今安徽阜阳。毋乙起义的中心在今河南及安徽交界地区。不过毋乙起义曾"南通淮夷",似乎和淮南的摩尼教组织发生过联系。

关于摩尼教在宋代民间传播的情况,陆游《渭南文集》卷五《条对状》略有所述。文中说:

> 自古盗贼之兴,若止因水旱饥馑,迫于寒饿,啸聚攻劫,则措置有方,便可抚定,必不能大为朝廷之忧。惟是妖幻邪人,平时诳惑良民,结连素定,待时而发,则其为害,未易可测。伏思此色人处处有,淮南谓之二禬子,两浙谓之牟尼教,江东谓之四果,江西谓之金刚禅,福建谓之明教、揭谛斋之类。名号不一,明教尤甚。至有秀才、吏人、军兵

① 毋乙利用摩尼教起义并见《佛祖统纪》卷四十、四十二和五十四;并见《新五代史》卷三、《旧五代史》卷十及《僧史略》卷下。

> 亦相传习。其神号曰明使。又有肉佛、骨佛、血佛等号。白衣乌帽,所在成社。伪经妖像,至于刻板流布。假借政和中道官程若清等为校勘,福州知州黄裳为监雕。

陆游《条对状》写于南宋孝宗初年(1163年即位)。英山在南宋属于淮南路蕲州。正如陈垣先生指出的,淮南路流行的“二襘子”即摩尼教经典《二宗三际经》之“二宗”,《九姓回鹘可汗碑》之“二祀”。[①] 摩尼教发展到宋代竟然对统治者构成如此严重的威胁。印刷术对摩尼教的传播无疑起了推波助澜的作用。所以陆游《条对状》下文建议,“其经文印版,令州县根寻,日下焚毁”。

宋元摩尼教盛行江南在考古遗存中亦有反映。这个认识受到英山毕家坳摩尼教墓碑的启迪。据考古调查,北宋以来长江中下游至福建古墓中盛行一对影青皈依瓶,内盛五谷,俗称“魂瓶”。江西南城县北宋嘉祐二年(1057)墓及福建顺昌县北宋墓所出皈依瓶是这种瓷瓶的早期标本。[②] 江西、湖南和福建的南宋墓,特别是江西的南宋墓中,几乎每墓必出这对瓷瓶。[③] 因为这对瓶一只有“龙”,另一只有“虎”,故称“龙虎瓶”。它的另一特点是一只有“日”,另一只有“月”,所以又叫“日月瓶”。它们一般由墓中殉葬的立俑抱在怀里。这个传统一直流行到元明时期,清代墓中再不见这种“魂瓶”的踪迹。日月瓶的分布范围大致是:东至浙江的江山,西至湖南的醴陵,北至湖北的黄石,南达江西的吉安、南城及福建的邵武。[④] 日月瓶的制作工艺无疑本自中国陶瓷手工业的传统,但某些创作思想显然受外来宗教影响。由于日月瓶在南昌发现较多,所以有人怀疑它或许和道教正

---

① 陈垣:《摩尼教入中国考》,《陈垣学术论文集》第1集,中华书局1980年版。

② 薛尧:《江西南城、清江和永修的宋墓》,《考古》1965年第11期,第571~576页;福建省博物馆:《福建顺昌宋墓》,《考古》1979年第6期,第504~507页。

③ 高至喜:《湖南古代墓葬概况》,《文物》1960年第3期,第37页;中国社会科学院考古所:《新中国的考古发现和研究》,文物出版社1990年版,第600页。

④ 江西省历史博物馆:《江西考古三十年》,《文物考古三十年(1949—1979)》,文物出版社1979年版,第247页。

乙派有关。[①] 湖北英山摩尼教墓地的发现提醒我们,崇拜日月是摩尼教的特征,而日月瓶的分布范围正是中世纪摩尼教在江南重点传播的荆、扬、洪、越地区。所以在影青皈依瓷瓶上装饰日月显然和摩尼教在长江中下游及东南沿海的流布有关。

元代淮南摩尼教流行情况史无明载,20 世纪 50 年代福建泉州出土的元代摩尼教墓志为研究这个时期淮南摩尼教提供了重要的线索。1954 年吴文良先生在泉州通淮门外津头浦发现一方 1940 年拆卸城墙时挖出的汉文叙利亚文双语摩尼教墓志。庄为玑先生在《考古》1956 年第 3 期将碑文发表。这方墓志很快引起国际学术界的注意。美国学者博路德(L.G.Goodrich)于翌年《美国东方学会杂志》对此墓碑详加考释。[②] 吴文良(1957)、日本学者村山七郎(1964)[③]、英国学者刘南强(1980)[④]、夏鼐(1981)[⑤]、韩儒林(1981)[⑥]、林悟殊(1987)[⑦]、吴幼雄(1988)[⑧]和杨钦章(1992)[⑨]先后撰文参加讨论。这方墓志提到也里可温教[⑩],故学者们大都称其为“也里可温教墓碑”或“景教碑”。其实这块墓碑开明宗义首先提到的是摩尼教。汉文碑文曰:

① 江西省历史博物馆:《江西考古三十年》,《文物考古三十年(1949—1979)》,文物出版社 1979 年版,第 247 页。

② L.G.Goodrich,“Recent Discoveries at Zatitun”,*JOAS* 77-3,1957,pp.161~165。

③ 村山七郎:《泉州出土的突厥语景教墓碑》,载 *Ural-Altaische Jahrbiicher*,Band.35,1964,p.395;此文未及阅,转引自夏鼐:《两种文字合璧的泉州也里可温(景教)墓碑》,《考古》1981 年第 1 期,第 59~62 页。

④ S.N. C. Lieu,“Nestorians and Manichaean on the South China Coast”,*Vigiliae Christianae* 34,1980。

⑤ 夏鼐:《两种文字合璧的泉州也里可温(景教)墓碑》,《考古》1981 年第 1 期,第 59~62 页。

⑥ 韩儒林:《所谓“亦思替非文字”是什么文字》,《考古》1981 年第 1 期,第 63 页。

⑦ 林悟殊:《摩尼教及其东渐》,中华书局 1987 年版。

⑧ 吴幼雄:《福建泉州发现的也里可温(景教)碑》,《考古》1988 年第 11 期。

⑨ 杨钦章:《元代南中国沿海的景教会和景教徒》,《中国史研究》1992 年第 2 期。

⑩ 也里可温教即基督教的东方派系。唐代称“景教”或“大秦教”。

管领江南诸道明教、秦教等,也里可温、马里失里门、阿必思古八、马里哈昔牙。皇庆二年(1313)岁在癸丑八月十五日帖迷答扫马等泣血谨志。

村山七郎检出《至顺镇江府志》卷九有"马里哈昔牙、麻儿失里、河必思忽八"。故研究者一度以为马里哈昔牙系墓主人的名字。后经英国学者刘南强指出,马里哈昔牙来自叙利亚文 Mari Hasia,意为"主教",马里·失里门才是墓主人的真正的名字。他将此碑第一行释为"献给江南诸路的摩尼教和景教的管领者,最尊敬的景教马里·失里门主教"。夏鼐先生认为,墓主人大概是一位元代远宦泉州的蒙古汪古(Öngüt)部景教徒。蒙古汪古部即从高昌迁入陕西、甘肃和内蒙古等地的回鹘人。① 据法国突厥学家哈密顿考证:"也里可温"一词源于希腊语 αρχτγου,拉丁语作 archaon,本意为"领袖、缔造者",元代回鹘和蒙古人借用来表示基督教。② 摩尼教本为回鹘国教,后来回鹘人才改奉景教。那么马里·失里门原来一定是位摩尼教徒,后来又信仰景教。所以元朝让他领管江南诸道摩尼教及景教。

据美国学者卡特介绍,"景教徒,尤其是属于回鹘族的那些景教徒,在促进波斯的蒙古人与基督教国家帝王之间的密切关系方面是特别活跃的。生于北京附近的勒本·马可斯(Rabban Marcos)即是这样的一个回鹘景教徒,他在 1281 年被任命为驻地在巴格达的景教教会的总主教。他的亲密朋友,从北京来的勒本·扫马(Rabban Cauma)是另一个回鹘族的景教徒,被波斯伊尔汗亚尔浑(Ilkhan Argon)任命为出使欧洲的重要使臣。作为蒙古人的使节,他出访了君士坦丁堡皇帝、罗马教皇、法兰西的国王以及英格

① 佐伯好郎:《内蒙古白灵庙附近に于ける景教の遗迹い就いて》,《东方学报》第 9 册,1939 年版,第 49~89 页;盖山林:《元代汪古部地区的景教遗迹与景教在东西文化交流中的作用》,《亚洲文明》第 1 集,安徽教育出版社 1992 年版,第 120~129 页。

② J.Hamiltion,"Le Texte turc en caractères syriaques du grand sceau cruciforme de Mar Yahballaha Ⅲ",*JA*,1972,pp.163~164。

兰的国王。”[①]无论如何,马里·失里门墓志不仅要作为元代也里可温教流行中国的证据,还应视为元代摩尼教流行中国的考古资料。

中外文献记载回鹘人信奉摩尼教最晚到宋初。阿拉伯史家马苏底《黄金牧地》记载:“九姓古斯占据着位于呼罗珊和中国之间名叫高昌(Kouchan)的城镇。至今,也就是在943—944年,他们是突厥种族中最勇敢、最强大,而比任何别的民族都安定的民族。其王拥有伊尔汗(王中之王)的称号,在所有这些民族之中,只有他们信奉摩尼教。”[②]《宋史·外国传》载,北宋太平兴国六年(981)王延德出使高昌,见到当地“佛寺五十余区,皆唐朝所赐额,寺中有《大藏经》《唐韵》《玉篇》《经音》……复有摩尼寺,波斯僧各持其法”。波斯教指景教,即元代之也里可温教。20世纪初德国考察队发现的吐鲁番摩尼教寺院回鹘文柱铭记录947—948年在位的两位高昌回鹘可汗名前冠以ai(月)tängridä(日)官号。[③] 据日本学者田坂舆道研究,信奉摩尼教的回鹘可汗,其称呼必冠以摩尼教徒推崇的日月尊号。[④] 由此可知宋代高昌回鹘流行佛教、摩尼教和景教。《元史·刑法志》云:“诸以白衣善友为名,聚众结社者,禁之。”白衣白冠乃摩尼教一大特征,故沙畹和伯希和根据这条记载推测“摩尼教似已绝迹于元时”。[⑤] 泉州这方墓志首揭《元律》所禁者实为利用摩尼教秘密结社,对正当传教并不反对,还派专人管理。

---

① 卡特:《中国印刷技术的发明和它的西传》,吴泽炎译,商务印书馆1991年版,第145页。

② 译文见安部健夫《西回鹘国史的研究》,宋肃瀛译,新疆人民出版社1985年版,第231页。安部将Kouchan译为“古城”,以为指位于吉木萨尔的北庭,疑不确。目前发现的高昌回鹘摩尼教遗址全在吐鲁番盆地,而北庭仅发现过回鹘佛教遗址。

③ F.W.K.Müller,“Zwei Pfahlinschriften aus den Turfanfunden 1. Die uigurische Inschrift auf dem Pfahle IB 4672,2”,*APAW*,1915;关于这两个回鹘文柱铭的年代讨论,见哈密顿《五代回鹘史料》,耿昇译,新疆人民出版社1982年版,第213页。

④ 田坂舆道:《回纥に于ける摩尼迫害运动》,《东方学报》1940年第11册,第224页;林悟殊:前揭书,第95~96页。

⑤ 沙畹、伯希和:《摩尼教流行中国考》,冯承均译,《西域南海史地考证丛书》第八编,中华书局1995年重印版,第96页。

回鹘人在元朝倍受重用。蒙文即在回鹘人协助下从回鹘文创建的。元朝远宦江南的回鹘名人有两淮万户府达鲁花赤贯石云,能诗文,更善作曲;延祐五年进士契玉立,曾任泉州路达鲁花赤。[①] 马里·失里门也是这样一位在元朝为官的回鹘人。此君身兼二职,既是江南诸道也里可温教主教,又是江南诸道摩尼教领管。那么马里·失里门统领的江南诸道摩尼教区自然包括英山所在的淮南路。据马里·失里门墓志,元代江南诸道尚有不少摩尼教寺院,可惜目前仅有福建泉州晋江华表山的摩尼草庵、福建莆田摩尼寺[②]和浙江温州苍南县选真寺被发现。英山摩尼教墓地的发现则为寻找下一个江南摩尼教法堂提供了重要线索。

宋元两朝农民运动往往利用摩尼教。那么英山一带出土的有关农民起义的考古资料值得注意。20 世纪 70 年代英山曾发现元末太平二年(1357)“汴梁行省管勾所印”和“长安仓印”。据考证,它们都属于南方红巾军的遗物。[③] 公元 1355 年红巾军刘福通等拥立韩林儿为“小明王”,国号“宋”,改元“龙凤”,都亳州(今安徽亳县)。小明王宫殿遗址在今亳县西门外小明王台。[④] “小明王”一名出自摩尼教经典《大小明王出世经》[⑤],红巾军起义显然具有摩尼教色彩,所以英山发现的红巾军文物进一步提供了元末摩尼教在淮南民间流行的情况。

摩尼教在中国的最后消失大概在明代。《洪武实录》记载明朝开国元年(1368)对摩尼教等民间邪教下禁令,《洪武诏》曰:“其僧道建斋设醮,不许章奏上表,投拜青祠,亦不许塑画天神地祇。及白莲社、明尊教、白云宗、巫觋、扶鸾、寿圣、书符、咒水诸术,并加禁止。庶几左道不兴,民无惑志,诏

---

① 冯家昇等:《维吾尔族史料简编》上册,民族出版社 1981 年版,第 118 页。

② 陈长城:《莆田涵江发现摩尼教碑刻》,《海交史研究》1988 年第 2 期;程德鲁:《涵江又发现摩尼教残碑》,《海交史研究》1991 年第 1 期,第 52 页。

③ 孙启康:《释元末红巾军的三颗铜印》,《光明日报》1975 年 7 月 5 日。

④ 安徽省文物工作队:《安徽文物考古工作新收获》,《文物考古工作三十年(1949—1979)》,文物出版社 1979 年版,第 238 页。

⑤《大小明王出世经》,见吴克己撰刊(1208—1224 年)、宗鉴(1237—1240 年):《释门正统》。关于这段摩尼教史料的讨论,参见沙畹、伯希和:《摩尼教流行中国考》,《西域南海史考证译丛》第八编,中华书局 1995 年重印版,第 95 页。

从之。”所谓“明尊”即摩尼教之明使。明尊教即摩尼教。明洪武七年(1374)发布的《大明律》列有禁止摩尼教等邪教的律文。[1] 这是正史最后提到中国民间流行摩尼教。[2] 英山摩尼教的最后消失大概就在《洪武诏》或《大明律》禁天下邪教令下达之后不久。

[原载:《北京大学学报》(哲学社会科学版)1997 年第 2 期]

---

① 沙畹和伯希和曾讨论这两条明代摩尼教史料,说见《摩尼教流行中国考》,《西域南海史地考证译丛》第八编,中华书局 1995 年重印版,第 97~98 页。

② 据伯希和介绍,18 世纪初开封府的犹太教徒曾将一篇摩尼教文献《明教序》赠给耶稣会士。参见伯希和:《福建摩尼教遗迹》,《西域南海史地考证译丛》第八编,中华书局 1995 年重印版,第 134~135 页。由此可知清代摩尼教仍在开封流行。另据乾隆《温州府志 · 寺观》,永嘉县临江乡(今瓯县临江镇一带)有明教瑜伽寺;瑞安县来慕乡(今瑞安县曹村镇)有明教院。据周梦江调查,《平阳县志 · 神教志二》载,民国年间温州平阳县仍有摩尼教徒活动。文中说,摩尼教“元明时,江以南颇有之。今万全乡(今平阳县万全区)尚有其教,大较流为优婆塞矣”。参见周梦江:《从苍南摩尼寺的发现谈温州摩尼教》,《海交史研究》1990 年第 2 期,第 77 页。

对《英山毕昇碑与淮南摩尼教》一文中几个问题的商榷

孙启康

最近经友人推荐读了林梅村先生《英山毕昇碑与淮南摩尼教》①一文。增加了不少关于摩尼教的知识,受益匪浅。但觉得文中有些论断,是否会对某些问题的研究产生误导,似可商榷。现就以下问题:《重岩寺记》是否可以证明英山县有摩尼教寺?"神主"是否是摩尼教祖师的专称?毕昇夫妇是胡族吗?毕昇墓碑装饰纹样的含义,淮南摩尼教法堂寻踪等,谈谈个人的学习心得,谨求匡正。

一、《重岩寺记》不能证明英山县在唐代有摩尼教寺

林先生认为:"毕昇碑两侧所刻日月二字及碑额所刻华盖和璎珞图案表明墓主人毕昇是摩尼教信徒。""英山草盘地一带发现的毕昇祖孙墓碑都刻有日月二字,这就清楚地表明毕氏墓地乃摩尼教徒墓地,英山可能是中世纪摩尼教在华传播的一个中心。"(唐代)"回鹘所派摩尼师的行迹也留在了湖北英山。"为了证明这个论断,林先生引用《全唐文·卷七二七》舒元舆《永兴县重岩寺碑·序》中的一段文字:

> 国朝沿近古而有加焉,亦容杂夷而来者,有摩尼焉,大秦焉,祆教焉。合天下三夷寺,不足当吾释寺一小邑之数也。

---

① 林梅村:《英山毕昇碑与淮南摩尼教》,《北京大学学报》(哲学社会科学版)1997年第2期,第137页。

据此,林说:"重岩寺碑立于唐长庆四年(824)。……唐永兴县……即今湖北阳新县……英山所在蕲水县距永兴县约120千米,从《重岩寺记》的描述看,重岩寺附近三夷教寺院的规模都不太大。……但一定距重岩寺不远。这样重岩寺的僧人才会知道附近有三夷教寺院。永兴县距英山县仅120千米,而英山又有中世纪摩尼教墓地,那么《重岩寺碑》所说摩尼寺很可能就在英山。所以摩尼教最初传入英山大约在唐大历六年至长庆四年间(771—824)。"①

笔者认为:林文所引的这段文字,不足以说明英山在唐长庆时有摩尼寺。据查宋代王象之著《舆地碑记目》载:《重岩寺记》碑在兴国军(今阳新县)城景德寺(即唐之重岩寺)前,碑文为大和元年(公元827年,不是长庆四年)舒元舆撰。查《全唐文·卷七二七》所载《唐鄂州永兴县重岩寺碑铭并序》,这篇碑记的全文(包括《序》与《铭》)共886字。《序》为830字,分为两个大的段落。林先生所引上述碑文,即在第一大段之内。为便于解读文意,现将碑文的第一大段(计391字)摘要节录如下:

> 官寺有九……竺乾之教……自汉氏梦有人如金色之降,其流来东……委于吾土。吾人仰之如神明焉,伏之如风草焉!……故释寺之作由官也,其非九而能拘也!……故十族之乡,百家之间,必有浮图,为其粉黛。国朝沿近古而有加焉,亦容杂夷而来者,有摩尼焉,大秦焉,祆神焉。合天下三夷寺,不足当吾释寺一小邑之数也!……及其繁也……犹天文隶于河汉而莫之极也。非名无以别之,……(如果各有名称,则)语其额,而名可知也。

这第一段文字,是作者在文章开篇时追溯和综述"竺乾之教"自汉代传入以后至唐朝(文中称为"国朝"),外来宗教在全国的传播及其寺庙建设形成了"十族之乡,百家之间,必有浮图(指佛教寺庙)"的繁盛景象。并

---

① 林梅村:《英山毕昇碑与淮南摩尼教》,《北京大学学报》(哲学社会科学版)1997年第2期,第140页。

将“三夷寺”与释寺孰多孰少进行对比，认为全国三夷教（包括摩尼教）寺庙的总数，还不及佛寺在一个小县的数目（“合天下三夷寺，不足当吾释寺一小邑之数”）。由于几乎每一个乡和里都有佛教寺庙，没有名称很难区别。于是每一个寺庙都以“天地祥符”的征兆或“山川秀美”的特征来命名。这样，只要一提寺庙的匾额，就可以知道它的名称了，云云。可是，这整段文字，都没有涉及永兴县重岩寺的任何情况，也未提到重岩寺的僧人知道永兴县附近有三夷教寺或摩尼教法堂。

碑文的第二大段（计 439 字）才说到重岩寺的具体情况：

> 重岩之作，盖山川秀绝之地，统江夏之永兴。……其地有重岩峡焉！故命寺乞此名。……长庆三年春三月，（该寺）上座僧良鉴……主废兴为己任……至明年三月星一周而新功成。……（良鉴）自永兴录其状诉授于余，因摭其状而书之。……

这第二段是舒元舆根据重岩寺重建工程的主持者、上座僧良鉴提供的材料写成的。在介绍了重岩寺得名的来由后，即叙述该寺的多次迁徙过程和在新址重建的经过以及寺院的规模和工程主持者的劳绩。在这段文字中，也未见舒元舆转述僧人良鉴谈到什么摩尼寺的情况，其字里行间根本找不到重岩寺附近有摩尼教寺的任何蛛丝马迹。林文之所以认为永兴县重岩寺附近有摩尼教寺，是由于未及通读《唐鄂州永兴县重岩寺碑铭并序》的全文，只是根据永兴县重岩寺碑的碑文的某一段话中有“三夷寺”和“摩尼焉”，就不顾上下文意，把“摩尼寺”和“永新县”硬扯在一起。而且将舒元舆从全国的角度对当时佛教发展和三夷教情况所做的宏观评述，当成了重岩寺僧人在永兴县（即今湖北阳新县）介绍有关摩尼寺的具体见闻。因此就难免产生上述误解。所以，将《重岩寺记》作为推测“（唐代重岩寺附近的）摩尼寺很可能就在英山”的依据，有断章取义之嫌。既然唐代的摩尼寺可能在英山的依据不能成立，那么，所谓“摩尼教最初传入英山大约在唐大历六年至长庆四年间（771—824）”和“回鹘所派摩尼师的行迹也留在了湖北英山”的说法，也都只能看作是一种猜想了。

二、“神主”并非摩尼教祖师的专称

林先生认为：“毕昇碑称墓主人为‘神主’。”“‘神主’一词似为摩尼教徒对祖师的专称。”“疑译自粟特语 Bynpt（祠主·神主）。”①此说的依据是“1989 年在浙江温州苍南县发现一元明时期的摩尼教石碑《选真寺记》”中的一段文字：

> 今兹幸遂潺，□□祖考，寺之东无作祠宇，以奉神主。

显然他是把在《选真寺记》中出现的“神主”一词，当成了摩尼教祖师的称号。

笔者认为：林文所引的这段碑文，错字漏字较多。比较明显的如“僝”误为“潺”，“庑”误为“无”，“祖考”之前的两个字也只录入了两个方框。且断句不够准确，令人难解原意。

兹据浙江苍南县文物馆提供的《选真寺记》碑之全文，将林先生所引的这段文字准确摘录如下：

> 嘻！斯役之造，吾惟先志之弗克承是惧，非惠徼福田利益也。今兹幸遂僝功，惟祖考之灵，其尚于兹乎妥哉？于是即寺之东庑，作祠宇以奉神主。

按《选真寺记》全文，此碑立于元至正十一年（不能笼统地说是“元明时期”）。碑文是当地居民彭如山重建选真寺后，请当地名流孔克表所撰。碑文表明选真寺为世居当地的居民彭氏之先人所建，“为苏邻国之教者宅

① 林梅村：《英山毕昇碑与淮南摩尼教》，《北京大学学报》（哲学社会科学版）1997 年第 2 期，第 141 页。

焉”。从这句话来看,选真寺确实是一座摩尼教寺院。因寺院“故制陋朴,人或隘之”,彭氏后人彭如山为“不坠先人遗绪”,就筹划并主持了寺院的重建工程。这项工程的具体内容是:“崇佛殿,立三门,列左右庑。……演法有堂,会学徒有舍,启处食寝有室,以至厨、井、库、廪、湢(浴室)、圊(厕所)之属,靡不具修。……视于初有加矣!”从这段话可以看出,重修后选真寺的规模,比以前是大得多了。林先生所引的那段文字,是彭如山在寺院工程竣工之后,想到如何安排彭氏宗族的“祖考之灵”,所发出的感叹(惟祖考之灵,其尚于兹乎妥哉?)和所做的另一件事。

从文意看,那段话中的“神主”一词,是与彭氏的“祖考之灵”相关联的。据有关史籍记载:古代在宗庙中供奉的已死国君的牌位,称为“神主”,也称“主”。这种祭祀礼仪,可追溯到春秋时期。① 可见,这个“神主”乃是彭如山为安“祖考之灵”,在选真寺之东庑作祠宇供奉的彭氏祖考的“神主”,即祖先的神灵牌位,和摩尼教祖师没有任何关系。因此,“‘神主’一词似为摩尼教徒对祖师的专称”的说法,就失去了依据。这样一来,毕昇墓碑上的“神主”一词,也就与摩尼教祖师攀不上任何关系了。所以,它仍应是“毕昇系死在外乡,骸骨未归”,其后人是以他的“神主”(牌位)实行“招魂葬”②的实证。

三、毕昇与李妙音绝非胡族

林先生认为“毕家坳的摩尼教墓地可能是唐代经商传教江南的粟特胡人后裔的墓地”。他根据“魏晋隋唐文献把中亚不同城邦来华的粟特人分别冠以不同汉姓……统称‘昭武九姓胡’”,“昭武九姓尚有毕氏”,以及《隋书·西域传》“安国之西百余里有毕国”,认为“毕国的粟特人自然以毕为姓”,并以洛阳出土的《康元敬墓志》为证。

---

① 见《春秋谷梁传·文公二年》。

② 孙启康:《毕昇墓碑的宗教信仰与民俗文化特色——答任昉》,《江汉考古》1995 年第 1 期。

> 《康元敬墓志》曰："(康元敬)相州安阳人也,原夫吹律命氏,其先肇自康居,毕万之后。"因从孝文,遂居于邺。……

林先生以康元敬"其先乃粟特毕国毕万之后,本姓毕氏",来推断"英山毕氏家族无疑即昭武九姓胡毕氏之后裔"。①

笔者认为毕万是汉人,不是粟特毕国人。因为上述《康元敬墓志》清楚地表明:康元敬的先辈虽然开始发端于康居,但追根溯源,却还是"毕万之后"。那么,毕万又是何方人氏呢?

据《春秋左传 · 闵公元年》记载:

> 晋侯作三军,公将上军……毕万为右。以灭耿,灭霍,灭魏。……赐毕万魏,以为大夫。

春秋末年,韩、魏、赵三家分晋,魏国的国君魏武子,即毕万之后(《史记 · 魏世家》)。

据此,则毕万乃晋献公的大夫,魏武子的祖父(一说为魏武子之父),为周文王之子毕公高的后裔。

林先生所云"粟特毕国"的"毕万",不知出于何典?是在粟特毕国的文献中找到了 biwan(毕万)这个人物,还是在什么地方查到了"毕万,粟特毕国人也"?看来到中亚去寻找毕昇的族源,是比较难以找到其氏族的流传脉络的。

要弄清英山毕昇的族源,还是应该从当地及其邻近地区去寻找。现在,毕昇墓所属的草盘地镇虽然已无毕姓人户,但与之毗邻的安徽太湖县望天乡海螺村毕家崖上,却居住着一支毕姓人氏,邻近的人都把他们唤作"高山毕"。据高山毕氏保存的《毕氏家谱 · 序》记载:"我氏自周文王十五

---

① 林梅村:《英山毕昇碑与淮南摩尼教》,《北京大学学报》(哲学社会科学版)1997 年第 2 期。

子公高始，晋大夫万公乃其后递，至六公迁太，世已四十有一矣。其间人文代代，济济不穷，皆万公一脉所传也。”这里所说的“晋大夫万公”，就是被晋献公封于魏的毕万。从该家谱所列世系中虽然未能查到毕昇及其子孙的名字，但是，该谱世系中之第二十八世(时代约当北宋哲宗或徽宗时期)的派名都带“文”字，如文龙、文虎、文起等，与毕昇之孙——文显、文斌、文忠之字派相同，其所处的大体年代也较相近，显然，毕昇一家与太湖“高山毕”就应属同一支派。据毕姓老人说：“我们这一支，属于毕卓(新蔡鲖阳人，东晋大兴年间为吏部郎)①那一支派，是由河南迁来的。”后这些人分别居住在安徽省的太湖、宿松、望江三县，通常称为太宿望支派。现在，太湖县的大青庄、店前河、野溪河、马嘶铺等地尚有700多丁②，他们都是毕公高的后裔，“是万公一脉所传”“至六公迁太”以来所繁衍的后代，无论如何也扯不到远在中亚的粟特毕国去。因此，所谓“英山毕氏家族无疑即昭武九姓胡毕氏之后裔”，是缺乏依据的。

当然，人们或许要问：既然毕昇的族系与高山毕氏有关，为什么毕昇及其子孙都未入安徽“太宿望”支派的“宗谱”呢？笔者认为，这应与当时的时代背景有关。谱系之学，在我国文化史上曾经是一门显学，特别在东汉以后至南北朝时期，发展尤为突出。当时，人尚谱系之学，家藏谱系之书。当然，这个“家”指的是当时的“卿大夫”“世家”之家，并不包括庶民阶层。后来由于唐朝末年的农民起义和五代十国的战难，使门阀士族被扫除殆尽，“取士不问家世，婚姻不问阀阅”③。于是“由贱而贵者耻言其先，由贫而富者不录其祖”“谱遂大废”④。到了宋代，大约从仁宗时期开始，一些士大夫如苏洵、欧阳修等便率先编撰本家族的新族谱，于是造谱之风，又从此在士大夫阶层中兴盛起来。据有关文献记载：苏洵的《苏氏族谱》到仁宗至和二年(1055)才编成⑤，欧阳修的《欧阳氏族谱》的完稿时间大约也在此

① 见《晋书》本传。
② 英山县志办公室调查资料。
③〔宋〕郑樵：《通志·氏族略·氏族序》。
④〔宋〕苏洵：《嘉祐集》卷十三《谱例》。
⑤〔宋〕苏洵：《嘉祐集》卷十三《族谱后录下篇》。

时或稍后①。而毕昇的终年则在仁宗皇祐三年(1051)。由此看来,在苏洵等士大夫阶层兴起造谱之风以前,毕昇已经去世,其子孙作为僻居山野的平民,也没有条件去参与那些士大夫阶层的造谱活动。因此,他们的名字未能载入毕氏族谱,也是可以理解的。这种情况,正如高山毕氏所藏《毕氏宗谱·序》所云:"……士庶之家,数经兵燹,更数千百年,数历播越而确指乎?则谓历某朝凡几代微论,据史传年数考之,不能一一符合,而世次,未必可尽信其无所失……"。

林先生认为毕昇之妻李妙音也是胡族的依据有以下三点:

一是李氏是胡人喜用汉姓之一。"隋申国公李穆传称:'自云陇西成纪人,汉李陵之后。陵没匈奴,子孙代居北狄,其后随魏南迁,复归并、陇'。疑其本高车泣伏利氏,入魏改李氏。……亦胡族"。

二是"李姓是唐朝王室的姓氏,故波斯来华侨居的胡人亦喜用李氏为姓。"并列举了一些波斯人和回鹘人如李素、李元谅、李彦升和李茂勋、李国昌、李克用等都被唐王朝赐姓为"李"的例证后认为:"既然波斯和回鹘侨民多以李氏为姓,回鹘摩尼师曾在江南传摩尼教,不能不让人怀疑这位嫁给粟特摩尼教徒的李妙香(妙香乃妙音之误)是否亦为胡人之后。"

三是根据《僧史略》:"会昌三年敕天下末尼寺并废入宫。京城女摩尼七十二人死。及在此国回纥诸摩尼等,配流诸道,死者大半。"推测"英山属唐淮南道,应有回鹘摩尼教徒发配此地。所以李妙香(音)也有可能是京城发配到诸道的回鹘摩尼师之后。"②

笔者以为:李陵投降匈奴后,与单于之女成婚,其子孙是可以认为具有胡人血统的。但李陵是汉代名将李广之后,那么,李广除李陵以外的其他还居住在中原地区的后裔,难道也要把他们看成是胡族吗?何况李氏是我国比较古老的氏族,乃尧臣皋陶之后。在战国时期,魏有李悝,赵有李牧,楚有李园,秦有李斯(楚人),他们的子孙,代相繁衍,遍布神州大地,李氏妙音也可能是魏李悝或楚李园的后代,为什么一定要到外国去寻根觅祖

---

① 〔宋〕《欧阳文忠公集》卷七十一《欧阳氏谱图记》。

② 林梅村:《英山毕昇碑与淮南摩尼教》,《北京大学学报》(哲学社会科学版)1997年第2期。

呢？事实上在毕昇和李妙音墓地附近还有一些名为李家湾、李家上湾的村落，至今还居住着许多李姓人户。这里的红花咀村的田畈中，还保存着一件长近二米的椭圆形石盆，上刻："大元辛卯至正十一年九月吉日，李门第九代李昂男李荣同妻汪氏置……"①等字样。据说这里曾是李氏宗祠所在地。石盆所刻题记表明，此盆的置办者李荣应是李氏迁此后的第十代，从大元至正辛卯(1351)上推十代，可达250来年，说明宋元以来李氏家族即世居于此，李氏妙音也应当是本乡本土人氏。因此，仅以李唐王朝曾给许多胡人赐姓为李，就推测"李妙音是否亦为胡之后？"；或因为《僧史略》中有唐会昌三年曾将回鹘摩尼师"配流诸道"的史实，就猜想李妙音"也有可能是京城发配到诸道的回鹘摩尼师之后"的说法，未免太过牵强。

四、关于毕昇墓碑装饰纹样的含义

林先生认为"摩尼教崇拜日月光明，教徒以日月为信仰标志。""毕昇墓碑两侧所刻日月二字及碑额所刻华盖和璎珞图案表明墓主人毕昇是摩尼教信徒。"②

笔者认为汉族对日月的崇祀，源于华夏先民对于自然物象的崇拜，包括对日月的崇拜。这在我国古代文献中多有记载。从《尚书·尧典》中的："寅宾出日""寅饯纳日"，《尚书·舜典》中的"禋于六宗"到《史记·封禅书》中的秦始皇祀"八神"。从《礼记·祭法》的："祭天、祭地、祭日、祭月"，到明清天子的礼拜天、地、日、月四坛，都可以说是历代相沿的。在先秦典籍以及诸子百家的著述中，论及日月无不备极尊崇③。在我国各地出土的一些文物中也有不少饰有日月图形的，如山东诸城新石器时代大汶口文化遗址出土的陶尊上就有由"日、月、山、水"组成的朱红色图案；江苏连云港将军崖岩画就刻有"太阳、月亮、星星"的天体图像；四川新津保子山

---

① 孙启康：《毕昇墓碑鉴定及相关问题考证》，《中国文物报》1993年7月4日，第3版。
② 林梅村：《英山毕昇碑与淮南摩尼教》，《北京大学学报》(哲学社会科学版)1997年第2期。
③ 孙启康：《再说毕昇墓碑的物象崇拜与宗教色彩》，《出版科学》1995年第4期。

出土汉代画像石棺上也刻有人首蛇身的伏羲、女娲手举日、月并立的图像①,这些都是说明我国在农业文明初期乃至远古狩猎先民对于日月崇拜的实证。其他如长沙马王堆出土帛画、云南陆良《爨龙颜碑》和毕昇墓碑等丧葬祭祀文物上的日月图像,可能在具体含义上不尽相同,但作为一种思想文化都是一脉相承的②。可见崇拜日月并不是始创于3世纪的摩尼教的发明和独创。

具体来说,在英山毕昇墓碑上的日月图形,反映了我国古代道家的阴阳思想和儒家的伦理、孝道。《礼记·礼器》有"大明(按:大明指日)生于东,月生于西,此阴阳之分,夫妇之位也!"《天文志》有"日为太阳之精,主生养恩德;""月为太阴之精,以之配日。"的记载。毕昇墓碑的制作者在先考和先妣的左右两侧刻上这种日月图形,正是表示了这种象征"阴阳之分"的"夫妇之位"和毕氏子孙缅怀父母"生养恩德"的孝思,仍然是汉族思想文化和观念的传承。

至于墓碑上所刻的上饰宝珠荷叶华盖,下饰梯形莲花座的牌位和忍冬花等纹样装饰,特别是李氏用"妙音"作为法名,都具有典型的佛教色彩,与福建泉州出土的元代摩尼教教徒墓碑③上所刻的巴格达式的天篷华盖、基督教的十字架的西方风格和莲花幡幢等杂缀为一体是有着明显区别的。因此,李氏妙音应是一位笃信佛教的"三宝弟子"。以上看法,笔者在《毕昇墓碑综考》④一文中曾有详说,兹不赘述。

如果要说英山毕昇夫妇是摩尼教徒,那么他们信奉的摩尼教很可能是一种已经与佛教合流并已汉化的摩尼教(明教)。这可以"聊备一说"。

五、淮南摩尼教法堂寻踪

林先生还提到,在英山"当地流传甚广的'毕宰相府'"旧址达六处之

① 见《中国文物报》2003年9月10日第5版。
② 孙启康:《再说毕昇墓碑的物象崇拜与宗教色彩》,《出版科学》1995年第4期。
③ 吴文良:《泉州宗教石刻》,科学出版社1957年版,图110。
④ 《毕昇墓碑综考》,《出版史研究》第四辑,中国书籍出版社1996年版,第24页。

多,……其中是否会有摩尼教法堂?[①] 的问题,据笔者在毕昇墓地附近所见到一处来看,为传统的木结构建筑,时代约在清咸(丰)、同(治)之际,正门额墨书“总衔廷”三字,似乎是一处地方行政治安机构的住所,没有寺庙和法堂的特点。

现在看来,要在湖北英山境内找到属于唐代的摩尼教遗迹,还有待于将来大量的考古工作。但是,属于元代的“弥勒教”(明教)遗迹,在英山的邻近地区,还是有迹可循的。如与英山毗邻的湖北罗田县天堂寨,是元末徐寿辉红巾军早期活动的地点,至清乾隆十七年(1752)蕲春马朝柱进山传白莲教,并在天堂寨起义,该寨的历史可以上溯到南宋末年[②],说不定还可能会发现更早的相关遗迹。在其附近山中曾发现有被称为“圣人堂”的建筑遗址。据文献记载:元至正年间,袁州僧彭莹玉和铁匠邹普胜等,曾在此传弥勒教,策划起义反元[③]。英山附近的湖北红安县七里坪镇邹家墩,是红巾军首领之一邹普胜的老家。在那里有一座双城塔,据县志记载,为元末红巾军所建[④]。此塔因与其近旁的“大圣寺”相依托,又名“大圣寺塔”[⑤]。这些地方都有可能是摩尼教(明教)的法堂。如果能从这方面着手去做一些深入的调查工作,再加上扎实的文献考证,是一定会找到一些有关淮南摩尼教的信史的。

(原载:《江汉考古》2005 年第 2 期)

---

① 林梅村:《英山毕昇碑与淮南摩尼教》,《北京大学学报》(哲学社会科学版)1997 年第 2 期。

② 国家文物局主编:《中国文物地图集 · 湖北分册》(下),西安地图出版社 2002 年版,第 435 页。

③《罗田县简志》,1981 年编印。

④ 国家文物局主编:《中国文物地图集 · 湖北分册》(下),西安地图出版社 2002 年版,第 473 页。

⑤《中国名胜词典》,上海辞书出版社 1981 年版,第 741 页。

毕昇考证
——兼谈湖北英山出土的毕昇碑

曹 之*

活字印刷术是中华民族对于人类文明的重要贡献之一。早在11世纪40年代,宋人毕昇就发明了泥活字,比德国人古登堡的金属活字要早400多年。然而,对于毕昇的身份、籍贯以及泥活字的材料等问题,在学术界尚有不同看法,本文拟就宋代毕昇的有关问题进行一次全面系统的考证。

一

毕昇泥活字的制作方法仅见于沈括《梦溪笔谈》卷十八,文为:

> 庆历中,有布衣毕昇又为活板,其法用胶泥刻字,薄如钱唇,每字为一印,火烧令坚。先设一铁板,其上以松脂、腊和纸灰之类冒之。欲印,则以一铁范置铁板上,乃密布字印,满铁范为一板,持就火炀之,药稍熔,则以一平板按其面,则字平如砥。若止印三、二本,未为简易;若印数十百千本,则极为神速。常作二铁板,一板印刷,一板已自布字,此印者才毕,则第二板已具。更互用之,瞬息可就。每一字皆有数印,如“之”“也”等字,每字有二十余印,以备一板内有重复者。不用则以纸贴之,每韵为一贴,木格贮之。有奇字素无备者,旋刻之,以草火烧,瞬息可成。不以木为之者,木理有疏密,沾水则高下不平,兼与药相粘,不可取。不若燔土,用讫,再火令药熔,以手拂之,其印自落,殊不

* 曹之,武汉大学信息管理学院教授、博士生导师。

沾污。昇死,其印为予群从所得,至今保藏。

由此可知,毕昇用泥活字印书的步骤如下:(1)用胶泥刻字。各字所刻字数不等:一般的字刻几个就够用了;“之”“也”等常用字,要刻20多个;有些冷僻字,在排版时临时去刻,也来得及。(2)烧字。泥字烧过之后,不易破碎。(3)排版。其具体方法是:先在一块铁板上撒上松脂、腊、纸灰等黏合剂,接着用铁框把四周围起来,把活字排在铁框之内,然后把铁板放在火上烘烤,等黏合剂熔化之后,用平板轻轻地把版面压平。(4)印刷。将版面涂墨后,覆纸其上,用棕刷平刷即可。为了加快印刷速度,可用两块铁板:印第一版时,第二版便可排字,等到第一版印完之后,第二版已经排好了,互相轮换,接连不断,可以大大提高工作效率。(5)回收泥活字。回收的方法是:用火烘烤铁板底部,等黏合剂熔化后,用手一推,活字就掉了。然后以字韵为序,用纸把泥活字包好,放在木格里,等到下次印书时再用。以上就是毕昇泥活字印书的全过程。

关于毕昇泥活字的材料有人提出异议:或以为毕昇活字的材料是锡而非泥;或以为毕昇活字的材料是特制的“六一泥”。什么是“六一泥”呢?据说是方士炼丹用以封闭炉鼎的专门材料,用赤石脂、白矾、滑石、盐等矿物质研成粉末,以醋(或水或蜜)调制而成。有些外国人认为泥活字是金属材料,胶泥乃是铸字的范型。有人甚至怀疑泥活字印书的可能性,认为“泥土如用千度左右温度烧炼为陶,则其吸水率为百分之二十,同样不能印刷。即令勉强印刷,印出的字迹模糊,也难以应用”①,沈括的记载是否真实?泥活字的材料是胶泥,还是六一泥?泥活字能印书吗?虽然毕昇泥活字不见传本,但是宋代以后泥活字印书的实践却给我们提供了有力的证据。现以清代泥活字出版家李瑶、翟金生为例加以说明。李瑶,字宝之,苏州人。寓居杭州时曾用泥活字印过《南疆绎史勘本》《校补金石例四种》等书。《南疆绎史勘本》五十六卷,印于道光十年(1830),封面背后题“七宝转轮藏定本,仿宋胶泥板印法”篆文两行,凡例中有“是书从毕昇活字例,

① 冯汉镛:《毕昇活字胶泥六一泥考》,《文史哲》1983年第3期。

排版造成"之语。《校补金石例四种》十七卷,印于道光十二年(1832)自序中有"即以自制胶泥板,统作平字捭之"之语。翟金生,字西园,安徽泾县水东村人。他以教书为业,能书善画鉴于"遗编蠹蚀,每嫌借读之烦,善本梓行,更乏开镌之力"①,决计造泥活字印书。嘉庆十九年(1814),他开始造字。为了保证质量,他到外地寻找胶泥;为了早日完成,他动员亲朋好友参加。到道光二十四年(1844),终于制成10万多个泥活字。他在一首诗中说:"一生筹活板,半世作雕虫。珠玉千箱积,经营卅载功。"②这10万多个泥活字的确凝聚了翟氏全家30年的心血和汗水。在亲友的帮助下,先后印出了翟金生《泥版试印初编》、黄爵滋《仙屏书屋初集》、翟廷珍《修业堂集》、翟震川《水东翟氏宗谱》等书。《泥版试印初编》印于道光二十四年(1844),该书有"猷州翟西园自造泥斗板"牌记;《仙屏书屋初集》印于道光二十七年(1847),封面有"泾翟西园泥字排行"两行小字;《修业堂集》印于道光二十八年(1848),书中有《题兄西园泥字活版》诗云:"毕昇活板创自宋,《梦溪笔谈》著妙用。钩心斗角纵横排,巧制天衣密无缝。从来法力须通神,往制虽在无传人。西园有技进乎道,精心结撰真殊伦。著作等身欲付梓,谁与雕镘印万纸。筹思活字甚便捷,造成庶可任驱使。奋志独力承其肩,神明矩矱超前贤。抟泥炼煅复雕琢,精金美玉相勾连。……"《水东翟氏宗谱》印于咸丰七年(1857),有题记云:"明嘉靖中先驾部震川公修葺宗谱九册,三百年来,或失于兵火,或挟以迁居,今同众议,将珍藏宗谱以自制泥聚珍命孙家祥摆印,……大清咸丰七年金生西园谨识。"李瑶、翟金生的实践表明,泥活字的材料是胶泥而非他物,用胶泥所制的泥活字完全可以印书。

为了进一步证明《梦溪笔谈》记载的可靠性,中国科技大学科学史研究室张秉伦、刘云等同志在中国科学院上海硅酸盐研究所等单位的协助下,根据《梦溪笔谈》的记载,结合翟金生泥活字的造字方法,进行了模拟实验,其具体步骤如下:(1)制作胶泥。他们找来淮南八公山黏土,筛去石

---

①〔清〕翟金生:《泥版试印初编序》。

②〔清〕翟金生:《泥版试印初编序》。

块等杂物,加水和成泥浆,经过滤沉淀后,抽去上部清水,将下部胶泥风干后即可使用。(2)制作泥活字。其制作过程分为两步:第一步是"以胶泥刻字",共刻制泥活字 6000 多个;第二步是"火烧令坚",即把泥活字放在 600℃的高温之中,烧制 24 小时。实验证明,这种胶泥质地细腻,黏性极强,便于刻字,煅烧后无一开裂。根据分析,这种胶泥的成分属于一般硅酸盐黏土类,并不是、也无须是"六一泥"那样复杂的成分结构。(3)排版印刷。他们用自制泥活字排印了上引《梦溪笔谈》卷十八关于毕昇发明泥活字的那篇记载,半页 10 行、行 17 字,四周双边、双鱼尾。印文墨色均匀,笔画清晰,效果甚佳。① 当然,模拟实验并非与毕昇泥活字毫厘无爽,但活字原料和制作过程大致是相同的。它向人们表明:胶泥作为活字原料,是毫无疑义的,泥活字完全可以印书。沈括关于毕昇泥活字的记载当是可信的。

二

关于毕昇的身份,《梦溪笔谈》说是"布衣",对此有不同解释,归纳起来有三说:一说是"锻工",根据是《梦溪笔谈》卷二十的一段记载:"祥符中,方士王捷本黥卒,尝以罪配沙门岛,能作黄金。有老锻工毕升曾在禁中为捷锻金。"王国维、胡适等均持此说。王国维在其家藏明崇祯刻本《梦溪笔谈》"毕昇活字版"条上批道:"卷二十毕升云云,当即其人。"胡适说:"祥符与庆历相去近三十年,我疑锻工毕升即是那作活板的毕昇。"②二说是刻字工人,三说是没有做官的士人。③

第一种说法把"毕升"和"毕昇"等同起来似欠妥。让我们从以下三个方面加以说明:首先,从文字学上说,"昇"和"升"古代是两个字。"昇"有上升、登上、晋级等意思;"升"有上升、登上、成熟、进献等意思。在上升、登上的意义上说,"昇""升"是相同的;在晋级、成熟等意义上说,"昇"

---

① 张秉伦:《关于翟氏泥活字的制造工艺问题》,《活字印刷源流》,印刷工业出版社 1990 年版。

② 胡适:《读〈梦溪笔谈〉》,《大公报》1946 年 11 月 20 日。

③ 吴式超:《毕昇身份及活字材料考辨》,《南京大学学报》1985 年第 1 期。

“升”是不同的。“升”还是古代重要的容器和计量单位之一，六十四卦之中也有一卦叫“升”。沈括作为一位治学严谨的学者，精通文字之学，在《梦溪笔谈》中涉及语言文字的内容有 36 条，约占全书的 6%，沈括绝不可能将“昇”和“升”两个字混用。在古代典籍中，“昇”“升”二字的区别是相当严格的，古代既有名叫“王昇”者，又有名叫“王升”者，“王昇”有数个，其一为后魏人，任侍御中散、长安镇将等职；“王昇”也有数个，其为明代龙溪人，号为循吏。以上人名中的“升”“昇”二字绝对不可等同。同样道理，“毕升”和“毕昇”二名也不可等同起来。其次，从版本学的角度说，《梦溪笔谈》卷二十所谓“毕升”者绝非“毕昇”之误：尽管《梦溪笔谈》的各种版本文字差异甚多，但是卷二十“毕升”二字也无一写作“毕昇”之例，卷十八“毕昇”二字无一写作“毕升”之例。这说明，“毕昇”与“毕升”是风马牛不相及的两个人。另外，从年龄上推算，毕昇和毕升也应当是两个人：据上引《梦溪笔谈》卷二十的那段记载，宋真宗大中祥符年间，毕升已是老人，古代称 50 岁至 70 岁的人为老人，假定毕升当年 60 岁，那么到了 25 年后的庆历年间，已是 85 岁的老翁了。制造泥活字不仅需要聪明与才智，而且也是一项繁重的体力劳动。既然如此，一位 85 岁高龄的老翁怎么可能胜任呢？

第二种说法把“布衣”理解为刻字工人也不妥当。让我们从以下四个方面加以分析：(1) 泥活字印书工序多、周期长，非一个刻书工人所可为。兹以清代翟金生为例加以说明。如上所言，翟金生用泥活字印有《泥版试印初编》《仙屏书屋初集》《修业堂集》《水东翟氏宗谱》等书。《泥版试印初编》序后开列如下排检人姓名：

泾上翟金生西园氏著并自造泥字

发曾振如
男 一棠召亭 同造泥字
一杰兴甫
一新焕然

孙　家祥余庆
内侄查夏生禹功 检字

门人左骏章伯声
婿查腾蛟雨门
受业　左　宽裕者校字
内侄查藻言松亭
侄翟齐宗渭川

查光垣翰卿
外孙查光鼎铸山归字
王惟稷理斋

计造字 4 人、检字 2 人、校字 5 人、归字 3 人,加上翟金生,共计 15 人。《仙屏书屋初集》目录后所列排检人名单中,有翟廷珍、翟一熙、翟家祥、翟文彪、翟一蒸、翟承泽、翟朝冠等 7 人,加上翟金生,共计 8 人。《修业堂集》初集中有排检人姓名:

校阅
　承泽朗仙
　吴选能福孙
泥印镌造
　一杰兴甫
　一新焕然
泥印检排
　受业　王炳光子浑
　　弟　文彪季华,德玉慎先,继威启旂
　　　　廷深献其,廷辅瑟庵,廷瑜瑾友

侄 济言诚侯等十一人
男 学焘仁寿
孙 家祥余庆等十人
孙 本疆丰城、本庄书佃

计校阅2人、泥印镌造2人、泥印检排31人,加上翟金生本人,共计36人。《水东翟氏宗谱》未列排检人姓名,据题记仅翟家祥1人,加上翟金生本人,凡2人。以上四书总计61人次,其中可考姓名者有31人,参与两书摆印者有翟承泽、翟一杰、翟一新和翟文彪4人,翟家祥参与了三书的摆印工作。就摆印人员的身份分析,有翟金生之弟、子、孙、外孙、侄、婿、门人等,如表1所示。

表1 摆印人员的身份分析 单位:人

书名	弟	子	孙	婿	外孙	侄	门人	其他	总计
《泥版试印初编》		3	1	1	2	3	2	2	14
《仙屏书屋初集》	2	2	1					2	7
《修业堂集》	6	3	12			11	1	2	35
《水东翟氏宗谱》			1						1
总计	8	8	15	1	2	14	3	6	57

注:表中右栏"总计"不含翟金生本人,下栏"总计"为人次数。

就摆印人员的分工而言,有造字者、排检者、校阅者、归字者等。其中,排检者人数最多,《修业堂集》有排检者31人。由此可见,用泥活字印书只能由一个有明确分工的群体来完成,群体成员可能是其家族成员,也可能是雇佣工人。毕昇是整个群体的组织者。要把组织者同一般工人区别开来,如同今天出版社的社长不是印刷工人一样,古代出版家是整个出版过程的主持者,而不是刻书工人。例如明末清初毛晋汲古阁刻了大量图书,刻印工作全由工人承担,毛晋本人并没有握刀向木。(2)泥活字印书不仅消耗大量的体力,而且也是一项复杂的脑力劳动。活字印刷作为当时的一种“高科技”,其工艺流程的产生,绝不是一蹴而就的。它是在认真总结雕版印刷技术的基础上,不断改进逐步完善起来的。其贮字方法是“每韵为一贴”,需要娴熟的音韵学常识。宋代通行《广韵》《礼部韵略》《集韵》等书。陈彭年等编《广韵》收字 26000 多个,以平声、上声、去声、入声为序编排,共分 206 韵。丁度等编《礼部韵略》仅收常用字韵,是一本科举考试用书。丁度等编《集韵》的编排方法与《广韵》相同,但收字 53525 个,比《广韵》增加一倍多。如果不熟悉这些韵书,泥活字的存放就极成问题。另外,校对也是出版图书的重要环节,没有广博的知识,也就无法胜任。可见,毕昇绝非一般刻字工人,而是一位多才多艺的饱学之士。(3)泥活字印书需要大量资金,非一个刻书工人所能集。在整个出版过程中,造字需要资金,排字需要资金,纸墨需要资金,字柜需要资金,几十名工人的生活费用需要资金……没有一定的经济基础,就寸步难行。清代翟金生集 30 年之力始克成功,其耗资之多,可想而知。清代武英殿刻木活字 253500 个,用银 1749. 15 两,加上楠木槽板、夹条、套板格子、字柜等,共用银 2339. 75 两①。虽然毕昇泥活字的规模无法与武英殿聚珍版相比,但耗资之多也是肯定的。毕昇绝非贫寒之士,其出身至少属于小康之家,甚或富家大族。(4)宋版图书的书口下部多有刻工记载,如果毕昇是一个刻书工人,为什么可考的 3000 多名宋代刻工之中没有毕昇其人呢?不仅没有毕昇,甚至连一个姓毕的都没有。这也说明毕昇当非一名普通刻书工人。根据上述分析可知,毕昇绝非一个普通工人,而是一位家资颇富,善于管理,多才多艺的士子。可见第三种说法比较接近实际。一般辞书都把“布衣”释为“平民”,而没有做官的士子正是“平民”的一个组成部分。例如著名的清代“四布衣”李因笃、朱彝尊、姜宸英和严绳孙都是没有做官的读书人,均以学问著称于世。

---

① 〔清〕金简:《武英殿聚珍版程式》。

三

关于毕昇的籍贯说法不一,归纳起来,约有汝南、汴梁、成都、建安、杭州等说。明人强晟《汝南诗话》云:“汝南一武弁家治地,忽得黑子数百枚,坚如牛角,每子有一字,如欧阳询体……此即宋活字,其精巧非毕昇不能作。”此为“汝南说”所本,汝南今属河南驻马店地区。清人李慈铭在王士祯《居易录》上批注云:毕昇为“益州人”,但未提任何佐证,北宋益州即今成都,此为“成都说”所本。赞成“杭州说”的人比较多,著名印刷史专家张秀民先生说:“毕昇与当时杭州人沈括有关,所以死后肯把他所制的泥活字印交给沈括的侄子们宝藏。因此,毕昇也可能是杭州一带人。①”近年又出现“湖北英山”说。湖北英山县在一次文物普中,于草盘地镇五桂墩村发现一块古代墓碑,该碑中有两行阳文大字:“故先考毕昇神主、故先妣李氏妙音墓。”1993 年 7 月 10 日《湖北日报》发了一则题为《英山毕昇墓被确认》的消息:“湖北省文物工作者在对英山县发现的毕昇墓进行半年多的研究后,最近确认这块墓碑确属北宋活字术发明者毕昇的墓碑,从而使这位我国古代‘四大发明’之一的发明者的生平终于得到实证。”判断孰是孰非,离不开下列两个条件:(1)文化氛围。活字印刷是一种高效率的图书制作方式,它是在图书需求量大,甚至供不应求的情况下“逼”出来的。古代交通不便,信息不灵,各个地区之间有较强的独立性。发明活字印刷的地区首先应该是那些文化发达的地区,那里著书立说者多、藏书家多,图书市场繁荣,著书、藏书、买书、读书的风气很浓,图书需求量大。而那些文化不发达,甚或落后的地区,对图书需求量极小,根本不需要高效率的图书制作方式,因而也就不可能发明活字印刷。(2)技术基础。雕版印刷本身有很多弊病:第一,版片占用空间较大。书版印过之后,不能马上废弃,因为随时可能有人前来刷印。台湾学者翁同文先生指出:“若是雕版已多的老作坊都必堆积很多目前不用的书版,加以书籍市场日新月异,未免旧板之

① 张秀民:《对英山墓碑的再商榷》,《中国印刷》1994 年第 2 期。

上再堆新板、终有堆积如山无地可容之日。”①书版占有大量空间，成为出版家无法甩开的沉重包袱。第二，书版之中，重字太多，“之”“乎”“者”“也”多如牛毛。为了刻制这些重字，消耗了大量的人力、物力和财力。刻书工人也不胜其烦，希望找到一种一劳永逸的办法。第三，雕版印刷速度慢、周期长，尤其是碰到“急件”“快件”，雕版印刷更是无能为力。如果采用活字印刷，上述空间问题、重字问题和速度问题均可得到解决。另外，活字印刷虽然有很强的技术性，但是，除了排版等工序外，其基本工艺流程同雕版印刷有许多共同之处，它是在雕版印刷的基础上逐渐发展起来的，没有雕版印刷，也就没有活字印刷。发明活字印刷的地区只能是雕版印刷发达的地区，这一地区具有发明活字印刷的雄厚基础。而那些雕版印刷不发达，甚至不知雕版印刷为何物的地区发明活字印刷的可能性不大。

就文化氛围而言，六地之中，汴梁、成都、杭州最佳，建安次之，汝南、英山较差。下面我们以六地的书业贸易藏书家情况为例加以说明：汴梁是北宋的都城，官私书业贸易极为发达，国子监是官方管理教育的机构，出卖图书也是国子监的一大职能，由于监本书价低廉，监本不胫而走天下。潞州张仲宾、眉山孙氏、沈偕、阳孝本、温革、赵明诚等藏书家都不惜重金，大量购置监本。汴梁相国寺东门大街书商云集，是民间书业贸易中心，宋代孟元老《东京梦华录》、王得臣《麈史》、吴处厚《青箱杂记》、张邦基《墨庄漫录》、朱弁《曲洧旧闻》、佚名《枫窗小牍》、邵伯温《河南邵氏闻见后录》、魏泰《东轩笔录》等书对此多有记载。北宋著名文学家穆修也曾在这里设肆卖书。宋代成都的书业贸易也很发达，书商开始利用广告式的刻书牌记推销图书，这些牌记或自我吹嘘，或力贬对方，或申明版权。宋代杭州书肆数量众多，可考者有大隐坊、太庙前尹家书籍铺、郭宅、睦亲坊南陈起陈宅书籍铺、王叔边、李氏书铺、赵宅书籍铺、俞宅书塾、棚前南街西经坊王念三郎家、众安桥南贾官人经籍铺、积善坊王二郎、橘园亭文籍书坊、王八郎家经

① 翁同文：《毕昇的身世及其胶泥活字版考释》，《国际宋史研讨会论文集》，台北中国文化大学出版社1988年版。

铺、郭宅经铺、张官人诸史子文籍铺、太学前陆家、孟淇等。宋代建安书肆主要集中于建阳一带，建阳书商余氏最为著名，余氏世代相传，可考者有余仁仲万卷堂，余恭礼、余唐卿明经堂、余腾夫、崇川余氏、余彦国励贤堂等。宋代汝南至今尚未发现书业贸易的明确记载。英山地处湖北、安徽交界处，于宋度宗咸淳三年(1267)置县，属淮南西路蕲州管辖，今属湖北黄冈地区。北宋英山尚未置县，英山一带的罗田虽有书市活动，但其规模与汴梁、杭州、建安三地是无法相比的。就藏书家而言，宋代可考藏书家共有311人，其中汴梁地区可考藏书家有高頔、王希逸、丁觊、胡令仪、郭稹、郭逢原、刘季孙、姜洁等数十人；成都地区可考藏书家有史九龄、孙道夫、杜莘老、李焘、杨泰之、杜广心等数十人；杭州地区可考藏书家有钱昭序、钱昱、钱惟治、周原、钱勰、关景仁、吴如愚、陈思、沈偕等数十人；建安地区可考藏书家有杨纮、黄晞、胡安国、吴秘等数十人。而湖北地区可考藏书家仅有数人，英山毗邻的蕲水仅有藏书家庞安时1人。①

就技术基础而言，六地之中，汴梁、成都、杭州、建安最强，汝南、英山最差。让我们看看六地的雕版印刷情况。汴梁、四川、浙江、福建号称宋代四大刻书中心。早在五代时期，汴梁就刻印了儒家经典十二经，刻印时间共历4朝7帝22年。宋代汴梁官刻除了国子监以外，尚有崇文院、秘书监、印经院等。据王国维《五代两宋监本考》著录，北宋国子监刻书69种。崇文院刻有《切韵》《齐民要术》《简要济生方》等，秘书监刻有《辑古算经》等。印经院专门刻印佛经。汴梁民间刻书也很发达，书坊为了牟利，非法刻印边机文字，官方屡禁不止。成都是四川的刻书中心。早在唐肃宗至德二年(757)成都府成都县龙池坊卞家就刻有《陀罗尼经咒》，唐僖宗中和间成都刻有历书、字书、韵书等杂书。五代时毋昭裔在成都刻有《文选》《初学记》《白氏六帖》《九经》等。宋初开宝四年(971)宋太祖命张从信等前往成都监雕《大藏经》5048卷，历时12年，显示了成都雕刻印刷的雄厚实力。此后，成都还刻过《太平御览》《册府元龟》等大书，参与刻印《太平御览》的刻工有150余人，他们常年活动在成都、眉山两地，刻印了大量图书。

① 曹之：《中国印刷术的起源》，武汉大学出版社1994年版，第十章。

浙江刻书历史悠久。早在唐末,浙江就出现印本历书,五代时钱俶在杭州刻印佛经84000卷,北宋监本《周礼疏》《礼记疏》《春秋公羊传疏》《孝经正义》《论语正义》《尔雅疏》《周礼新义》《史记》《汉书》等均在杭州镂版。建阳是福建刻书的中心地区。叶德辉说:“夫宋刻书之盛,首推闽中,而闽中尤以建安为最,建安尤以余氏为最。”①余氏刻书地点在建阳县崇化书坊。因为古代建阳隶属建安郡管辖,所以余氏刻书每称“建安”。除了余氏之外,建安的其他刻书者有黄三八郎、蔡琪、陈八郎、江仲达、世翰堂、刘叔刚、刘日新、刘仕隆、刘元起、蔡子文等。宋代英山的雕版印刷情况,至今尚未发现明确记载。南宋蕲州只有蕲春、罗田刻过书,蕲春刻有《窦氏联珠集》和《华氏藏经》,罗田刻有《离骚草木疏》,其刻书规模无法与汴梁、杭州、建安相比。据笔者考证,宋代湖北刻书可考者共有29种。② 这29种图书都是在赵宋南渡后刻印的,不会对北宋毕昇发明泥活字超前产生影响。就整个宋代而言,雕版印刷的普及时间是南宋而非北宋,北宋“印板书绝少,多是手写文字”③。唐诗别集北宋仅刻李白、杜甫、韩愈、柳宗元数种,绝大多数刻于南宋。北京图书馆编《中国版刻图录》著录宋代刻本189种,而北宋刻本仅占6种。北宋官私藏书多为手抄:据徐松《宋会要辑稿》等书记载,北宋景德元年(1004)三月,官方抄书24162卷,嘉祐六年(1061)十二月,官方抄黄本书6496卷,白本书2954卷,嘉祐七年(1062)十二月,官方抄黄本书10659卷,元丰七年(1084)诏置补写所,专事抄书。北宋私人藏书家孙光宪、钱昭序、高頔、苏耆、李仲偃、王锴、李行简等都抄了大量图书。又据洪迈《容斋五笔》卷七记载,到了南宋,北宋图书“无传者十之七八”。为什么在如此短时期内图书大量亡佚呢?因为北宋雕版印刷远未普及,图书复本太少。北宋雕版印刷主要集中在汴梁、浙江、四川、福建等地。活字印刷只能发生在这些地区。另外,刻书工人是刻印图书的骨干力量,让我

① 〔清〕叶德辉:《书林清话》卷二。

② 据曹之《宋代湖北刻书考》,《湖北高校图书馆》1988年第1期和《宋元明湖北刻书知见录》,《图书情报论坛》1991年第3期统计。

③ 〔宋〕张镃:《仕学规范》卷二。

们对宋代刻工的分布情况做一个简单的分析,宋代刻工分布地域如表 2 所示。

表 2　宋代刻工分布地域　　单位:人

地区		本地刻工	流动刻工	总计
浙江	杭州	337	121	458
	绍兴	201	204	405
	宁波	90	113	203
	建德	92	53	145
	衢州	39	37	76
	金华	23	10	33
	嘉兴	17	13	30
	吴兴	38	27	65
	温州	6	3	9
	台州	10	9	19
	不详	80	10	90
	总计	933	600	1533
江西	吉安	163	35	198
	临川	98	35	133
	赣州	29	34	63
	大余	1	6	7
	九江	2	2	4
	宜春	13	0	13
	南昌	22	10	32
	星子	21	13	34
	不详	28	2	30
	总计	377	137	514

续表

地区		本地刻工	流动刻工	总计
四川	成都	123	17	140
	眉山	84	138	222
	临邛	1	0	1
	不详	23	3	26
	总计	231	158	389
福建	建瓯	71	27	98
	福州	65	16	81
	汀州	20	9	29
	建阳	77	3	80
	不详	54	4	58
	总计	287	59	276
江苏	南京	108	82	190
	苏州	15	24	39
	常熟	1	23	24
	总计	124	129	253
安徽	徽州	23	3	26
	宣城	25	17	42
	贵池	35	14	49
	舒城	24	12	36
	当涂	11	12	23
	总计	118	58	176
湖北	武昌	38	30	68
	江陵	70	21	91
	黄州	2	1	3
	总计	110	52	162
其他	汴梁	45	15	60
	广东	37	16	53
	永州	8	0	8

续表

地区		本地刻工	流动刻工	总计
其他	上海	5	1	6
	山西	5	0	5
	北京	4	0	4
	河北	1	0	1
	总计	105	32	137

注：表中数字据王肇文《古籍宋元刊工姓名索引》（上海古籍出版社 1990 年版）统计。张秀民《宋元的印工及装褙工》（《文献》1981 年第 10 辑）称宋代“刻工姓名可考者约三千人”，上表所列 3510 人，去其重复，当与此数相当。

以上共得宋代刻工 3510 人，其中流动刻工在多处刻书，多有重复。尽管如此，此表基本上反映了宋代刻工的分布情况。宋代可考刻工分布地区从多到少的顺序依次是浙江、江西、四川、福建、江苏、安徽、湖北、河南、广东、湖南等。其中杭州有 458 人，占可考总数的 13.3%；成都有 140 人，占可考总数的 4.0%；建安（含建阳、建瓯）178 人，占可考总数的 5.1%；汴梁 60 人，占可考总数的 1.7%。汝南以及英山所在的蕲州地区，尚未发现刻工记载。当然，南宋时蕲州的蕲春、罗田刻过书，有刻工活动是肯定的，但是刻工数量远不如以上四地之多。图书是由刻工制作的，没有刻工，就没有印刷技术，也就没有图书出版。从某种意义上说，一个地区刻工的多寡，也就标志着印刷技术基础的强弱。

总而言之，就文化氛围、技术基础两个条件来看，泥活字发明家毕昇的籍贯应当是在文化氛围较好、技术基础较强的杭州、成都、建安、汴梁等地，而不应当是在汝南和英山。

四

除了文化氛围技术基础之外，还有一个极为重要的条件，那就是毕昇的籍贯（即发明活字印刷的地区）应与《梦溪笔谈》的著者沈括有某种关系。如果没有关系,沈括怎能详知其人其事呢?毕昇死后,泥活字怎么能落入沈括“群从”之手呢?

让我们先来看一下沈括一生的大致行踪:

天圣九年(1031),生于杭州;

康定元年(1040),10岁,随父至泉州(今属福建);

庆历三年(1043),13岁,随父进京(今开封);

庆历八年(1048),18岁,随父居江宁(今属南京);

皇祐二年(1050),20岁,居苏州(今属江苏);

至和元年(1054),24岁,任海州沭阳(今属江苏淮阴)主簿;

嘉祐六年(1061),31岁,任宣州宁国(今属安徽)县令;

嘉祐七年(1062),32岁,任陈州宛丘(今属河南淮阳)县令;

嘉祐八年(1063),33岁,登进士第进京;

治平元年(1064),34岁,任扬州(今属江苏)司理参军;

治平三年(1066)至熙宁九年(1076),36岁至46岁,在京先后任司天监、集贤校理、军器监等职;

熙宁十年(1077),47岁,任宣州(今属安徽)知州;

元丰三年(1080),50岁,出知延州(今属陕西);

元丰六年(1083),53岁,居随州(今属湖北)法云禅院;

元丰八年(1085),55岁,任秀州(今浙江嘉兴)团练副使;

元祐元年(1086),56岁,在润州(今江苏镇江)筑梦溪园;

元祐三年(1088),58岁,定居润州梦溪园;

绍圣二年(1095),65岁,去世。

可见沈括一生在钱塘、泉州、汴京、江宁、苏州、沭阳、宁国、宛丘、扬州、宣州、延州、随州、秀州、润州等地生活工作过,从未到过成都、建安、汝南和英山所在的蕲州。关于毕昇籍贯的六说之中,仅剩汴梁、杭州二地。“汴梁”说者的依据是《梦溪笔谈》卷二十关于“老锻工毕升”的那段记载,上文已作否定,此不赘述。那么,毕昇是不是杭州人呢?要弄清这个问题,必须首先弄清沈括及其群从的籍贯。关于沈括的籍贯有四种说法:《宋史·沈括传》说是钱塘(即杭州)人;范成大《吴郡志·进士题名》说是苏州人;王称《东都事略·沈括传》说是吴兴人;楼钥《攻媿集·恭题神宗赐沈括御札》说是明州人。四说之中以杭州为确。据王安石《王临川集·分司南京沈公墓志铭》"(沈氏)武康之族尤独显于天下,至公高祖始徙去,自为钱塘人"。这里,"沈公"指沈括的父亲沈周。这就是说,沈括一族从其五世祖起,就从原籍武康迁居钱塘。武康北宋属湖州吴兴郡管辖。自南朝以来,沈氏世为吴兴望族,古人有以郡望标榜的习惯,故《东都事略》所谓吴兴者,为沈氏郡望,并非沈括的真实籍贯。《攻媿集》所谓明州者,系指另一支沈氏望族,亦非沈括的真实籍贯。根据《萍洲可谈》《临川文集》《汲古阁题跋》等书,现将沈氏五代宗谱列图如下:

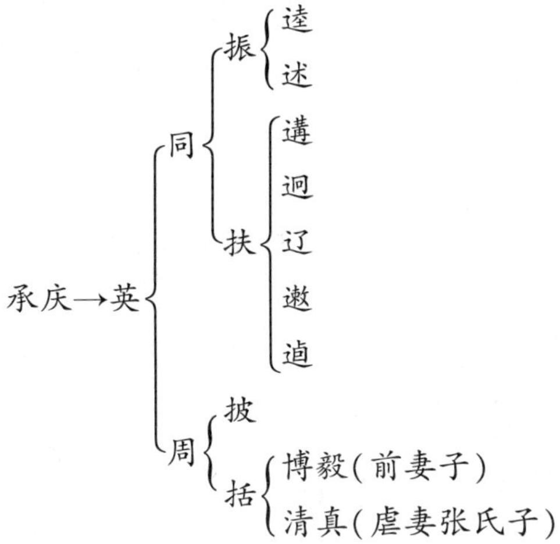

前引《梦溪笔谈》卷十八中有这样一句话:"昇死,其印为予群从所得,至今宝藏。"沈括撰写《梦溪笔谈》的时间是哲宗元祐三年(1088),由"至今宝藏"四字可知,这位"宝藏"毕昇泥活字的"群从"在元祐三年(1088)还活着。根据上表,沈括"群从"凡7人,其中沈遘、沈辽比较著名。沈遘,字文通,钱塘人,皇祐进士,为人疏隽博达,明于吏治,历仕集贤校理、知制诰翰林学士等职,英年早逝,终年40岁,有《西溪集》。考王安石《临川文集》等

书可知，沈遘生于仁宗天圣六年（1028），死于英宗治平四年（1067）。这就是说，早在沈括撰写《梦溪笔谈》的20年前已经死去，“至今宝藏”毕昇泥活字者不是沈遘。沈辽，字睿达，钱塘人。自幼挺拔不群，长而好学尚友，历仕西院主簿等职，后因事先后流放永州、池州，卒年54岁，有《云巢编》。考《宋史》等书可知，沈辽生于仁宗天圣九年（1031），死于神宗元丰八年（1085）。这就是说，早在沈括撰写《梦溪笔谈》的3年前已经死去，“至今宝藏”毕昇泥活字者也不是沈辽。那么，这个“至今宝藏”毕昇泥活字者到底是谁呢？《梦溪笔谈》在卷五、卷十七、卷十八和卷二十先后四次谈及“群从”事：卷十七谈沈辽论书事，卷二十谈沈遘知杭州事。卷十八云：“予一族子，旧服芎劳，医郑叔熊见之云‘芎䓖不可久服，多令人暴死’，后族子果无疾而终。”就是说，这位“服芎䓖”的“群从”已于沈括撰写《梦溪笔谈》之前死去，“至今宝藏”泥活字者也不是他。卷五云：“皇祐中，杭州西湖侧发地得一古钟，匾而短，其板长几半寸，大略制度如凫氏所载……其钟今尚在钱塘，予群从家藏之。”由此可知，这位“群从”是位文物收藏家，沈括撰写《梦溪笔谈》时还活着。“至今宝藏”毕昇泥活字者很可能也是这位“群从”。那么，这位“群从”到底叫什么名字呢？据宋王辟之《渑水燕谈录》卷九：“钱塘沈振蓄一琴名冰清，腹有晋陵子铭……陈圣与名知琴，少在钱塘从振借琴弹，酷爱之。后三十年，圣与官太常，会振侄述（沈述乃沈振之子，此误）鬻冰清，索百千不售。”可见沈述也是一位文物收藏家，其家亦住杭州，上述收藏古钟者或许就是他。既然，沈括及其“群从”沈述都是杭州人，那么，毕昇的籍贯当非杭州莫属。

或问：有无沈括亲自结识毕昇的可能性呢？大抵没有。让我们从以下两个方面加以分析：（1）如果沈括亲自见过毕昇，《梦溪笔谈》一定会用“予”字（即用第一人称的身份）介绍毕昇制作泥活字的全过程。详查《梦溪笔谈》全书609条之中，至少有77条用了“予”字（即采用第一人称）介绍亲见之事，如卷一第12条云：“予及史馆检讨时，枢密院札子问宣头所起……”；卷三第53条云：“予判昭文馆时，曾得数株（芸草）于潞公家……”；卷十八第307条记载毕昇泥活字的流传时说：“昇死，其印为予群从所得”,也用了“予”字,是他亲眼所见,而本条前面谈及毕昇泥活字的制作过程时却没有用“予”字。纵观《梦溪笔谈》全书,不用“予”字者大抵是听来的。正如《梦溪笔谈·自序》所说:“予退处林下深居,绝过从,思平日与客言者,时纪一事于笔……所录唯山间木荫,率意谈噱,不系人之利害者。下至闾巷之言,靡所不有。亦有得于传闻者,其间不能无缺谬。”(2)沈括本人也是文物收藏家,这在《梦溪笔谈》中多有证明,例如卷一第29条称“予尝购得后唐闵帝应顺元年案检一通”;卷三第59条称“予家有阎博陵画唐府十八学士”;卷三第70条称“予得其四纸(指五代杨溥手书)”;卷十七第281条称“王仲至阅吾家画,最爱王维画《黄梅出山图》”;卷十九第320条称“予尝得一古罍,环其腹皆有画”;卷十九第330条称“予家有三鉴,又见他家所藏皆是一样”;卷十九第332条称“予于吴中得一铜匜”;卷二十一第360条称“予于谯亳得一古镜”;卷二十一第366条称“有一窖数十(金)饼者,予亦买得一饼”,等等。既然,沈括并不认识毕昇,那么,沈括怎么详知其人其事呢?这还要从沈括的行踪说起。沈括虽生于杭州,但是,他的青少年时代却是在外地度过的。皇祐三年(1051)之前,他一直随父宦游外地。皇祐三年(1051)秋天,其父去世,为了安葬父亲,沈括才第一次回到故乡杭州。沈括详知毕昇其人其事,当在此次奔丧期间。如果这时毕昇健在,那么沈括当会亲自结识毕昇。可惜此时毕昇已死,使他无由结识毕昇,他只能从收藏泥活字的“群从”那里了解毕昇的情况。

五

1994年12月6日《新闻出版报》发表周宝荣《沈括到过毕昇故里》一文,认为活字发明家毕昇是英山人,理由是:《梦溪笔谈》有多种版本,各本文字多有不同。稗海本关于毕昇泥活字那段记载的末一句是:“昇死,其印为群从所得,至宝藏之。”(周文所引后四字作“至今宝藏”,误)和其他版本相比则没有“予”字。周文认为,稗海本是可信的,既然如此,“群从”当指毕昇之“群从”,而非沈括“群从”。为什么沈括在《梦溪笔谈》卷十八中能够详记其事呢？周文认为，神宗熙宁八年（1075）七月，沈括奉诏前往蕲州灾区视察灾情，“特地走访了宝藏着活字印版的毕昇后人”，从而使他在《梦溪笔谈》中对毕昇泥活字“论述得相当详细”。稗海本果真可信吗？

让我们简单回顾一下《梦溪笔谈》的版本源流。宋代《梦溪笔谈》至少有两个版本，一为乾道二年（1166）扬州州学本，该本后有汤修年跋：“此书公库旧有之，往往贸易，以充郡帑，不及学校。今兹及是，益见薄于己而厚于士，贤前人远矣。修年代匮泮宫，备校书之职，谨识其本末，且证辨讹舛，凡五十余字，疑者无他本，不敢以意骤易，姑存其旧，以俟好古博雅君子。”可见乾道二年（1166）扬州州学本之前，尚有一个扬州公使库刻本。这两个本子都是二十六卷。然其祖本当为三十卷，理由是：（1）《补笔谈》《续笔谈》有三十卷之目，当是祖本原分三十卷之证。纪昀等《四库全书总目》卷一二〇云：“疑括初本三十卷，郑樵据以著录，因辗转传刻，阙其一笔，故误‘三’为‘二’。其后勒著定本，定为二十六卷，乾道二年，汤修年据以校刻，颇为完善，遂相承至今。而所谓《补笔谈》《续笔谈》者，则乾道本原未载或稿本流传，藏弃者欲为散附各卷，逐条标识，其所据者仍是三十卷之初本，故所标有二十七卷，三十卷之目。”（2）二十六卷本各条文字标示混乱，绝非《梦溪笔谈》的本来面目。核查二十六卷各本，两条合一者有卷一第 3 条和第 4 条，卷二第 34 条和第 35 条，卷五第 94 条和第 95 条，卷十七第 277 条和第 278 条。一条分为两条者有卷一第 29 条。（3）宋代著作《锦绣万花谷》、江少虞《皇朝事实类苑》、宋敏求《春明退朝录》等书多引《梦溪笔谈》之文，据胡道静《梦溪笔谈校证》第三十一统计，逸文多至 36 条，这 36 条逸文均为二十六卷本所无。这也说明二十六卷本似非《梦溪笔谈》之旧。元代《梦溪笔谈》以大德九年（1305）茶陵陈仁子东山书院刻本为最著名，此本出自宋乾道二年（1166）扬州州学刻本。明代《梦溪笔谈》弘治八年（1495）徐宝刻本、万历三十年（1602）沈儆炌刻本、崇祯三年（1630）毛晋《津逮秘书》本、崇祯四年（1631）马元调刻本、商浚《稗海》本等。徐宝、沈儆炌、毛晋、马元调诸本均出于宋乾道二年（1166）扬州州学刻本，惟商氏《稗海》本出于弘治八年（1495）徐宝刻本。商本错误百出，后人多所非议。

马元调《重刻梦溪笔谈序》云:"后乃得会稽商氏《稗海》,此书(指《梦溪笔谈》)在焉,卷第良是,而独无自序与目……顾板刻袭误,舛错零落之病,至不可意会。"清张海鹏《学津讨原》本《梦溪笔谈》题识云:"商本文注混淆,其段落亦多舛错。"清钱保堂《校刻梦溪笔谈序》云:"《梦溪笔谈》明季有商氏、毛氏、马氏之本,二百年来,无重刻者,传本日稀,商本随时修补,漫漶舛误,亦日益甚,读者病焉。"可见商氏《稗海》本原是一个"不可意会""文理混淆""漫漶舛误"的本子,周文以脱去"予"字的商本为据,洵为大误。考《梦溪笔谈》诸本,脱"予"者仅此一本(《稗海》本的祖本徐宝本作"与"),更见商本之非。周文说:"《稗海》本刊于1696年,其时考据之风已兴,这个'予"字的缺少,很可能是清人对毛晋汲古阁本的一种纠谬。"1696年即清康熙三十五年,《稗海》于明万历间由会稽商氏半野堂原刻,清康熙三十五年(1696)刻本是振鹭堂据明万历半野堂本重编补刊的。湖北省图书馆藏有明万历商氏半野堂本,详查该本可知,早在明代已无"予"字,康熙三十五年(1696)振鹭堂本因袭了万历半野堂本的错误,怎么能说缺"予"本是"清人对毛晋汲古阁本的一种纠谬"呢?

至于神宗熙宁八年(1075)七月沈括视察灾区一事,据李焘《续资治通鉴长编》卷二六六:"(熙宁八年)七月壬午,命知制诰沈括为淮南、两浙灾伤体量安抚使。"可知确有此事,但是直到八月尚未启程,据沈括《补笔谈·器用》:"熙宁八年,章子厚与予同领军器监,被旨讨论兵车制度,……是秋八月,大阅,上御延和殿亲按。藏于武库,以备仪物而已。"可见,该年八月,身为军器监长官的沈括还在京师陪同宋神宗检视兵车,尚未动身前往灾区。继而启程后,又半途而返,据《续资治通鉴长编》卷二六九:"(熙宁八年)十月庚子,淮南两浙体量安抚使、起居舍人、知制诰沈括权发遣三司使,括行至钟离,召还。"可见,沈括视察灾区事有其始而无其终。北宋京师汴梁通往东南的主要干道是汴水,汴水是北宋著名的"漕运四道"之一,沈括出巡路线概莫能外。沈括行至钟离因故"召还"。钟离在今安徽凤阳东北15千米处,北宋属淮南西路管辖,地处淮南西路的东北部,而英山所在的蕲州在淮南西路的西南部,两地相距300多千米。由此可知,沈括这次南巡,不可能到蕲州去,更不可能“特地走访了宝藏着活字印版的毕昇后人”。

那么,应当如何看待英山毕昇墓碑呢?英山墓碑的研究可分三步走:(1)墓碑断代是第一步工作,也是首要工作。如果不是宋碑,那就一了百了,没有继续研究下去的必要。唐卫彬等在《英山毕昇墓被确认》一文中说:“经孙启康等文物专家半年多精心摩拓,仔细辨识,此碑年款已可读出‘皇□四年二月初七日’等八字,而两宋皇帝纪元年号中带‘皇’字的,唯北宋仁宗赵祯于庆历八年之后改元为‘皇祐’(1049—1053),由此可以断定:此碑立于宋皇祐四年,即公元1052年。[①]”考古学界对此提出异议,任昉先生指出:

> 此碑从形制看,绝非宋碑,与我国传统碑亦不类;从内容看,绝非宋制,与我国传统碑制更大相径庭。譬如:右栏父以“文”为名,子以“文”为辈,不合传统避讳原则。中栏考妣均直称名讳,与传统碑多称公及夫人亦大异……其次,此碑从形制看,带有明显的异国风格;从内容看,带有明显的宗教色彩。譬如:卷云花纹和火焰华盖顶,为国内出土阿拉伯人碑所常见。阴刻“日”“月”二字,又称“神主”,并采用神灵牌位形式,显示与某种复杂的信仰和宗教有关。我们知道,国内出土的阿拉伯人碑,时间多在元代或元代之后,而我国民间的信仰和宗教趋于复杂,也在这一时期。倘若此碑确系宋碑,则其形制和内容如此超前,岂不也很值得奇怪!……碑上单刻日、月二字,应为从中亚传来并经汉化的明教亦即日月教的信仰标志。新发现的毕昇子孙毕成碑和毕文忠碑,上亦刻此信仰标志,足见此毕氏一家均为日月教徒。英山宋属淮南西路,之后也一直隶属今之安徽,直到1932年才划归湖北。元代的安徽,是日月教活动频繁的地区。这也是安徽人朱元璋等利用该教组织起义的重要基础。英山毕氏一家为日月教徒不足为怪[②]。

---

① 《湖北日报》1993年7月10日。

② 任昉:《毕昇与湖北英山出土的〈毕昇碑〉》,《中国文物报》1994年9月25日。

任昉先生还拜访了王去非、王敏、张圣福等著名考古专家,他们一致认为此碑不能早于元代。(2)假定此碑确系宋皇祐四年碑,那么第二步的工作就是考证泥活字发明家毕昇的卒年是否宋皇祐三年。如果非皇祐三年,那么此碑亦与泥活字发明者无涉。笔者认为,毕昇卒年不会晚于庆历末年(即庆历八年)。沈括《梦溪笔谈》称毕昇发明泥活字的时间是“庆历中”,《梦溪笔谈》中类似的记载还有很多,例如“淳化中”“景德中”“天圣中”“景祐中”“皇祐中”“元丰中”等。“庆历中”是一个非常模糊的概念,它可以指庆历初期,也可以指庆历中期,还可以指庆历末期。不管是哪种可能,都说明毕昇已于庆历年间完成了发明泥活字这项伟大的事业。如果毕昇死于皇祐三年(1051),那么从庆历八年(1048)到皇祐三年(1051)的4年之中,毕昇当会利用活字印刷这种高效率的图书制作方式印制大量图书。按照最保守的估计,假定每年印制10种图书,4年就是40种,影响将会大大扩大。然而,当时的实际情况是:毕昇死后不久,人们就把泥活字当作文物收藏起来,毕昇发明的活字印刷技术几乎失传。如果不是沈括《梦溪笔谈》那段记载,毕昇将会像千千万万的“布衣”一样被人们遗忘。既然毕昇在当时的影响如此之小,那就似可说明毕昇确实已于庆历末期或者庆历中期离开人世,毕昇的卒年当非皇祐三年。如果上述分析正确,则英山毕昇非活字发明者明矣!(3)假定英山毕昇墓碑确为宋碑,毕昇卒年有可能是皇祐三年(1051),那么第三步工作就是要审核同名问题。姓名重复是一个极为普遍的历史现象,不可等闲视之。彭作桢《古今同姓名大辞典》收录古今同姓名者56700人。宋代刻书工人可考者3000余人,其中重名者有方昇、李昇、林盛、马良、朱文、张明、李秀、李忠、杨通、丁明、丁松年、王介、王仲、王昌、王震、刘文、刘宗、方中、刘昭、李信、吴升、吴志、余中、余文、余仁、何全、宋琳、宋琚、阮生、吕拱、郑受、徐高、陈元、陈文、陈寿、蔡政36人,[①]约占刻工总数的1.2%。造成姓名重复的原因何在?第一,汉字常用字3000多个,而真正用来命名的易读好听的字不到一半。千千万万之人,局限于1500字的范围内命名,岂有不重之理?第二,百家姓分配不均。在

① 张秀民:《略论宋代的刻工》,《中国印刷》1994年第2期。

全国人口总数中,张王李赵等“超级大姓”占很大比例。第三,单名多,也是造成姓名重复的重要原因,而毕昇恰是单字名。

总之,从文化氛围、技术基础、英山和沈括的关系等方面分析,英山毕昇当非泥活字发明者,而是泥活字发明家毕昇的同名者。

(原载:《出土文献研究》1998 年第 4 期)

毕昇墓碑的历史背景及其认定

舒秀婵*

1990年秋，湖北英山发现了一方毕昇碑，引起了史学、考古、印刷、新闻出版等各界专家学者们的极大关注，并纷纷参与其探讨和研究。一些专家教授学者写了许多很有见地的研究文章，通过报刊、电台、电视台等新闻传播媒介，掀起了一个研究毕昇的热潮。毕昇墓的发现在中国科技史、文化史乃至世界文明史上都是一件不同凡响的事情。近千年来，对这位科技伟人的研究一直停留在《梦溪笔谈》所记载的范围之内，对其籍贯、家庭和生平都是依据沈括所记进行推测。现在在湖北英山草盘地镇五桂墩村的毕家坳发现了毕昇碑，它从时间和空间上扩宽了研究的视野，为毕昇研究提供了弥足珍贵的实物资料。

在学术研究中，也有一些热心于毕昇研究的志士从不同的角度提出了不同的观点和看法，即：此毕昇究竟是不是彼毕昇。大致疑问有三：一是历史背景问题，二是同名同姓问题，三是墓碑年代问题。

如果我们从历史环境和历史文化上分析毕昇墓碑存在的客观事实，把文献资料和文物资料结合起来进行研究，就不难解决目前所存在的这几种疑问。

一、历史背景问题

有人认为：英山为穷乡僻壤之地，不可能有产生毕昇这样科技伟人的人文环境。这是一种仅凭主观臆断的推测。根据《英山县志》记载，隋唐

* 舒秀婵，湖北省英山县博物馆副研究馆员。

时期，英山属淮南道蕲春郡，北宋时英山属淮南路辖区，归属蕲州蕲水县。淮南路是宋代十五路之一，治所在扬州，辖境南至长江，东至大海，西至今湖北黄陂、河南光山，北逾淮水，包括江北淮南的大片地区，宋神宗熙宁年间又分为东西两路，蕲州属淮南西路，正夹在益州和杭州这两个文化发达的地区中间，接受两边的文化辐射，这是英山在宋时期的地理环境。

从英山县博物馆馆藏文物分析，英山县博物馆收藏的 284 件瓷器中，有 163 件是宋代的，其中有 5 件属国家一级文物；118 件陶器中，52 件是宋代的；44 件铜器中，13 件是宋代的。特别是近年来收藏的买地券，绝大部分是宋代的。其中有完整的宋代地券契书 9 件，残缺的宋代地契数十块。这些地券雕刻技术精湛，排版讲究工整，从雕刻技法上看，并非出自一人之手。这些有据可考的历史实物充分反映了英山在宋代的人文环境和雕刻技术水平。

毕昇墓发现后，我们对草盘地一带的古墓葬进行了全面细致的调查，发现宋代墓葬多处，暴露在外的宋代墓砖在毕昇墓地附近是很容易找得到的。1989 年的文物普查资料记载，在毕家畈（毕昇墓东向 3 千米处）发现了一件元代石缸，上有雕刻记载是李氏家族李门第九代遗物，毕昇墓碑铭文载其妻李氏妙音，在这里找到了历史的吻合点。1993 年 5 月份，我们在毕昇墓南向 10 千米处的王垸村发现了毕昇之孙毕文忠墓；同年在毕昇墓地西北 2 千米处的毕家铺发现了毕原亮十秀才墓；1995 年 10 月在毕昇墓地西南 250 米处的乌鸦坪山坡上清理发掘一处宋代墓葬，出土宋代器物共 7 件。其中 4 只瓷碗中的 2 只，圈足底内写有“毕卅八”字样，清晰可辨。毕昇所生活的时代距今已有近千年的历史，经过如此漫长的沧桑岁月，还有如此丰富遗迹和文物流传至今，说明英山在宋代曾是个文化繁荣、经济发达、兴旺之地。

二、同名同姓问题

关于这个问题有很多专家学者做了很深入地研究。印刷史专家张秀民老先生曾就宋代刻工中同名者列出 15 人，同名同姓者有林盛、马良 38

对,怀疑这个毕昇是不是与活字发明家同名同姓的毕昇。问题的提出在学术界基本上是反映了质疑者的共鸣。著名考古学家孙启康先生认为:这些同名的刻工虽为数不少,但毕竟是宋代300多年或者至少是南宋时期150余年的累计数,而姓名完全相同仅有陈升、李升、方升3对共6位,其中的两位李升所处的时代“相去约百年”,两位方升前后也相距90多年,还未见举出两位同名同姓而又同处一个时期的例子。而毕昇其人,在宋代浩如烟海的史籍中还未发现与之姓名完全雷同的。据与布衣毕昇同时代的沈括记载:毕昇于“庆历中”发明了活字版,其后死去,因此他的卒年应在庆历(1041—1048)之后的若干年。据今人胡道静先生推测他的卒年在庆历之后的皇祐年间,而现存湖北英山的毕昇碑又恰好是皇祐四年所立。这正好为沈括的记述、胡道静的推测提供了“镂于金石”的有力实证,这绝不是历史的偶然巧合。历史上二人同姓同名同时代甚至同年出生的例子容易找到,而二人同名同姓同时代而卒年也很相近的现象是很难产生的。

从事多年印刷史研究的张树栋先生也认为:北宋人口数千万,人口虽多但姓氏亦众,且毕姓又是小姓,加之可用作人名的昇字的同音字有“升”“生”“声”等多种;与活字发明家毕昇重名重姓、音同字同,而又年龄接近的可能非常小。

关于毕昇的生平、籍贯存疑达千年之久,如今发现了这方墓碑,终于为毕昇研究添加了一条可贵的线索,我们不能因为怀疑它有同名同姓的可能而置之不理;只能围绕这个新的线索去发现和发掘更多更可取的珍贵的实物资料。从湖北英山近年来的研究情况来看,历史留给我们的许多文化遗产与历史文献记载,有许多巧合之处绝非偶然。

三、墓碑年代问题

毕昇墓碑的发现,对于毕昇的研究无疑是一个重要的线索,致力于碑志研究、毕昇研究、印刷史研究的专家学者们,首先注意的便是该墓碑的年代问题。

1993 年 4 月 24 日湖北省文物考古专家孙启康先生到毕昇墓地仔细考证了毕昇碑，并撰写了《毕昇墓碑鉴定及相关问题考证》的文章，发表在 1993 年 7 月 4 日的《中国文物报》第三版上。孙先生对毕昇墓碑年款的鉴定如下：

碑的年款，以往各家报道只录出“年二月初七日”六字，其实年字之上还有三个字，只是由于碑石风化严重，又遭撞击损伤，笔画多有残缺，未能判读。此次经精心摩拓、仔细辨识，尚可读出第一字和第三字。

第一字，上部为“白”字，其下为三横画，其第一、二两横划中间，尚存直划连接，应是一个“王”字，从“白”从“王”当是“皇”字。

第三字，因剥蚀太甚，笔画极浅，但细看仍可看清“四”字的全部笔画。

第二字损坏得最厉害，已面目全非，只能看出一些零星笔画，不能直接判为某字。

据上所述，此碑年款已可读出八个字，即“皇□四年二月初七日”。“皇□”应为帝王纪元年号，而两宋各朝皇帝纪元中冠以“皇”字的只有仁宗赵祯于庆历八年（1048 年）之后改元为“皇祐”（1049—1053），据此可以肯定此碑年款的年号非“皇祐”莫属。因而可断此碑立于皇祐四年，即公元 1052 年。时在毕昇创制成活字版的庆历（1041—1048）之后数年，与《梦溪笔谈》记载的“布衣毕昇”所处的年代相符，确属活字印刷术发明者毕昇的墓碑。

事实也是如此，每一个观看过毕昇墓碑的人都非常同意孙启康先生的意见。墓碑的雕刻记载是无可辩驳的客观事实。

毕昇墓碑发现五年来，其研究工作不断深入和发展，所收集的文物和文献资料也不断积累和丰富，它凝集了各界同仁的智慧和心血。正如中国编辑学会会长刘杲同志在“英山毕昇墓碑研讨会”上所说的：毕昇研究已取得了阶段性成果。

五年间，毕昇墓碑经过了三次认定。

第一次是 1993 年 10 月 14 日至 16 日在英山召开的“毕昇研讨会”上，由湖北省级的六位专家学者在对毕昇墓地墓碑进行实地考察后所做的鉴定意见:根据毕昇墓碑的形制、花纹及碑文内容考证,确认此碑是北宋皇祐四年(1052年)所立,墓主即我国北宋时期活字印刷术发明家毕昇,经过对该墓碑坐落地点的实况考察,我们认定此墓就是毕昇的埋葬地,毕文忠的墓碑及其墓地的发现进一步证实该地即是毕氏家族的故里和墓地所在。10月15日,六位专家在《毕昇墓碑鉴定意见书》上郑重地签上了他们的名字。

1994年5月5日,国家文物局馆藏文物认定小组在湖北省博物馆,根据该碑的形制、花纹和碑文内容,将其认定为国家一级馆藏文物。鉴定表格现存湖北省文化厅文物处。这是第二次认定。

第三次是1995年12月26日至28日在英山召开的"英山毕昇墓碑研讨会"。这是一个由国家文物局支持,国家新闻出版署批准,中国编辑学会、中国印刷技术协会、中国印刷博物馆、湖北省出版工作者协会、湖北省文物管理委员会、英山县人民政府等六单位联合召开的,有国家文物鉴定委员会副主任委员史树青老先生参加的高层次的研讨会议。到会的专家学者30余人。与会代表亲赴草盘地一带,对毕昇、毕文忠墓地做了实地考察,并仔细观看了英山县博物馆现存的宋代买地券、瓷碗、瓷瓶等文物。史老先生在实地考察时,以他渊博的学识、丰富的文物鉴定经验,当众对墓碑的形制、花纹、结构、方位做了精辟的、让人信服的分析和论述。史老认为:此碑从形制、碑文书体看是宋碑;左右分日月二字,说明毕昇可能是日月教徒;墓碑中间刻的是神灵牌位,牌位和"神主"二字说明毕昇是死在外地,此墓是他的牌位同其妻李氏妙音的合葬墓,毕昇碑方位面向东南,罗盘测定为正东偏南10°,说明毕昇死在东南方向,应为苏杭一带;记年"皇祐"二字有斧凿伤痕,当是仇恨皇权的义民所为。

1995年12月28日,与会代表都发表了自己对墓碑的考证意见,同意"初步认定湖北英山发现的毕昇碑是北宋活字印刷术发明家毕昇的墓碑"。最后史老发言赋诗四首,作为他对墓碑的鉴定意见。其一:名姓昭昭见梦溪,千年行迹至今谜,英山考古有新获,识得淮南老布衣。其二:神主毕昇伴妙音,模糊岁月尚堪寻,纪年皇字仍留白,半字分明值万金。其三:一颗摩尼不染尘,双圆日月字轻分,皇权年号同仇忾,斧凿还应是义民。其四:一石广招万口传,披荆斩棘共跻攀,读碑我慕杨观海,雕字分明是宋刊。史老高兴地说这既是论文又是诗。至此,湖北英山发现的毕昇碑已获得了省级以上的三次认定。

印刷术被人们誉为"文明之母",是中国古代的四大发明之一。布衣毕昇所发明的活字印刷术为世界文明史做出了卓越的贡献。究其中华民族文化之渊源,悠久的历史文化,灿烂的古国文明,是代代印刷人以他们的精湛技艺和智慧为中华民族留下了宝贵的文化遗产。今天我们发现毕昇碑,理应围绕这个珍贵的线索做广泛深入地研究和探讨,同心协力,发掘更多的实物资料以填补历史留给我们的缺憾和空白,也以此告慰为中华民族文化树下丰碑的毕昇等先贤们。

(原载:《中国印刷史学术研讨会文集》,
印刷工业出版社 1996 年版)

第三编

毕昇研究的综述与点评

毕昇墓碑综考
——为英山毕昇墓碑研讨会作

孙启康

毕昇,是世界文化史上的伟大发明家,他于北宋庆历(1041—1048)年间创制的活字版印刷,使作为我国四大发明之一的印刷术,进入了一个新的里程,是世界科技发展史上的重要标志之一。毕昇的这项伟大发明,虽然为世界文明的传播做出了卓越贡献,可是关于他个人的事迹,在我国浩如烟海的版印史籍中却所传甚少,只是在当时一位学者沈括所著的《梦溪笔谈》一书中有叙述,即:

> 庆历中,有布衣毕昇,又为活板。其法用胶泥刻字,薄如钱唇,每字为一印,火烧令坚。先设一铁板,其上以松脂、腊和纸灰之类冒之。欲印则以一铁范置铁板上,乃密布字印,满铁范为一板。持就火炀之,药稍熔,则以一平板按其面,则字平如砥。若止印三二本,未为简易;若印数十百千本,则极为神速。常作二铁板,一板印刷,一板已自布字,此印者才毕,则第二板已具,更互用之,瞬息可就。每一字皆有数印,如"之""也"等字,每字有二十余印,以备一板内有重复者。不用则以纸贴之,每韵为一贴,木格贮之。有奇字素无备者,旋刻之,以草火烧,瞬息可成。不以木为之者,木理有疏密,沾水则高下不平,兼与药相粘不可取。不若燔土,用讫,再火令药熔,以手拂之,其印自落,殊不沾污。昇死,其印为予群从所得,至今宝藏。①

这则笔记,只是对毕昇所创活字版的制作、运用、效果及活字印的最终

① 〔宋〕沈括:《梦溪笔谈》卷十八。

归宿做了概略的叙述,而对发明者生平如籍贯、家世、经历、生卒年月等均未涉及。当时的官修正史没有毕昇这一"布衣"之士的地位,而其他"稗官野史"也未发现任何线索。其后,有些学者也记述过毕昇创制活字的事,但都是依据《梦溪笔谈》加以简述,没有什么新的发展,有的甚至将活字的制作者讹传为沈括。这就使对这位世界性的科学技术伟人的研究,留下了许多悬案。

在中国科技史料的整理和研究中,对于毕昇,历来众说纷纭:

1844 年,法国早期著名汉学家茹莲(S. Julien)首先用法文把毕昇的职业说成"一个铁匠"(un forgeron)。此后许多西方学者用英文把毕昇译成"锻工"或"铁匠"(smith 或 black smith)。新版《大英百科全书》却把"铁匠"改为"炼金术士"(alchemist)。

1911 年,我国近代国学大师王国维在批校明崇祯辛未马元调刊本《梦溪笔谈》时,也认为祥符中"曾在禁中为王捷锻金"的"老锻工毕升"当即布衣毕昇。

1946 年,胡适在《大公报》文史周刊第 6 期《读梦溪笔谈》一文中也说:"我疑此锻工(指为王捷锻金的老锻工)毕升即是那作活板的毕昇"。

张秀民、胡道静等先生却否定"锻工"或"铁匠"之说,认为毕昇是一位"雕版良工"。

关于毕昇的籍贯也其说不一,清代学者会稽李慈铭说他是"益州(治所在今成都)人",张秀民先生则认为"毕昇与当时杭州人沈括有关""因此毕昇可能也是杭州一带人"。

以上情况说明,多少年来,许多热心于我国古代科技史研究的学者都曾为理清这个悬案而反复探索。可是由于足以引征的文献太少,无法深入下去。英山毕昇墓碑的发现,又重新在学术界引发出许多话题。

一、毕昇墓碑概述

(一)毕昇墓碑发现经过

1990 年秋,湖北省英山县草盘地镇政府干部黄尚文,于该镇所辖五桂墩村睡狮山麓毕家坳田畈间发现古碑一通，见其上刻有“故先考毕昇……”等字样。当即找到该村干部，将此碑移到安全地带保存，并及时给上级有关部门报告了这一发现。该镇退休教师萧海澄先生，也将发现此碑的消息，告诉了英山县地方志办公室。后经英山县志办公室、县文联、县博物馆和黄冈地区博物馆多次现场踏勘，并反复调查，搜集有关资料后，于 1992 年底通过新闻媒体披露了这一消息，引起了各方面的关注。

1993 年 4 月笔者应英山县有关部门之约，前往现场考察，认为地方的报道基本属实。地方史志、文物工作者的辛勤劳动，对毕昇的研究乃至我国古代出版史的研究提供了一项重要资料。

（二）墓碑的形制特征

墓碑用灰色麻石凿成，碑体为梯形（近似竖长方形）的圆头碑，据实测高 113 厘米、上宽 65 厘米、下宽 70 厘米、厚 9～16 厘米。碑框饰阳刻卷草（又称蔓草）花纹，碑框内沿线顶部作莲瓣状尖券形式。碑心正中刻一神灵牌位，上覆宝珠荷叶华盖，下刻梯形牌座，座下以莲瓣纹承托，其上阳刻考妣姓名二行并列。文为：

故先考毕昇神主
故先妣李氏妙音　墓

牌位左右两侧上方，分别刻标有“日”“月”字样的圆轮状日月图像，在考妣姓名两侧——

左刻：孝子　毕嘉　毕文
　　　　　　毕成　毕荣　　孙男　毕文显
　　　　　　　　　　　　　　　　毕文斌
　　　　　　　　　　　　　　　　毕文忠

右刻：□□四年二月初七日　等字样（图 1）

图1　毕昇墓碑

（三）墓碑的年代推断

按上述碑石的形制、特征，应属于宋代风格，立碑年款可断为北宋仁宗皇祐四年（1052），其依据如下：

1.碑石的形制属于宋元时期所常见的圆头碑。在北宋神宗熙宁年间（1068—1077）开始编修，至哲宗元符三年（1100）成书的建筑学专著《营造法式》中，称这种形制的碑石为“笏头碣”。

2.碑石边框雕饰卷草花纹，为唐代广泛用作边饰的忍冬花之演变与简化，宋代民间碑志多喜采用。如陕西府谷县出土的北宋李夫人墓志①，湖北浠水县出土的北宋元祐四年为侯严所镌的墓志②，都作阴刻卷草花纹。而元明时代之碑刻边饰，多作细线阴刻幅云或“∽”形云纹。

3.碑边框内沿顶部作莲瓣状尖券形式，乃宋以前建筑物门框所习用的装饰，元明以后的碑刻中，这种装饰已经消失。

① 《文物》，1978年第12期。

② 湖北省浠水县博物馆藏碑《宋隐居侯君墓志铭》。

4.碑心刻毕昇及其妻李氏名讳的神灵牌位的装饰手法,与浙江宁波天封塔地宫出土的铸于宋绍兴十四年(1144)的银质幡幢形牌位形制相同①(图 2)。考妣名讳均为阳刻正书,其字起笔圆浑,收笔藏锋,而且书体与宋代刊本之印刷体相近,其中“毕”字下部的一短横被置于该字的中部,继承了汉隶(如《校官碑》)的写法,饶有古意。以上数点表明此碑具有宋代特征。

图 2　宁波天封塔地宫银质幡幢形牌位

特别是碑石的年款,尚有字迹可循。此碑年款虽因风化剥落,使个别关键性字迹缺失,但尚可读出“㿝□四年二月初七日”,“㿝□”当是帝王年号。其中第一字上半部可看出为“白”,考为“皇”字。查两宋各个朝代的帝王年号冠以上部从白之字的,只有北宋仁宗赵祯于庆历八年(1048)之后改元时采用的年号“皇祐”,这个年号共使用了五年(1049—1053)。据此,可以认为此碑年款中之“㿝□”实为“皇祐”。因而可断此碑立于皇祐四年(1052)。时在“布衣毕昇”创制成活字版的庆历年间之后约数年。与“布衣毕昇”所处年代相当。

---

①《浙江宁波天封塔地宫发掘报告》,《文物》1991 年第 1 期,第 1 页。

二、毕昇轶事初探

毕昇墓碑虽然碑版面积不到1平方米，所存碑文字数不足50，却是迄今能借以探索毕昇轶事的一个重要实物例证。

（一）关于毕昇的身份

此碑规制较小，其装饰布局虽然颇具匠心，但充满着民间韵味。碑文亦未提及墓主生前职衔及社会地位，墓主身份显然只是一个平民；但是，从这通墓碑的书法功力、工艺水平和文化品格都明显高于当地一般墓碑的情况看，墓主人又不似一个与文化毫无因缘的山野村夫，他应是一个未曾入仕的“布衣之士”。

（二）毕昇的家世

墓主娶妻李氏，碑文已经明载，但值得注意的是在距墓地东三四千米处的红花咀村毕家畈田间现存长约2米、高0.9米的椭圆形石盆，上刻：“大元辛卯至正十一年九月吉日，李门第九代李昂男李荣同妻汪氏置”等字样，据说这里曾经是李氏宗祠所在地，附近还有一些名为李家湾、上李家湾的村落，至今这一带仍然聚居着许多李姓村民，说明宋元以来，李氏宗族世居于此，李氏妙音是本乡本土人氏。李氏生有四子：嘉、文、成、荣，至墓主下葬之年，已有孙男三人：文显、文斌、文忠。

（三）毕昇的职业

墓碑版式设计十分独特，具有雕版特色。如：碑版正中所刻碑位，上饰宝珠荷叶华盖，下托莲瓣，左右阳刻双线边框，与北宋时浙江刻本《金刚般若波罗蜜经》①卷末所刻之“荷叶莲花龛”极类似（图3）；考妣姓名以阳刻文字并行排列两行，行间以单线作为行界；牌位两侧题款行次，上端剔成圆

① 北京图书馆：《中国版刻图录》，文物出版社1961年版，图版六四。

弧状,类似古籍版本中之“竹册栏”的“天栏”;题款文字均用阴刻,与书版上对署款和标题采用“阴文”的手法相似。这种版式设计,显然是借鉴当时雕刻书版上的“行界”“双线边栏”“竹册栏”“阴文”和具有艺术色彩的“荷叶莲花龛”式样的“书坊牌记”等形式,移植到碑板上来的。碑款之阴刻小字,具有笔画瘦劲,转折清晰有角,字体略显竖长的特征,与北宋早中期书版所用字体相类。这种形式的碑刻,极为罕见,绝非出自当地一般碑工之手,很可能是由毕昇的同行好友亲手为之设计与镌刻的。由此可以窥见,墓主人生前似与雕书事业有不解之缘。看来他也可能是一个从事雕版行当的写工或者刻工。

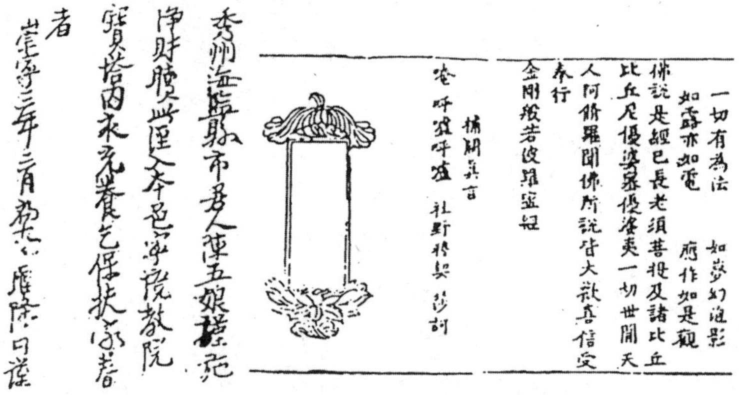

图 3　北宋刻本《金刚般若波罗蜜经》(摹自《中国版刻图录》)

(四)关于毕昇行踪与归宿

墓主毕昇系招魂归葬。墓碑在毕昇姓名之下刻有“神主”二字,这绝非是毕昇的字或号,也不能认为是对墓主的尊称,而是追寻墓主行踪与归宿的一个佐证。据有关礼书记载,古代在宗庙内供奉的已死国君的牌位,以木或石制成,称为“神主”,也简称“主”。这种祭祀礼仪,可追溯到春秋时期。《春秋谷梁传 · 文公二年》:“作僖公主。”《后汉书 · 光武帝纪上》:

“大司徒邓禹入长安,遣府掾奉十一帝神主,纳于高庙。”后世在民间也形成为死者立“神主”(俗称灵牌或神位)的习俗。碑文所载“神主”,表明此墓是以毕昇的灵牌与其妻“李氏妙音”同穴而葬的。这是古代流行的一种丧礼——招魂葬。这种殡葬方式,通常是在其家有人死于外地,无力将死者遗体运回或根本无法找到遗体安葬;或者是亲人远游外乡,久无音讯,经“追求躬访,积年不得……岁过耋老”仍无下落时,其后人就采取为死者“立木主(即神主),具衣冠,招魂设冢”,实行“追终制服”①之礼。如《后汉书·邓晨传》载:东汉光武帝刘秀之姊刘元(嫁夫邓晨),在南阳新野(今河南新野县)死于乱兵之中,尸骨未得收葬,“光武即位,……追封谥元为新野节义长公主”,在新野建祠宇,设神主享祭。后邓晨死时,光武帝“诏遣中谒者备公主官属礼仪,招迎新野主魂(即刘元神主),与晨合葬于北芒”。唐人张籍《征妇怨》中有“万里无人收白骨,家家城下招魂葬”句,就是说的这种习俗。

“宋代刻工不只在原籍镂版,能工巧匠也往往被请到外路刊书。”他们“不少为终身职业,故连续在原籍或外地刊书”,②因长年谋食外地,甚至终生未归者也不乏其人。如“蕲州周亮,建州叶浚、杨通,福州郑英,庐州李胜”③等,因被聘至舒州刻《太平圣惠方》书版,不幸于同一天在舒州城楼遭受雷击而命丧异乡。据《梦溪笔谈》所记,“布衣毕昇”死后,其所创之活字印未能传给他的子孙,而为与之毫无亲缘关系的沈氏群从所得。据此可以想见他临终之时,并无亲属在其身边。因此,可以认为:英山毕昇也当是一位离乡背井到外地从业献艺的写工或刻工。他身怀技艺,萍踪江湖,创业异乡,不幸身殒外地。后来可能是由同行友人捧回他的“神主”,才得以在故里实行招魂殡葬。

(五)关于毕昇的卒年

英山发现的毕昇墓碑为皇祐四年二月初七日立,其卒年当在立碑之

---

① 〔清〕吴荣光:《吾学录初编》卷十九《丧礼门》。

② 张秀民:《略论宋代的刻工》,《中国印刷》1994 年第 2 期,第 30 页。

③ 〔宋〕洪迈:《夷坚记·丙志》卷十二《舒州刻工》。

前。按当时丧葬习俗,凡富豪世家之寿终者,大体上要停柩在家数月至一年入葬。沈括之父沈周卒于皇祐三年十一月,葬于次年十月①;其母许氏卒于熙宁元年八月,葬于次年八月②,均于一年后入葬。蕲水县富户侯严,卒于元祐四年二月,葬于当年十二月,300 多天后入葬。毕昇是平民,停丧时间不可能有如此之久,但他是客死外地,在当时条件下,从外地奉灵回乡需辗转数月之久,因此毕昇的卒年很可能为皇祐三年,即公元 1051 年。

胡道静先生在《活字板发明者毕昇卒年及地点试探》③一文中,曾根据《梦溪笔谈·乐律》中所载"皇祐中,杭州西湖侧,发地得一古钟……其钟今尚在钱塘予群从家藏之"一事,认为毕昇死后,其活字印可能也正是此时被沈氏子侄收藏:而自幼客居外地的沈括本人也正是在皇祐三年(1051)八月随其父沈周告老还乡回杭州,并因守父丧在杭居住到至和元年(1054)正月,因而有可能在其子侄处了解到关于活字版的详细情况等事实,进行试探性推测:布衣毕昇的卒年可能是皇祐末年,即 1051—1053 年,与墓碑年款基本相符。

纵观上述各节,可以认为:墓主毕昇与沈括《梦溪笔谈》所记的"布衣毕昇"有六点相同之处,即姓名相同、社会身份相同、职业相同、所处时代相同、死于异乡的境况相同、卒年相同。因此可以说英山毕昇就是发明活字印刷术的毕昇。

毕昇墓地名毕家坳,其西约 3 千米处,有居民点名毕家铺,此地濒临东河,是古代蕲州经罗田、英山进入安徽的交通孔道。是当时设置邮传塘、铺或者驿站的所在。由毕家坳往东约 3 千米处的红花咀村,据《英山县地名志》记载:曾是毕、李、萧三姓聚居之地。附近还有毕家畈、毕家河等地片名称。在墓地所在的草盘地镇辖区之内,现今虽然找不到一家毕姓民户,但尚保存着一批包括毕昇之孙毕文忠墓在内的宋至明代的毕姓坟墓,说明毕氏宗族曾世居于此。这里在宋时隶属淮南路蕲州蕲水县直河乡(今属

① 参见《王临川文集》卷九十八《太常寺少卿分司南京沈公墓志铭》。
② 参见《元丰类稿》卷四十五《寿昌县太君许氏墓志铭》。
③《文史哲》第 59 期,第 61 页。

湖北英山县)。因此,可以说:蕲州蕲水县直河乡毕家铺是活字印刷发明者——“布衣毕昇”的故里。

这一推断意见,取得了一些文物、考古乃至出版、印刷界学者的基本认同,但也有一些学者持不同意见,他们主要从墓碑的文化内涵、纪年年号以及毕昇的籍贯所在等方面提出质疑。

三、墓碑文化内涵之辨析

墓碑所具有的文化内涵,是鉴别碑石年代的依据之一,因而颇为有关学者关注。中国文物研究所任昉先生在《毕昇与湖北英山出土的〈毕昇碑〉》①一文(以下简称“任文”)中称:毕昇碑“从形制和风格等方面看,与汉族传统习惯不合,而带有明显的外来文化和外来宗教色彩。”“(英山在宋)之后也一直属今之安徽……元代的安徽是日月教活动频繁的地区”,毕昇碑的时代“不能早于元,估计属于元末,不能晚于明初”,并从墓碑的民族风格、宗教色彩及避讳礼法等方面表述了他对这些问题的见解。

(一)关于墓碑的民族风格

“任文”以为,此碑“与我国传统碑制大相径庭”“带有明显的异国风格”,并认为与“现藏北京牛街礼拜寺”的“二方元代阿拉伯人碑”和“泉州现存的元代阿拉伯人碑……永春县达鲁花赤碑”(图4)等都“十分相似”。其实我们只要稍稍留心观察一下,就可看出这些信奉伊斯兰教的阿拉伯人的墓碑和毕昇墓碑在形制与装饰题材和风格方面,都有着难以混淆的明显区别。

从形制看,阿拉伯人碑的碑首全为“双重弧曲状尖券”或“三重弧曲状尖券”,这种形制源于西亚早期伊斯兰教清真寺礼拜堂之券廊中的尖券式样;而毕昇墓碑的碑首,则为圆头,这种圆头碑的形制,至少在我国的南北朝时期即已出现,如立于南朝宋孝武帝大明二年的《爨龙颜碑》②(图5),

① 《中国文物报》1994年9月25日。

② 即书法史上称为“大爨”的《爨龙颜碑》,为我国第一批全国重点文物保护单位。

就是这种圆弧状的碑首。在北宋时期这类碑石被称为“笏头碣”,是我国流传已久的一种碑制。

图4　泉州出土元代达鲁花赤碑(下残)
(摹自《泉州宗教石刻》)

图5　《爨龙颜碑》

从装饰题材看,伊斯兰教碑往往饰“云、月”(图6)图案,而毕昇碑则镌刻着具有华夏传统文化特色的“日”“月”图像,两者截然不同。如果要说有某种相似之处,那就是有些伊斯兰教墓碑的边框也装饰着卷草花纹,但这种花纹有的比较纤细,有的已演变成一种简化的连续云纹,不同于毕碑边饰卷草的构图紧凑,形态丰厚,线型圆润。总之,这两种碑石,一宗西制,一循汉规,都保持着各自的民族风格。两者之间,除边饰以外,几乎不存在相类比的因素,因而不能以彼碑的年代作为断定此碑年代的标尺。

任文认为:“国内出土的阿拉伯人碑,时间多在元代或元代之后”,但事实并非如此。据我所知,单是福建泉州就出土过三方刻于宋代的阿拉伯人墓碑①,即卒于回历400年(公元1009年,北宋大中祥符二年)的黑提漆

① 吴文良:《泉州宗教石刻》,科学出版社1957年版,图25、图18。

(女)碑,卒于回历609年[南宋嘉定三年(1210)]的安琪拉亚里碑和卒于回历659年[南宋景定元年(1260)]的欧斯曼碑。因此,任氏的这一说法也是不够全面的。

图6　伊斯兰教碑碑首(右上残)之云、月图案(摹自《泉州宗教石刻》)

(二)关于墓碑的宗教色彩

任文以为:毕昇墓碑所刻之日、月图形"应为从中亚传来并经汉化的明教亦即日月教的信仰标志。"因为:"摩尼教(即日月教)崇拜日月光明,教徒以日月图形为信仰标志"。并举出"近年出土唐代摩尼教文物和吐鲁番古代寺院残存唐宋摩尼教壁画中,屡见此日月图形……"作为旁证。还在"假设"的基础上推测:唐代西城康国人民似乎"应曾以毕为姓",进而认定:"足见此毕氏一家均为从中亚传来并经汉化的"日月教徒。

笔者认为:此碑上端左右两侧所镌之日月图像,恰恰是华夏民族的一种物象崇拜(如崇拜日月星辰等)的文化传统。所谓"日为太阳之精,主生养恩德……月为太阴之精,以之配日……”①我国先民的这种对自然物象的崇拜,可溯源至上古时代。如《尚书·舜典》载:“肆类于上帝,禋于六宗”。这受到人们崇祀的“六宗”,即:四时、寒暑、日、月、星、水旱等自然物象。由此可见,至少在原始社会晚期的有虞氏时代,日、月就已经是人们崇拜的对象。《史记·封禅书》也记述了秦始皇在征服六国、统一海内之后,曾有“东游海上,行礼祠名山大川及‘八神’”的祭祀活动。这“八神”之中,也包括有“日主”和“月主”。日、月图形出现于丧礼仪仗,作为一种崇祀对象,或者作为人们表示某种愿望或意念的象征,早在公元前2世纪的西汉早期,即比较流行。如:下葬于西汉文帝(公元前179—前157)年间的湖南长沙马王堆一号汉墓出土的旌幡(图7),其上部的左右两侧即绘有日、月图像;比其稍晚的山东临沂金雀山九号汉墓和甘肃武威汉墓(西汉末年)中,也随葬有这种画有日月图像的旌幡。②

图7 长沙马王堆一号汉墓出土的旌幡

① 《隋书·天文志》。

② 《中国大百科全书·考古学》,中国大百科全书出版社1986年版,第164页。

山东历城孝堂山建于东汉时期的郭氏墓石祠之石梁的底面，也刻有饰以踆鸟和蟾蜍的日月图像。①

1964 年在新疆吐鲁番古墓中出土了一幅西晋（265—317）的纸本《地主生活图》②（似应名《将军升帐图》），图中宝帐内端坐一人，头戴高冠，身着袍服。帐外右侧，列置“曲盖、节、麾、幢”等汉族将领所习用的军旅仪仗。图的上方左右两角，也分别绘有饰以“踆鸟”“蟾蜍”或“玉兔”的日月图像（图 8）。此图之中心人物，可能是中原王朝派往高昌（今新疆吐鲁番地区）的军事将领，或者是就地选任的地方军政要员。根据图中所绘人物、衣冠所具有的汉族特征，可以认为此图中的日月图形与长沙马王堆出土的西汉帛画中的日月图形在文化上是一脉相承的。这说明汉族在丧葬礼仪中习用的这种日月图形，至少在西晋时期，即已沿着丝绸之路传到了吐鲁番等地。所谓“吐鲁番古代寺院残存唐宋摩尼教壁画中”的日月图形，是否与该地出土的《地主生活图》在思想文化上有其传承关系，也是我们在研究中不容忽视的问题。因此，“任文”以为：毕昇墓碑上日月图形是摩尼教的信仰标志，并以此推断毕昇一家均为日月教徒的说法，是一种取证不当的误断。

图 8 西晋纸本《地主生活图》

① 罗哲文：《孝堂山郭氏墓石祠》，《文物》1961 年第 4、5 期（合刊），第 44 页。

② 王素：《吐鲁番出土的〈地主生活图〉新探》，《文物》1994 年第 8 期，第 90 页。

在墓碑上镌刻日、月图像的习俗，也至少可追溯到南北朝刘宋时期。如保存在云南省陆良县贞元堡的一通立于南朝宋孝武帝大明二年(458)的《宋故龙骧将军护镇蛮校尉宁州刺史邛都县侯爨使君之碑》，即在金石学中备受推崇的《爨龙颜碑》。在其碑额左右分别镌有内雕“踆鸟”“蟾蜍”的日、月图像，据碑文叙述：爨氏出自楚令尹子文之后，受姓班氏，汉末食邑于爨，因以为氏。远祖肃仕魏为尚书仆射河南尹，子孙迁至四川，后又进入云南……为‘南中大姓’之一。[①] 据爨氏之族系渊源，此碑所饰之日、月图像，显然也是华夏民族物象崇拜传统文化的反映。

“摩尼教(后又称日月教)为伊朗古代宗教之一，系由波斯人摩尼(约216—约277)于3世纪所创”[②]。该教崇拜“四大尊严”，其中“神的光明”即日月，是其崇拜对象之一。但是，摩尼教的这种崇拜，最早只能开始于公元3世纪；其教传入唐都长安，则已是7世纪的事了。而在华夏民族中，至迟已于公元前2世纪的西汉文帝时期即在丧葬礼仪中使用这种图像，前者与后者相比要晚400余年。如果用“吐鲁番古代寺院残存唐宋摩尼教壁画中屡见此日月图形”相比，两者在时代上的差距就更大了。可见，日月图形虽然可能曾经作为摩尼教教徒的信仰标志，但并不是摩尼教的首创，也不能认为是摩尼教的专利。

如果要说此碑“具有外来宗教色彩”，也不属于来自波斯的摩尼教，而是属于传入我国已久的佛教。因为碑上所刻的莲、荷、卷草、幡幢以及莲瓣状龛等纹样，都是唐宋时期佛教建筑文物上所常见的装饰。特别是曾经使任昉先生感到“岂不很值得奇怪”的先妣名讳“妙音”二字，乃是毕昇之妻李氏的法名。这种佛教弟子中的女性使用法名的例子，在浙江宁波天封塔地宫内出土文物的题记中，亦不乏其例。如其中的缠花荷莲银牌、银香炉和银簪上，分别刻有“李六娘法名净因同男黄文俊、文义等”“女弟(子)倪氏廿一娘……法名净日……”和“徐氏二十娘子法名净明……等”，[③]这可

---

① 参阅〔清〕陆增祥《八琼室金石补正》卷十。

② 任继愈主编：《宗教词典》，上海辞书出版社1981年版，第1142页。

③《浙江宁波天封塔地宫发掘报告》，《文物》1991年第1期，第1页。

以说明，毕昇墓碑含有鲜明的佛教色彩。“李氏妙音”也是一位笃信佛教的“三宝弟子”，与摩尼教（明教）似乎没有多少因缘。因此，仅就碑上的日月图形，就把毕昇判为摩尼教（明教）教徒，至少是根据不足的。此说既然不足为据，那么，以“元代的安徽是日月教活动频繁的地区”这一历史背景为依据，进而推测毕昇墓碑的年代“属于元末”的说法，就只能被视为“无源之水”了。

（三）关于避讳礼法的考察

“任文”以为此碑“绝非宋制”，其理由是：该碑文中出现了“父以‘文’为名，子以‘文’为辈”的现象，即子侄辈“文显”“文忠”等未避其父辈“毕文”之名，“不合传统避讳原则”。而“赵宋为我国古代最重礼法的朝代。倘若确系宋碑，则其不避父名……岂不很值得奇怪！”

作为一位文物研究专家，从避讳的角度，对于墓碑的年代鉴定提出质疑，是不无道理的，因为在文物鉴定中，对于简牍、碑志、版本、书画的鉴定，往往以其中的文字是否反映了避讳的现象，作为辨别和确定该项文物的真伪和年代的佐证之一；但是，如果只“抓住一点”而“不及其余”，是不可能得出准确的结论的。为了廓清这个问题，有必要对我国古代的避讳礼法特别是“最重礼法”的赵宋时代有关避讳的实况，做一番考察。

1.从西周至隋唐的避讳礼法。我国从西周开始，就崇尚避讳之礼，其后历代相沿，愈衍愈繁。避帝王讳、避太子讳、避皇后讳、避国主讳、避诸侯讳、避圣贤讳等，对这些人的名字，要求众所共讳，称为公讳；对于子孙避父祖、宗亲之讳，则称为家讳。由于禁忌太多，有因此而改地名，改物名，改月令名，改官署、官职名，改人姓、名的。如汉文帝名刘恒，就将“恒山”改为“常山”；秦始皇名“政”，则改“正月”为“征月”，将“公正”“矫正”等词语中之“正”字，一律改作“端”字①；唐王朝统治者之祖辈有名李虎的，李延寿在撰写南北朝的历史时就将韩擒虎之名去掉虎字，写作“韩擒”等。

特别有趣的是：后汉书的作者范晔，其父名“泰”，为避“泰”字，而不就

① 《睡虎地秦墓竹简 · 语书》，文物出版社 1978 年版，第 14 页。

“太子詹事”之职;唐代窦曾以父名“至忠”,也不肯当“中书舍人”;李贺因其父名“晋肃”,竟怀着满腹文章而终身不考“进士”;杨行密割据扬州时,扬州人为避“密”字,竟将蜂酿之“蜜”称为“蜂糖”。

唐代以前,虽然避讳礼法较为流行,但也存在一些不避讳的现象。君臣同名,父子、祖孙同名者不乏其例。君臣同名的如:周襄王(公元前651—前619年在位,下同)名“郑”,卫成公(公元前634—前600)亦名“郑”;南朝宋武帝(420—422)名“裕”,其臣谢景仁、张茂度亦名“裕”;宋明帝(465—471)名“彧”,其臣王景文亦名“彧”。祖孙、父子同名的如:周厉王(公元前877—前841)名“胡”,其六世孙僖王(公元前681—前677年)则名“胡齐”;蔡文侯(公元前611—前592)名“申”,其五世孙昭侯(公元前518—前491)亦名“申”;北魏献文帝(466—471)名“弘”,其子孝文帝(471—499)亦名“宏”;魏安同之父名“屈”,而安同之子亦名“屈”;等等。这说明当时即使在王侯之家与士大夫阶层中,对这项礼法的遵守也不是全部都那么严格的①。

2.赵宋时代的避讳实况。在“最重礼法”的赵宋时代的避讳实况,可以从避公讳和避家讳两方面来考察。

避公讳方面,总体上比前代更为繁杂,不仅帝王、宰相之讳要避,就连一个州官,也要求下属邑宰在言谈和行文的词句中避上级官吏之名。如宣和年间的常州知州徐申,因其下属邑宰在向他报告公事时,在语言中用了“申”字,徐即怒形于色,斥责他触犯了“长吏之名”“乃作意相侮”②。虽然如此,但也还有疏漏之处,如:“宋建本《纂图互注点校毛诗》只避‘筐’‘匡’(宋太祖讳)二字,‘恒’字(真宗讳)或避或不避,而徽宗赵佶之‘佶’字亦不缺笔。③”这很可能是属于民间所刻书版,未经官府监校所致。

避家讳之制,似乎在北宋中期以前还不太统一,这可能与当时谱牒学的发展程度有关。谱牒学在我国文化史上曾经是一门显学,它是为了适应

① 参见〔宋〕周密:《齐东野语》卷四《避讳》。
② 参见〔宋〕周密:《齐东野语》卷四《避讳》。
③ 张秀民:《清代泾县翟氏泥活字印本》,《文物》1961年第3期,第30页。

士族门阀制度的需要而兴盛起来的，特别在东汉以后至南北朝时期发展尤为突出。当时，人尚谱系之学，家藏谱系之书。当然，这个“家”，指的只是“卿大夫”“世家”之“家”，并不包括庶民阶层。可是由于唐朝末年的农民起义，使士族门阀制度受到了毁灭性的打击，又经过五代十国的战乱，更使门阀士族被扫除净尽，“取士不问家世，婚姻不问阀阅①”，于是“由贱而贵者耻言其先，由贫而富者不录其祖”“谱遂大废”②。

赵宋王朝是在士族门阀制度的废墟上建立起来的，这时的社会结构发生了很大的变化。一些过去并没有什么身份的官僚地主取代了士族地主而成为地主阶级的主体。他们为了更有效地控制农民阶级，以巩固其家族的经济和政治地位，便乞灵于古老的宗法制度，重新组建封建家族组织。大约从北宋仁宗时代起，一些士大夫如苏洵、欧阳修等便率先编撰本家族的新族谱，于是造谱之风又从此在士大夫阶层中兴盛起来。此时，在一些仕宦之家，对于上下辈次的命名大都比较讲究辈分。如名取两字，则以其中第一字（也有用第二字的）为辈分标志；如取单字为名，则以本字的偏旁为辈分标志。如《梦溪笔谈》的作者沈括的父辈：沈同、沈周，名皆从“口”；其兄弟辈：振、扶、披、括，名皆从“手”；其子侄辈：逵、述、遘、辽……名皆从“辶”。又如与沈括约略同时的曾巩（繁体字为“鞏”，北宋嘉祐年间进士），兄弟六人：晔、巩（鞏）、牟、宰、布、肇，名皆从“丨”（音 gǔn ）。其三子：绾、综、纲，名皆从“糸”（音 mì ）。有六孙：惁、志、愈、恳、恕、憩，名皆从“心”。辈次明确，各不相犯。但是，也存在着对辈次区分不严的情况。即使是当时作为编撰新族谱首倡者之一的欧阳修所编制的《欧阳氏谱图》③中，也存在着晚辈与长辈的名字辈次混同的现象。如欧阳修之祖辈兄弟八人，其名分别为：俊、伸、仪、伾、信、偃（修之祖父）、佺、做，名皆从“人”，而欧阳修之名也从“人”。欧阳修之叔，一名“旦”，一名“晔”，名皆从“日”，而欧阳修之兄名“昞”，亦从“日”。这显然是下名犯上，而“昞”“修”之名

① 〔宋〕郑樵：《通志·氏族略·氏族序》。
② 〔宋〕苏洵：《嘉祐集·谱例》。
③ 《欧阳文忠公文集·欧阳氏谱图序》。

也未注重辈分标志。可是,欧阳修之堂弟:宗古、宗道(旦之子),宗颜、宗闵、宗孟(晔之子)等的命名,又是讲究辈次的。这种现象,正好说明当时的谱牒之学,还只是复兴伊始,处于一种风尚更替时期,对于晚辈命名应与长辈之名回避的礼法,还处于逐步完善的阶段。

据有关文献记载:苏洵的《苏氏族谱》系于宋至和二年(1055)编成①;《欧阳氏谱图》的完稿时间,也大约是至和二年或稍后②。毕昇墓碑立于皇祐四年(1052),时在欧、苏编成族谱之前;而毕氏子、孙之命名,则更在此前。如果上述情况能得到认同,则在毕氏墓碑之上出现与《欧阳氏族谱》之中相类似的"不合传统避讳原则"的现象,就不足为怪了。何况毕昇乃一介布衣,其子孙又僻居山野,因不谙而未从避讳之制,也是合乎情理的。因此,不应以此碑不合避讳原则而判它"绝非宋制"。

四、墓碑纪年年号的辨析

由于毕昇墓碑在年款的关键部位字迹残缺,因此有关学者对其立碑的纪年年号,也存有疑议。浙江嵊县张秀民老先生以《英山发现的是活字发明家毕昇的墓碑吗?》③一文提出质疑。

张老认为:此碑年号之前无"皇宋"或"大宋"字样,年款第一字"皇"字是否要折扣?"第三字""四"……是否原为两笔画的"二"字呢?若将空白缺文改成"庆"字,岂非成了元皇庆二年(1313)碑?同时他对布衣毕昇死于皇祐三年的推测也表示怀疑。

(一)关于墓碑的纪年年号

根据墓碑年款现存字迹推断,其纪年年号确为"皇祐四年"。年款第一字上部从"白",笔画清晰(图9),绝非"日""曰""田"等字。其下"王"

① 苏洵:《嘉祐集·族谱后录下篇》。
② 《欧阳文忠公文集·欧阳氏谱图序》。
③ 《中国印刷》1993年第42期,第84页。

字虽已漫漶成比较模糊的三横划，但绝无撇、捺、点、啄之痕。上部从“白”之字，计有“皋”“泉”“帛”“皂”“皛”。这些字下部的笔画皆与此“白”下现存笔画不相符合，而且这些字在已知的历代王朝帝王年号中从来没作为年号的第一字出现过，按其字义也不适合作为帝王年号的第一字，因而这个从“白”之字只能是“皇”字。

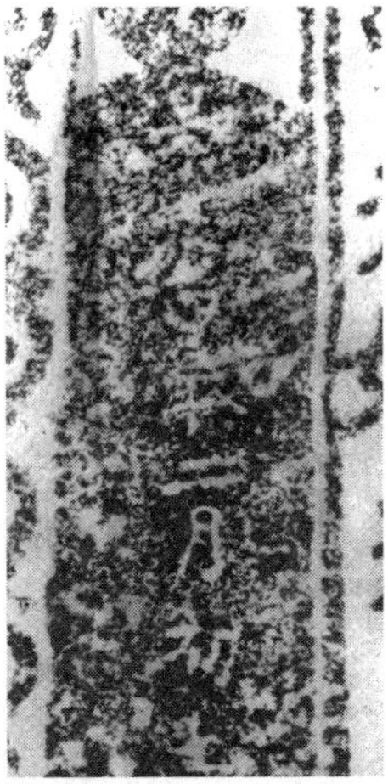

图9　毕昇墓碑拓片(细部)

第二字确实难以看清，但第三字“四”字仍保留有全部笔画。

这就可以根据墓碑的时代特征和历史情况予以判定。

查历代帝王自西汉文帝刘恒到清朝末代皇帝溥仪的纪元年号中，第一字取“白”字或其上部为“白”字的只有12个，即：白雀(后秦，元年为384年，下同)、白龙(南汉，925年)和皇始(前秦，351年)、皇初(后秦，394年)、皇始(北魏，396年)、皇兴(北魏，467年)、皇建(北齐，560年)、皇泰(隋，618年)、皇祐(北宋，1049年)、皇统(金，1141年)、皇建(西夏，1210年)、皇庆(元，1312年)等。这12个年号中属于宋王朝建立以前的有8个，与墓碑无关；属宋及以后的有皇祐、皇统、皇建、皇庆。皇统是金熙宗的年号，皇统四年相当于南宋绍兴十四年(1144)。此时南宋与金人以淮水为界相对峙，而且墓碑所在地英山，有宋一代从来未入金人版图。因而碑的纪年不可能是“皇统”。皇建是西夏年号,仅使用一年。从时间、空间上都与此碑不符。皇庆是元仁宗的年号,二年后改元,也与本碑文所载之“四年”不相符合。因而此碑的年号只能是“皇祐”,定为“皇”字未打折扣,“祐”字也不是“主观填上”的。

至于墓碑的年号之前未冠以“大宋”“皇宋”字样,这在其他碑志中也是常见的。如河南禹县发现的北宋《阳翟县公据碑》的年款只题“祥符二年二月”①,陕西麟游县保存的宋刻游师雄《过九成宫旧址题诗碑》仅刻“元祐五年岁次庚午……”②山西朔县明万历增修长城《碑记》只刻“万历三年”③,都未冠以王朝称号。

(二)关于毕昇卒年的解疑

张老对布衣毕昇死于皇祐三年表示怀疑的理由是:“沈括在毕昇发明活字版时,只是十几岁的儿童。皇祐三年,沈括也刚弱冠,他的侄子晚辈可能尚未出生或很幼小,怎么知道活字宝贵宝藏起来呢?”

要说明这个问题,得从沈括及其侄辈的相关情况谈起。

沈括父辈有兄弟二人:伯父沈同,父亲沈周。沈括生于天圣九年(1031年,另有天圣七年、八年和明道三年三说),其时沈周已是53岁,乃晚年育子。因此沈括在堂兄弟中排行最末,在子侄辈中,他是辈分高,年龄小。他的堂侄有的比他还年长。如堂兄沈扶之长子沈遘(字文通)就比他大三岁,沈遘之三弟沈辽(字睿达)只比沈括小一岁④。由于他们三人年龄相若又齐名于当世,因而《宋史·列传》中竟将“三沈”合立一传,并错误地认为是兄弟三人。皇祐三年,沈括21岁,沈遘、沈辽则分别23岁和20岁,皆至弱冠,并非幼童。由于沈同、沈周都是进士出身,沈括等出自书香门第,家学渊源,自幼即潜心向学、关心世事。如沈括康定元年(1040年)随父在泉

---

① 《文物》1988年第3期,第73页。

② 《文物》1987年第3期,第81页。

③ 《文物》1987年第3期,第92页。

④ 据〔宋〕王称《东都事略》卷七十六《沈遘列传》及〔宋〕沈辽《云巢集》附黄庭坚《沈容达墓志铭》推算。

州时，年仅10岁即能阅读关于蜀中农民起义首领《李顺案款》①，了解其起义及被镇压的始末；庆历中，途经南安时曾鉴赏唐代书家、诗人韩偓四世孙韩奕收藏的韩偓的诗文手集，盛赞其“字极淳劲可爱”②；皇祐中曾在钱塘主簿高世安家鉴赏王羲之手书《乐毅论》之刻石，认为“羲之小楷字于此殆绝，《遗教经》之类皆非其比也”③，都反映了青少年时期的沈括对于法书的鉴赏能力。即使是年龄最小的沈辽，在少年时也颇有才气。黄庭坚曾说他“未冠家居，已有文章名”④，“妙于楷法，备古今体，寸墨尺纸，落笔辄为人争取”，也反映了他的学识与功力。

至于收藏碑版、古器，少年时期的沈括就曾经亲与其事。如“庆历中予（沈括自称）在金陵，有饔人以一方石镇肉，视之若有镌刻，试取石洗濯，乃海陵王墓铭。谢朓撰并书，其字如钟繇，极可爱，予携之十余年……”⑤；沈氏群从收藏石器之事也屡有记述，如“皇祐中，杭州西湖侧发地得一古钟，……其钟今尚在钱塘予群从家收藏”⑥“钱塘沈振（沈括之堂兄）蓄一琴，名冰清”，后传其子沈述，有人求购，“索百千不售”⑦等等。上述事实说明，沈括之昆季、群从在皇祐年间不仅具有鉴赏古器碑版的能力，而且十分热衷于这样的收藏活动。胡道静先生在研究布衣毕昇的卒年、死地时，也正是根据这些事实，作出活字板发明者毕昇可能卒于皇祐末年，即1051—1053年。

五、毕昇籍贯辨析

关于毕昇的籍贯，历来其说不一。有说他是益州人的，有说他是杭州

① 参见《梦溪笔谈》卷二十五。
② 参见《梦溪笔谈》卷十七。
③ 参见《梦溪笔谈》卷十七。
④ 沈辽：《云巢集》附黄庭坚《沈睿达墓志铭》。
⑤《梦溪笔谈》卷十五。
⑥《梦溪笔谈》卷五。
⑦〔宋〕王辟之：《渑水燕谈录》卷八。

人的，还有说他是汝南人的。

1.益州说。主张此说者为清末学者会稽（今浙江绍兴）李慈铭。他在自藏的清王士祯（顺治十五年进士）《居易录》卷二十五“活字版起于毕昇，昇宋时人”条下，以墨笔批注“益州人”①三字。李系清光绪朝进士，官至御史，博学多闻。但对此说未见提出任何根据，也未对外界披露。虽屡有人提及，却无法令学界认同。

2.杭州说。持此说的是浙江嵊县张秀民先生。他在《中国印刷术的发明及其影响》一书中以为：“毕昇与当时杭州人沈括有关，所以死后，肯把他创制的活字工具，交给沈括的侄子辈，因此毕昇可能也是杭州一带人。”张先生是我国印刷史学界泰斗，影响颇大。从此说者有电影《毕昇》，演述毕昇在杭州开设毕氏印书馆，后为官府所迫，被箭射伤，夫妻双双被钱塘江大潮吞没，具有传奇色彩。此说是以毕昇与沈括的关系作为推论依据的，是否可以成立，则要看毕、沈之间到底有何关联？

对于毕、沈之间的关系，据迄今所见资料，还只能作如是说：毕昇是沈括《梦溪笔谈》中所记载的科技人物之一；沈括则是毕昇活字印刷术的唯一记录者。除此之外，找不出其他关系。固然上述记录，“是沈括据当时当地的见闻记录下来的”，然而沈括的“见”与“闻”，有可能是直接的，也有可能是间接的。

沈括在《梦溪笔谈》卷十八“版印书籍”条中，记述了毕昇创制活字版的情况：

制作大体时间，泥活字的制法，排版设备与操作程序，印刷的功效，活字的置备、保管方法，以及泥活字与木活字的优劣比较，活字版的归宿等。却缺乏下述内容：（1）毕昇的状貌；（2）活字印刷之“成品”或“试印品”的质量以及活字印刷品与板刻印刷品之质量孰优孰劣的比较；（3）毕昇死时的境况；等等。

因此，可以认为，沈括的这一见闻的来源，很可能是间接的。因沈括素来观察事物洞达，记事精详，心思缜密。如果他是直接看到过毕昇活字印

① 此书现藏北京图书馆。

刷的全部操作过程，是会对其印刷的“成品”或“试印品”予以充分注意，并对雕版印刷与活字印刷所出“成品”的质量加以比较和评述的。如果沈括与毕昇曾相结识，在这段记述中，对他所熟悉和颇为赞许的活字版创造者的辞世，也不会淡淡地以一个“死”字，作为活字印产权易主的原因而轻轻带过。由此看来，沈括可能只是在其子侄处鉴赏他们所收藏的古董奇器时，看到并研究过毕昇活字印刷的有关设备，并听了对有关情况的介绍后记录下来的。

关于毕昇在“死后肯把他创制的活字工具，交给沈括的侄子辈”的说法，按迄今所获的资讯，还难以看出毕昇与沈氏群从之间有什么深交情谊。何况人在死后对遗物的处理，已丧失了“肯”或者“不肯”给谁的执行能力。如果未发现毕昇死前曾有遗言的迹象，这个“死后肯”“交给”一说，是很难成立的。

至于毕昇的活字印怎么会落到杭州沈家？据沈括记载：是因为“昇死，其印为予群从所得”。而沈氏群从是通过什么方式（接受赠予，还是交换，抑或是购于估肆？）来实现这种产权转移的？因资料缺乏，也不好妄加猜测。目前，只能说：在毕昇死后，这批活字沦落在沈氏群从的寓居或世居之地，遂为沈氏所收藏。

总之，毕、沈之间目前尚难查出有什么亲缘或其他密切关联，因此，不能以沈括的籍贯所在作为探测毕昇故里的坐标。毕昇籍贯“可能是杭州”一说，也缺乏依据。

3.汝南说。据任昉先生介绍：此说“为明人强晟所创”，强晟《汝南诗话》记传闻云：“汝南一武弁家治地，忽得黑子数百枚，坚如牛角，每子有字，如欧阳询体……此即宋活字，其精巧非毕昇不能作。”①按这一记述，只是说汝南曾发现过活字，识者以为是“宋活字”“非毕昇不能作”。并未说毕昇在汝南造活字，更未说毕昇是汝南人。根本不能成为一说。

---

① 任昉：《毕昇与湖北英山出土的〈毕昇碑〉》，《中国文物报》1994 年 9 月 25 日，第 3 版。

六、"同名同姓"说辨析

张秀民先生认为"英山墓中的毕昇与发明活字印刷的毕昇,可能也是同姓同名"①,并列举宋代刻工中之名"升"者7人和名"昇"者15人,作为旁证。他举出的这些同名的刻工,虽然为数不少,但毕竟是宋代300多年或者至少是南宋时期150余年的累计数,而姓名完全相同的又只有陈昇、李昇、方昇三对,共六位。其中两位李昇所处的时代前后"相去约百年",两位方昇前后也相距90多年。还未见举出两位同姓、同名而又处于一个时期的例子。而毕昇其人,在宋代的史籍中还未发现与之姓名完全雷同的。据与布衣毕昇同时的沈括记载:毕昇于宋"庆历中"发明了活字版,其后死去。因此,他的卒年应在庆历(1041—1048)之后的若干年。据今人胡道静先生综合包括《梦溪笔谈》在内的宋人笔记进行研究,推测他卒于庆历之后的皇祐年间;而现存湖北英山的毕昇墓碑又恰好是皇祐四年所立。加上墓碑所显示的墓主身份、职业等历史信息,都正好为沈括的记述、胡道静的推测提供了"镂于金石"的有力实证。这绝不是历史的偶然巧合。历史上二人同姓、同名、同时代甚至同年出生的例子是容易找到的,而二人同名、同姓、同时代,而卒年、身份、职业也很相近或相同的现象是很难产生的。

宋代版刻书籍所载刻工,有的只刊姓名,有的虽然标明了籍贯,如"蕲州周亮""庐州李胜"等,但并未注明乡里,更未记载他们的生平或简历。有许多刻工的名字同时出现在不同的地区、不同年份刊行的版本上,如南宋刻本中刻工"刘文"②这个名字,同时出现在温州《大唐六典》(绍兴四年版)、明州《文选》(绍兴二十八年版)、池州《文选》(淳熙八年版)、隆兴《吕氏家塾读诗记》(淳熙九年版)和鄂州《通鉴》、高邮军《淮海集》、国子监《陈书》、池州《山海经》等多种版本上。版本研究者都认为,这些书均属同

① 《中国印刷》1993年第42期,第84页。

② 宿白:《南宋版刻印刷》例表五,《文物》1962年第1期,第24页。

一刘文参与刊刻。如果按照对待英山毕昇墓碑的质疑，硬说这里的刻工中有两位同姓同名的“刘文”，也很可能会找到一些理由。因此，我们对英山发现的毕昇墓碑，首先应该肯定它是研究布衣毕昇的一则重要的实证资料，它有利于开拓人们对于毕昇研究的视野。当然，也应对一些学者所提出的否定意见予以足够的重视。其目的在于以这些“否定”为动力，推动大家继续探求，寻找更多的资料来肯定或者进一步否定这些“否定”，使对毕昇及其开创的活字版印刷事业的研究更加广泛、深入地开展起来。

千百年来，布衣毕昇的遗踪何在？一直杳若冥鸿，多少有志于弘扬中华文明的热心学者，曾为此而“皓首穷经”、反复求索。英山毕昇墓碑的面世，虽然是喜获“沧海遗珠”，但还只能说是觅得了“一鳞半爪”，切望历史、科技和出版、印刷界的有识之士，登高振臂一呼，啸聚同好，沿着这一幸存于劫后的千古荒碑所传递的历史信息，跟踪追迹，探其究竟。使这一曾经推动历史文明进步的伟人轨迹，得以明晰地显现，让这座标志着世界文化发展里程的历史丰碑，更加巍峨璀璨，光照千秋。

（原载：《出版史研究》第 4 辑，中国书籍出版社 1996 年版）

我国毕昇研究情况和观点综述

蔡学俭*

北宋毕昇是举世公认的活字版印刷术发明者，然而他的有关事迹，仅见于同时代科学家沈括(1031—1095)所著《梦溪笔谈》卷十八“技艺”，其中又只述及了毕昇的身份“布衣”，创制活字版的时间“庆历(1041—1048)中”，创制过程、工效，以及活字版的归宿“其印为予群从所得”，未记毕昇的籍贯及生平。宋代江少虞的《皇朝事实类苑》也有类似记载。我国权威工具书《辞海》和《中国大百科全书·新闻出版》中“毕昇”条目下，其生卒年月、籍贯、经历均无考。毕昇的故里及其生平遂成为未及解开之谜，也是文化、出版界学术争鸣的一个焦点。

我国现代对毕昇的研究，从20世纪30年代即已开始。20世纪50—70年代，胡道静、张秀民等一批学者做了深入研究，20世纪80年代以来日趋活跃，据不完全统计，出版的著作和发表的论文近百篇(部)，内容主要为研究活字(包括泥、锡、磁活字)印刷源流及毕昇生平。1990年，湖北英山县发现毕昇及其后裔墓葬，为研究提供了实证，也由此展开了毕昇故里何在的讨论。《人民日报》《中国文物报》《新闻出版报》《中国印刷》《湖北日报》《出版科学》《江汉考古》等报刊发表了25篇报道和论文。现将研究情况和观点综述如下。

一、关于泥活字的科学性

沈括在《梦溪笔谈》中已述及泥活字为何能印书，并与木活字的优劣

---

* 蔡学俭，湖北省新闻出版局原局长、《出版科学》主编、中国编辑学会副会长。

做了比较,王国维、胡适及国外有人仍持有怀疑。其实清代安徽泾县翟金生以毕生精力研究泥活字,并排印了自著的《泥版试印初编》,书中用自刊、自检、自著、自编、自印五首五言绝句,概括了其研究成果。他用泥活字排印的书还有《试印续编》《水东翟氏家谱》等多种,排装的泥活字版有“泥斗版”“澄泥版”“泥聚珍版”等。1961 年,张秉伦在《自然科学研究》著文《关于翟金生泥活字的制造工艺问题》,论证了泥活字的科学依据。1980 年 3 月 4 日,《湖南日报》报道《我省发现泥活字印的书》,以后宁夏等地都有发现。应该说,泥活字能印书已成定论。

二、关于毕昇的生卒时间

《梦溪笔谈》所述毕昇活动时代是“庆历中”。庆历是北宋仁宗使用的一个年号,仁宗在位 34 年(1023—1056),共用 9 个年号,庆历用了 8 年(1041—1048),其后是皇祐,用了 5 年(1049—1053)。据胡道静《活字板发明者毕昇卒年及地点试探》一文推测,毕昇大概卒于皇祐年间即 1049—1053 年(见《文史哲》1957 年第 59 期)。《辞海》对毕昇的生卒时间则注为“?—约 1051 年”。沈括生于 1031 年,于 1095 年去世,庆历年间沈括只有十几岁,毕昇生年至少应在 1031 年前十几年。但对此尚无定见,迄今存疑。

三、关于毕昇与毕升

《梦溪笔谈》卷十八记述了毕昇创制胶泥活字版,卷二十又写有北宋真宗大中祥符年间(1008—1016),有老锻工毕升能锻金。王国维在明崇祯马元调刻本《梦溪笔谈》所记毕昇活字版条亲笔眉批:“‘卷二十云,祥符中有老锻工毕升曾在禁中为王捷锻金’云云,当即其人。”1847 年,法国人儒莲把毕昇译成“一个铁匠”(un forgeron),此后西方许多学者也照此译成锻工或铁匠(smith 或 blacksmith)。据吴晓松考证,毕昇与毕升不是同一人,发明活字版印刷术的是毕昇而不是毕升(见《出版科学》1994 年第 3 期)。其一,年代不同。毕昇活动的庆历年间与毕升活动的大中祥符年间,相隔三四十年,难以想象“老”锻工毕升再活三四十年并发明活字印刷。其二,宋代“升”与“昇”音同形似而义不同。东汉许慎(约 58—约 147)著《说文解字》卷十五斗部,升:“十龠也,从斗亦象形”;卷七日部,昇:“日上也,从日升声,古只用升。”这说明,古时有“升”字无“昇”字,至少东汉时已演变为不同义的两字,在宋亦然。现代汉语简化又统一为“升”,但在写毕昇时,“昇”不应简化为“升”。

四、关于毕昇籍贯

这方面论著较多,见解不尽相同,主要有 3 种观点。

(一)益州说

清末会稽人李慈铭在清顺治进士王士祯所著《居易录》卷二十五“活字版起于毕昇,昇宋时人”条下,以墨笔批注“益州人”三字。李官至御史,博学多闻,但未对此提出任何依据。后虽有人持此说,也无确证。

(二)杭州说

浙江嵊县张秀民在所著《中国印刷术的发明及其影响》(人民出版社 1958 年版)中认为,“《梦溪笔谈》所谈毕昇泥活字的造法与排印工序及试印经过,是沈括根据当时当地的见闻记录下来的”“毕昇与当时杭州人沈括有关,所以死后肯把他创制的活字印交给沈括的子侄们宝藏。因此毕昇也可能是杭州一带人”。电影《毕昇》即依此说演述,其情节带有传奇性,并无史实为据。张秀民认为沈、毕有直接和亲近关系,毕昇去世后才肯将版印交给沈括子侄。孙启康在《毕昇故里何在　益州?杭州?蕲州》一文中,分析《梦溪笔谈》的记述与沈括的治学态度,认为“毕、沈之间很难查出有什么亲缘或其他密切关系”,沈括的见闻有可能是间接的,可能只是在其子侄处"看到并研究过毕昇活字印刷的有关设备,并听了有关情况的介绍后记录下来的"(见《出版科学》1994年第4期)。周宝荣的《沈括到过毕昇故里》(《新闻出版报》1994年12月5日),以及吴晓松的《关于毕昇是英山人的再考证》(《出版科学》1994年第3期),则认为沈括可能见到毕昇,但不是在杭州而是在蕲州直河乡,即今之英山县。然而从沈、毕两人的年龄看,毕昇去世时,沈括仅20岁。也没有证据说明两人有过交往,关系密切,因而在杭州或蕲州见面的可能性都不大。张秀民也认为此说只是一种推测,"关于毕昇的生平籍贯,至今仍是一个谜"(《中国印刷史》,上海人民出版社1989年版)。

(三)蕲州说

1990年湖北英山县发现毕昇夫妻合葬墓及墓碑,位于该县草盘地镇五桂墩村毕家坳。墓碑中间并列阳刻文字两行:"故先考毕昇神主""故先妣李氏妙音",其下共一"墓"字。碑左侧阴刻"孝子毕惠(一说嘉)、毕文、毕成、毕荣,孙男毕文显、毕文斌、毕文忠";右侧阴刻:"皇□四年二月初七日"等字。1993年5月,距毕昇墓西南9千米的过路滩乡,又发现毕昇孙男毕文忠墓。墓碑文字多有脱缺,但可辨认中间为"故□□毕公文忠神主墓",左侧为"□宋□□一年十一月□",右侧为"戊寅年十二月十九日造孝男马潮、马未立"。两墓地在宋代属淮南路蕲州蕲水县直河乡范围。此说有墓碑实证,引起学术界关注,许多学者赞同此说,但有些专家持有异议,争论焦点是:毕昇墓是否宋墓?墓主是不是活字版印刷术发明者毕昇?具体有以下几方面:

1.墓碑年代。毕昇墓碑右侧年款为"皇□四年",□内字迹依稀可辨认为左右结构,左半部点、横折撇,可识为"礻"。张秀民在《毕昇墓碑质疑》(《中国文物报》1993年12月5日)中认为是元仁宗皇庆年号。孙启康在《答毕昇墓碑质疑》(《中国印刷》1994年第2期)中指出,元仁宗皇庆年号只使用了两年,与墓碑明晰可辨的"四年"不合,两宋皇帝年号冠以"皇"字的只有皇祐,皇祐四年为公元1052年,恰与胡道静推测毕昇卒年在皇祐年间相吻合。因此,此墓应为宋墓。

2.墓碑花纹图案。毕昇墓碑上饰宝珠荷叶华盖,下托莲瓣,上端两侧镌有"日""月"图像。对日、月、荷、莲等花纹图案的不同看法,也关系到墓碑年代和墓主是否活字版印刷术发明者。任昉在《毕昇与湖北英山出土的〈毕昇碑〉》(《中国文物报》1994 年 9 月 25 日)中认为,此碑"与汉族的传统习惯不合,而带有明显外来文化和外来宗教的色彩""摩尼教崇拜日月光明,教徒以日月图像为信仰标志",并以唐代西域康国人"曾以毕为姓""足见毕氏一家均为从中亚传来并经汉化的"日月教徒。文中还认为毕昇墓碑与"现藏北京牛街礼拜寺"的二方元代阿拉伯人碑,以及"泉州现存的元代阿拉伯人碑"等都十分相似,因而断定此墓"不能早于元,估计属于元末"。孙启康则不同意这种解释与结论,在《毕昇墓碑的物象崇拜与宗教色彩》(《出版科学》1995 年第 1 期)中指出,毕昇墓碑上所镌日、月图像,不是出自摩尼教或伊斯兰教,而是"显示了我国民族的一种传统的物象崇拜的信仰标志"。文中引述《尚书·舜典》《史记·封禅书》等的记载,说明"至少在原始社会晚期的有虞氏时代,日、月就是人们崇拜的对象",并以湖南长沙马王堆一号汉墓出土的旌幡上部左右侧绘有日、月图像,以及山东、甘肃汉墓中都有绘有日、月图像的旌幡为例,说明日、月图像出现于丧礼仪仗,早在西汉即有此习俗,作者还引述金石学中备受推崇的南北朝《爨龙颜碑》,说明"在墓碑上镌刻日、月图像的习俗,也至少可追溯到南北朝的刘宋时期"。毕昇墓碑首呈圆弧状,恰与该碑首的圆弧状(即"笏头碣")风格一致,而与阿拉伯人墓碑有明显区别。摩尼教创始于公元 3 世纪,华夏民族对日、月的崇拜显然早于摩尼教,因此不能以毕昇墓碑有日、月图像,就推断其一家均为日月教徒。孙启康从毕昇墓碑所饰莲荷蔓草等纹样,以及毕昇妻称"妙音"乃是佛教女弟子所习用的"法名",认为"毕昇墓碑所示乃道道地地的佛教色彩""毕昇之妻李氏乃是一位笃信佛教的'三宝弟子'"。

3.墓碑避讳问题。上述任昉文章中还认为,毕昇墓碑中出现"父以'文'为名,子以'文'为辈"的现象,即子侄辈"文显、文忠"未避其父辈"毕文”之名,“不合传统避讳原则”,而“赵宋为我国古代最重礼法的朝代”,因此认为此碑“绝非宋制”。孙启康在《毕昇墓碑之年代断定与避讳问题》(《出版科学》1995年第2期)中对此做出了解释。孙文详述了从西周至隋唐的避讳礼法及其演变,以及赵宋时代的避讳实况,说明“唐代以前,虽然避讳礼法较为流行,但也存在一些不避讳的现象,君臣同名,父子、祖孙同名者不乏其例”。赵宋时“在避公讳方面,总体上比前代更为繁杂……但也还有疏漏之处”“避家讳之制,似乎在北宋中期还不太统一,这可能与当时谱牒之学的发展程度有关”。作者分析了谱牒学与士族门阀制度的关系,南北朝时最盛,唐末农民起义沉重打击了士族门阀制度,“谱遂大废”,北宋时谱牒之学“还只是复兴伊始,处于一种风尚更替时期,对于晚辈命名应与长辈之名回避的礼法,还处于逐步完善的阶段”。与毕昇同时代的欧阳修在他主持编纂的《欧阳氏族谱》中,就存在晚辈与长辈名字混同的现象。“何况毕昇乃一介布衣,其子孙又僻居山野,因不谙而未从避讳之制,也是合乎情理的。因此,不应以此碑不合避讳原则而断定它‘绝非宋制’”。

4.北宋蕲州印刷业问题。益州说和杭州说都有一个重要前提,即北宋时两地雕版印刷业都十分发达,与福建建阳麻沙并称为全国三大刻书中心。毕昇发明活字版印刷术不能离开这个条件。李瑞良在《蕲州毕昇与活字印刷》(《出版科学》1994年第4期)中提出了此问题。他分析了北宋蕲州的地理位置,当时属淮南路,治所扬州,富甲天下,且“正夹在益州和杭州这两个刻书中心的中间”“在这两个刻书中心的交互影响下,雕版印刷也逐渐兴盛”。并举《册府元龟》卷一六〇记载,说明唐代淮南道雕版印刷业已很繁荣。北宋的淮南路即唐代的淮南道,“记载毕昇事迹的《梦溪笔谈》现存最早的刻本就是宋孝宗乾道二年(1166)在淮南路刻印的”。李文同时指出:“本文只是从客观环境方面论证蕲州毕昇发明活字印刷的可能性。要把这个可能性变为历史事实,还需要挖掘更多的历史资料。”

有关毕昇的研究正在深入,并已取得一些阶段性成果,在若干问题上逐渐形成共识。英山墓碑的发现,是研究毕昇生平不可忽视和轻易否定的重大线索,有关墓碑的讨论,正促进着研究的发展,也还有许多工作要做,包括出土文物和文献资料尤其是地方志和族谱的发掘,以及北宋蕲州印刷业的研究。这不仅需要文化、出版界,还需要科技、史学工作者的参与。宋代是文化艺术、科学技术和雕版印刷繁荣兴盛的时期,弄清毕昇的生平,对于研究宋代社会、政治、经济状况,乃至中国文化史、出版史、科技史,对于振奋民族精神,进行爱国主义教育,都有重要意义。

(原载:《出版发行研究》1995 年第 4 期)

英山之行的感想

戴文葆*

我有幸到大别山主峰下，到了久已闻名的英山，沿途经过不少文化名人胜地，已很高兴。到英山后，见到一些出土文物，看了展览厅，又在睡狮山上瞻拜毕昇墓，知道墓碑是怎样发现的，非常高兴！墓碑从山腰不知被什么缘故弄了下来，丢在田埂旁，又被发现，这个过程很合情理，一点儿也不是当地人存心伪造。更重要的，当天在睡狮山后，无意中农民挖出了宋瓷碗，几种厚度不同的碗的碎片，有一碗底竟明明写着“毕卅(？)八”字样，太珍贵了！那天实在幸运，真叫踏破铁鞋无觅处，得来全不费工夫！我想，吴晓松同志这几天是带人在后山发掘了吧？将可能有更多发现，来证明毕家坳在宋代就是比较开化发达的。

这次匆促以实际不到两天的时间，到英山走了一趟，有以下几点体会：

第一，是对毕昇墓碑有了确实的旁证。他的碑上有三个孙子：文显、文斌、文忠。而恰恰在毕家河（现名东河）对岸有毕文忠墓。按文忠墓碑纪年，相距四十来年而已，真是两代间隔，确是三代人，都在北宋王朝期间。如果说，不是那位发明泥活字的毕昇，而是另一个毕昇，恐怕很难找到类似的佐证。大约很难有这么巧合，竟同时存在两个毕昇。依现在户籍簿、电话簿看，同姓同名的人颇多，同处于同一时代。但毕文忠的名字镌刻在毕昇墓碑上，有根有据；而且文忠墓仍存，时间有考，上下相连，不是伪造。这是有力的旁证。

---

* 戴文葆，人民出版社资深编审、中国编辑学会顾问、韬奋出版奖获得者。戴文葆、林穗芳于 1995 年 11 月 1 日至 2 日访问湖北省英山县，实地考察了当地发现的毕昇墓及墓碑。11 月 11 日，戴文葆给《出版科学》写了一封长信，谈了此行的观感。此文即该刊发表的来信摘要。

第二,按英山的文化环境来看,英山县博物馆收藏的买地券刻字石板,是宋代当地出土,刻字之精美,无异于后世同样埋在墓中的墓志铭。墓主卒年、月、日还留空待填,显系生前所置。长篇券文刻得那么精美,证明英山境内外,正是刻工的故乡,出了不少无名的优秀刻工。毕昇在这个文化雕刻环境中出生,绝不是偶然的。英山在宋代有一定的文化环境,雕版刻字有传统;毕昇本人也是有师承的,绝不是偶然出现这么一个人物。这样一位世界印刷史上的巨人出生在这里,完全有文化环境背景,并非凭空无依而生。英山毕家坳退一万步说是穷乡僻壤,难道穷乡僻壤不能出人才么?且不说"茅屋出公卿"吧。有这样一种雕版文化环境,壮年又外出谋生,观摩著名刻书名城,难道不足以出人才么?历史上多少文化名人、政坛巨公,不是生于穷乡僻壤呢?买地券应是有力支柱,必须联系起来观察思考。

第三,睡狮山后出土的宋碗,特别是有"毕"姓题名的碗底,也是一个旁证,确是宋瓷。毕家坳,坳是山间平地,果然不错,当年是毕姓聚族而居的小村。

以上三者联系观察,墓碑虽是圆头碣,碣上第二代与第三代未避讳,不足为怪,毕昇是"布衣"呀!碑的形制不可能逐一考究,合乎达官贵人的礼制;避不避讳问题,出身苦寒而终于参知政事的大文学家欧阳修笔下,也有未避讳的情况。除非现在能举出同时代人,同一个毕昇,而是三代人又可考的,才能推翻这个假设及论断。

我并非文物专家,缺乏行业内的真知,主要出于我的推论。须知许多科学家脑子里的假设,十个有九点五个是错的,如有零点五经过论证、实证,也许会成为正确的。我希望迅速敦请专家前去,包括怀疑、否定此墓的专家,共同实勘。我是野狐禅,不足为据,不能假冒欺世。如果我们能确证,的确可认定为毕昇故里,将是对世界出版文化史的一项贡献,解决了千年来的难题。如果不是,也算清理了一个线索,仍可存疑,以待后世探索、印证,也可以作为一个小小的成绩。

(原载:《出版科学》1995 年第 4 期)

在英山毕昇墓碑研讨会上的发言

史树青*

我从读书的时候就开始注意毕昇。前几年发现毕昇墓碑，我在北京看到一些报刊，看了各方面的材料，出现了不同的意见，关键的就是在碑的纪年上。我这次来时，彭卿云同志特地给我打电话，说王素同志和任昉同志也去，你也去吧。参加这次会议我很高兴，收获很大。彭副局长说，你们去参加这次会是很有意义的。我来以前不知道国家文物局馆藏文物认定小组1994年对墓碑已经做了鉴定，这是马自树副局长直接抓的。我们单位很多同志说，你去了之后，不要看别的，注意看看年款那地方，是不是用刀子剔了，争论的就是那个地方，别的都是小问题，就是看动刀没动刀。刚才曹之同志说了，不管是哪个毕昇，年代不会走题。这次来看了墓地，看了原碑，首先我就注意这个问题，是动手了，不是我们，而是相当早的别人动的手，用斧把文字给凿了。古碑的斧凿是常见的事情，这个碑斧凿痕迹很清楚，这不奇怪。这样，就觉得原来推测的摩尼教问题，任昉的文章谈到摩尼教问题，也就是明教的问题，我就越来越感觉到这个问题的重要性。信仰摩尼教的人不全是外来的，跟国内老百姓信的秘密宗教结合起来，从宋朝起就开始闹事，到明朝成功，建立了明朝，旗号就是"明"，明朝的得名跟明教有关系。关于摩尼教的研究，我的老师陈垣先生在30年前就有文章，任昉同志提到这个问题，我在这儿发挥一点。在唐宋以后，农民起义靠的就是宗教，湖南有个老教授何竹淇出了一套书四本《两宋农民起义资料汇编》，大家可以查查这书。我们这个地方，旧时是淮南，摩尼教首先就流行

---

* 史树青，当代著名学者，史学家、文物鉴定家，国家文物局资深研究员，国家文物鉴定委员会副主任委员。

于淮南,然后是江浙。这是个新问题,不要马虎,这个碑被斧凿,就是明教起义对皇权的反抗,反对皇权,仇恨皇权,这是个历史问题,跟我们这个碑有一定的关系,其他没有砸,就是把年号给砸了,这是反抗封建、反抗皇权的一种象征,就碑而言,这就是大的事情。对其他的历史大家都谈了,我就不谈了。

这次来参加这个会,我做了四首诗,第一首诗:“名姓昭昭见梦溪,千年行迹至今谜。英山考古有新获,识得淮南老布衣。”这是赞扬英山的考古工作、文物工作。毛主席说过,要有所发现,有所发明,有所创造,有所前进。我们有所发现就不得了,希望将来有所发明,我们这个墓在毕昇研究中就有所前进。刚才曹之同志谈到,毕昇是不是见过沈括,这个问题很重要,我感觉也是,因为沈括文章中两个字“昇死”很重要,在研究毕昇的时候,对《梦溪笔谈》要反复地读几次,对语气、口气、用字、轻重缓急要推敲。如果是朋友的话,他不会写“昇死”,这样写好像没有什么直接关系,在古时候很少用“死”,这对人不太客气,沈括用“死”字,一字褒贬,很重要。

第二首诗:“神主毕昇伴妙音,模糊岁月尚堪寻。纪年皇字仍留白,半字分明值万金。”这是个关键性问题,我同意斧凿残存的是个“皇”字,不会是“重”字或别的字。将来还要对碑精拓、细拓一下,目前还是粗拓。“神主”恰好是招魂葬。要进一步深入地研究和毕昇有关的资料,过去我没有参加,材料我都看过,成绩还是不少。

第三首诗:“一颗摩尼不染尘,双圆日月字轻分。皇权帝号同仇忾,斧凿还应是义民。”是说他信摩尼教,砸碑的是义民。

第四首诗:“一石广招万口传,披荆斩棘共跻攀。读碑我慕杨观海,雕字双行是宋刊。”杨观海是杨守敬,如果他在,比我们会更积极,他很重视碑的研究。碑的字极似宋版书体刻字,刻的日、月二字也可能与摩尼教(明教)有关。

总之,这次开的会是深入了一步。我只能作几首诗代替我的发言。

(原载:《出版科学》1996 年第 1 期)

在英山毕昇墓碑研讨会上的(总结)发言

刘 杲*

印刷术作为中国古代的四大发明之一在世界上有很大的影响,是中华民族的骄傲,开展对毕昇的研究有重要的意义。在这一点上,大家的认识是一致的,心情也是一致的。在英山发现了毕昇墓碑,围绕这个发现,各位专家学者,还有湖北的各位领导,进行了大量的深入研究工作。事先我看过一些材料,会上又听了大家的发言。中国编辑学会有一项活动就是出版史的研究,是吴道弘、戴文葆、蔡学俭同志抓,这三位都是中国编辑学会的负责同志,中国编辑学会支持这项事情,有发言权的是他们三位。作为中国编辑学会的一员,我讲点个人的想法。

刚才听了史老的发言,还有史老的四首诗。史老说又是论文又是诗,确有很高的学术价值。根据现在接触的文献和文物,报据各位专家的分析,我个人比较赞成:初步认定英山的毕昇墓是活字印刷术发明者毕昇墓。这是一个研讨会,大家可以发表自己的意见。作为文物认定的程序来讲,有湖北省的鉴定,各位专家的签名,有国家文物局馆藏一级文物鉴定意见。我们现在是毕昇研究的研讨会,我个人倾向于初步认定。我很赞成孙启康先生用的那两个词"沧海遗珠""一鳞半爪"。"沧海遗珠"是讲发现之可贵,"一鳞半爪"说明还不是很充足、很完善,还有美中不足,所以我同意初步认定。曹之先生,我也很赞成您的意见。认识是一个过程,初步认定是整个认识过程当中达到了一个阶段,用现在时髦的话来讲:是一个阶段性的成果。它不是终点,作为认识来讲,不是终极真理。这个阶段是很重要的一步,是有开拓性的一步,但不是最后的一步,不是终点。因为还有不确

---

* 刘杲,中国编辑学会会长。

定的地方,还有模糊的地方,还有更进一步研究的地方。但从总的过程来讲,毕竟是个很大的进展。这是一篇文章,现在还不是定稿,是一个初稿,这个初稿有修改基础。曹先生,您那些意见对进一步修改这篇文章,是非常重要的意见。初步认定,就是说,可以在这个基础上进一步修改。我赞成这样一个意见,初步认定,但还要从各个方面进一步开展研究。对毕昇的研究,对毕昇有关文献和文物的发掘,初步认定都会起重要的推动作用。初步认定会引起海内外学者的注意,大家都来注意,就会大大地推动有关毕昇的研究,推动文物的发掘和研究的开展,这不挺好吗?在这个问题上有不同的意见,不同的看法,是非常自然的事情,只会推动这个研究的发展。现在这个初步认定,继续发掘和研究的结果有几种可能:一是,进一步证明了我们这个初步认定,更丰富了,更完整了,这就很好;二是,修正了我们的某些看法,这也好;三是,但也不排除另外一种可能性,进一步发掘的资料和研究的结果推翻了现在这个初步认定,那也好,也是民族之幸。但不能因为估计有出现新情况的可能性而把现在这种发现仍作为一个悬案,我看不必。初步认定还是可以的。初步认定有利于推动继续研究,而继续研究的结果可能确认这个认定,也可能修正这个认定,也可能推翻这个认定,但不管是哪一种情况,都是只有好处,没有坏处。所以,我赞成初步认定。

我还有点想法。第一,王志高同志已经讲了意见,我很赞成,就是根据现在大家的认识和所掌握的材料,应当把毕昇墓碑的有关资料作为中国印刷博物馆的展品展出,这是阶段性成果的反映(王志高同志插话:这是古代馆里一个很重要的部分,请英山的同志也考虑一下,毕昇这一部分怎么布展,你们也提一个意见,我们尊重你们的意见)。英山县博物馆准备材料的时候要尽可能地反映各位专家所提的意见。材料的表达要尽可能比较准确,比较完善。中国印刷博物馆把它列为展品,这是一个很重要的事情。第二,参加毕昇墓和毕昇研究的专家很多,还有省委、地委的支持,英山县委、县政府的重视,英山做了很多工作,有没有可能,英山毕昇研究组以自己的研究活动和阶段性成果申请中国印刷技术协会“毕昇奖”,这个奖四年一次,奖励对印刷技术有突出贡献、对印刷史研究有突出贡献的专家和单位。1996年要申请吧？我个人建议,以英山毕昇研究组的名义,因不好以哪一个专家的名义。这项活动,不完全是哪一个人的研究,当然这个鼓励不仅仅是对英山研究的鼓励,是对我们所有关心和参与这项研究的专家学者的鼓励,我希望这个事情能够争取。第三,这次研讨会是几家共同组织的,经过新闻出版署批准,其实国家文物局也是可以批准的,因为印刷是新闻出版署管,这次会议国家文物局起了很重要的作用,如果没有国家文物局,没有彭卿云同志的支持,咱们也不好办。会后,几家联合向新闻出版署写个报告,汇报一下会议的内容,同时抄报国家文物局。不同的意见都要反映一下。学术研究不能简单地少数服从多数。就拿我们这次会来说,对毕昇墓的研究,提出疑问或是提出不同考虑的有几位同志。真理有时就在少数人手里。不同的意见也得反映,对于我们进一步开展研究是很重要的、必要的。刚才有同志用正面反面这个词,千万不能用这个词。即使是国家文物局做了认定,即使是史老讲了话,即使进了中国印刷博物馆,学术问题还是可以讨论的。我们要如实地反映研讨会的情况。

会议是我们几家联合开的。英山不是很宽裕,还是很热情地接待了我们,反映了英山的同志对这件事情的重视。如同我们大家的心情一样,英山的同志为中华民族的优秀文化遗产而自豪,这个心情我们理解,我们感谢英山的同志。

最后说一下,毕昇过去了几百年,往后的日子还长,对历史人物的研究,往后的文章还多着呢！说到底,未来还寄托在年轻同志身上。这次研讨会议,能够既请到史老这样德高望重的老专家,又有若干位很有见解很有造诣的年轻同志参加,本身就非常令人鼓舞,说明我们的文章还能够继续做下去,应该继续做下去,而且一定能够越做越好。也许我们看不到跨世纪的进展,但我们相信,到那时,一定有超出前人的华章,这是没有问题的。

（原载:《出版科学》1996年第1期）

英山毕昇墓碑研讨会情况综述

老　鸣*

经新闻出版署批准，国家文物局同意召开的英山毕昇墓碑研讨会于1995年12月26日至28日在湖北英山县举行，北京、福建、湖北文物考古、印刷出版方面的专家应邀参加，主要有国家文物鉴定委员会副主任史树青，中国编辑学会会长刘杲、顾问戴文葆，中国版协学术委员会主任吴道弘，中国印刷技术协会常务副理事长、中国印刷博物馆筹委会副主任王志高，中国印刷研究所副编审张树栋，中国出版科学研究所学术委员会副主任叶再生，中国文物研究所古文献研究专家王素、任昉，福建人民出版社编审李瑞良，武汉大学图书情报学院教授曹之，以及湖北省文物管理委员会、湖北省版协、黄冈地区的文物考古和出版工作者孙启康、余南轩、吴晓松等，共21人。代表们认真考察了英山毕昇及其孙毕文忠的墓碑、墓地，并参观了毕昇文物陈列馆，看了当地出土的碗底写有“毕卅八”的宋代瓷碗和成批出土的北宋石版雕刻“买地券”等文物。

1990年湖北英山县发现毕昇墓碑以来，陆续发现了毕昇之孙毕文忠墓及其他相关文物，做了大量文物考古及研究工作。1993年，经湖北文物考古专家鉴定确认墓碑为宋碑无疑，墓主当为活字印刷术发明者毕昇。1994年3月，湖北省文化厅全省馆藏一级文物鉴定专家小组将此碑定为馆藏一级文物。同年5月，经国家文物局全国馆藏一级文物鉴定确认专家组鉴定确认，将此碑列为全国馆藏一级文物。代表们充分肯定了英山县的研究成果，认为这是《梦溪笔谈》以来有关毕昇的重大考古发现，是中国印刷出版史及科技史的一项重要进展，引起了国内外学者的重视，大大促进

* 老鸣即蔡学俭。

了毕昇研究的深入。近几年学术界对英山毕昇墓碑的年代有不同看法。毕昇墓碑字迹、图纹清晰可辨，中间阳刻字两行故先考毕昇神主、故先妣李氏妙音，其下共一墓字；碑左阴刻孝子毕惠（嘉）、毕文、毕成、毕荣，孝孙毕文显、毕文斌、毕文忠；碑右阴刻㿝□四年十二月初七日；左右分别阴刻“日”“月”二字；仅年号处有人工凿损痕迹。因年号㿝□漫漶处第一个字上部白字和其下一横可认出，多数学者认为是“皇”字，第二字有人认为是“祐”字，有人认为是“庆”字。自宋至元，只有北宋仁宗有“皇祐”年号，元仁宗有“皇庆”年号。《辞海》毕昇条，根据上海胡道静先生的考证，其卒年写为约公元1051年即皇祐三年，如此碑年号为皇祐四年，又毕昇墓碑有神主二字，系客死外地一年后的招魂葬，则英山毕昇墓主与《辞海》所载活字印刷术发明者毕昇卒年吻合。元仁宗皇庆只有二年，与墓碑明晰可认的四年不符。总之，此碑的年号不清引起的年代问题，即究竟是宋碑抑或元碑？在学术界存在不同意见。

此次研讨会着重对英山墓碑的年代进行了考察讨论。在此之前，湖北省、黄冈地区和英山县的专家学者已经对毕昇墓碑进行了大量的深入的研究工作。会上，英山毕昇研究组作了《毕昇研究情况汇报》。湖北省博物馆原馆长谭维四报告了1993年湖北省鉴定经过和1994年国家文物局全国馆藏一级文物鉴定确认专家组鉴定确认情况。中国印刷研究所张树栋原对英山毕昇墓碑存疑，曾去英山实地考察，此次提供了《毕昇籍贯及其发明活字印刷地点初探》的论文，认为“毕昇故里在英山，其发明活字印刷的地点是杭州，毕昇于北宋皇祐三年（1051）在杭州逝世后，其子孙于皇祐四年在原籍英山立了现存的这方招魂葬墓碑”。中国出版科学研究所叶再生此次去英山前也是“半信半疑”，经过考察，认为在没有发现更为确切的文物或文献证明前，可以初步认定英山毕昇墓碑是活字印刷术发明者毕昇的墓碑。戴文葆、吴道弘、李瑞良等专家也持同样意见。

国家文物鉴定委员会副主任史树青亲自考察了两墓墓地，反复观摩了墓碑及拓片、照片，认真辨识了年号漫漶处，并作了重要发言。他说，关键是在墓碑的纪年上，来英山时有些同志嘱咐不要看别的，注意看看年款那地方是不是用刀剔了。这次看了原碑,是动手了,不是今人,是相当早的前人把文字给斧凿了。看到任昉同志的文章谈到摩尼教,越来越感到跟这个碑有一定关系。其他的没有砸,就是年代给砸了,主要是反抗朝廷、皇权的行动。史老以诗代论,宣读了参加研讨会"喜而有作"的四首七绝。其一是:"名姓昭昭见梦溪,千年行迹至今谜。英山考古有新获,识得淮南老布衣。"其二是:"神主毕昇伴妙音,模糊岁月尚堪寻。纪年皇字仍留白,半字分明值万金。"其三是:"一颗摩尼不染尘,双圆日月字轻分。皇权帝号同仇忾,斧凿还应是义民。"其四是:"一石广招万口传,披荆斩棘共跻攀。读碑我慕杨观海,雕字双行是宋刊。"史老同时对四首诗作了解释,第一首是赞扬英山的考古、文物工作;第二首是说年号二字凿痕,仅留上半白字依稀可见,考为"皇祐"二字;第三首是说毕昇与摩尼教(明教)有关,年号凿损是农民起义的"义民";第四首是从墓碑毕昇及夫人李妙音阳文刻字看,极似宋刻书体。他还讲了许多深入研究毕昇的新方法、新见解,要求细读《梦溪笔谈》中记述毕昇的部分,例如"昇死"说明沈括和毕昇关系并不很亲密,一字褒贬很重要。

中国编辑学会会长刘杲谈了学会参与研究毕昇的经过,并赞同史老的意见。他根据现在接触的文献和文物,以及在座许多专家的分析,认为可以初步认定英山的毕昇墓是发明活字印刷术者毕昇的墓。初步认定是整个认识过程中达到的一个阶段,是一个阶段性的成果。这个阶段很重要,是开拓性的一步,但不是最后的一步,不是终点,因为还有不确定的地方,还有更进一步研究的方面。在这个问题上有不同意见是非常合理的,只会推动研究的发展。现在初步认定,继续发掘和研究的结果可能有几种:一是进一步证明这个初步认定,更丰富,更完整;二是修正我们的某些看法,这也好;三是也不排除另外一种可能性,有材料有论据推翻这个初步认定,那也好。他赞成根据现在掌握的材料,在中国印刷博物馆陈列英山毕昇墓碑和有关文物,反映各位专家的意见。他还建议以英山毕昇研究组的名义,向中国印刷技术协会申请"毕昇奖"。

武汉大学图书情报学院教授曹之说,开展毕昇研究就像作一篇文章,我们现在作的这篇文章一开始想十全十美是不大可能的,要反复修改。他希望这篇文章继续写下去,写得更好些。他就如何修改这篇文章提了六点具体建议:一是从英山北宋时的文化氛围、环境上进一步挖掘,包括当时出书、藏书和书市情况。二是从英山发现泥活字的技术基础进一步发掘。三是弄清毕昇的身份。四是沈括与毕昇的关系。五是同名问题。六是从毕氏家谱中收集文献。

中国文物研究所文物古文献研究室王素、任昉两位专家认真观摩了墓碑、拓片及相关文物,未及发言,但表示尊重史老的意见。

中国印刷技术协会常务副理事长、中国印刷博物馆筹委会副主任王志高主持研讨会。他传达了新闻出版署副署长于永湛对这次研讨会的批示和期望,并介绍了1996年中国印刷界的三件大事,即5月底6月初在北京举办国际印刷展览和中国印刷史学术研讨会,同时规模庞大的中国印刷博物馆落成。他说明中国印刷公司总经理武文祥原定出席因故未能参加研讨会,他也赞成初步认定的意见,并要求英山县在1996年3月底前将毕昇墓碑按原状复制,连同精拓拓片、照片及相关文物送中国印刷博物馆陈列。他同意刘杲同志的建议,请英山毕昇研究组上报申请"毕昇奖"的材料。他建议以此次主办研讨会的六单位名义,向国家新闻出版署写出报告,并抄报国家文物局和湖北省有关部门。

湖北省省长蒋祝平关切和询问了研讨会的情况,湖北省委宣传部、新闻出版、文化部门和黄冈地区的领导李德华、路用元、徐春林、胡荃蓉、丁永淮等同志看望代表和参加了研讨会。湖北日报、湖北电视台记者采访和报道了会议。

(原载:《出版科学》1996年第1期)

关于活字印刷版发明者毕昇的研究

蔡学俭

活字印刷术发明人毕昇的情况,记载极少,众说纷纭。自毕昇墓碑发现后,作者从事实地考察,组织研究讨论,关心有关出土文物,综合各方探讨意见,对毕昇故里、生活时代及在印刷术方面的贡献,做出全面论述,剖析了古代印刷史上一个疑难的问题。

北宋毕昇是活字印刷版发明者,然而他的有关事迹,仅见于同时代科学家沈括(1031—1095)所著《梦溪笔谈》卷十八"技艺"一文中。唯该文只述及毕昇的身份是"布衣",创制活字版的时间"庆历(1041—1048)中",活字版印制过程、工效,以及活字版归宿"其印为予群从所得",未记毕昇的籍贯及生平。宋代江少虞的《皇朝事实类苑》也有类似记载。《中国大百科全书·新闻出版》中"毕昇"条目下,其生卒年月、籍贯、经历均无考。毕昇故里及其生平遂成为未解之谜,也是文化、出版界学术争鸣的一个焦点。

我国现代对毕昇的研究,从20世纪30年代即已开始。20世纪50—70年代,张秀民、胡道静等一批学者做了深入研究,20世纪80年代以来日趋活跃。据不完全统计,发表的著作和论文近百篇(部),内容主要为研究活字(包括泥、木、铜、锡、磁活字)印刷源流及毕昇生平。1990年,湖北英山县发现毕昇及其后裔墓葬,为研究提供了实证,也由此展开了毕昇故里何在的讨论。《人民日报》《中国文物报》《新闻出版报》《中国印刷》《湖北日报》《出版科学》《江汉考古》等报刊发表了近30篇报道和论文。研究主要集中在以下几个方面。

一、关于泥活字的科学性

沈括的《梦溪笔谈》中已述及泥活字为何能印书，并与木活字的优劣做了比较。王国维(1877—1927)、胡适(1891—1962)及国外有人仍持有怀疑。据张秀民论证，清道光十年(1830)，苏州李瑶用胶泥活字排印《南疆绎史勘本》80部，并于封面背页注明“仿宋胶泥版印法”。道光二十四年(1844)，安徽泾县翟金生以30年的心力，用毕昇遗法制成泥活字10万多个，排印了自著的《泥版试印初编》《试印续编》等书多种。翟氏将泥活字印本称为“泥斗版”“澄泥版”，又称“泥聚珍版”①。20世纪70年代前后，搜集到的翟氏泥活字，仍不失其坚贞，实物现藏北京图书馆。20世纪80年代，我国制出6000余枚泥活字，经模拟印刷实验，效果良好。② 1961年，张秉伦论证了泥活字的科学依据。③ 1980年3月4日，《湖南日报》报道该省发现李瑶用胶泥活字印刷的书，以后宁夏等地都有发现。应该说，泥活字能印书已成定论。

二、关于毕昇的生卒时间

《梦溪笔谈》所述毕昇活动时代是“庆历中”。庆历是北宋仁宗使用的一个年号(1041—1048)，据胡道静《活字板发明者毕昇卒年及地点试探》一文推测，毕昇大概卒于皇祐年间(1049—1053)④。《辞海》对毕昇的生卒时间则注为“？—约1051”。沈括生于1031年，于1095年去世，庆历年间沈括只有十几岁，毕昇生年至少应在庆历一年即1041年前几十年。但对此尚无定见，迄今存疑。

---

① 张秀民:《中国活字印刷简史》,《中国印刷》第23期。
② 戴文葆:《韩国与中国的活字印刷出版文化》,《出版科学》1995年第2期。
③ 张秉伦:《关于翟氏泥活字的制造工艺问题》,《自然科学史研究》1986年第1期。
④ 《文史哲》1957年第59期。

三、关于毕昇与毕升

《梦溪笔谈》卷十八记述了毕昇创制胶泥活字版，卷二十又写有北宋真宗大中祥符年间（1008—1016），有老锻工毕升能锻金。王国维在明崇祯马元调刻本《梦溪笔谈》所记毕昇活字版条亲笔眉批："'卷二十云，祥符中有老锻工毕升曾在禁中为王捷锻金'云云，当即其人。"1847 年，法国人儒莲把毕昇译成"一个铁匠"（un forgeron），此后西方许多学者也照此译成锻工或铁匠（smith 或 blacksmith）。据吴晓松考证，毕昇与毕升不是同一人，发明活字印刷版的是刻工毕昇而不是锻工毕升。其一，年代不同。毕昇活动的庆历年间与毕升活动的大中祥符年间，相隔三四十年，难以想象"老锻工毕升"再活三四十年并发明活字印刷。其二，宋代"昇"与"升"音同形似而义不同。东汉许慎《说文解字》卷十五"斗部"，对升字的解释是：升"十龠也，从斗亦象形"；卷七"日部"，对昇字的解释为："日上也，从日升声，古只用升。"这说明，古时有"升"字，无"昇"字，至少东汉时已演变为不同义的两字，在宋亦然。现代汉语简化又统一为"升"，但在写毕昇时，"昇"不应简化为"升"①。

四、关于毕昇籍贯

这方面论著较多，见解不尽相同，主要有三种观点。

1.益州说。清末会稽人李慈铭在清顺治进士王士祯所著《居易录》卷二十五"活字版起于毕昇，昇宋时人"条下，以墨笔批注"益州人"三字。李官至御史，博学多闻，但未对此提出任何依据。后虽有人持此说，也无确证。

2.杭州说。浙江嵊县张秀民认为，"沈氏（指沈括）把毕昇的伟大发明很忠实地记录下来""毕昇与当时杭州人沈括有关，所以死后，肯把他创制

① 《英山发现毕昇及其后裔墓葬考证》，《出版科学》1994 年第 3 期。

的活字工具交给沈括的侄子辈，因此毕昇可能也是杭州一带人”①。电影《毕昇》并未依此说演述，只用“生在偏乡僻壤的毕昇，来到繁华的钱塘……”其情节带有传奇性，但亦未见史实依据。张秀民认为沈、毕有直接和亲近关系，毕昇去世后才肯将版印交沈括子侄。孙启康在《毕昇故里何在　益州？杭州？蕲州》一文中，分析《梦溪笔谈》的记述与沈括的治学态度，认为“毕、沈之间很难查出有什么亲缘或其他密切关系”，沈括的见闻有可能是间接的，可能只是在其子侄处“看到并研究过毕昇活字印刷的有关设备，并听了有关情况的介绍记录下来的”②。周宝荣的《沈括到过毕昇故里》③，以及吴晓松的《关于毕昇是英山人的再考证》④，则认为沈括可能到过蕲州直河乡，即今之英山县。然而从沈、毕两人的年龄看，毕昇去世时，沈括仅约 20 岁，也没有证据说明两人有过交往，关系密切，因而在杭州或蕲州见面的可能性都不大。曹之著文分析沈括不可能到过英山⑤。张秀民也认为此说只是一种推测，“关于毕昇的生平籍贯，至今仍是一个谜”⑥。

3.蕲州说。1990 年湖北英山县发现毕昇夫妻合葬墓及墓碑，位于该县毕家坳，前临毕家河、毕家畈，后有毕家铺。墓碑中间并列阳刻文字两行：“故先考毕昇神主”“故先妣李氏妙音”，其下共一“墓”字。碑左侧阴刻“孝子毕嘉、毕文、毕成、毕荣，孙男毕文显、毕文斌、毕文忠”；右侧阴刻“□□四年二月初七日”等字。1993 年 5 月，距毕昇墓西南 9 千米的过路滩乡，又发现毕昇孙男毕文忠墓。墓碑文字多有脱缺，但可辨认中间为“故□毕公文忠神主墓”，左侧为“□□年十一月”，右侧为“戊寅年十二月十九日造，孝男马潮、马未立”。两墓地在宋代属淮南路蕲州蕲水县直河乡

---

① 张秀民：《中国印刷术的发明及其影响》，人民出版社 1958 年版。

②《出版科学》1994 年第 4 期。

③《新闻出版报》1994 年 12 月 5 日。

④《出版科学》1994 年第 3 期。

⑤《新闻出版报》1995 年 9 月 13 日。

⑥ 张秀民：《中国印刷史》，上海人民出版社 1989 年版。

范围。此说有墓碑实证,引起学术界关注,许多学者赞同此说,但有些专家持有异议,争论焦点是:毕昇墓是否宋墓?墓主是不是活字印刷版发明者毕昇?具体有以下几方面。

(1)墓碑年代。毕昇墓碑右侧年款为“四年”,上面年号两字漫漶不清,且有斧凿痕,但第一字上半部“白”和其下一横可识出,可视作“皇”字;第二字字迹依稀可辨认为左右结构,左半部点、横折撇,可识为“礻”,右半部推为“右”即符合皇帝纪年,张秀民对此提出了疑问[①]。有人认为是元仁宗皇庆年号。孙启康在《答毕昇墓碑质疑》中指出,元仁宗皇庆年号只使用了两年,与墓碑明晰可辨的“四年”不合,两宋皇帝年号冠以“皇”字的只有皇祐,皇祐四年为1052年,恰与胡道静先生推测毕昇卒年在皇祐年间相吻合。因此,此墓应为宋墓[②]。

(2)墓碑花纹图案。毕昇墓碑上饰宝珠荷叶华盖,下托莲瓣,上端两侧镌有“日”“月”图像。对日、月、荷、莲等花纹图案的不同看法,也关系到墓碑年代和墓主是否活字印刷版发明者。任昉认为,此碑“与汉族的传统习惯不合,而带有明显外来文化和外来宗教的色彩”“摩尼教崇拜日月光明,教徒以日月图像为信仰标志”,并以唐代西域康国人“曾以毕为姓”,“足见毕氏一家均为从中亚传来并经汉化”的日月教徒。文中还认为毕昇墓碑与“现藏北京牛街礼拜寺”的“二方元代阿拉伯人碑”,以及“泉州现存的元代阿拉伯人碑”等都十分相似,因而断定此墓“不能早于元,估计属于元末”[③]。孙启康在《毕昇墓碑的物象崇拜与宗教色彩》中认为,毕昇墓碑上所镌日月图像,不是出自摩尼教或伊斯兰教,而是“显示了我国民族的一种传统的物象崇拜的信仰标志”。文中引述《尚书·舜典》《史记·封禅书》等的记载,说明“至少在原始社会晚期的有虞氏时代,日月就是人们崇拜的对象”,并以湖南长沙马王堆一号汉墓出土的旌幡上部左右侧绘有日月图像,以及山东、甘肃汉墓中都有绘有日月图像的旌幡为例,说明日月图

① 张秀民:《毕昇墓碑质疑》,《中国文物报》1993年12月5日。

② 孙启康:《答毕昇墓碑质疑》,《中国文物报》1994年2月27日。

③ 任昉:《毕昇与湖北英山出土的〈毕昇碑〉》,《中国文物报》1994年9月25日。

像用于丧礼仪仗,早在西汉即有此习俗。作者还引述金石学中备受推崇的南朝的《爨龙颜碑》,说明“在墓碑上镌刻日月图像的习俗,也至少可追溯到南北朝刘宋时期”。毕昇墓碑碑首呈圆弧状(即“笏头碣”),与此碑风格一致,而与阿拉伯人墓碑有明显区别。摩尼教创始于公元3世纪,华夏民族对日月的崇拜显然早于摩尼教,因此不能以毕昇墓碑有日月图像,就推断其一家均为日月教徒。孙启康从毕昇墓碑所饰莲荷蔓草等纹样,以及毕昇妻称“妙音”乃是佛教女弟子所习用的“法名”,认为“毕昇墓碑所示乃道道地地的佛教色彩”“毕昇之妻李氏乃是一位笃信佛教的‘三宝弟子’”①。任昉在《再谈“毕昇碑”的宗教色彩》中不同意孙启康的解释,认为“崇拜与信仰标志是两回事”,中国古代君主对天地万物无所不祀,但他们的信仰及其标志却是“龙”,火祆教的信仰标志主要是“火”,以日月为信仰标志的只有摩尼教。任昉还指出“爨”为我国西南地区少数民族,属古百濮族,“即使该碑所镌‘骏马’‘蟾蜍’确属日、月崇拜,也是百濮族的传统,与所谓‘汉族传统的物象崇拜’没有关系”。她认为,“至今尚未见过佛教徒崇拜日、月,或者崇拜日月的人信仰佛教。而目前唯一能将二者结合加以解释的,也只有摩尼教即日月教”②。孙启康在《再说毕昇墓碑的物象崇拜与宗教色彩》中答疑,就任文否定毕昇墓碑所镌日月图像是汉族传统的物象崇拜,详述史料,指出:第一,汉族崇拜日月的文化传统源远流长,崇拜日月既不是摩尼教的发明,也不是其专有。第二,属于古百濮族的“爨”与作为爨龙颜的爨,是两个不同的概念,前者是民族的名称,后者是人的姓氏。爨氏本安邑(今山西夏县西南)人,在晋时为南宁(今云南曲靖一带)太守,中原乱,遂王蛮中。因此,爨氏不是百濮族,《爨龙颜碑》所镌日月图像,仍应是汉族物象崇拜的传统。第三,摩尼教以日月图像为信仰标志的说法,迄今缺乏实证。任昉在其《毕昇与湖北英山出土的〈毕昇碑〉》一文中也认为“日月教的石刻现存甚少,该教教徒的碑更为罕见”,故不能以英山出土的毕昇墓碑作为其佐证。相反,现存摩尼教墓碑并无任何日月字样图像。第

① 《出版科学》1995年第1期。

② 《出版科学》1995年第3期。

四,毕昇墓碑的纹饰特征符合汉族民俗传统,与佛教色彩并无抵牾之处①。

(3)墓碑避讳问题。任昉在《毕昇与湖北英山出土的〈毕昇碑〉》中还认为,毕昇墓碑中出现"父以'文'为名,子以'文'为辈"的现象,即子侄辈"文显、文忠"未避其父辈"毕文"之名,"不合传统避讳原则",而"赵宋为我国古代最重礼法的朝代",因此认为此碑"绝非宋制"。孙启康在《毕昇墓碑之年代断定与避讳问题》中对此做出了解释,详述从西周至隋唐的避讳礼法及其演变,以及赵宋时代的避讳实况,说明"唐代以前,虽然避讳礼法较为流行,但也存在一些不避讳的现象,君臣同名,父子、祖孙同名者不乏其例"。赵宋时"在避公讳方面,总体上比前代更为繁杂……但也还有疏漏之处""避家讳之制,似乎在北宋中期还不太统一,这可能与当时谱牒之学的发展程度有关"。作者分析了谱牒学与士族门阀制度的关系,唐末农民起义沉重打击了士族门阀制度,"谱遂大废",北宋时谱牒之学"还只是复兴伊始,处于一种风尚更替时期,对于晚辈命名应与长辈之名回避的礼法,还处于逐步完善的阶段"。与毕昇同时代的欧阳修在他主持编纂的《欧阳氏族谱》中,就存在晚辈与长辈名字混同的现象。"何况毕昇乃一布衣,其子孙又僻居山野,因不谙而未从避讳之制,也是合乎情理的。因此,不应以此碑不合避讳原则而断定它'绝非宋制'②。"

(4)北宋蕲州印刷业问题。益州说和杭州说都有一重要的前提,即北宋时两地雕版印刷业都十分发达,与福建建阳麻沙并称为全国三大刻书中心。毕昇发明活字印刷版不能离开这个条件。李瑞良在《蕲州毕昇与活字印刷》中提出了此问题。他分析了北宋蕲州的地理位置,当时属淮南路,治所扬州,富甲天下,且"正夹在益州和杭州这两个刻书中心的中间","在这两个刻书中心的交互影响下,雕版印刷也逐渐兴盛"。并举《册府元龟》卷一六〇记载,说明唐代淮南道雕版印刷业已很繁荣。北宋的淮南路即唐代的淮南道,"记载毕昇事迹的《梦溪笔谈》现存最早的刻本就是宋孝宗乾道二年(1166)在淮南路刻印的"。李文同时指出:"本文只是从客观

---

① 《出版科学》1995 年第 4 期。

② 《出版科学》1995 年第 2 期。

环境方面论证蕲州毕昇发明活字印刷的可能性。要把这个可能性变为历史事实,还需要挖掘更多的历史资料。”①

五、关于英山毕昇墓碑研讨会

为了集中讨论毕昇墓是否宋墓,墓主是不是活字印刷术发明者毕昇,1995年12月26日至28日,中国印刷技术协会、中国编辑学会、中国印刷博物馆筹备处、湖北省文物管理委员会、湖北省出版工作者协会、英山县人民政府联合邀请了21位学者包括持不同意见的几位学者,在英山举行了毕昇墓碑研讨会。英山毕昇研究组作了《毕昇研究情况汇报》。湖北省博物馆原馆长谭维四做了下列说明:1993年,经湖北文物考古专家鉴定,确认英山毕昇墓碑为宋碑无疑,墓主当为活字印刷术发明家毕昇。1994年,湖北省文化厅全省馆藏一级文物鉴定专家小组将此碑定为馆藏一级文物;同年5月,经国家文物局全国馆藏一级文物确认专家组鉴定确认,将此碑列为全国馆藏一级文物。与会者认真考察了毕昇及其孙男毕文忠的墓碑、墓地,观摩了墓碑拓片、照片,看了当地出土碗底写有“毕卅八”字样的宋代瓷碗,以及成批出土的北宋石版雕刻的“买地券”等文物。

中国印刷研究所张树栋对英山毕昇墓碑存疑,曾去英山实地考察,此次提供了《毕昇籍贯及其发明活字印刷地点初探》的论文,认为“毕昇故里在英山,其发明活字印刷的地点是杭州。毕昇于北宋皇祐三年(1051)在杭州逝世后,其子孙于皇祐四年在原籍英山立了现存的这方招魂葬墓碑”。中国出版科学研究所叶再生去英山前也是“半信半疑”,经过考察,认为:“此碑断为皇祐四年立的宋碑是可信的。根据现有证据,在没有发现确凿的文物或文献足以推翻现有证据和资料前提下,可以初步认定英山毕昇墓碑是活字印刷首创者毕昇的墓碑;有些质疑和问题是值得重视的,但它尚不足以推翻现有结论;需要进一步搞清楚的问题还很多,要继续调查和研究。”

---

①《出版科学》1994年第4期。

国家文物鉴定委员会副主任史树青认真辨识了墓碑年号漫漶处，指出关键是在墓碑的纪年上有明显的斧凿痕迹，其他的没有砸，就是年号给砸了，这是农民起义反抗朝廷、皇权的行动。他认为这与任昉文章中谈到的摩尼教有一定关系。他以诗代论，宣读了参加研讨会“喜而有作”的四首七绝，并做了解释。其一是：“名姓昭昭见梦溪，千年行迹至今谜。英山考古有新获，识得淮南老布衣。”是肯定英山的文物考古发现。其二是：“神主毕昇伴妙音，模糊岁月尚堪寻。纪年皇字仍留白，半字分明值万金。”这首是关键性的，他同意年号漫漶处第一字应为“皇”字，不会是别的字，纪年考为“皇祐”。其三是：“一颗摩尼不染尘，双圆日月字轻分。皇权帝号同仇忾，斧凿还应是义民。”是谈毕昇与摩尼教有关，凿损年号的是农民起义的“义民”。其四是：“一石广招万口传，披荆斩棘共跻攀。读碑我慕杨观海，雕字双行是宋刊。”是说从碑文刻字看像宋版书的字。

中国编辑学会会长刘杲赞同史树青的意见。他根据在英山接触的文献和文物，以及与会学者的分析，认为可以初步认定英山的毕昇墓是发明活字印刷术者毕昇的墓。这是一个阶段性成果，不必因为估计有出现新情况的可能性而把现在这种发现仍作为一个悬案。他还赞同中国印刷技术协会常务副理事长王志高的意见，将英山毕昇墓碑的有关文物资料，在中国印刷博物馆展出。①

其他与会者吴道弘、戴文葆、李瑞良、孙启康、王素、任昉等，也表示同意或尊重史树青和刘杲的意见。

关于毕昇的研究正在深入，并已取得一些阶段性成果，在若干问题上已逐渐形成共识。英山出土的墓碑，是《梦溪笔谈》以后有关毕昇的唯一考古重大发现和文物实证，是研究毕昇生平的重大线索。有关墓碑的讨论，正促进着研究的发展，也还有许多工作要做，包括出土文物和文献资料尤其是地方志和族谱的发掘，以及北宋蕲州印刷业的研究。这不仅需要文化、出版界，还需要科技、史学工作者的参与。宋代是文化艺术、科学技术

① 英山毕昇墓碑复制品及有关文物资料已于 1996 年 6 月在中国印刷博物馆古代史馆陈列。

和雕版印刷繁荣兴盛的时期，弄清毕昇的生平，对于研究宋代社会政治、经济状况，乃至中国文化史、出版史、科技史，都有重要意义。

（原载：中国出版科学研究所编《第二届全国出版科学研究优秀论文获奖论文集》，中国书籍出版社 1997 年版）

英山“毕卅八”墓葬的发现与毕昇墓碑研究

吴晓松*

1995年10月，黄冈地区博物馆和英山县博物馆在毕昇墓碑发现地西南约500米的乌鸦坪发现有一座宋代墓葬，经请示后，对该墓进行了清理发掘。

一、墓葬遗物及时代推论

该墓为长方形单室竖穴岩坑，墓向为320°，填土为沙质黄、黑相间的花土，并杂有砾石，结构严密，似经夯筑。周边为褐红色砂岩，胶结度高，墓壁平整。残墓口长252厘米、宽70厘米、距墓底残深50厘米。坑壁垂直。为单棺，棺痕不清，葬式不详，残存圆头铁质棺钉数枚，圆头直径约8厘米，残长5~13厘米，随葬品放置西头。西头底部平置有一直径约30厘米的圆形砾石，东头一端底部亦有一长方形砾石平置。

随葬有陶、瓷、铁质器物，共7件。

瓷碗4件。属青白瓷系。标本一，六出葵口，尖唇敞口斜直壁，圈足、胎壁较薄，釉色白中泛黄，较光洁，釉面有开片。圈足底部有竖行墨书楷体“毕卅八”，为毛笔所书，字迹清晰。口径22.2厘米、圈足径5.9厘米、高6.8厘米。标本二同标本一一样，圈足底部亦有竖行墨书楷体“毕卅八”，为毛笔所书，字迹残留。口径21.6厘米、圈足径6厘米、高7厘米。另两件瓷碗相互叠压，均为敞口尖唇，斜直腹壁，圈足。但一碗釉色白中泛黄，光泽较差；另一碗釉色灰白闪黄，较光亮。另有四系罐一件、陶罐一件、铁鐎斗一件。

---

* 吴晓松，黄冈市地区博物馆原馆长、研究员。

该墓出土器物中以四件瓷碗最具代表性，其中两件葵口碗造型是宋朝的时代特征，其青白釉色虽不及官窑产品那样精美，但时代风骨尚存。与出土有明确纪年的宋代文物类比，两件葵口碗又与 1986 年在该县茅竹湾宋墓出土的葵口碗类同①，茅竹湾宋墓的绝对年代为北宋政和四年(1114)。两墓还同出有铁鐎斗，其形状大同小异。两件葵口碗又与 1987 年江西铅山宋淑国夫人墓出土的影青刻花碗类同②，江西铅山宋淑国夫人死于绍兴二十八年(1158)，下葬于绍兴三十一年(1161)，属南宋初年。另外，两件葵口碗圈足底部有毛笔墨书"毕卅八"，应该是墓主人排行称谓，碗圈足内用毛笔墨书标记的作风在同时代的河北曲阳南平罗北宋政和七年(1117)墓中出土的碗中见到③。"毕卅八"，这种以排行称谓墓主人的风格在江西、湖北等地出土的宋代地券文中常见，如："曾三十七""彭氏念一娘""陈氏六娘""田三郎"等等不胜枚举。另该墓出土的四系釉陶与湖北黄陂县铁门坎遗址宋墓出土的同类器近似④。

综上分析，我们认为"毕卅八"墓时代大体可定在两宋时期，反映出当时毕氏在英山草盘地一带门庭兴旺，兄弟排行多达三十八。该墓相距不远是毕昇墓地。此墓与毕昇墓地当有一定联系，并为进一步深入探讨毕昇墓碑提供了一处有价值的实物材料。

二、英山馆藏文物与"毕卅八"墓

英山出土有较多宋代文物，经科学发掘的有 1986 年茅竹湾北宋政和四年(1114)下葬的宋故胡氏合葬墓⑤；1987 年发掘的孔家坊乡大屋基北宋熙宁十年(1077)下葬的田三郎与孔氏的合葬墓⑥；同年发掘的张家嘴乡

① 《英山县茅竹清宋墓发掘》，《江汉考古》1988 年第 1 期。
② 《江西铅山宋淑国夫人墓》，《江西文物》1989 年第 2 期。
③ 《河北曲阳南平罗北宋政和七年墓清理简报》，《文物》1988 年第 11 期。
④ 《湖北黄陂县铁门坎遗址宋墓》，《考古》1995 年第 11 期。
⑤ 《英山县茅竹清宋墓发掘》，《江汉考古》1988 年第 1 期。
⑥ 《湖北英山三座宋墓的发掘》，《考古》1993 年第 1 期。

土台湾北宋末年至南宋初年墓葬[①];同年发掘的三门河乡宋塝郭家湾北宋熙宁十年下葬的墓葬[②]。这几座中小型墓葬及其随葬品,从一些侧面反映了这一地区社会中下层人民生产和生活的若干方面,为研究宋代的社会制度、丧葬习俗提供了一批有价值的实物资料。“毕卅八”墓的发掘更加丰富了这一地区宋代文物的发现,并为毕昇墓碑的深入研究提供了有意义的资料。

“毕卅八”墓出土的瓷器和英山县博物馆馆藏瓷器中绝大多数为青白瓷系,其中不乏代表当时时代水平的刻花青白瓷器,这类瓷器青中泛白,白中显青,造型优雅,晶莹滴翠。青白瓷是宋代以景德镇窑口为代表烧制成的一种具有独特风格的瓷器群,除景德镇窑口外,当时江西的其他地方以及安徽、福建、湖北等地均有窑口烧造[③]。这里距江西景德镇、安徽等地不远,而且在鄂城、武昌也有烧制青白瓷的宋代窑址[④]。州治所在地蕲州城内发掘品中也常见类似的遗物。英山馆藏文物中有产于耀州窑口的青瓷碗和产于北方窑口的瓷注子等。这些藏品从侧面反映了这一地区在宋代的地理位置的重要性和商业贸易的繁荣。

英山馆藏文物中,还有一批石质买地券。这些买地券并非名家手笔挥就,但刻工精细,共计数百字,年代标明宋代,实为一整块雕版。这反映了当地可能有专职的买地券石的加工场所、券文刻工、销售店铺或有集采石、加工、撰文、刻石、销售一条龙的服务场所。买地券对撰文和刻工要求较高,非一般劳动者所能胜任,他们必须具备有一定的文化和技艺。这从一个侧面反映当地雕版刻印具有一定基础。这种文化氛围对于研究英山毕昇墓碑是有一定意义的。

(原载:《出版科学》1996 年第 2 期)

---

① 《湖北英山三座宋墓的发掘》,《考古》1993 年第 1 期。

② 《湖北英山三座宋墓的发掘》,《考古》1993 年第 1 期。

③ 中国硅酸盐学会:《中国陶瓷史》,文物出版社 1982 年版。

④ 《湖北鄂城、武昌的两处古瓷窑址调查》,《考古学集刊》第 1 期,中国社会科学出版社 1981 年版。

把毕昇研究深入下去
——关于毕昇墓碑的研究方法问题

李瑞良

1990年湖北英山发现毕昇墓碑，引起各方面的重视。这几年，对这通墓碑的研究日见广泛深入，这是可喜的现象。笔者有幸参加了1995年12月在英山举行的毕昇墓碑研讨会，并追随诸位专家学者，到英山东河乡毕氏墓地进行了实地考察，最近又重新翻览报刊上的所有重要论文，探究了各方面的论点，深深感到，思想方法和研究方法上的差异是造成不同看法的一个重要原因，有必要在这方面做点回顾和探讨。

一、毕昇墓碑研究的现状

问题要从研究现状谈起。对活字印刷发明者毕昇的研究，迄今已有900多年。第一个研究者是北宋的沈括，他以当代人研究当代事，并为后人留下了第一手资料，即《梦溪笔谈》卷十八的一则200多字的记载。沈括的研究侧重在泥活字的制作和活字版的操作，对发明者只提到姓名（毕昇）和身份（布衣），别无交代。由于文献资料的限制，直到近现代，尽管对这一重大发明的研究已扩及海内外，但研究重点仍然限于沈括所谈到的范围。对毕昇的生平事迹只能做种种猜测，特别是他的籍贯问题。

1990年在湖北英山发现的毕昇墓碑及其附属物，是在《梦溪笔谈》问世之后第一次发现的一项直接的研究资料，也是迄今唯一的实物资料。这是研究资料方面的重大突破。由于这一发现，近几年来，人们的眼光从沈括留下的一段文字转移到毕昇墓碑这项实物上来，改变了以往的研究状况。这一情况说明，毕昇墓碑的发现为这项研究提供了一条新的线索，展现出一个新的途径。迄今为止,人们已在这项研究中提出了一些有价值的论断,在一些方面取得了进展,在某些范围内获得了一些共识,并促使人们进一步思考和研究。可以说,这是新的研究阶段的开始。这种状况是值得肯定的。

也应该指出,目前对毕昇墓碑的研究还存在一些重要分歧。这些分歧既针对墓碑本身,也涉及活字印刷发明者毕昇的生平籍贯。产生分歧的原因,既有客观上的,也有主观上的。客观的原因主要是墓碑本身因年代久远而产生的模糊和不确定性,主观的原因则涉及研究者的思想方法和研究方法。提高思想方法和研究方法,是缩小分歧、取得共识的重要途径。本文就这方面提出一些问题,就正于方家。

二、把思想方法和研究方法提高一步

在毕昇墓碑研究中,思想方法和研究方法上的问题主要表现在以下几个方面。

(一)如何拓宽视野、突破框框,避免囿于成见、故步自封的问题

长时间以来,毕昇籍贯为杭州说颇为人们所接受。其依据是:(1)沈括《梦溪笔谈》所记的最后一句话:“昇死,其印为予群从所得。”沈括是钱塘人,毕昇死后,活字为沈家子侄所收藏,可见毕昇是杭州一带人。(2)发明活字应具备雕版印刷的客观条件,杭州正具备这种条件。很明显,这两点只是一种想当然的猜测,不能作为直接的证明。猜测是一种主观猜想,带有很大的不确定成分和被否定的可能性。就第一点说,沈家子侄获得毕昇活字有多种可能的途径:是直接从毕家得到的,还是间接从中间人手里得到的;是在杭州得到的,还是在杭州以外地区得到的,都有待探明。就第二点说,北宋雕版印刷发达的地区并不限于杭州一地,发明活字印刷也不一定非在杭州不可。实际上,说毕昇籍贯为杭州,就会遇到一些无法解释的疑问。例如,沈括为什么不说“钱塘布衣毕昇”?又如沈括为什么不谈

毕昇活字印刷的规模、经营情况和印刷成品？等等。但在没有其他线索的情况下，久而久之，这种想当然的猜测就先入为主，成为人们的一种成见。成见带有排他性，只能接受相同的说法，而对于不同的观点就不容易听进。成见越深，排他性就越强。现在湖北英山的山沟里发现一通毕昇墓碑，一般人也不免感到突然，对于原来持杭州说者，就更有点格格不入了。这种心理是可以理解的。但是，英山毕昇墓碑是一种客观存在，应当正视它。所谓正视，就是要面对这一实物资料，摆脱成见，积极开拓思路，拓宽视野，以客观的态度进行考察研究，得出符合客观实际的结论。这是唯一正确的态度。如果成见在胸，用旧说框住自己的眼界，不愿正视新线索、新材料，结果是，既不考虑沈括记载中留下的缺点，也无法对毕昇墓碑进行客观研究，对墓碑持否定意见的就听得进，对那些肯定意见就不容易听进。显然，这不利于进行新探索、接受新事物。

这里以英山毕昇墓碑的真伪问题为例。这通墓碑发现以后，几年来，经过湖北省文物考古工作者反复勘察、清理和研究，又经过北京等地有关专家的现场考察辨认，初步认定墓主为活字印刷发明者毕昇。这是一项重大的考古发现。在看到墓碑之前，有些同志也带有某种怀疑，但经过实地考察，已经排除了挖补作伪的可能性，肯定了墓碑的真实性。墓碑年款因风化毁损，残缺不全，不易辨认，这并不奇怪。史树青先生判断为宋明农民起义时出于反朝廷的动机，特意加以斧削，这一判断还可以商榷，但斧削痕迹也绝非今人作伪的结果，则是没有疑问的。或提出碑文称呼中“故”与“先考”用词重复，这与是否宋碑无关，实际上是怀疑出于拙劣的作伪。其实，封建时代社会上下层的文化程度是悬殊的，毕昇家族是山区僻地的平民，碑文用词不像上层社会讲究，这正可说明毕昇出自“布衣”之族。至于说《中国文物报》上发表的碑文“昇”字似近“昂”字，而《科技日报》发表的碑文已挖补成“昇”字，这更直截了当地提出了作伪问题。孙启康先生在《三答〈英山毕昇墓碑再质疑〉》（见《出版科学》1996 年第 3 期）里解释得很清楚，这是报纸制版复印的问题，与碑文本身无关。亲眼看到墓碑的人绝不会产生这种怀疑。如没有看到墓碑，仅仅根据两张报纸印制明暗效果不同,就断定为挖补作伪,那就显得不够慎重了。过分地怀疑和轻率地断定其为伪作,这正反映出思想方法和研究方法的问题。如囿于成见,故步自封,不但不可能采取客观的态度,甚至会怀疑到文物发掘者的工作态度和品德问题,那就走得太远了。

承认不承认英山墓碑的真实性,是研究墓碑的先决条件。只有在承认这通墓碑真实性的前提下,才能进而讨论它是宋碑还是元碑,是同一毕昇还是同名同姓等问题。湖北文物考古工作者在发现、清理、辨认和考证等方面做了大量的工作,并得到了北京专家的考察认定,人们没有理由不相信他们诚实的工作态度和认真的工作精神。

(二)坚持事物互相联系的观点、辩证的方法和多因素的综合判断,避免简单化

近年人们对英山毕昇墓碑,除怀疑是否伪造外,所提出的问题还有:

1.是宋碑还是元、明墓碑?

2.年款是宋"皇祐"还是宋"重和"或元"皇庆"?

3.墓主是"毕昇"还是"毕昂"?

4.此毕昇就是彼毕昇,还是同名同姓的另一人?

以上诸问题,除第三个问题可通过实物验证无须多说外,其他问题或多或少都还有些分歧。而这些分歧又或多或少与研究方法有关。

在是不是宋碑的问题上,许多同志坚持联系的观点,运用多因素综合判断的科学方法,所做出的论断较有说服力。而那些否定性论断则颇有简单化之嫌。在这方面应该指出,孙启康先生的考证方法是值得肯定的。他不是单就墓碑的某一方面遽下断语,而是把墓碑的形制、特征、纹饰题材、碑文字体、雕刻技法、风格气韵等各方面联系起来,探究其时代特征和个性特点,再结合文献记载和前人研究成果,做出有说服力的论证。相反,简单地执其一端而加以否定,是很难令人信服的。例如,墓碑的形制和纹饰特征,可以是宋代的,也可以是元代至明代的,因为墓碑刻制风格和其他文物表现形式一样,有其形成、发展和衰落的过程,不能简单地用朝代来划分。

单就形制或纹饰的某一部分就断定“绝非宋碑”，显然是不够慎重的。碑文的字体也是这样。宋刊字体多种多样，这正说明单就字体一端是无法加以否定的。避讳问题也一样。碑文中出现子侄辈“文显”“文忠”等未避父辈“毕文”的名字，或根据这一点就断定不是宋碑，理由是：“赵宋为我国古代最重礼法的朝代，倘若确系宋碑，则其不避父名，……岂不很值得奇怪！”其实这个问题不能简单化。避讳原则创自儒家孔子，所谓“春秋为尊者讳，为亲者讳，为贤者讳”（《公羊传·闵公元年》）。秦汉以后，成为儒家倡导、皇权支持的一条礼法，宋代以后更为严密。但应看到，无论是宋代以前还是以后，避讳原则的实施对象是有区别的，实施的范围有大有小，掌握尺度有宽有严。就对象说，有“国讳”“官讳”“圣讳”和“家讳”之别。“国讳”是避帝王的名讳，皇帝的名字全国都要避讳，犯讳是要治罪的。“官讳”指官僚的名字，避讳范围只限于下属，犯讳也没有“国讳”严重。“圣讳”是对古代圣人的避讳，如把孔丘的“丘”字缺笔写成“丠”。宋代传说轩辕氏是皇族赵氏的直接始祖，因此，宋版经籍中遇到“轩辕”二字也常缺笔。“家讳”只适用于本家后辈。宋代的确是避讳最多的一个朝代，但要看到，执行最严格、受影响最大的是官僚和文人。就是说，严格避讳主要是在社会上层，越往社会下层，就越不讲究。毕昇家族是乡村小民、“布衣”阶层，不避父名是毫不奇怪的。相反，有的父辈还特意给后辈起父辈的名字。孙启康先生已举例证明了。这说明，避讳与否，不能作为是否宋碑的依据，应当联系其他因素，进行综合判断。元、明、清各代也都讲避讳，如把问题绝对化，那不仅不是宋碑，连是不是明碑、清碑也成问题了。

墓碑的年款是争论最多的问题，既关系此碑是否宋碑，也关系此毕昇是否彼毕昇。因字迹残缺，不易辨认，因此更需要结合其他因素进行判断。年款中的年号这个关键部位严重缺损，但仍有残划留存。解决的办法，一是根据残划直接辨认，二是联系其他因素进行推断。就残存部分看，第一个字为上下组合，上半可判为“白”字。第三字为“四”字，也还清晰可辨。第四字以下为“年二月初七日”，更是清楚不过。如把头二字判为“重和”，显然与残划相差甚远，如作“皇庆”，又与“四年”联不起来。如说易代之际犹奉前朝正朔,那往往是前朝遗民不承认新朝统治,属于政治原因;如因英山僻远,交通不便,信息不灵,则是地理交通原因。明刻本《春秋金锁匙》与元刻本《重修政和经史证类备用本草》都属于改朝换代问题,与英山僻远、交通不便无关。毕昇既不是处于改朝换代之际,又没有入仕,谈不上政治原因。说是因交通不便,信息不灵,不知有延祐新年号,那又是没有任何依据的主观设想。相比之下"皇祐四年"说具有明显的优势:一是"皇"字与年款第一字残画基本相符。二是"皇祐"可与第三字"四"字相联系,因为皇祐有四年可纪,不必凭空去做"易代之际""信息不灵"之类的主观推测。三是"皇祐四年"可以跟毕文忠墓碑"戊寅年十二月"相呼应。1993年湖北考古工作者在距毕昇墓地西南9千米处发现了毕昇孙男毕文忠墓,墓碑下款为"戊寅年十二月□九日"。按皇祐四年为壬辰年推算,戊寅年当为元符元年(1098),祖孙卒年相距47年,合情合理。四是"皇祐四年"可以跟文献资料联系起来,说得通,因为皇祐紧接在庆历之后,符合《梦溪笔谈》的记载。五是可以跟今人的研究相印证。胡道静先生曾推断毕昇卒于皇祐三年左右,现在有了英山毕昇墓碑这一实物资料,可以互相对应,这是不应该被忽视的。由此可见,"皇祐四年"说并不是"单凭主观推测",而是把碑文残画跟年款上下文联系,跟其他文物实证相联系,跟文献资料和今人研究所得相联系的结果。这种研究方法是可取的。

(三)遵循逻辑推理原则,充分估计各种可能,进行客观分析,防止混淆概念,主观武断

思想方法和研究方法的问题,归根到底,是主观与客观的关系问题。研究方法的科学性在于如何使主观论断遵循逻辑原理,符合客观实际,而不是以主观武断代替客观逻辑,使主观与客观相背离。考证论辨历史事物,应当全面考虑各种可能,并加以分析比较,不应从主观愿望出发,只讲某一种可能性,或以某一种明知不合理的假设强加给对方。

在英山毕昇墓碑研究中,这方面不是没有问题,特别是在此毕昇是否彼毕昇的问题上。由于缺乏直接证据,无论是肯定还是否定,是不是在充

分估计各种可能的前提下进行科学推理,具备充足理由,就成为正确判断的关键。关于此毕昇不是彼毕昇的论断,人们提出的理由有以下三点。

1.英山向为穷乡僻壤,缺乏必要的文化氛围,不具备发明活字印刷的客观条件。

2.如英山毕昇发明活字印刷,钱塘沈括怎么知道此事?当时沈括年仅十几岁,不可能远涉千里,到英山参观采访,毕昇也不可能向杭州沈括报告。活字如何落入沈氏子侄手里?

3.如毕昇在外地当刻工,劳动紧张,不可能试制活字,也不可能在外地工场造活字。

结论:英山毕昇只能是同名同姓的另一人。

仔细推敲一下,这些论点存在一系列逻辑推理问题,在很大程度上是用主观武断代替客观可能性。

首先,不要为了否定英山毕昇发明活字的可能,而过分夸大英山地区的闭塞和落后。英山在北宋属淮南路蕲州蕲水县直河乡。淮南路的管辖范围很广,东临大海,西至湖北黄陂,南到长江,北逾淮水,是一个山水纵横、道路交叉的广阔地带,既有众多的大小城镇,又有纵横交错的水陆交通网络。蕲州处于江汉平原侧翼,英山本身虽然偏僻,但早有邮传驿站,不是与外界完全隔绝。就雕印文化而言,蕲州以西的益州,在唐代中后期就是重要的印刷基地。唐文宗大和九年(835),冯宿出使剑南两川时,发现民间私印历书充斥市场,上疏请禁私印历日时说:"剑南两川及淮南道,皆以版印历日鬻于市。每岁司天台未奏颁下新历,其印历已满天下,有乖敬授之道。"(《全唐文》卷六二四)"已满天下"说明其流行之广,而"剑南两川及淮南道"则是雕印作坊和印刷品流通的重点地区。唐淮南道即宋淮南路,可见淮南路早有印制历书的作坊。至北宋时,淮南路一带经济繁荣,交通便利,雕印事业更为发达,已出现图书印刷的记载。湖北的蒲圻纸已久负盛名。黄州、鄂州、蕲春、罗田一带,即英山周围地区,已有刻书业和刻印书籍流通。据南宋藏书家陈振孙《直斋书录解题》载:"景德四年(1007)诏以四方郡县所上图经,刊修校定为一千五百六十六卷,以大中祥符四年

(1011)颁下。今皆散亡,馆中仅存九十八卷。余家所有,惟苏、越、黄三州刻本耳。”这说明北宋初年黄州一带就有刻书业。北京图书馆藏宋代善本书还有南宋绍兴十七年(1147)黄州刻印的递修本《王黄州小畜集》三十卷(王禹偁撰)。王禹偁系北宋官吏,咸平间贬官黄州,这个递修本说明北宋时就有刻本。另据《书林清话》载,宋代蕲春郡庠曾于淳熙三年(1176)刊刻王萍的《王先生集》八卷。宋刻本留存至今的很少,上述信息都说明宋代蕲州、黄州一带已有刻书业。英山附近发掘的买地券也证明这一带早已有印刷品在民间流传。文化氛围是相对的,文化现象具有不断扩大的辐射作用,不能把英山隔绝起来。民间印刷品的流通是可以到达穷乡僻壤,从而吸引人们去接触印刷业的。

更重要的是,籍贯与发明活字印刷地点是两个内涵不同的概念,不应该混淆。“英山是毕昇的故里”与“毕昇在英山发明活字印刷”,这是两码事。英山毕昇可以到外地谋生,可以在外地接触雕印作坊,从而发明活字印刷。古今中外许多发明家几乎都不是在原籍,而是在外地搞发明创造,这是用不着举例的常识问题。如说发明创造一定要在故里,那才奇怪。道理很简单,任何发明创造,都不是取决于发明者的籍贯,而是取决于发明者个人的阅历和机遇。客观环境要通过个人的机遇和天赋才能发挥作用。现在,不同意英山为活字印刷发明者毕昇故里者的逻辑是:英山不具备发明条件,因此英山毕昇是同名同姓,不是发明者。持这种意见者先把籍贯与发明地点混为一谈,再称英山不具备发明活字的客观条件,然后得出此毕昇不是彼毕昇的结论。这种前提与结论相悖的推理方法显然违反了逻辑原理。推理不能超越前提条件。昆剧《十五贯》里的县官过于执审问苏戍娟时说:“看她艳如桃李,岂能无人勾引?年正青春,怎会凛若冰霜?”认为年轻貌美就一定会跟人通奸,进而得出因奸杀人的结论,这种以盖然性代替必然性的逻辑之所以悖理,就在于前提和结论没有必然联系。北宋刊本流传下来的本来不多,刊工留下姓名的更少。《古籍宋元刊工姓名索引》收录范围仅369种,刊工4500人,序文中已明说这不是宋元刊工全部,“全国各大图书馆及古籍研究者积有此类资料或许有三五倍之多”,编例又说“单字重名太多,不予收录”,可见 4500 人远远不是宋元刊工总数。英山所在的蕲州一带不见刊工记载,不能据此说明北宋的蕲州没有刻工,更不能说蕲州没有人在外地当刻工,更不能说蕲州不可能有人在外地发明活字。找不到同名同姓的证据,于是又离开客观依据,使用主观推理说,同名同姓是常见的历史现象,因此,英山毕昇“完全可能”是同名同姓。这等于说:世上拐脚的很多,所见张三、李四“完全可能”是拐脚的。这样的推理显然不可取。要说明英山毕昇是同名同姓,应当拿出同名同姓的根据来,笼统的“文化氛围”和“地处偏僻”是得不出同名同姓的结论的。调换概念,主观推理,只能得出不当的结论。籍贯是一回事,发明地点是另一回事。即使毕昇是在杭州发明活字印刷,也不能因此断定毕昇是杭州人,因为杭州也有外地人。英山毕昇的“神主”墓明确表明毕昇系客死外地,这就提示了毕昇在外地搞发明的可能性。这块墓碑的发现解决了两个问题:一是说明英山是毕昇故里。这里有毕家畈等地名,有毕昇及其孙男毕文忠墓,有出土的“毕卅八”瓷器等文物,充分说明英山是毕氏家族聚居地。二是墓碑是神主碑,说明墓主是客死外地,由家属捧回神主牌归葬故里的。孙启康先生对此已作了清楚的解释。毕昇既在外地谋生,这就很可能是在外地发明活字印刷。沿着这条线索,可以解答毕昇活字为何落入沈家的问题。在这种情况下,英山地区的文化氛围并不重要,可以不必在这方面做文章。山沟里可以出人才,只要有适当的个人机遇和主观条件。

在外地发明活字印刷,也有两个问题。一是外地是什么地方。可能是杭州,理由是毕昇死后,其活字为沈括子侄所得,而沈家世居钱塘。但也可能是另一个地方,因为沈家子侄得到毕昇活字有各种可能的途径,不一定非在杭州不可,更不必要千里迢迢,由英山运往杭州。为了否定英山籍贯说,故意只谈一种可能,撇开其他可能,那不是客观的态度。二是在外地如何谋生。这也有各种可能的情况。以雕工为生,也可能先当工徒,稍有积蓄后自办小作坊,并从事发明创造。这种情况在封建时代也有的是。认为“在外地以雕刻为生,不可能在外地工场上造活字,刻工劳动紧张,不可能试制活字”,这两个“不可能”未免过于武断。

现在的情况是:此毕昇不是彼毕昇的说法拿不出有力依据,而认为活字发明者毕昇的籍贯在英山,这种说法有墓碑上的姓名、年款、“神主”字样等为依据,并与文字记载相吻合,理应引起重视。在没有发现其他证据以前,初步认定此毕昇就是彼毕昇,是有充分理由的。应该肯定,英山墓碑的发现和考证,是毕昇研究的新进展。

三、实物资料与文献资料相结合

关于毕昇的生平籍贯,在英山墓碑发现以前,人们只能根据沈括的一段记载进行猜测。现在有了一通墓碑,研究方法不能不随之改变,可以把实物资料和文献资料结合起来考虑。所谓结合,一方面要从文献记载的角度去审视实物资料,另一方面,也要从实物资料的角度去审视文献记载。近几年,人们对英山墓碑进行辨识、考证和探讨,这是必要的。同时,也应该回过头来,对有关记载进一步的发掘和探索,力求互相印证,得出可靠的结论。

《梦溪笔谈》关于毕昇的那段文字包含了许多历史信息,也留下许多疑问和空白。主要内容是:

1.活字发明者的姓名(毕昇)和身份(布衣);

2.活字制字法;

3.制板法;

4.操作法;

5.活字印刷的优越性;

6.毕昇死后活字的下落。

这些内容侧重于活字的制作和活字印刷的操作方法,介绍比较详细。这说明,材料来源有两种可能:一种可能是直接观察操作过程,另一种可能是亲自看到活字并有人向他介绍,但没有在现场观察操作过程。比较起来,后一种可能性较大,因为这段记载只有静态说明操作方法,没有动态描述操作过程,也没有提到印刷成品,更没有提到操作者。这是其一。

沈括的记载两次提到毕昇,一次是“布衣毕昇”,另一次是“昇死”。行文极为简单,说明沈括与毕昇并无直接交往(皇祐三年,沈括才19岁)。沈括撰写《梦溪笔谈》时不在钱塘(详见下文),如毕昇是钱塘人,按《梦溪笔谈》行文习惯,应该提到籍贯,如《梦溪笔谈》卷二十一就有“钱塘有闻人绍者”。没有提到毕昇的籍贯,正可说明毕昇不是钱塘人,也可能沈括不知道毕昇是何许人。没有提到毕昇的生平,也说明是素无来往。“死”是中性词,虽没有褒贬义,但“昇死”的提法反映了官宦世家与布衣身份的不同,也说明毕昇与沈家没有什么关系。又从文末“至今宝藏”的“至今”二字,可知沈括写这则笔记时毕昇已死去多年。沈括于元祐四年(1089)58岁寓居润州京口(今江苏镇江)梦溪园后,才开始撰写《梦溪笔谈》,自序称:“予退处林下,深居绝过从,思平日与客言者,时纪一事于笔。”可知《梦溪笔谈》所记是回忆性质。“至今”的“今”应指元祐年间。这时上距皇祐三年(1051)已有30多年。这也证明毕昇死于皇祐三年是可靠的,与庆历中发明活字也没有不合之处。这是其二。

毕昇的活字是什么时候、怎样落入沈括子侄手中的?墓碑证明毕昇死于异乡,这说明毕昇可能在外地从事雕印业,并发明活字。墓碑年款和今人研究都说明毕昇死于皇祐三年,次年在故里建神主墓。活字出让给沈家,也应在此时(今人吴以宁先生在《〈梦溪笔谈〉辨疑》中也认为沈家子侄得到毕昇活字应在皇祐四年)。可能是毕昇死后,印书业后继无人,其家属变卖家产,准备回乡,遂将活字出让,落入沈家。这一年沈括正在钱塘故里服父丧,直到至和元年(1054)服满,以父荫任海州沭阳主簿,才离开杭州。有人根据这一情况,认为沈括可能在这个时间看到毕昇活字,进而认为毕昇是杭州人,或在杭州经营印刷业。其实,沈括入仕后回钱塘故里还有几次:熙宁元年(1068)回里服母丧,三年返京复职;熙宁六年(1073)奉命察访两浙各地农田水利差役等事;熙宁八年(1075)为淮南两浙安抚使。如沈括在杭州看到毕昇活字,这几个时间都有可能。

但是,单纯依据沈括是杭州人,就认为毕昇在杭州发明活字,这种推测也是可商榷的。我认为,从各方面情况看来,沈家子侄得到毕昇活字的地点,亦即毕昇经营印刷的地点,可能是在苏州一带,而不是杭州。这要从沈括的母系亲属讲起。沈括的母亲许氏,出身于苏州的一个仕宦之家。祖父许延寿,官至刑部尚书。父亲许仲容,曾任太子洗马。许氏长兄许洸,仲兄许洞,自幼秉承家学。许洞幼年习武,成年后折节向学,精通《左传》,文武皆精,咸平三年(1000)中进士,曾任大理寺丞,并被派往各地安抚流民,以文章政事名于时,但仕途坎坷。《宋史》为之立传。曾巩为沈括母撰写的《许氏墓志铭》说:“夫人读书知大意,其兄所为文辄能成诵。”沈括兄弟都曾向许洞学习武艺和军略。许氏还有一个姐姐,即沈括的姨妈,嫁给谢涛,谢涛也是苏州名士,官至太子宾客,有政绩,《梦溪笔谈》载有他的事迹。其子谢绛(沈括表兄),大中祥符八年(1015)进士,是一个有作为的地方官,其文辞议论尤为儒林所宗。著名文学家黄庭坚就是他的女婿。谢家自谢涛起就住在苏州。谢家的女婿、孙女婿都是名人,也是沈括的表亲。谢绛的儿子景初、景温是沈括的表侄,年纪都比沈括大。著名诗人梅尧臣是沈括的表姐夫,王安石之弟王安礼是沈括的表侄女婿,黄庭坚也是沈括的表侄女婿。沈括母家与谢氏又互为姻家,两家都在苏州居住,往来密切。因此,沈括从小就寄居在母舅家。皇祐二年(1050),沈括在母舅家读书,正值吴中大饥,《梦溪笔谈》(卷十一)中曾追忆当时范仲淹在这一带救荒事。沈括不仅年少时在苏州外祖家住过,而且寄籍苏州吴县,嘉祐八年(1063)沈括就是以吴县籍中进士的。

再看沈括所说的“群从”究指何人。沈括出身于官宦之家,祖父沈英,早卒。伯父沈同,咸平三年(1000)进士,官至太常寺少卿。有两子,名振、扶,也是沈括的堂兄。沈振官至司农少卿。沈扶历官国子监博士,英宗治平年间知苏州。沈扶的儿子沈遘、沈辽是沈括的子侄,是比较著名的文人。沈遘字文通,做过翰林学士,知制诰,英宗时权知开封府事,很有行政才干。遘弟沈辽,字睿达,不求仕进,富有才华,尤长歌诗,常与王安石、曾巩、苏轼、黄庭坚等人唱酬往来。兄弟二人年龄与沈括相近,沈遘还比沈括大3岁。不仅这样,沈遘虽是钱塘人,但他生在苏州,最后回苏州服母丧时又死在苏州。总之,沈括的父系亲属和母系亲属大都在苏州,母家许、谢姨表亲都是苏州人,沈括和他的"群从"沈遘等人又多次在苏州居住。

苏州古属吴地,春秋时为吴国都,汉代以后即为吴郡治所,隋时改称苏州。宋代属两浙路,徽宗时改称平江府。苏州面临太湖,水网交错,土地肥沃,交通便利,宋代时商业已很发达。范成大《吴郡志》引民谣说:"天上天堂,地下苏杭。"早在唐文宗大和年间,苏州北部一带就有民间制作雕版历日在市场上流通。宋时刻书较多,世称"姑苏本"。1978 年苏州瑞光塔发现北宋咸平四年(1001)苏州军州所刻的一卷佛经。嘉祐四年(1059)姑苏王琪刊有《杜工部集》二十卷,现在还有南宋翻刻残本流传。蕲州到苏州也比到杭州近,英山毕昇到苏州地区从事雕印,死后活字转入沈家,也是可能的。元祐年间沈括撰写《梦溪笔谈》时,沈遘、沈辽均已去世,但他们可以在生前得到活字,死后仍由其家属收藏,这与"至今宝藏"并无矛盾。《梦溪笔谈》不止一次提到沈遘、沈辽,如卷二十即说"予群从文通",文通即沈遘(字文通)。因此,不能认为《梦溪笔谈》提到的子侄一定是在世人物,不能把沈遘、沈辽二人排除在可能得到活字版者之外。

总之,英山毕昇的神主墓表明,无论毕昇在何地发明活字,死后活字如何落入沈家,都不影响毕昇的籍贯。这一通墓碑的发现,打破了以往仅仅根据沈括籍贯而判定毕昇籍贯和因杭州雕印发达而认定毕昇是杭州人的推测想法,为进一步研究毕昇启发了新思路,提供了新线索,因而具有不可忽视的学术研究价值。为了把毕昇研究深入下去,既要注意新资料的发掘,也要把研究方法提高一步。

(原载:《出版科学》1997 年第 1 期)

第四编

毕昇活字印刷的实证与渊源

中国活字版考

陶　然

(甲)活字版之发明

《梦溪笔谈》:庆历中,有布衣毕昇为活板。其法用胶泥刻字,薄如钱唇。每字为一印,火烧令坚。先设一铁板,其上以松脂、腊和纸灰之类冒之。欲印则以一铁范置铁版板上,乃密布字印,满铁范为一版,持就火炀之。药稍熔,则以一平版按其面,则字平如砥。若止印三二本,未为简易,若印数十百千本,则极为神速。常作二铁版,一版印刷,一版已自布字,此印者才毕,则第二版已具。更互用之,瞬息可就。每一字皆有数印,如"之""也"等字,每字有二十余印,以备一版内有重复者。不用,则以纸帖之,每韵为一贴,木格贮之。有奇字素无备者,旋刻之,以草火烧,瞬息可成。不以木为之者,木理有疏密,沾水则高下不平,兼与药相黏,不可取,不若燔土,用讫,再火令药熔,以手拂之,其印自落,殊不沾污。昇死,其印为予群从所得,至今宝藏。

天禄琳琅:"宋本《毛诗·唐风》内'自'字横直,可证其为活字版。"按欧洲始创活字版者,为德国古登堡氏。Gutenberg(born about 1400, died in 1468)氏本姓 Gansfleisch,后随其母改今姓。1450 年,与其友 Mentzm 人 Hofn Foust 氏,印一书曰 *Catholicon*,即用其自制之木刻活字版所印者。旋改用铜锡版,首印拉丁文《圣经》,颇感困难,所费复钜。然据英人 Robert, Alexander Peddie 所著《印刷史纲要》一书,则谓约 1440 年顷,荷兰与德国均有活字版之发明。但发明之地与人,历史上尚未有所确记。如 Gutenberg 之于 Maing, Caster 之于 Haarlem, Waldfoghel 之于 Avignon,

Gastaldi 之于 Feltre，皆属齐名，无分先后。时人有语曰："荷兰有书而无牍（书英文为 book，指已装订成册者而言。牍英文为 document，坊间所译皆不妥、特为正名，无论公私文牍、零星稿件或写或印，凡未经装订成书者皆谓之牍）。法兰西有牍而无书，意大利无书亦无牍，于时德意志有牍且有书矣！"又据我人观察，有谓若干书籍乃 1454 年荷兰买因印务局 Maing Press 第一次所印者。有谓五金匠 Woldfoghel 氏，精写刻之术，印版书当为其发明。斯二者皆属臆测，未可遽下断语也。观 Oeddie 氏所言，则欧洲发明活字版确有历史可考者，乃 1454 年。而我国则 1044 年已有之，计以朝代彼当在明景泰间，相去凡四百余年云。

（乙）活字版之进步

元王祯《活字印书法》（附武英殿聚珍版《农书》二十六卷之末）。伏羲氏画卦造契（注云：书字于木，刻其侧以为契，各持其一，以相考合），以代结绳之政，而文籍生焉。黄帝时，仓颉视鸟迹以为篆文，即古文科斗书也。周宣王时，史籀变科斗而为大篆，秦李斯损益之而为小篆，程邈省篆而为隶，由隶而楷，由楷而草，则又汉魏间诸贤变体之作，此书法之大概也。或书之竹，谓之竹简，或书于缣帛，谓之帛书。厥后文籍寖广，缣贵而简重，不便于用，又为之纸，故字从巾。按前汉皇后纪，已有赫号纸。至后汉蔡伦以木肤、麻头、敝布、渔网造纸，称为蔡伦纸。而文集资之以为卷轴，取其易于卷舒，目之曰卷。然皆写本，学者艰于传录，故人以藏书为贵。五代唐明宗长兴二年，宰相冯道、李愚，请令判国子监田敏校正九经刻板印卖，朝廷从之。录梓之法具本此。因是天下书籍遂广，然而板木工匠所费甚多。至有一书字板，功力不及数载难成，虽有可传之书、人皆惮其工费，不能印造传播。后世有人别生巧技，以铁为印盔，界行内用稀沥青浇满冷定，取平火上，再行煨化，以烧熟瓦字，排于行内，使活字印板。为其不便，又有以泥为盔，界行内用薄泥将烧熟瓦字排之，再入窑内烧为一段，亦可为活字板印之。近世又有注铸锡作字，以铁条贯之作行，嵌于盔内界行印书。但上项字样，于使墨，率多印坏，所以不能久行。今又有巧便之法，造板木作印盔，削竹片为行，雕板木为字，用小细锯锼开，各作一字，用小刀四面修之，比试大小高低一同，然后排字作行，削成竹片夹之。盔字既满，用木楔楔之使坚牢。字皆不动。然后使墨刷印之。

写韵刻字法

先照监韵内可用字数，分为上、下平和上、去、入五声。各分韵头，校勘字样，抄写完备。择能书人取活字样制大小写出各门字样，糊于板上，命工刊刻。稍留界路，以凭锯截。又有如助辞之、乎、者、也字，及数目字，并寻常可用字样，各分为一门，多刻字数。约有三万余字。写毕，一如前法。今载立号监韵活字板式于后、其余五声韵字。俱要仿此。

一、东通侗恫桐同仝童僮曈朣瞳铜峒橦绚罿筒穜潼犝獞詷眮朣笼袭聋曨胧栊珑砻泷芃蓬髼蒙冢蠓幪濛髼曚朦艨矇懵悤葱聪骢骏豵稯鬷丛蕞藂豨洪洚红谾鸿讧灯空悾莕公工功攻刌翁丰酆风枫冯沨嵩娀菘崧充恍琉忡终螽戎禯駥狨崇漴中衷忠虫沖冲种爞狆隆癃窿融蠭彤雄熊弓躬宫芎穷藭浓。

二、冬彤鼕农侬宗松賨悰琮潀淙攻。

三、锺钟橦舂椿衝衝罿幢艟鳙慵茸縱鏦从苁蹤枞松丰夆锋鏠烽逢峯螽蜂桻重穜龙笼醲浓穠容溶蓉庸墉鎔鄘镛封葑逢佣恭共供龚胸匈凶汹詾訩跫邕噰雍雝灉痈饔壅顒喁禺蛩邛筇蛬。

四、江扛杠矼釭玒腔椌降悾牌瓨玒洚讧虹邦庞龙厖哤双艭㟆泷腮窗囱鏦椿舂幢。

五、支枝肢卮栀觗氏榰禔衹祗秖衹砥跂施葹鍦鉇釃斯簏襹吹歙炊差衰匙翅垂陲倕腄儿痿斯祈澌凘虒褫雌赀须觜疵訾玭觜随遗隋知摛驰池邸篪褫锤鎚搥甄離离蠡劙剓黎褵纚罹篱醨璃漓鹂骊鵹孋黎藜犂黧来倈徕釐氂犛犛裡貍霾羸铍被陂罴碑卑痹裨錍鈚埤箄鞞皮疲罢。

锼字修字法

将刻讫板木上字样，用细齿小锯，每字四方锼下，盛于筐筥器内。每字令人用小裁刀修理齐整,先立准则,于准则内试大小高低一同,然后另贮别器。

作盔嵌字法

于原写监韵各门字数,嵌于木盔内,用竹片行行夹住。摆满、用木楔轻揳之、排于轮上、依前分作五声,用大字标记。

造轮法

用轻木造为大轮,其轮盘径可七尺,轮轴高可三尺许,用大木砧凿窍,上作横架,中贯轮轴,下有钻臼,立转轮盘,以圆竹笆铺之。上置活字板面,各依号数上下相次铺摆。凡置轮两面,一轮置监韵板面,一轮置杂字板面。一人中坐,左右俱可推转摘字。盖以人寻字则难,以字就人则易,此转轮之法,不劳力而坐致。字数取讫,又可补还韵内,两便也。今图轮像监韵于后(图1)。

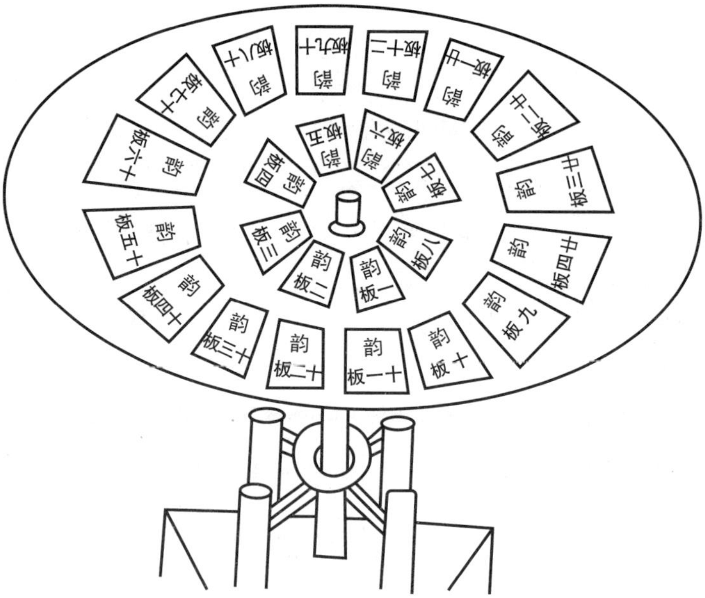

图1　活字版韵轮图

取字法

将原写监韵另写一册,编成字号。每面各行各字,俱计号数。与轮上门类相同。一人执韵,依号数喝字;一人于轮上原布轮字板内,取摘字,嵌于所印书板盔内。如有字韵内别无,随手令刊匠添补,疾得完备。

作盔安字刷印法

用平直干板一片,量书面大小,四围作栏,左边空。候摆满,盔面右边安置界栏,以木楔揳之。界行内字样,须要个个修理平正。先用刀削下诸样小竹片,以别器盛贮。如有低斜,随字形衬垫楔之,至字体平稳,然后刷印之。又以棕刷顺界行竖隶刷之,不可横刷,印纸亦用棕刷顺界行刷之,此用活字板之法也。

前任宣州旌德县尹时,方撰《农书》,因其字数甚多,难于刊印。故尚已意,命匠创活字,二年而工毕。试印本县志书,约计六万余字,不一月而百部齐成。一如刊板,便知其可用。后二年,余迁任信州永丰县,挈而之官,是《农书》未成,欲以活字嵌印。今知江西见(现)行命工刊板,故白收贮,以待别用。然古今此法,未有所传,故编录于此,以待世之好事者。为印书省便之法,传于永久,本为《农书》而作,因附于后。

(丙)活字版之盛行

邵文庄《会通君传》:会通君,姓华氏,讳燧,字文辉,无锡人。少于经史多涉猎,中岁好校阅同异。辄为辨证。手录成帙,遇老儒先生,即持以质焉!既而为铜字版以继之,曰:‘吾能会而通之矣’。乃名其所居曰“会通馆”。人遂以“会通”称,或丈之,或君之,或伯仲之,皆曰“会通”云。君有田若干顷,称本富,后以劬书故,家少落,而君漠如也。三子:埙、奎、壁。

严元照书《容斋随笔》活字本后:此翻宋绍定间所刻,每番中缝上方有“弘治岁在旃蒙单阏”八字,下有“会通馆活字铜版印”八字。书后有:华燧序。

顾炎武《亭林集·与公肃甥书》:“忆昔时邸报,至崇祯十一年方有活版。自此以前并是写本。”

袁恬《书隐丛话》:“印版之盛,莫盛于今矣!吾苏特工,其江宁本多不甚工。世有用活字版者,余家有活板《苏斜川集》十卷,惟字形大小不划一耳!近日邸报往往用活版配印,以便屡印屡换,乃出于不得已。即有讹谬,可以情恕也。”

《士礼居藏书题跋记》云:“《墨子》十五卷(校明蓝印铜活字本)《墨子》向无善本。往时顾抱冲访书海盐张氏,曾得明蓝印本归。其从弟千里叹为佳绝。自后却无所遇。因从千里借吴匏庵抄本传录一本,以备诵读。顷香严周丈,有伊亲托售之书、内有蓝印《墨子》,遂丐归余。”其来札云:“此刻与华刻稍异,彼据道藏本,此出自内府,皆本于宋刻,未易优劣也。余复取吴抄本相勘,大段同此。而抄所自出虽未知其何从,其年代较先于此,或可互证也。家藏子书极多,宋刻推《晏子》《墨子》,皆明本之善者,是可喜已。”

又《小字录》不分卷(明活字本)。余向藏《古贤小字录》,昭文邵朗仙赠余者,云“以青蚨三星,得之书摊者。陈思纂次一行,后多昆山后学吴大有校刊一行。此册无之。始犹疑其版刻有异,细审之,皆活字版。而前所得者为后印,兹所得者为初印也。何以明之,盖此版后归吴氏,故增入一行。其改易原书一行,‘姓刘’二字,移宋高祖武帝下,而去氏字,又去小注‘宋本纪’三字,以迁就之,其痕迹显然。兹册古色古香,初入眼疑为旧刻。故书友欲以充宋元版,余亦因其古而出番饼二枚易之,重付装潢,可谓好事矣。”

又《开元天宝遗事》二卷(铜活字版)。古书自宋元版刻而外,其最可信者,莫如铜版活字。盖所据皆旧本,刻亦在先也。诸书中有“会通馆”“兰雪堂”“锡山安氏馆”等名目,皆活字本也。此建业张氏本,仅见是书,余收之与《西京杂记》并储。汉唐遗迹,略具一二矣!

又《蔡中郎集》十卷(明活字本)。此活字版,似据一行书写本作底子,故“数”误为“如”,“闲”误为“困”之类,往往而有。若得宋槧,必多是正也。

天禄琳琅《白氏长庆集》,每卷末有“锡山兰雪堂华坚活字铜版印记。”

《藏书纪事诗》《无锡县志》:“华珵字汝德,以贡授大官署丞。善鉴别古奇器、法书、名画。筑尚古斋,宝诸玩好其中。又多聚书。所制活版甚精密,每得祕书,不数日而印本出矣。”昌炽按:燧之子埙、奎、壁,名皆从土旁。埕、坚疑亦其群从。而珵为埕之误。余所见兰雪堂活字本,又有《蔡中郎集》甚精。

《常州府志》:安国,字民泰,无锡人。尝以活字铜版印《吴中水利考》。

钱谦益跋《春秋繁露》:“金陵本讹舛,得锡山安氏活字本校改数百字,深以为快。今见宋刻本,知为‘锡山本’之祖”。

《天禄琳琅》《初学记》版心有标“安桂坡刊”。每卷标题之下,又称“锡山安国校刊”。安国所刊书甚夥,此书取九洲书屋本翻刻;又《史记》有“大明锡山桂坡安国民太氏书画”印;又元本《博古图》有“桂坡安国赏鉴”印。

《红豆树馆书画记》:徐幼文《秋林草亭图》。有“安”字圆印、“锡山安氏西林祕玩”印、“墨颠斋图书”印。

清《学部图书馆善本书目》云:《颜鲁公文集 · 补遗》一卷,附年谱行状附录,明活字版。双行,口上有“锡山安氏馆”五字。

《中国雕版源流考》:明世无锡铜活字本有二,一为兰雪堂华氏,一为桂坡馆安氏。安氏所刊较少,故名不及华氏之著。同时吴郡有孙凤,亦以铜活字印书。今传者有《小名录》。尚有五云溪馆(印《玉堂新咏》)、金兰馆(石印《湖居士集》)、建业张氏(印《开元天宝遗事》)则皆不知其人矣。

按《无锡县志》:安国,字民泰,富几敌国。居胶山,因山治圃,植丛桂于后岗、延袤二里余,因自号桂坡。好古书画彝鼎、购异书。又安绍芳,字懋卿。所居胶山西林。广池十顷,带以华薄,蔚然深靓,曲桥飞楼,逶迤夭矫。杂置图书彝鼎其中。名士过从,置酒列烛,至忘日夜。按绍芳自号研亭居士,后更名泰来,字未央。

祁承爜:《淡生堂藏书约》:"生欲得一全史,为力甚艰。偶闻盱江邓元锡有《函史》、隐括颇悉。郭相奎使君以活版模行于武林者百许部,一时取殆尽。遂亟渡钱塘。购得其一,惊喜异常,不啻贫儿骤富矣"。

(丁)套版之发明

套版者,两色以上之版,以次印刷而成种种颜色也。《书林清话》云:朱、墨套印,明(天)启(崇)祯间,有闵齐伋、闵昭明、凌汝亨、凌濛初、凌瀛初,皆一家父子兄弟刻书最多者也。五色套印,明人无之。道光甲午,涿州卢坤刻《杜工部集》二十五卷。其间用紫笔者明王世贞,用蓝笔者明王慎中、用朱笔者王士祯、用绿笔者邵长蘅、用黄笔者宋荦也。是并墨印而六色矣。

(戊)清代之铜制活字版及聚珍版名称之由来

武英殿聚珍版书,世皆以为始于乾隆,其实不然。乾隆《题武英殿聚珍版诗》自注云:"康熙年间编纂《古今图书集成》,刻铜字为活板。排印蒇工、贮之武英殿。历年既久,铜字或被窃缺少。司事者惧干咎,适值乾隆初年,京师钱贵,遂请毁铜供铸,从之。所得有限,而所耗甚多,已为非计,且使铜字尚存,则今印书,不更事半功倍乎。深为惜之!"又《序》云:"校辑《永乐大典》内之散简零编,并搜访天下遗籍,不下万余种,汇为《四库全书》,择人所罕觏,有裨世道人心,及足资考镜者,剞劂流传,嘉惠来学。第种类多,则付雕非易。董武英殿事金简以活字法为请。既不滥费枣梨,又不久淹岁月,用力省而程功速,至简且捷。考兹刻单字计二十五万余,虽数百十种之书,悉可取给。而校雠之精,今更有胜于古。第活字版之名不雅驯,因以聚珍名之。"观此,则康熙时已有武英殿聚珍书版,至乾隆始正名曰聚珍版耳!

(己)华文打字机之创造

机械之发明，每应时代之需求而起。而机械之灵钝，亦与时代之先后为衡。大抵前修未密，后出转精。以刻版校抄录便矣，活字版更便焉！活字版便矣，而际此人事日繁、社交日盛，举凡书信、公文、契约之类，为用日广。人工缮写，功用每嫌其微。且以华文字体之繁、即欲书法端正，行列整齐，已非易致。以求迅速，在事实上为不可能。于是应运之华文打字机以创。机创于商务印书馆舒震东君。经十年来之改善。使用始臻灵便。机身大小与西文打字机同。全机容 5700 余常用之字。字之排列，悉照字典部首。打时衬用复写纸，每次可打同样者八九份，无每页校阅之劳。倘打于蜡纸上，即可用以油印。如用石印汽水纸，将浓厚之黑色碳酸纸衬打，落石后可以石印。可谓便矣。

(庚)聚珍仿宋版之特创

镘版之法，至北宋而备。宋版欧体之字，尤精整可爱。自明以来，古意寖失。今所沿用之字，乃所谓明朝体，仅便手民，去古远矣。钱塘丁氏，为保存国粹计，特选名手仿宋精刻欧体活字。创铸铜模，浇字排版，古雅可与宋椠相埒。不惟此在中国为特创，即日本亦有志未逮也。曾于民国九年八月十一日，先后呈奉内务、农商两部注册，照准给予专利 30 年。无何上海各大书坊皆行采用。余所见中华书局所印《四部备要》等书，殊为精绝云。

(原载:《国学专刊》1926 年第 1 卷第 1 期)

早期活字印刷术的实物见证
——温州市白象塔出土北宋佛经残叶介绍

金柏东*

一

中国人民对世界文化曾经有过重大贡献。被称为“文明之母”的印刷术，正是中国人民最为光辉的创造发明之一。从印章、拓石，发展到雕版和活字版，曾经经历过相当长期的历史。敦煌石窟“咸通九年(868)四月十五日王玠为二亲敬造普施”题字的印本《金刚经》，是现存世界上最早的有明确日期的雕版印刷书籍。字体浑朴，墨色匀称，经文清晰，标志印刷技术已达到相当高的水平。活字印刷术，举世公认其首创者是北宋平民毕昇。他在仁宗庆历年间(1041—1048)用胶泥刻字，每字一印，在铁板上密布字印，以松脂腊固定之，使成一整体。如印数十百千本，则极为方便。其原理和现代铅印排字大体相似。它的出现，是人类印刷事业发展史上的一次重大革命，对世界文化的发展有着极其深远的影响。从现存文献看，朝鲜是最先接受中国活字印刷的国家，曾仿造过泥活字；1376年(明洪武九年)又采用木活字印行《通鉴纲目》。1456年(明景泰七年)，德国人古登堡始用活字印《圣经》；34年后，逐渐传遍欧洲各国。16世纪后，全世界才普遍应用活字印刷。

然而，北宋早期活字印刷术，除了沈括在《梦溪笔谈》中对毕昇的胶泥活字做过系统的记述外，其他史料极为贫乏，更无实物见证。这样一项重大的创造发明，仅存沈氏这一记述，实是科技发展史上的憾事。

* 金柏东，副研究员，温州博物馆馆长，浙江省文物鉴定委员会委员、博物馆学会理事。

二

最近,浙江省温州市文物部门在整理撰写 1965 年市郊白象塔出土的北宋文物报告时,发觉该塔第二层墙壁中出土的一件印经残叶(原编为二层三面,27 号),与同塔出土的宋版印经相比,颇有特殊之处。经反复研究,初步断定它是北宋活字版印刷品(图 1)。[①]

图 1 《佛说观无量寿经》残叶

此经残宽 13 厘米、残高左 8.5 厘米、右 10.5 厘米,纸色虽已发黄,但质

① 徐定水、金柏东:《温州市北宋白象塔清理报告》,《文物》1987 年第 5 期。

地坚韧柔软，纤维细长，颇似棉纸。经文为宋体字，按回旋形排列。

残存经文为："……映饰。妙真珠网，弥〇〇〇覆树上。一一树上，有七重网。……尼光，照百由旬，犹……叶花果，皆令分明。是……其宝柔软，从如意珠王生，分为……皆以杂色金刚，以为底沙。一一……华团圆正等十二由旬。其摩尼水，……蜜。复有赞叹诸佛……如……金色，微妙光明。其光化为百宝色鸟，和……赞念佛念法念僧。是为八功德水想，名……宝国土，一一……宝楼。〔其楼〕阁中，有无〇量诸天，作天伎乐。又有乐器，悬处虚空，如天宝幢，……僧，此想成已，〔名〕为粗见极乐世界……明。其光如盖，……莲华台，八万金……见无量寿佛者，……"。经文为《佛说观无量寿佛经》第四至九观，约占该六观中的十分之一篇幅。

其字迹特征是：

1.字体较小。最大如"赞""叹"等字，阔 0.5 厘米、长 0.45 厘米；最小如"上"字等，阔 0.35 厘米、长 0.15 厘米。而一层出土的大观三年《佛说观无量寿佛经》，其字体阔长各为 1 厘米。

2.字体拙劣。长短大小不一，笔画粗细不均；即使同一字，亦存在这种情况。如"色"字，计三个：一个阔 0.3 厘米、长 0.15 厘米，笔画略粗，两个阔 0.4 厘米、长 0.3 厘米，笔画略细，而其中一个字的首二笔特粗。

3.字距极小。紧密无间，甚至首尾相插。如将"一一"印成"="；"十一"印成"±"等等。

4.回旋萦绕，作不规则排列。在回旋转折处出现字形颠倒现象，如"皆以杂色金刚"的"色"字横排。还在一个句中出现接连三个"〇"和一个"〇"等情况。如"弥〇〇〇覆树上""有无〇量诸天"等。

5.漏字。经与同塔出土的北宋大观三年版《佛说观无量寿佛经》校对，发现在第六观中，"有五百亿宝楼，其楼阁中有无量诸天"句，残经脱漏"其楼"二字；另一处，大观版经为"此想成已，名为粗见极乐世界"句，残经脱漏"名"字。

6.纸面可见到字迹有轻微凹陷，墨色亦浓淡不一。

三

北宋平民毕昇怎样使用胶泥活字进行印刷,现在只能依据沈括的《梦溪笔谈》记述来了解。沈括的生年略后于毕昇①,毕昇发明活字时,沈括只有十多岁;两人均为钱塘(今杭州)人②。据沈氏在《梦溪笔谈》载,毕昇死后,其印为沈氏子侄所得③。由此可知,他对毕昇活字印刷,是比较了解的。故其记载应为信史。现将《梦溪笔谈》中关于毕昇活字印刷这一原始记载,逐录于下:

> 板印书籍,唐人尚未盛为之。自冯瀛王始印"五经",已后典籍皆为板本。庆历中,有布衣毕昇又为活板。其法,用胶泥刻字,薄如钱唇,每字为一印,火烧令坚。先设一铁板,其上以松脂、腊和纸灰之类冒之。欲印,则以一铁范置铁板上,乃密布字印,满铁范为一板,持就火炀之,药稍熔,则以一平板按其面,则字平如砥。若止印三二本,未为简易,若印数十百千本,则极为神速。常作二铁板,一板印刷,一板已自布字,此印者才毕,则第二板已具,更互用之,瞬息可就。每一字皆有数印,如"之""也"等字,每字有二十余印,以备一板内有重复者。不用则以纸贴之,每韵为一贴,木格贮之。有奇字素无备者,旋刻之,以草火烧,瞬息可成。不以木为之者,木理有疏密,沾水,则高下不平,兼与药相粘,不可取。不若燔土,用讫,再火令药熔,以手拂之,其印自落,殊不沾污。昇死,其印为予群从所得,至今宝藏。④

根据沈氏这段记述,残经中的一些独特之处,便不言而明了。

1.宋刻本一般以字大,疏朗悦目为其特征,而残经却完全相反。原来

---

① 毕昇生卒无考,他于庆历年间(1041—1048)发明胶泥活字印刷。

② 毕昇,一说钱塘人,一说四川人。

③《梦溪笔谈》卷十八《技艺》。

④《梦溪笔谈》卷十八《技艺》。

当时胶泥活字字体不像现代铅字有其“字身”(即一定高度的字足),而是体“薄如钱唇”“不用则以纸贴之,每韵为一贴,木格贮之”。它的排版定位,也不是像现代铅字靠其方正划一的字身互相挤夹而成,而是先将松脂腊铺在一铁板上,再将泥字密布其上,然后用火炀之,使腊稍熔,用一平板压平其面,凝固之即成。由于字体扁薄,故字形也就不像今天铅字那样方正,而是呈现出多种式样,如“圆”“团”等字呈正方形,“宝”字呈直长方形;“一”字呈横长方形,等等。因此,在布字时会出现字距紧密无间,有的甚至首尾相插等情况。

字体之所以小而薄,显然和胶泥活字成型的特定条件有关。胶泥活字是在细泥中掺以松脂等胶粘剂,经过加热烧结而成。体积厚大的泥字,由于烧制过程中内外收缩应力的不同,极易皲裂、变形,字体小而扁薄,则有利于均匀收缩。而如此细小的字体,也只有在细腻柔软的泥土上雕刻才能应付裕如。

2.宋代木板雕印,字体浑朴厚重,刻工精美,而泥活字却拙劣得多,字体长短大小及笔画粗细均不一致。这也和胶泥活字成型的条件有关。泥字造型,是采用分批分次逐个雕刻,因而所刻之字,大小不匀,笔画粗细掌握不一。一般是:繁者,字体较大;简者,较小。同时,彼此也不是单次统一烧成,而是分批陆续烧制;其中一些僻字则是临时刻烧的。“奇字素无备者,旋刻之,以草火烧,瞬息可成”①。各批单字由于加工条件不同,自然就会出现字体大小、笔画粗细不一等差异了。

3.漏字、倒字以及在行尾出现三个“○”的原因。雕板刻字,是在平整的木板上书写反体墨字,经过校勘后再刻字,故漏字极少,更不会出现倒字。现代铅字排印,由于排字和校勘的疏忽,漏字、倒字屡见不鲜。残经在160余字中就出现两处三个漏字,应属于同样性质。其中的“色”字颠倒,虽出现在行末的回旋转折处,似属有意设置。但其余行尾转折处情况相同者俱未见倒置,因此,仍属排字疏忽所致。至于一句中间出现一个或三个“○”,它们既不属于漏字,又非断句所需。究其原因,当是在布字过程中,

① 《梦溪笔谈》卷十八《技艺》。

该两处均在行末转折处,地方太狭,而应排的"覆""树""量"等字,都是笔画繁、字形大的单字,无法容纳,只得填以形体小的"〇",使排版做到"字印密布",因而就发生了"有无〇量诸天""弥〇〇〇覆树上"等情况。

4.胶泥活字版与现代铅活字版,都是凸版印。当泥活字布满一铁板用松脂腊固定后,版面即呈阳文凸面。印刷时,先在凸面涂墨,铺纸后,施加压力,柔软纸上就出现微凹字迹,此即"齿痕",为活字印刷的本质特征之一。关于墨色浓淡不一问题,也与活字版面欠平与施力不匀有关。泥活字布满铁板后,虽经另"一平板按其面",做到"字平如砥",但由于泥活字的原始性(烧结变形和不易挫平),因此版面的不平度仍存在;再加上手工施力的不均匀,就必然产生浓淡不一的现象。

上述情况的存在,表明活字印刷尚处于早期阶段,具有不可避免的原始性。张秀民先生在《中国印刷术的发明及其影响》一书中说:"毕昇、杨古(元代人)烧土为活字的老方法,传到朝鲜,称为陶活字……。尝见到《纲鉴大成》十册,比一般朝鲜活字都小,字体拙劣,大小不一,行字歪斜,印刷不清,或仅印出半个字,甚至一两笔,或以为即陶活字本。"①可见"字小、字体拙劣、大小不一、行字歪斜"等等,原为早期泥活字的普遍特征。这一情况也足以说明残经上存在的问题。

四

白象塔建于北宋政和五年(1115)②。残经出土于塔之二层三面墙壁内,同层出土的有纪年铭文的实物还有:至道二年(996)彩塑供养人身;太平、淳化、咸平、景德、天禧、皇宋、熙宁等铜钱 93 枚;景德二年(1005)砖雕武士像 2 身;崇宁二年(1103)五月墨书《舍经缘起》残叶 1 件(二层三面 44 号);阳文"崇宁三年岁次甲申十月十一日吉造"塔砖 3 块;"政和五年六月"朱笔铭文砖 5 块半。尤其崇宁二年五月《舍经缘起》残

---

① 张秀民:《中国印刷术的发明及其影响》,人民出版社 1958 年版,第 113 页。
② 徐定水、金柏东:《温州市北宋白象塔清理报告》,《文物》1987 年第 5 期。

叶,与此回旋形残经纸质完全相同,色泽亦颇相似,且同出于二层三面。因此可以断定:此残经的绝对年代,亦应是北宋崇宁二年。该年上距毕昇首创活字版的庆历年间(1041—1048)约五十余年,当时使用活字印刷是完全可能的。

北宋印刷业以开封、杭州、四川、福建等地为中心。北宋监本书大半在杭州刻印,印刷技术以杭州为第一。当时杭州经济繁荣,文化发达。而温州地处浙江东南,物产丰富,人文荟萃,与杭州间陆海两路交往频繁。温州泥土质地细腻坚韧,有利于制瓷手工业的发展。因此,无论在地域上或烧制泥字的技术,温州都具有很好的条件,当时温州开始应用活字印刷是完全可能的。白象塔一层三面、六面出土的大观三年(1109)刻印的《妙法莲华经》7卷和永嘉显教院沙门子坚刻精工的《佛说观无量寿佛经》①,都表明当时温州印刷技术的卓越水平。该两部经比残经晚六年,故又说明了当时活字印刷虽已出现,但并不普遍,还未能完全取代雕版印刷。活字印刷的早期应用,可能只用于一些不规范的印刷品中。

综上所述,我们断定白象塔出土的回旋式《佛说观无量寿佛经》残叶是当前极为罕见的早期活字印刷本,是沈括关于毕昇活字印刷记述的确切实证。目前国内外把元代西夏文活字版佛经和明永乐十八年(1420)朝鲜铜活字印刷的《孝顺事实》以及1450年(明景泰元年)德国人古登堡活字印刷的《圣经》作为早期活字印刷的实物见证的看法,应可加以修正。

(原载:《文物》1987年第5期)

① 徐定水、金柏东:《温州市北宋白象塔清理报告》,《文物》1987年第5期。

对《早期活字印刷术的实物见证》一文的商榷

刘 云*

《文物》1987 年第 5 期刊登了金柏东同志《早期活字印刷术的实物见证——温州市白象塔出土北宋佛经残叶介绍》一文，作者断定 1965 年温州市白象塔出土的《佛说观无量寿佛经》残叶为北宋活字版印刷品，“是当前极为罕见的早期活字印刷本，是沈括关于毕昇活字印刷记述的确切实证”。我们认为这一结论的可靠性值得商榷。

活字印本的基本特征之一，是字与字的笔画之间绝不交叉。雕版印书，是先将文字书写成叶，反粘在板上，再行刊刻刷印。为了做到行气整齐、字体结构美观，上下字之间的笔画时常相互照应，可能发生交叉。这一点可从大量雕版印本书籍中找到证据。而活字印本则不同，它是每字为一刻，自为一整体，活字之间彼此没有交叉的可能。

温州白象塔出土的按回旋式排列的《佛说观无量寿佛经》残叶，有多处字与字之间笔画交叉、首尾相插。而文章中却把这一现象作为此佛经残叶是活字印刷品的论据之一，是不易为人理解的。

活字印本的另一基本特征，是字行往往不整齐，有的字排列歪斜，个别字甚至倒置或卧(横)排。这主要是相对于行列整齐的古籍印本而言。这件佛经残叶文字布局回旋萦绕，版面设计有其特殊性。残叶上出现的字体倒置情况仅有一次，即“皆以杂色金刚”的“色”字倒置，而这恰恰发生在回旋转折处，我认为确属有意设置，目的在于表示其连接下句经文的方向。如果“色”字顺置下来，其连接的是“摩尼……”一句，这样会使经文发生紊乱。因残叶上只保留了经文第四至第九观的一部分，不能窥其全貌，其余

* 刘云，中国科学技术大学科技史研究室。

行尾转折处除两处以“○”标示外，大多不得而知，据此得出“色”字倒置“仍属排字疏忽所致”的结论，根据是不足的。

下面顺便讨论两个问题。

1.关于泥活字的字体形制和排版原理。文章在解释毕昇泥活字印刷术时，认为“当时胶泥活字字体不像现代铅字有其‘字身’，而是体‘薄如钱唇’”。按我们的理解，所谓“薄如钱唇”不是指整个泥活字，而是指阳文反字从字身突起的高度，即所刻去部分的厚薄。① 清代道光年间安徽泾县翟金生以“三十年心力，造泥活字版，数成十万”②，现在遗留下来的实物有数千枚，有 4 种型号，其字身高度皆为 1.20 厘米，可为佐证。

泥活字排版原理与现代铅字排版基本相同，都是在栏框中挤夹字身成版。如果只用腊固定版面，其稳定性是得不到保证的，印刷时难免引起活字松动。毕昇泥活字印刷术中采用松脂腊主要为了解决泥活字高度不一致的问题，使版面“字平如砥”，以便刷印。

2.关于毕昇泥活字的材料。历史文献对此没有明确的记载。冯汉镛同志认为毕昇活字胶泥是道家炼丹时用来密封炉鼎的所谓“六一泥”（主要原料是：赤石脂、白矾、滑石、胡粉、牡蛎、盐、卤、醋等）③，这实质上并非泥土。“六一泥”问题印刷史界学者赞同者甚少，我们在此姑且存疑。我们曾经对翟金生泥活字制造工艺进行过复原研究，其成分分析和结构分析的结果表明翟氏泥活字材料属于一般的硅酸盐黏土。模拟实验用澄浆泥制成的泥活字经高温烧结后，个个“坚贞如骨角”，无皲裂现象，字体变形程度极小，印刷质量较佳。金柏东同志在文章中所说的毕昇胶泥活字是在细泥中渗以松脂等胶黏剂而成，不知依据何在。我们认为毕昇胶泥活字与翟氏泥活字并无质的差别，所谓胶泥就是黏性较强的黏土经加工处理后的澄浆泥。实验证明，澄浆泥在具有一定硬度（阴干或烘烤后）的情况下适

① 卡特：《中国印刷术的发明和它的西传》，吴泽炎译，商务印书馆 1957 年版，第 189 页。

② 翟金生：《泥版试印初编》包世臣序。

③ 冯汉镛：《毕昇泥字胶泥为六一泥考》，《文史哲》1983 年第 3 期。

于雕刻文字,而细腻柔软的泥土用于雕刻,字体很难规整。

从我们的分析判断,温州白象塔所出北宋佛经残叶应是一件雕版质量不高的印刷品。

（原载:《文物》1988 年第 10 期）

温州白象塔出土的“佛经”残叶应为活字捺印

孙启康

浙江省温州市文物管理部门在整理1987年于该市市郊出土的一批北宋文物时，发现其中有一件佛经残叶。

据当地文物专家金柏东先生撰文①（以下称“金文”）介绍：此经残宽13、残高左8.5厘米、右10.5厘米，纸质颇似棉纸，经文为宋体字，可断续联结成文者约160余字，其内容为《佛说观无量寿佛经》第四至九观的一部分。经文有以下特征：

（1）字体长短不一，其字径有0.3厘米×0.15厘米、0.35厘米× 0.15厘米、0.4厘米× 0.3厘米、0.5厘米× 0.45厘米等多种规格；（2）字体拙劣，笔画粗细不均；（3）字距极小，紧密无间，甚至首尾相插；（4）回旋萦绕排列，在回旋处出现字形颠倒现象，如色字横排，还在一个句子中夹杂着“○”形符号；（5）漏字；（6）纸面字迹有轻微凹陷，墨色亦浓淡不一。

根据上述特征，“金文”断定此经“是当前极为罕见的早期活字印刷本”。其具体年代“依据建塔年代和同出于塔内的崇宁二年五月墨书《舍经缘起》残叶推测为北宋崇宁二年（1103）”。

美国芝加哥大学教授钱存训（《李约瑟中国科学技术史》大系中《纸和印刷》一书的作者）亦同意金柏东先生的看法，著有《现存最早的活字印刷品和雕板略评》②一文在1990年国际中国科技史研究会上宣读，并在美国一刊物上发表，也认为这一佛经残叶是用活字排版的印本。

对此，中国科学技术大学刘云先生持不同意见，认为活字的结论值得

---

① 金柏东：《早期活字印刷术的实物见证》，《文物》1987年第5期，第15页。

② 此文亦见中国印刷技术协会《中国印刷》第28期。

商榷。理由是:(1)用作印刷的活字,是每字一刻,自为一整体,活字之间彼此没有交叉的可能。(2)残叶出现字体倒置情况仅有一次——即“皆以杂色金刚”的“色”字倒置,发生在回旋转折处,属有意设置,目的在于表示其连接下句经文的方向。认为“金文”据此得出‘色’字倒置“仍属排字疏忽所致的结论,根据是不足的”。因此他判断:“温州白象塔所出北宋佛经残叶应是一件雕版质量不高的印刷品”①。

武汉大学曹之教授也认为:“既然上述佛经印纸的特征之一是字与字‘首尾相插’,那么仅此一条即可证明其绝非活字印本,而是刻本。至于‘色’字横卧在回旋转折处,当属匠心安排,并非校勘不慎所致”②。做了断然的否定。

笔者认为:对这一涉及中国活字印刷术起源和发展的文物发现,既不宜轻易肯定,也不可贸然否定,必须审慎鉴别,探其究竟,决不能因为我们的疏忽随意而使一个重要的历史讯息失之交臂,给我国科技史的研究留下遗憾。现据温州文物部门已公开发表的资料和对佛经残叶图片的反复观察,略述浅见,不尽确切之处,尚望方家指正。

一、是“佛经”残叶,还是“佛画”残片

此幅佛经残叶③,如按“金文”介绍,作为宽 13 厘米、高左 8.5 厘米、右 10.5 厘米的横幅来看(图 1),总觉得它不是一件单纯的佛经印本。我们通常所见印刷品中的回旋排列的文字,多系按回文锦图案排列,循同一方向回旋环读。如 1944 年于成都出土的梵文《陀罗尼经咒》即是如此。而温州白象塔出土的这件佛经印纸的经文排列,却是一种呈半椭圆弧线的往复回旋走向,看不出这种线型流向的规律和制作者的意图。

---

① 刘云:《对〈早期活字印刷术的实物见证〉一文的商榷》,《文物》1988 年第 10 期,第 95 页。

② 曹之:《中国印刷术的起源》,武汉大学出版社 1994 年 7 月版,第 475 页。

③ 金柏东:《早期活字印刷术的实物见证》,《文物》1987 年第 5 期,第 15~18 页。

我们试着换一个角度，把它侧旋 90°，作为高 13 厘米、宽 10.5 厘米（上）至 8.5 厘米（下）的竖幅来观察，就可以辨认出它好像是一幅“佛画”的残片（图 2）。该画可能画的是一尊菩萨的立像，此像的头部及四肢均已因纸张朽乱而缺失，现仅剩佛像颈项之下的右肩及胸、腹的残存部分。这些回旋往复排列的经文和符号所组成的图形，仿佛是菩萨所佩挂的璎珞、宝缯等装饰物或衣纹的表象，其中杂缀着几个“○”形符号，一个“○”在左胸前，有三个“○”在右胁下，浑如系挂璎珞的环扣，只是由于画幅残损过甚，使人难窥全貌。这幅佛画与出土于该塔同一层面（二层三面）的“普贤画像”①当有一定关联。

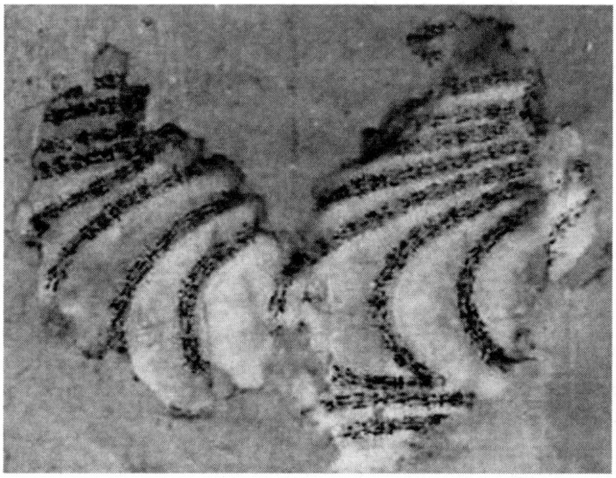

图 1　佛经残叶横看

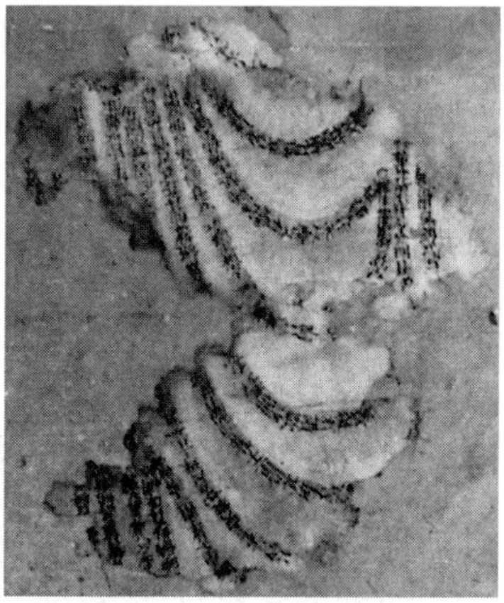

图 2　佛经残叶竖看

二、是刻板印本，还是活字印本？

认为“佛画”所印经文是刻板印本有其一定的道理。因为活字不论字径大小，其“字基”都应是方形。以活字排印的印刷品，都有明显的字距，绝不可能出现字与字“首尾相插”的现象。但是，仅凭此一点就说它是刻

① 徐定水、金柏东：《温州市北宋白象塔清理报告》，《文物》1987 年第 5 期，第 1 页。

板印本,却也有一些现象不好解释(后文详述)。金柏东先生说它是活字印刷本,也有他的种种依据,但却无法逾越经文中字与字“首尾相插”这一道关卡。

笔者认为:“佛画”上的经文,既不是以活字排版的印本,也不是刻板印本,而是以活字捺印而成。其理由如下:

1.此印本所用之字,有字型多样,字径规格不一,笔画粗细不匀的特点。在仅存的160余字中,即有四到五种规格。如果是刻板印刷,在这样一个小幅版面上,上版时当是一人书写,刻板时也只能容一人操刀,一般不会出现这种多字型、多规格的杂乱现象。即或是因为构图需要,也只应在线条的转折处对个别字做或大或小的安排。但此图中的字型大小宽窄之变化,并不是为了使图案中的线条转折达到韵贴流畅所作的“匠心安排”,而大多是出现在要求字径宽窄一致的那些弧线走势平缓和几乎是直线走向的部位,有着相当大的随意性。这种现象说明,此印本所用之字,不是出自一人之手,而是众手所刻,甚至是分批刻制的。在捺印佛画时,由操作者信手拈来,按照佛画所要求的线型走向,依经文顺序,逐字逐句按捺而成。

2.印本中除有“字与字首尾相插”现象之外,还存在前后两字笔画互相侵压的现象。如经文“妙真珠网”(图2下,左起第四行)一句中的“妙真”二字,后面的“真”字上面的直撇,压住了前边“妙”字末笔的撇梢(图3);“其光化为百宝色鸟”句中(图2上部、左起第六行)的“色鸟”二字,“鸟”字头上的一撇,也压住了“色”字的末笔(图4);“此想成已为粗见极乐世界”(图2上部、上起第二行)句中的“已为”二字,“为”字第二笔的上端,竟微微凸现在“已”字的末笔之上等等。在一些雕刻和印刷比较粗糙的印本上,虽然也常常出现字与字笔画相接,完全看不出字距的现象;但是像这种两字笔画互相侵压的现象,是不可能在刻板印本上出现的。特别是“已为”二字,应该是“已”字刻成在先,“为”字着刀在后。而在这幅图上,后刻的“为”字的笔画,竟凸现在“已”字末笔上皮已被剔平的凹陷处(图5)。如果是整版雕刻,这位刻工究竟采用的是什么技法,就令人费解。只有使用活字逐字捺印,这种现象才能得到合理的解释。

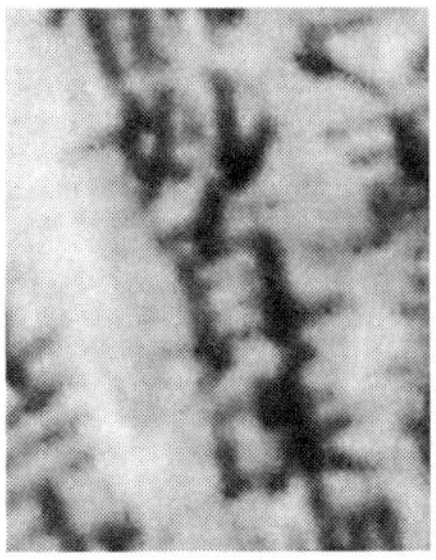

图 3 “妙真”特写

图 4 “色鸟”特写

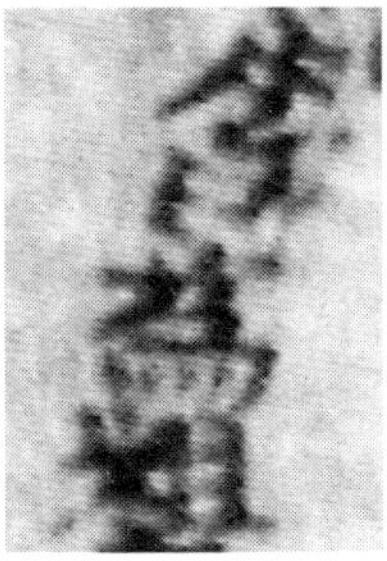

图 5 “已为”特写

3.相邻两字墨色浓淡不一。在刻板印本中,因版面不平或上墨不匀,也会出现墨色浓淡不一的现象。但多是呈片状或线状出现的。而在这幅佛画上所印经文中,出现的是:相邻二字一浓一淡,或相邻三字两浓一淡,或一字之中有浓有淡的现象。这种现象,只有在逐字捺印时,由于蘸墨不匀或用力不均,才会形成这种状态。

4.纸面可见到字迹有轻微凹陷。在雕刻书版上覆纸刷印,是在平面上的横向压力,一般不会在纸面上形成字迹凹陷的痕迹;即或偶尔出现这种状况,也只是出现在排版后为校稿而打出的“清样”上。施行捺印,是集中在某一点上的垂直压力,远比在刻板上刷印的压力要大得多。因而在纸面上留下了字迹凹痕,而且经过近 900 年之后还未消失。这也是此件采用捺印的证据。

5.“色”字横置。如果前述理由得以成立,说“色”字横卧是活字所为,也就顺理成章了。

根据上述特征,可以断定:这件“残片”是在一幅佛画上用活字捺印的佛经。

“布衣毕昇”于北宋庆历年间发明的活字印刷术,仅见于沈括的笔记——《梦溪笔谈》,而当时运用毕昇之法印刷的成品,却很难找到,它们可能和我国绝大多数北宋以前的版印书籍的命运一样,也被“靖康之难”的历史劫灰所湮没。因此常常使人感到研究活字印刷的早期史料极其匮乏而发出:“实证今何在,遗珠已渺然”的慨叹。

通过这件“佛画残片”，我们虽然未能直接看到在北宋时期采用活字排印的印本，但是这段幸存在佛画上用活字捺印的佛经，却明确地告诉我们：这幅佛画的制作者在当时已置备有多种型号的活字。这些活字应该不单是为了捺印佛画而刻制的，古时寺院常有印制佛像和佛经，供信士施财赎得后，转向大众散发，或者捐入宝塔中瘗藏供养，作为一种虔诚信教的表示或还愿的善举。这些活字，应该是白象塔所在的寺院专门制备用来印制佛经的。

这一发现，使我们找到了毕昇所发明的活字印刷术北宋末年在民间推广应用的实物见证。

（原载：《出版科学》1996 年第 4 期）

南宋活字印刷史料及其相关问题

黄宽重*

一、前言

我国四大发明之一的印刷术,不仅是我国科学技术史上一项重大的成就,对人类文化的传播及文明的发展,贡献尤大。

雕版印刷术的发明,减少了以往抄写书籍的困难。虽然其确实发明的时间,至今仍为学界所争论①,但从现存世界上最早的雕版书籍——唐咸通九年(868)雕印的《金刚经》——的精美程度看来,我国印刷术,至少在9世纪中叶以后,已达到相当高的水准。到了宋朝,由于印刷技术日趋纯熟,加以社会经济繁荣,印书业因而有了更蓬勃的发展。当时不仅有政府的"官刻"和"监刻"的书籍,民间刊刻书籍更是盛行,这是我国雕版印刷发展的全盛时期。②

雕版印刷固然比手抄迅速、方便,对文化的传播及知识的普及贡献厥功至伟,但仍有着刻版费时、费工、费材,存放不便及错字难以更正的缺点。③ 为谋求更有效的印刷办法,遂有活字印刷的发明。

---

* 黄宽重,台北"中央研究院"历史语言研究所副研究员。

① 张秀民一共列举了七种不同的说法,参见张秀民《中国印刷术的发明及其影响》,人民出版社 1958 年第 2 版,第 27~55 页。

② 参见张润生、陈士俊、程惠芳《中国古代科技名人传》,《平民发明家毕昇和我国的活字印刷术》,中国青年出版社 1981 年版,第 211 页。

③ 参见张润生等:前引书,前引文,第 211 页。中国古代科学史话编写组编:《中国古代科学家史话》,辽宁人民出版社 1975 年修订第 2 版,《活字印刷术创始人毕昇》,第 117~118 页。

关于活字印刷的史料,最早见于典籍的,是北宋学者沈括所著的《梦溪笔谈》。沈括在《梦溪笔谈》卷十八《技艺》篇中,翔实记录了仁宗时期毕昇发明胶泥活字的事实。由于毕昇是个平民,不为史家所重,生平资料很少;加以虽然叙述了活字印刷的过程,但他本人却没有实际操作的经验,而到目前为止也还没有发现可资佐证的实物——胶泥活字。以致尽管后世的典籍一再地转引或抄录《梦溪笔谈》这条关于胶泥活字的史料,仍不免让一些学者,对于北宋时期是否可能使用胶泥作为活字印刷的材料,感到怀疑。①

自从英国学者李约瑟(Joseph Needham)在《中国之科学与文明》(*Science and Civilization in China*)一书,强调传统中国辉煌的科技成就以来,对科技史的研究引起国人相当大的重视与兴趣,有关科技史的史料与论著的发表,一时甚众。然而,对早期活字印刷历史的了解,却仍沿袭旧说。②

---

① 参见张秀民《中国印刷术的发明及其影响》,《活字版的发明》,人民出版社 1958 年版,第 72~73 页。

② 几乎所有讨论活字印刷的论著,不论时代先后,对早期活字印刷的历史的说法都如出一辙,如前面诸注所引各书皆同,此外如:Thomas Francis Carter:*The Invention of Printing in China* ,Columbia University Press,1925,Part Ⅳ,Chapter Ⅻ ,The Invention of Movable Type in China,pp.159-162,二版由 L. Carrington Goodrich 修订:The Ronand Press Co. ,1955,pp.211-219,其中译本为卡德著,刘麟生译:《中国印刷术源流史》,商务印书馆 1938 年 10 月初版,第四编《论活字印刷》,第二十二章《中国之活字印刷》,第 183~184 页。李晋华:《活字版印刷的发明》,收入《大陆杂志》特刊第二辑,1962 年 5 月,台北,第 117~122 页。李晋华:《中国印刷起源》,香港新亚研究所 1961 年10 月初版,第十章《活字版印刷的发明》,第 189~201 页。赵万里:《中国印本书籍发展简史》,《文物参考资料》1952 年第 4 期,第 14 页。张怀礼:《印刷术的发明与演进》,收入由李光璧、钱君晔编《中国科学技术发明和科学技术人物论集》,三联书店 1995 年 12 月第 1 版,第 16 页。秀川编著:《中国印刷术史话》,商务印书馆香港分馆 1977 年 6 月初版,第 22~25 页。自然科学史研究所主编:《中国古代科技成就》,中国青年出版社 1978 年版,第 480~489 页,本书承台北"中央研究院"近代史研究所惠予阅读,谨此致谢。刘国钧著:《中国的印刷》,上海人民出版社 1979 年 6 月第 2 版,第 24~28 页。林品香:《中国古代活字印刷史研究》,私立中国文化大学史学研究所硕士论文,1981 年 6 月,未刊。陈晓中:《中国古代的科技》,台北明文书局 1981 年 9 月初版 ,下册《印刷术的发明和外传》,第 481~490 页。《中国科学文明史》,台北木铎出版社 1983 年 9 月初版,第七章《古代科学技术发展的高峰》,第 414~423 页。日本学者薮内清:《宋元时代の科学技术史》,京都大学人文科学研究所昭和四十二年三月初版,《宋代の生产技术》,印刷と出,第 267~270 页。

一般论著在叙述活字印刷的发展时,毕昇之后,接着便谈到金末元初姚枢教杨古以活字版印朱熹的《小学》《近思录》,吕祖谦的《东莱经史论说》等书,以及元朝王祯的《农书》对木活字的记载,而对南宋活字印刷的情形完全略而不提,不禁令人怀疑,以印书业昌盛著称的南宋,在活字印刷方面的成绩,莫非真是一片空白?

笔者探讨南宋史实,深感当时人所留下来的文集,都是作者亲身经验的记载,其所涉及的范围较广,也最能反映史实,因此对文集资料一向十分留意。数月以来,研读周必大的《文忠集》,发现不少研究南宋中叶的宝贵史料,其中有一条关于活字印刷的记载,有助于解答上述两个问题。特予转录,并稍加说明,以就教于学界先进。

二、《文忠集》中的活字印刷史料

《文忠集》共200卷,为南宋中期名臣周必大所著。周必大字子充,号省斋居士,江西庐陵人。生于宋钦宗靖康元年(1126),绍兴二十一年(1151)进士及第,又中博学宏词科(1157)。先后任秘书少监、吏部尚书、参知政事、丞相等职,封益国公。宁宗嘉泰四年(1204)十月卒,享年79岁,谥文忠,事迹见《宋史》本传(卷三九一)。必大以文章受知于宋孝宗,《四库全书》提要称其"制命温雅,文体昌博,为南渡后台阁之冠。考据亦精审,岿然一代重名"。平生著作81种,《文忠集》系收录其中27种而成。

目前中国台湾地区可见之《文忠集》版本有四:

1.台北"中央图书馆"藏清彭元瑞手校并题记的旧抄本(200卷,附录5卷),共32册。

2.台北"中央研究院"历史语言研究所傅斯年图书馆藏传抄清文溯阁本(200卷,卷首1卷,附录5卷),共68册。

3.傅斯年图书馆藏有题名《周益国文忠公集》,为道光二十八年庐陵欧阳棨瀛塘别墅刊,咸丰元年续刊本(200卷,附录5卷),共48册。

4.台北"故宫博物院"藏文渊阁《四库全书》本(200卷,卷首1卷,附录

5 卷),共 78 册。刊行本收入商务印书馆影印之《四库珍本》二集,第 274~293 册,共 20 册。

上述四种不同版本中,台北"中央图书馆"藏本,无缘得见,不敢臆断。其他三种版本中,文渊阁《四库全书》流传最广,然并非善本,而道光二十八年庐陵欧阳氏刊、咸丰元年续刊本,校勘最精,允称善本。

关于活字印刷的这一则史料,见于《周益国文忠公集》卷一九八,《书稿》十三《劄子》十①《致程元成给事》中(页四下)。书中所称"程元成给事","元成"二字实为"元诚"之误。元诚是程叔达的字。叔达为徽州黟县人,生于宋徽宗宣和二年(1120),绍兴十二年(1142)中进士,宁宗庆元三年(1197)卒,享年 78 岁。② 他生性好学,以敬事孝亲闻于乡里,是周必大的好友之一。二人时常作诗唱和,书信往返。孝宗淳熙十三年(1186)叔达任敷文待制③,必大曾有二信问候④。光宗绍熙三年(1192)七月,必大在潭州,坐举常良孙降荥阳郡公⑤;四年(1193),叔达致仕,二人有诗相唱和,必大也有两封信给叔达,其中第二封书信中,就谈到胶泥印刷的事。

这封信的前半段,是必大恭维程叔达虽年岁已高,身体仍很健康,作诗填词敷畅,比起程大昌(泰之)(1123—1195)尤为醇明,而自己则年老力衰,久不作诗填词了。接着说:

> 近用沈存中法,以胶泥铜版移换摹印,今日偶成《玉堂杂记》二十八事,首恩台览。
>
> 尚有十数事,俟追记补缀续纳⑥,窃计过目念旧,未免太息岁月之

① 文渊阁《四库全书》本之《文忠集》为卷一九八,《劄子》,第 6 页上。

② 杨万里:《诚斋集》(《四部丛刊初编》)卷一二五《宋故华文阁直学士特进程公墓志铭》,第 119~134 页。

③ 不著撰人:《宋史全文续资治通鉴》卷二十七《宋史资料萃编》第二辑《淳熙十三年八月辛巳》,台北文海出版社 1969 年 5 月初版,第 35 页下。

④ 周必大:《周益国文忠公集》(道光二十八年欧阳氏刊、咸丰元年续刊本)卷一九八,第 3 页下~第 4 页上。文渊阁《四库全书》本卷一九八,第 4 页下~第 5 页上。

⑤ 周必大:前引书,卷首,《年谱》,第 30 页,《四库全书》本,第 37 页下。

⑥ 文渊阁《四库全书》本作"衲",误。

沄沄也。[①]

周必大在这封信中,明白提到他用沈存中的办法,以胶泥铜版来印他的《玉堂杂记》,确为早期活字印刷的重要史料。文中词句太过简,为易于了解,兹将其中若干要点,略作说明。

首先,文中提到"沈存中法","存中"是沈括的字,"沈存中法"当指沈括所记载的毕昇活字印刷术,这和《梦溪笔谈》一书在南宋普遍流行有关。《梦溪笔谈》一书在南宋初年相当流行,晁公武的《郡斋读书志》即加著录,在孝宗乾道二年(1166),扬州州学也刊刻了《梦溪笔谈》,据传可能是现存最早的刻本。[②] 此外,江少虞在绍兴十五年(1145)编的《宋朝事实类苑》一书中,也抄录了不少《梦溪笔谈》的资料,其中也包括毕昇活字印刷的资料。[③] 由此可见《梦溪笔谈》一书在南宋初期是为人所熟知的,相信周必大也看过这本书,才把毕昇的活字印刷术,说成"沈存中法"。

其次,文中提到他印刷的办法是"胶泥铜版,移换摹印",从文句加以考察,当指以胶泥活字在铜模版中移换,再用纸加以摹印,或如今印刷厂中排版及打样的过程。

再次,文中又提到"今日偶成《玉堂杂记》二十八事"。案:《玉堂杂记》共三卷,是必大记载翰林故事的笔记,他自称是书可附洪迈翰苑群书之后。书成于淳熙九年(1181)八月[④],除了有单行刊本外,尚收于《文忠集》中(卷一七四至一七六)。全书凡 59 条,约 14000 字。文中谈到"偶成……二十八事",二十八事即二十八条,近乎全部杂记的一半。"今日"也

---

① 本段引文引自以道光二十八年欧阳棨瀛塘别墅刊,咸丰元年续刊本之《周益国文忠公集》,《书稿》卷十三(第 47 册),第 4 页下。

② 胡道静:《新校正梦溪笔谈》,收入《元刊梦溪笔谈及新校注合刊》,台北鼎文书局 1980 年 9 月初版,校点说明,第 30 页。又见胡道静:《梦溪笔谈补证》,《中华文史论丛》第 11 辑,上海古籍出版社 1979 年 9 月版,第 126~132 页。

③ 江少虞:《宋朝事实类苑》卷五十二《书画技艺》板印书籍,台北源流出版社影印 1982 年 8 月版,第 680~681 页。

④ 清道光二十八年欧阳氏刊、咸丰元年续刊之《周益国文忠公集》,《玉堂杂记序》,第 1 页上。

许不限于一天，但时间当不太长，能有如此的成绩已是很不错了。

总之，从上述对这件史料的考察，我们知道周必大曾经于宋光宗绍熙四年（1193），在潭州利用沈括《梦溪笔谈》所说的活字印刷术，来刊印他所著的《玉堂杂记》。

三、结论

这件史料的发现，使我们对以往有关印刷史的著作，至少可以提供下述两个重要的修正意见。

1.这件史料是支持毕昇以胶泥作活字材料的重要佐证。1911年以来，学界讨论印刷术的发展史，固然都肯定活字印刷始于中国，而毕昇是第一个发明活字印刷术的人，但对于胶泥能否作为印刷材料，则有两种不同的看法。罗振玉、胡适，以及美国学者史文格（W. T. Swingle），都怀疑胶泥活字可以用来印刷，而张秀民等人则加以肯定。不过，肯定此事者都是以清代翟金生以十万泥活字印成《泥版试印初编》一书为证。这个说法，固然有其坚强根据，但毕昇是11世纪的人，而翟金生却是19世纪的人，二人生存的时间相差800年，其间变动的因素很多，而且以后代科技水准来作为推断前代成就的例证，显然忽视了时间因素，恐难以释疑者之惑。而《文忠集》的这条史料，时间是南宋中期，上距毕昇之世仅150年，又是周必大亲身经验的记录，实属极为可贵的史料。因此，目前虽然尚无宋人遗存的实物可资佐证，相信仍可经由这条史料来支持、肯定毕昇以胶泥作为活字印刷材料的可靠性。

2.这件史料把宋元印刷技术史上的一段空白弥补起来。以往关于活字印刷的著作，在叙述毕昇之后，就直接谈到元朝王祯《农书》中木活字的记载，顶多也只叙述13世纪中叶姚枢教杨古以活字印书而已，对南宋一代向来都略而不论。一位学者甚至说：

> 在此（按指毕昇）以后，没有记载证明宋朝曾经有活字印刷的书。

可见毕昇虽然发明了这一重大的印刷方法，但没有得到广泛流行。①

现在，《文忠集》这条史料虽然仍不能证明活字印刷在南宋曾得到广泛的流行，却明白表示南宋曾经有过活字印的书(《玉堂杂记》)，证明活字印刷术曾在南宋出现，由此不仅可以弥补宋元活字印刷史上的空白，可看出活字印刷，从北宋经南宋到元朝，持续发展，并无间断。

再则，从地域上看，毕昇是南方人②，姚枢是北方人。直到元代，王祯才又在江西以木活字印书，这样的地域分布，不免使人怀疑南宋以印刷业昌盛著称，何以江南地区竟没有活字印刷？而从这条史料所叙述的地点——潭州，却告诉我们南宋时代的江南，不仅雕版印刷繁盛，也出现过活字印刷，可见在毕昇之后，南方仍存在着活字印刷的传统，元朝王祯的木活字，也许有它地缘上的承袭性。

南宋的潭州，并非当时印书业的重镇，此地既然留有活字印刷的记载，则其他地区也极可能运用活字印刷的技术，也许我们在仔细检阅南宋的各种史籍之后，还能发现更多宝贵的活字印刷史料，来填补目前科技史研究上的空白。这仍有待于学界共同努力。

附记：本文写作期间，承严耕望先生、王叔岷先生及沈松侨、邢义田、何大安、黄进兴、洪金富诸兄，协助解决疑难、借阅藏书及润饰文字，谨此致谢。

(原载：台北《“中央研究院”历史语言研究所集刊》第55本第1分，1984年)

① 见刘国钧：《中国的印刷》，上海人民出版社1979年6月第2版，第27页。

② 张秀民：《中国印刷术的发明及其影响》，人民出版社1958年5月第2版，第75~80页。

宋代继毕昇之后用活字印书的一则信史
——南宋周必大以胶泥铜板摹印《玉堂杂记》析疑

孙启康

布衣毕昇于北宋庆历年间发明活字印刷术，历来为海内外学者所肯定，但有的学者认为这一发明在当时未被广泛应用，因此，在叙述活字印刷术的发展源流时，继北宋毕昇之后，就谈元代的姚枢、杨古和王祯了，这中间留下了200多年的空白。近年来，通过考古发现与研究，在浙江温州白象塔中瘗藏的一幅佛画残片上找到了北宋崇宁年间在民间曾采用活字印经的证据；而在宁夏贺兰山拜寺沟方塔废墟中发现的西夏文《吉祥遍至口和本续》则是西夏后期（约当南宋光宗—理宗时期）用木活字印刷的佛经。周必大"以胶泥铜版移换摹印《玉堂杂记》"，也发生在南宋光宗绍熙年间。

周必大（1120—1206）字子亮，又字弘道，庐陵（今江西吉安）人；南宋高宗绍兴二十年进士；孝宗时官至左丞相；光宗时转少保，进封益国公；宁宗时转授少傅。晚年自号平园老叟，卒谥"文忠"；工文辞，著作甚丰，有《文忠集》行世。

他用泥活字印书的事，载于《文忠集》卷一二八《札子》第十收录的"绍熙四年致程元成给事"信中。文为：

> 某素号浅拙，老益谬悠，兼之心气时作，久置斯事（按此前文意系指写作），近用沈存中法，以胶泥铜版移换摹印，今日偶成《玉堂杂记》二十八事，首恩台览。尚有十数事，俟追记补缀续纳。窃计过目念旧，未免太息岁月之沄沄也。

我国台湾学者黄宽重先生认为这是一则活字印刷史料。1985 年 1 月 21 日上海《文汇报》曾有报道。

《中国印刷史》的作者,浙江张秀民先生认为是“印刷史上的新发现,是宋代用泥活字印书之最可信者”。但也有学者认为这段记载的真实性值得怀疑,并指出了六点可疑之处,进而对周必大是否曾用活字印书,得出了两条结论,一曰“似无必要”;二曰“无暇为之”。因而断定周必大“《文忠集·绍熙四年致程元成札子》”中的“这段记载不可轻信”①。笔者通过对《文忠集》中相关书札、文稿反复研读后认为:周必大以胶泥铜版摹印《玉堂杂记》一事,不可妄疑。所谓“似无必要”与“无暇为之”均不能成立。试作析疑,以求正于方家。

为廓清质疑者所持疑点,其关键是要弄清《玉堂杂记》的编撰始末,以解“似无必要”之疑。本文拟重点就此予以剖析。

一、弄清《玉堂杂记》的编撰始末,解析以活字印书“似无必要”之疑

“似无必要”说所持疑点有三:

1.《玉堂杂记》已有抄本,无须追记。质疑者因《文忠集·绍熙四年致程元成札子》中谈到《玉堂杂记》“尚有十数事俟追记……”认为:该书“已于淳熙九年(1182)写成,并公之于世,据该书苏森序,在绍熙四年(1193)之前已有抄本流布,无须追记”。

2.周必大前后所言《玉堂杂记》的条数不一。“《玉堂杂记》自序说是五十余条,而按《绍熙四年致程元成札子》统计只有四十余条,为什么前后不一致呢?”

3.由于看到《文忠集·绍熙四年致曹检法》信中谈到“近书坊刻《玉堂杂记》”一事,认为:“绍熙四年已有刻本,再用活字印刷似无必要”②。因

① 曹之:《中国印刷术的起源》,武汉大学出版社 1994 年 7 月版,第 474 页。
② 曹之:《中国印刷术的起源》,武汉大学出版社 1994 年 7 月版,第 473 页。

而怀疑周必大用活字摹印《玉堂杂记》的真实性。

上述疑点,都是从《玉堂杂记》的相关文稿和《文忠集》所载书札中抠出来的。为了解决这些问题,有必要对质疑者所持疑点的依据所引用的一些史料,进行一番检视、校核和梳理,以寻求正确的答案。

(一)"追记"《玉堂杂记》事出有因

质疑者所据的"苏森《序》",应该说是"苏森《跋》"。这是苏森从丁怀忠(名朝佐)处借得《玉堂杂记》抄本校订了自藏抄本之后于"绍熙辛亥仲夏一日"所作的《跋》。附于《玉堂杂记》书后。在苏《跋》之前,还有丁朝佐《跋》云:

> 兹如武林,又得其《玉堂杂记》,益闻所未闻。盖中兴以来,九重之德美,前辈之典型,恩数之异同,典故之沿革,皆因事而见之……乃手抄一通藏于家。窃闻公在翰苑,知无不言,朝廷有大命,令人所不敢议者,公从容敷奏,皆当上意。凡所以障堤狂澜,护养元气者,岂止一事?而公不书,何其谦也!然盛德伟烈,表表在人耳目,公虽不书,其能使之弗传哉!绍熙元年重午日樵溪丁朝佐谨书。

从丁朝佐的跋文,可以看出:丁、苏二人所藏的《玉堂杂记》抄本所收录的事例是不全的,特别是周必大对皇帝处理朝政所提出的一些曾经起到"障堤狂澜,护养元气"之功的建议,没有录入("而公不书"),使丁朝佐十分感慨并深为惋惜。

《玉堂杂记》是否收录不全?到底有哪些内容没有录入?说得更清楚一些的还是周必大《玉堂杂记·序》:

> 必大……自六察擢左史……其后两入翰苑,首尾十年,自权直院至学士承旨皆遍为之,其荷两朝知遇至矣!岁月既久,凡涉典故及闻见可纪者辄笔之。淳熙庚子,进位二府……因命小子纶,裒为一编,略

加订,其间多涉几微,非止温木,或删或留,仅得五十余条。……壬寅八月十二日周必大题。

序文表明《玉堂杂记》是周必大在十年翰苑生涯中根据其经历见闻所作的笔记,淳熙九年(壬寅年)由其子周纶编辑成书,周必大在审订时因其中有许多涉及朝廷机密和一些关系微妙的事,为了谨慎起见,效法西汉孔光不言"宫内温树为何木"的故事①,将这些内容做了删除。这清楚地说明"淳熙九年已经写成,并公之于世""绍熙四年之前已有抄本流布"的《玉堂杂记》,并不是周必大在翰苑十年所作笔记的全部内容。

从《文忠集·绍熙四年致程元成给事》中所云"补缀续纳""过目念旧"等语句来看,他当时是打算对淳熙九年编订的《玉堂杂记》进行补编或者另编续集,与其同时人洪迈作了《容斋随笔》之后,又作《续笔》《三笔》……的做法相近。

由此可见,周必大绍熙四年"以胶泥铜版移换摹印"的《玉堂杂记》就是重新追记他已从淳熙九年所编《玉堂杂记》稿本中删去了的那些"多涉几微"的内容。从淳熙九年(1182)到绍熙四年(1193),时距 11 年之久,此时回忆往事,当然可以说是"追记"。因此,所谓"已有抄本流布,何追记为"的疑问,其实并不存在。

(二)两种《玉堂杂记》所含具体内容不同,故条数不相一致

按前节所述,《玉堂杂记》曾有两种版本。一种是淳熙九年编订并已公之于世的抄本,分为 3 卷,计 59 条,即现在我们从《文忠集》中可以看到的《玉堂杂记》;另一种是绍熙四年"致程元成札子"中提到的摹印本《玉堂杂记·二十八事》和"俟追记补缀续纳"的十数事,共约 40 余条。既然两者所含内容不相雷同,那么"条数不相一致",也就不足为奇了。

---

① 《汉书》卷八十一《孔光传》。

(三)《玉堂杂记》的活字印本与书坊刻本并非重复制作

持怀疑态度者根据周必大绍熙四年《致曹检法》①信中:"近书坊刻《玉堂杂记》漫往一观,别有两本,烦纳二使者……"这段话认为:"绍熙四年《玉堂杂记》已有刻本,再用活字印刷,似无必要。"要弄清是否是在"已有刻本"之后"再用活字印刷",必须解决两个问题:一是《玉堂杂记》采用活字摹印和书坊刻版印刷的具体时间;二是书坊所刻《玉堂杂记》是哪一个版本。这两个问题在周必大的有关书札中,都可以得到解释。

1.《玉堂杂记》采用活字印刷,与书坊刻版孰先孰后

以活字摹印《玉堂杂记》至迟应在绍熙四年春初。这在周必大绍熙四年《致程元成给事》的信中也是有迹可寻的。这封信虽然没有明确注明写信的月份或季度,但从其中有"黟县人逼岁方到,只领教墨,感慰已深"一语,可知这封信是在绍熙三年临近除夕(逼岁)时收到当时已告老还乡、在老家安徽黟县闲居的程元成传来的书信之后所作的复信。此信一开头还有"岁华有俶""年德加新"等人们通常在一元复始的春节间使用的祝颂辞令,都足以说明写这封信的时间,是在绍熙四年春初,因此,以活字印刷《玉堂杂记》也应在此时或此前。

书坊刻《玉堂杂记》则应在绍熙四年冬季。此事见于周必大于绍熙四年《致曹检法》信中。此信亦无具体日期,但其中提到"某(按:周必大自称)已办归计",说明周必大写这封信时已做了告老还乡的具体安排了。在周必大绍熙四年十月以前的一些书信中,虽曾多次提到"久欲挂冠"的心愿,但未见有"已办归计"之类的表示。他从这一年的三月至九月间曾再三奏请"乞宫祠"(即请求辞去实职安排一个虚职),可是直至十月十七日,朝廷仍然不允。在朝廷没有允许之前,他是不可能擅自"办归计"的。到了十一月二十五日,朝廷才决定:"周某可判隆兴府免奏事,急速之任。"周必大从《进奏院报》上看到这条消息后,即具奏状,力辞此职。并以"已

① 《文忠集》卷一九八《书》三。

闻移命,旧治难留(按:旧治即潭州治所长沙)"为理由,做出了"侯省札到,即归本贯吉州,恭听谕旨"①的计划。与此同时他在《致常德傅推官》信中也说"蒙恩徙镇,姑借是归旧地,以养衰疾"②。可见周必大办理归计是在得知徙镇隆兴府(今江西南昌)之后和《致曹检法》信之前,大体上在绍熙四年腊月。这可以说明书坊刻《玉堂杂记》是在这一年的冬季。据此可以肯定,《玉堂杂记》采用活字摹印在书坊刻版之前。

2. 活字摹印《玉堂杂记》与书坊所刻《玉堂杂记》不是同一版本

这从周必大《致曹检法》信中也可以找到一些依据,信中有云:"近书坊刻《玉堂杂记》,漫往一观。别有两本,烦纳二使者……"这"别有两本"据上文应该是指《玉堂杂记》,但又似乎不是指书坊所刻的版本。因这封信中只是说:近来书坊在刻《玉堂杂记》,他随便去看了一下,并未说此书已经刻成。如果这"两本"是当时书坊所刻,应该说是"奉上两本"或"检呈两本";说"别有两本"则令人费解。显然这"别有两本"是指有别于书坊所刻版本的另外两本《玉堂杂记》,很可能是周必大于绍熙四年春初"以胶泥铜版移换摹印的《玉堂杂记》二十八事"和"俟追记补缀续纳"的十数事;而书坊所刻的则应是在绍熙二年已有写本流传的《玉堂杂记》。

既然《玉堂杂记》的活字印本制作在书坊刻本之前,而活字印本与书坊刻本又不是同一内容,这两者之间就不存在什么矛盾和重复之处。因此,所谓"已有刻本""再用活字印刷"的问题,亦可冰释。

根据上述各节剖析,所谓"似无必要"这一推论所持之各项疑点,均可告消除。

二、周必大以活字印《玉堂杂记》乃"行有余力",非"无暇为之"

所谓"无暇为之"一说所持理由是:"周必大终生沉浮宦海,忙于政

① 《文忠集·历官表奏》卷十《辞免隆兴府奏状》。

② 《文忠集》卷一九八《书》三。

事”,对于以活字印《玉堂杂记》“实在无暇为之”。“绍熙四年,周必大已是68岁的老人……每况愈下的健康状况也不允许他从事这项艰巨的事业。”①在这里质疑者显然是把“从政”与“著述”当作了一对不可调和的矛盾。

笔者认为,“忙于政事”与“从事著述”,对于学者型的官员来说,是不会构成太大矛盾的。官员著书立说者,在历史上不乏其例,如清乾隆时任湖广总督的毕沅,在任中编撰《续资治通鉴》《经训堂丛书》嘉庆、道光年间的官员,曾任两广、云贵总督的阮元,在任中撰《十三经校勘记》,主编《经籍纂诂》;元大德年间的旌德县尹王祯在任中著《农书》,并“命工创活字……试印本县志书,约计六万余字”②等等。类此,在绍熙四年作为“判潭州军州事、荆湖南路安抚使、马步军都总管”的周必大,在政务之余从事著述,并以活字摹印《玉堂杂记》,当然也是“行有余力”的。

不可否认,以活字印书,确实是一项颇为复杂的系列工程,对于已有68岁的老人来说,是不可能独力胜任的。但以周必大当时的身份,即使体魄健壮,对于造字、排版、印刷之事,也用不着他亲自去操作,他完全可以委托其幕僚、书办,组织一帮工匠,按照沈存中所记毕昇之法,去具体实施这项系列工程。

试想,作为一名基层官吏(县尹)的王祯,都能在政务之余著《农书》并“命工创活字”印成《旌德县志》;难道作为一代鸿儒、三朝元老、一方藩镇的周必大,用活字印刷《玉堂杂记》就“实在无暇为之”么?看来,“无暇为之”一说,也有“失之牵强”之嫌。

三、结论

如前所析,既然“似无必要”之说所持各项疑点均可消除,而“无暇为之”一说又失之牵强。这就可以认定周必大绍熙四年致程元成札子中所

① 本段引文分别见曹之《中国印刷术的起源》,第471、472页。

② 王祯:《造活字印书法》,转引自曹之《中国印刷术的起源》,第477页。

云:“以胶泥铜版移换摹印《玉堂杂记》”,确是我国南宋时期继毕昇之后采用活字印书的一则信史。

(原载:《中国印刷》2001 年第 7 期)

千年活字印刷史概说

史金波*

中国的中古时期，文教寖盛，科技发达，在隋、唐之际就发明了雕版印刷，这一重要发明对中国和世界的文化发展起了重大推动作用。北宋庆历年间(1041—1048)聪慧的平民毕昇又发明了省时省料、方便快捷的活字印刷术。当时的著名政治家、科学家沈括(字存中)记录了这一伟大科技成果:"庆历中,有布衣毕昇又为活板。"同时详载毕昇活字印刷方法,最后指出:"昇死,其印为余群从所得,至今保藏。"①可见当时记载明确,言之凿凿。中国发明的活字印刷术是印刷史上又一个伟大的里程碑,它的应用开创了印刷史的新纪元。活字印刷术的使用延续了近千年的时间,对世界文化的发展和交流起了巨大的推动作用,对促进世界文明的进程做出了历史性的伟大贡献。然而,到了20世纪末,西方媒体接二连三地报道,说上一个千年,世界上十大科技发明之一的活字印刷术,是15世纪西方德国的古登堡发明的。这真让中国人百思不得其解,中国在11世纪的发明为什么过了4个世纪又被西方人"发明"了一次?为澄清事实,需要认真探讨一下活字印刷术的发明和发展的历史。

一、中原和少数民族地区的实践与发展

科学技术的发明创造是被社会需要推动的,也随着社会的发展而进一

* 史金波,中国社会科学院民族研究所研究员、博士生导师。

① 〔宋〕沈括:《梦溪笔谈》卷十八《板印书籍》。

步实践。毕昇发明的活字印刷术由于沈括的科学记录而得以继续播扬。在南宋时期的中原地区就有人利用毕昇的方法进行泥活字印刷。南宋绍熙四年(1193)著名文人、政治家周必大在其写给朋友的信中记录了这样的事:“近用沈存中法,以胶泥铜版移换摹印今日偶成《玉堂杂记》二十八事。”①所记“用沈存中法”,即使用沈括所记录的毕昇发明的活字印刷法。这一记载证明毕昇发明活字印刷术以后有人继承其法,再次实践,又一次证明了毕昇发明活字印刷术是确定的,泥活字印刷是可行的。这次印刷实践对印刷法也有改进和发展,比如使用铜版。遗憾的是,这部《玉堂杂记》的泥活字印本也没有保存下来。

文献记载宋朝范祖禹作《帝学》八卷,宋活字本,末有印书题记,时间为宋嘉定辛巳十四年(1221)。有人认为活字印书已盛行于两宋时期,刻泥刻木,精益求精。②

近代的考古所获有新的线索。1965年在浙江省温州市市郊白象塔中出土了一批宋代文物,其中有一件回旋文佛经单页《佛说观无量寿佛经》。有的专家认定该经为活字印本,推测其年代为北宋崇宁二年(1103)的实物。③ 然而对此也有不同意见。④ 目前学术界对此是否活字印本还在深入考察、研讨。

作为一种文化积累、一种科学技术,活字印刷术和以前发明的雕版印刷一样,它发明在文化发达的中国中原地区,很快就辐射传播到边远地区。这种在当时十分先进的印刷技术首先传播到中国西北的西夏和回鹘地区,开创了非汉字使用活字印刷的先河。

随着新的西夏文献的发现,对西夏印刷的认识渐次深入。西夏是与宋朝同时代的王朝,西夏文是记录其主体民族党项羌语言的文字。西夏文化发达,对邻近民族文化兼收并蓄,易于吸纳新的文化营养。由于西夏对印

---

① [宋]周必大:《周益国文忠公全集》卷一九八《札子》十。

② 叶德辉:《书林清话》卷八《宋以来活字板》,中华书局1957年版。

③ 金柏东:《早期活字印刷的实物见证》,《文物》1987年第5期。

④ 刘云:《对〈早期活字印刷术的实物见证〉一文的商榷》,《文物》1988年第10期;孙启康:《温州白象塔出土的“佛经”残叶应为活字捺印》,出版科学1996年第4期。

刷品需求量不断增大，在发展雕版印刷的同时，逐渐认识到雕版印刷费工费料的缺陷，并寻找、借鉴更为科学的印刷方法。西夏吸纳、借鉴并比较广泛地使用活字印刷术是其文化发展的特点之一。学术界过去对西夏应用活字印刷术一无所知，只是近代随着西夏学进展，才从考古所得的材料中发现了西夏的活字印刷品。

19 世纪中期以后，随着列强对中国的武力入侵，文化侵略也越演越烈。在敦煌石窟发现的大批珍贵文献陆续被盗不久，1909 年俄国的一支探险队在中国的黑水城遗址（今属内蒙古额济纳旗）盗掘走大批西夏文献、文物，现仍藏于俄罗斯圣彼得堡东方学研究所和冬宫博物馆（爱尔米塔什）。这批文献有数千卷之巨，编为 8000 多个编号，其中绝大部分是西夏文文献，也有汉文和藏文文献。这次发现的是 20 世纪继甲骨文、汉简、敦煌文书以后又一次重大文献发现，其中有写本、刻本，近年在整理过程中又发现有罕见的活字印本，其中有西夏文泥活字《维摩诘所说经》上、中、下三卷，共 30 多页。① 根据其题款可定为 12 世纪中期，相当于中原的南宋时期，比宋朝毕昇发明泥活字差不多晚一个世纪。这部珍贵的西夏文佛经是目前世界上现存最早的活字印本，当然也是最早的泥活字印本。

1987 年 5 月，甘肃武威市新华乡缠山村亥母洞遗址出土了一批西夏文物，其中有一本西夏文《维摩诘所说经》（下卷），②此经与俄藏黑水城出土的活字版《维摩诘所说经》是同一种活字印本。

俄藏西夏文文献中还有西夏文世俗著作《德行集》，佛教著作《大乘百法明镜集》《圣大乘守护大千国土经》《三代相照言文集》等，后者的发愿文末尾的题款中明确记载了此为活字印刷品。这些是木活字印刷品，比《维摩诘所说经》的印制要精良得多，时间约在 12 世纪中晚期。

1991 年宁夏贺兰山方塔出土西夏文木活字本佛经《吉祥遍至口合本

① 史金波：《现存世界上最早的印刷品——西夏活字印本考》，《北京图书馆馆刊》1997 年第 1 期。

② 孙寿龄：《西夏泥活字版佛经》，《中国文物报》1994 年 3 月 27 日。

续》等9册,共40多页,①属于西夏中晚期,也是现存最早的活字版本之一。

20世纪90年代以来,敦煌研究院对敦煌北区洞窟进行全面清理、考察,其间发现了相当数量的西夏文文献。可喜的是在这些西夏文文献中竟又有几种活字印刷本,除一些页面完整外,多为残片。其中有《地藏菩萨本愿经》《诸密咒要语》等。② 最近笔者考察俄藏黑水城出土西夏文献时,又发现了一种汉文活字版历书,虽为残页,但十分珍贵,可推断其具体年代为西夏光定辛未元年(1211),时在西夏神宗遵顼时期,印制于襄宗安全时期。是目前所知最早的有确切年代的汉文活字印刷品,是研究活字印刷术的重要实物,填补了汉文早期活字印刷品的空白。此种历书有比较复杂的表格,至少有4种大小型号不同的活字,这种高超的技术水平反映了中国活字印刷在不断创新发展。

1917年,在离西夏首都中兴府(今宁夏银川市)不远的灵武县发现了一批西夏文佛经。其中几十卷西夏文《大方广佛华严经》,都具有活字印刷的特点,现多藏于中国国家图书馆,日本京都大学等处也有部分入藏。在此经卷第五西夏文题记中有“令雕碎字”,卷第四十西夏文题记中也有“作选字出力者”。“碎字”即活字,“选字”应是拣字、排字,“选字出力者”应是拣排活字的工匠。这两条西夏文题记更证实这种《华严经》为活字本。③

在黑水城出土文献中,有一种抄本西夏文佛经名为《胜慧到彼岸要语学禁现前解庄严论显颂》,在其经末的题款中记载了西夏应用活字印刷重要史实。题款中有两个人的称谓有“御前注补印活字都案头监”头衔,其中一人还有“工院正”的职称。④ 工院是西夏的一个政府机构,董理工技制

① 牛达生:《西夏文佛经〈吉祥遍至口和本续〉的学术价值》,《文物》1994年第9期。

② 史金波.《敦煌莫高窟北区出土西夏文文献初探》,《敦煌研究》2000年第3期。

③ 史金波:《现存世界上最早的印刷品——西夏活字印本考》,《北京图书馆馆刊》1997年第1期。

④ 史金波、雅森·吾守尔:《西夏和回鹘对活字印刷的重要贡献》,《光明日报》1997年8月5日。

造之事。可知,活字印刷在西夏有专门政府机构和官员进行管理,说明作为一种实用工技,已经得到政府的重视并纳入政府管理。这一抄本佛经的底本应是活字印本。

在毕昇发明泥活字印刷不久,西夏人开始使用泥活字印刷,并由泥活字发展到木活字印刷,到目前为止,已经发现了十多种西夏文活字印刷品。大批量印刷文献最能发挥活字印刷的长处,正如《梦溪笔谈》所载:"若止印三二本,未为简易;若印数十百千本,则极为神速。"西夏所印文献是印份很多的佛经和历书,又专设机构人员管理,说明中国当时的活字印刷术的应用早已进入社会实用阶段。

1908 年,一支法国探险队在敦煌北区的洞窟积沙中发现了 960 枚回鹘文木活字,悉数掠往法国。近些年来敦煌研究院又发现了几十枚回鹘文木活字,总数达 1014 枚。回鹘也是中国中古时期西北地区的少数民族政权,回鹘文是其民族文字。这批回鹘文木活字被推定为 13 世纪的遗物,是现存世界上最早的木活字,十分珍贵。近年的研究表明,这些回鹘文木活字中包括了以字母为单位的活字,实际上是一种音素、音节和词混合类型活字。① 这说明中国的活字印刷术又升华到一个新的阶段,已跃上了字母活字印刷的台阶。回鹘民族为活字印刷做出了重大贡献。

中华民族的优秀传统文化是历史上各民族共同创造的。在印刷术的使用和发展方面,汉族和少数民族衣钵相传,争奇斗艳,推陈出新,尽显聪明才智,不断把印刷技术向前推动,共同为中华民族的印刷事业,为世界文化的发展做出了突出贡献。

二、泥、木活字的发展和金属活字的使用

关于活字印刷的记载绳绳继继,不绝于史。在西夏使用、发展活字印刷术时,中原地区的活字印刷也在不断发展。元代忽必烈的谋臣姚枢,在

① 史金波、雅森·吾守尔:《活字印刷术的发明和早期传播》,社会科学文献出版社 2000 年版.

隐居讲学时“以《小学》书流布未广，教弟子杨古为沈氏活板，与《近思录》《东莱经史说》诸书，散之四方”①。所谓“沈氏活板”也是指沈括《梦溪笔谈》中所记毕昇的活字版印书法。时在蒙古庚戌年（1250），当时值南宋淳祐十年，上距毕昇发明活字两个世纪，距南宋周必大再次使用泥活字50多年。

在中原地区使用泥活字印刷以后，以其他质料制作活字进行印刷的实践活动陆续展开，木活字、金属活字的印刷先后出现在中原地区。同时在改进拣字方法、提高印刷质量方面也不断有新的进展。质料的改变虽不属于活字印刷发明范畴，但也促进了活字印刷的进步。

其实在毕昇创造泥活字印刷的过程中就曾试用过木活字，但当时因木活字“沾水则高下不平，兼与药相粘”，有些技术问题没有解决，所以未再使用。在西夏和回鹘先后使用木活字后，元大德二年农学家王祯也成功地使用了木活字。王祯任安徽旌德县令期间撰著反映当时农业生产水平和生产状况的《农书》一部，在该书卷尾附《造活字印书法》一文，介绍了他的木活字印刷情况，并分门别类地记录了写韵刻字法、锼字修字法、作盔嵌字法、造轮法、取字法、作盔安字印刷法，对各个细节都具体细微地加以描绘。② 这是13世纪末一项了不起的木活字印刷科学记录。他用此法印制自己主持编纂的《旌德县志》，全书60000多字，不足一个月，印成了100部，可见其效率很高。

王祯使用木活字印书后的20多年，在浙江奉化的马称德也制作木活字印刷了《大学衍义》43卷。③ 当时中原地区的木活字印书已不是个别现象。

在中原地区又先后出现了铜、锡、铅等金属活字印刷。有关铜活字的使用可追溯到宋、金时期。有的专家研究指出12世纪中叶已经有使用铜活字的记载。实物则有中国历史博物馆藏南宋初会子铜铸印版拓片，其中

① 〔元〕姚燧：《牧庵集》卷十五《中书左丞姚文献公神道碑》，见《四库全书》集部。

② 〔元〕王祯：《农书·造活字印书法》。

③ 至顺《奉化县志》卷十三。

有的数目字系预留空间,后以铜活字补印。此外还有金朝贞祐宝券的铜铸印版,留有活字方孔,也是使用铜活字的旁证。更有金代铜铸千佛碑,有的专家认为两行文字用活字排集而成,时在金皇统戊辰年(1148),这是有确切纪年的最早的金属活字实物。①

关于金属活字印刷,元代的王祯在《造活字印书法》中有明确记录:“近世又铸锡作字,以铁条贯之作行,嵌于盔内界行印书。”这一确切记载足以证明中国在13世纪末,已经有了金属活字印刷。

明、清以降,活字印刷有了更大的发展,后来金属活字印刷越趋广泛。明代在东南地区发展了铜活字(或为铜版锡活字),分布地域宽,印书种类多,尤以无锡华坚的兰雪堂、华燧的会通馆最为著名。兰雪堂所印《春秋繁露》17卷、《艺文类聚》100卷、《元氏长庆集》60卷、《白氏长庆集》70卷、会通馆所印《宋诸臣奏议》150卷、《锦绣万花谷》120卷、《容斋随笔》74卷等活字印本,皆为珍贵活字版本。② 明朝弘治、正德年间常州有人“用铜、铅为活字,视板印尤巧便”③。清朝康熙、雍正年间由政府印刷出版机构武英殿直接组织,用铜活字排印《古今图书集成》,计1万余卷,5000余册,规模浩大,史无前例。此书共印60部,后所用铜活字散失。

值得提出的是,在清代又出现了大规模使用木活字印刷。乾隆年间由政府组织刻制了25万个木活字,印制《四库全书》及其他重要著作,总称为《武英殿聚珍版丛书》,是历史上制造木活字最多、印书量最大的一次。当时董理此事的金简作《武英殿聚珍版程式》一书,记载当时以木活字印刷事甚详。④ 此后民间纷纷效尤,广泛使用木活字印书,如乾隆年间程伟元用木活字印《红楼梦》,道光年间六安晁氏印《学海类编》,嘉庆年间常熟张金吾印《续资治通鉴长编》等。清代木活字印刷遍及十几个省,成为清代中、后期的重要印刷方法。

---

① 魏志刚:《关于我国金属活字版的早期(公元1148)记述与物证》,《印刷技术》1997年第6期。

②《书林清话》卷八《明锡山华氏活字板》。

③〔明〕陆深:《金台纪闻》自序。

④ 金简:《武英殿聚珍版程式》,见《四库全书》。

清代泥活字印书虽已不是主流,但也屡有应用。康熙年间山东泰安州有人“锻泥成字,为活字版”。道光十二年(1832)苏州李瑶在杭州用自制泥活字排印自己校补的《金石例四种》。用泥活字印刷成就最大的是清道光、咸丰年间的安徽泾县人翟金生,他竭尽30年之力,发动子侄,制作5个型号的泥活字计10万余枚,印制多种自己的著作。翟氏称其泥活字印本为“泥斗版”或“澄泥版”,也叫“泥聚珍版”。他所印《泥版试印初编》等书传世至今。① 这是财力不足以使用木制、金属活字印书的节省途径,泥活字印刷成本低廉,是其仍有生命力的主要原因。

三、向东西方的传播

科学技术没有国界,科技成果的发明属于一定的国家,但受惠者可能是整个人类。活字印刷发明并在中国发展、成熟后,逐步向境外传播。接受这一成果的国家首先是中国的近邻朝鲜。

朝鲜借地利之便,在10—11世纪首先从中国借鉴了雕版印刷,印制了很多书籍。南宋与高丽海上贸易很密切,南宋灭亡前大批宋人到高丽谋生,其中包括很多工匠。元朝统治者以武力征服朝鲜,在高丽设立达鲁花赤,这期间中国和高丽间的经济文化交流十分频繁。这一时期活字印刷术自然传到了朝鲜。朝鲜的文献记载“活板之法始于沈括”,也就是说朝鲜的活字印刷来自中国的毕昇发明。

在高丽中期已经有了关于活字印刷的记载。现存最早的金属活字印刷品是1377年铸字施印的《佛祖直指新体节要》,这是现存最早的韩国金属活字印本。此后朝鲜设置铸字所,大力发展活字印刷,其活字计有铜、铁、木、陶、瓢等数种,开始只有汉字,后来加入适合朝鲜语特点的谚文,对活字印刷的发展做出了突出贡献。

另一个中国近邻日本在8世纪已经自中国传入雕版印刷,至宋代始大规模传入,但引进活字印刷术较晚。16世纪丰臣秀吉侵略朝鲜时从汉城

---

① 张秀民:《清代泾县翟氏的泥活字印本》,《文物》1961年第3期。

将铜活字及其印刷设备掠回日本,开始了较大规模的活字印刷。后来在日本通用的是木活字,除汉字外,又发展了日本假名活字,按自己的民族特点发展活字。活字印刷不仅向东方传播,也向西方延展。活字印刷术由中原地区传到西夏和回鹘地区,虽仍在中国境内,但在地域上已经向西位移了200多千米,时间上向后推移了两个多世纪。西夏和回鹘控制着中西交通的孔道河西走廊,在当时东西文化交流中占有重要位置。中国的蒙元时代地域辽阔,东西交通便利,从元大都至罗马和巴黎的道路畅通无阻。当时经济、文化交流频繁,欧洲商旅、外交使节、传教士纷纷来到中国,中国的使节以及商品、科学技术也到了西方。活字印刷也自然通过丝绸之路的南北两线逐步传到欧洲,后来才有了15世纪德国古登堡印刷术的应用。中国纸张发明1000多年后才传到欧洲,而欧洲接受活字印刷术则在中国发明活字印刷后4个世纪左右。

德国人约翰·古登堡致力于金属活字的制作和印刷,他用铅锡合金制作拉丁文活字,于15世纪中期印制了著名的《四十二行圣经》。古登堡的活字印刷在欧洲起到了示范和带头作用,欧洲很多国家竞相采用,出现了活字印刷热潮,开办了不少印刷场。古登堡对活字印刷的发展和在欧洲的传播做出了杰出贡献。然而他是在中国活字印刷术的创意和影响下做进一步实践和应用的,对此西方有见地的科学家已有公允论述。西班牙著名作家门多萨16世纪出版了《中华大帝国志》,其中明确提出古登堡的活字印刷术是从中国辗转传入德国。著名科技史专家李约瑟也充分肯定了中国活字印刷术对古登堡的启发和影响。① 后来欧洲使用机械铸字和印刷,大大提高了活字印刷效率,使活字印刷进入一个新的阶段,对世界文化发展起到重要推动作用。在欧洲出现的先进的近代印刷技术又逐步反传入中国,促进了中国印刷术的发展。

① 李约瑟:《中国科技史》,中华书局1986年版,第五卷第一分册序言。

四、活字印刷术发明的歧说和析疑

由上可以清楚地看出中国发明活字印刷术及其流传的脉络，那么为什么否定中国首创活字印刷的言论不胫而走呢？

有人对毕昇发明泥活字表示怀疑，认为泥活字怎么能用来印刷呢？其实毕昇发明的泥活字要经过“火烧令坚”的过程，泥活字实际是陶化的活字，是可以用来印刷的。近人多次以毕昇法进行泥活字印刷实验，皆取得成功。

有人提出中国虽最早发明活字印刷术，但并未广泛应用。实际上印刷术作为重要科技成果，从一开始就和社会应用密切相连，西夏已经用来印制当时印份很多的佛经和历书，并设立专门管理活字印刷的机构和官员，足证应用广泛。

有人认为中国虽有文献记载，但缺乏早期活字印刷实物。世界上很多重要史实是靠文献记录下来的，中国关于活字印刷发明的记载是完整的、连续的，是可信的。何况早期印刷实物在中原和西北地区不断被发现，仅西夏文活字印刷品就陆续发现了十多种，在敦煌又出土了千余枚回鹘文木活字，中国早期活字印刷实物可谓十分丰富。相信作为活字印刷术摇篮的中国还会发现更多的早期印刷实物。

西方有人说，中国发明了方块字的活字印刷，欧洲人发明了字母活字印刷。活字印刷相对于雕版印刷，难能可贵的是它把整板雕刻印刷变为分割成更小单位的活字印刷这一伟大创意。至于分割成词、字、字母那是对活字印刷的应用和发展，谈不上发明的问题。其实，中国的回鹘民族早在13世纪已经依据民族语言的实际应用字母活字，看来字母活字应用也肇始于中国人。

近年来，中国有关活字印刷术的研究成果，为维护中国活字印刷术的发明权和向东西方传播提供了更多的有力证据。

既然有这样多的理由和证据充分证明中国是活字印刷术的发明者，并在各发展阶段中做出了不朽的贡献,为什么至今还会有那么多的奇说异见呢?

国际学术界不乏真知灼见的科技史专家,他们承认、尊重中国对活字印刷术的发明权。但不可否认的是,长期以来很多人受欧洲文化中心论的影响,无视中国人的发明创造。过去中国学术界对此也未引起足够重视,及时予以澄清,国内媒体也有一些人不明就里,人云亦云,把老祖宗的功劳记在别人的账上。

活字印刷术的发明已近千年,当今印刷术又发展到一个新的阶段,电脑排版代替了手工拣字,印刷本身更是日新月异,飞速进步。而这些新的成就又是在活字印刷的基础上发展而来的,活字印刷术是现代印刷的源头。可以说,中国发明的活字印刷术有利于当时,泽被于后世。

[原载:《固原师专学报》(社会科学版)2001 年第 22 卷第 4 期]

黑水城出土活字版汉文历书考

史金波

俄罗斯所藏黑水城(今属内蒙古自治区额济纳旗)出土文献多为七八百年前的古籍,今保存于俄罗斯圣彼得堡东方学研究所,数量巨大,内容丰富,种类多样,价值珍贵。内有历书多种,其中有印本汉文历书,也有手写本西夏文-汉文合璧历书。近几年有幸参与整理、出版《俄藏黑水城文献》的工作,在圣彼得堡查阅了大量黑水城出土文献,其中包括汉文历书。因这些历书皆为残片,研究考证困难重重,加之笔者于历法尚属初学,研习琢磨,实属班门弄斧。本文对汉文历书的初步探讨,仅作引玉之砖,切望行家指正。

一、残历书时代为13世纪初期

俄罗斯所藏黑水城出土汉文历书,多数已被俄罗斯著名汉学家孟列夫教授(Л.Н.Меньшиков)整理、注录。现将有关部分节录如下:

历书(305~309号)

305(原藏录号TK-5285)[历书]

历日,日期用竖线分开,竖行再用横线分成5栏(从上到下):(1)表示干支时辰,指出五行及周相的日期;(2)星座;(3)告诫应回避什么;(4)庇护神名称;(5)说明吉凶征兆。木刻本,粘在西夏文的书背面(当时的裱褙),按西夏文经折装书的尺寸从上下两边裁齐。原先大概是卷子装,宋体字,下面3栏的字小。保存下来的是五天的日历。

无书题,宋版本(12 世纪前 30 年的)……

306(原藏录号 TK-5229)[历书]

历书,与本书编号 305 是同一类型。宋体字,现存 5 天的日历,无书题。宋版本(12 世纪前 30 年的)……

307(原藏录号 TK-5469)[历书](图 1、图 2)

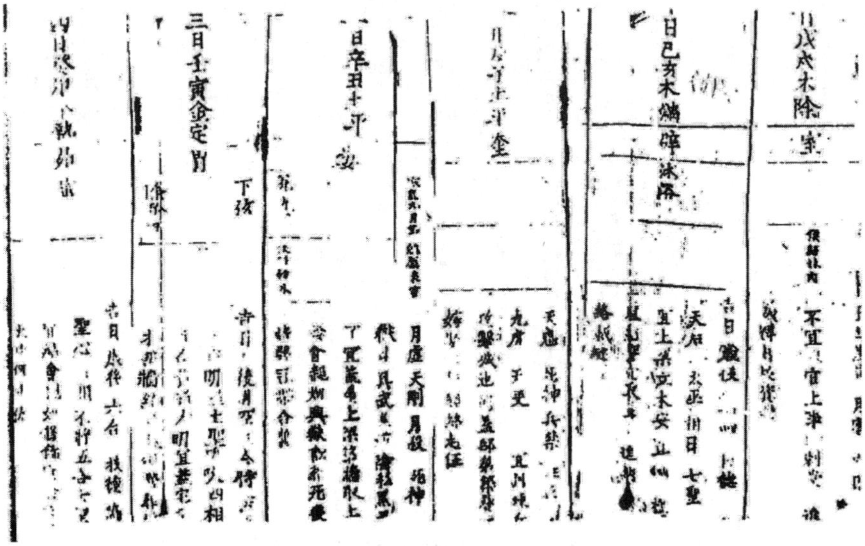

图 1 西夏汉文活字印本残历书(第二竖栏“日”字倒置)TK-5469/V1

历书,与本书编号 305 是同一类型。宋体字,现存 20 天的日历,第 12 天以后有下月开始的一栏“□月小”无书题。宋版本(12 世纪前 30 年的)……

308(原藏录号 TK-269)[历书]

历书,保存下来的是中间的 3 栏:(1)指出吉凶征兆;(2)太阳经过黄道的周相;(3)庇护神。木刻本……宋体字,宋版本(12 世纪前 30 年的)……

309(原藏录号 TK-297)[历书]

历书,一竖栏内有下列纵行:(1)附有干支和五行的日号,并指出它们的周相;(2)星座;(3)告诫应回避什么;(4)指明自然现象;(5)说明吉凶征兆。日期被竖线分开。两卷木刻本残片……宋版本(12世纪前30年的)……①

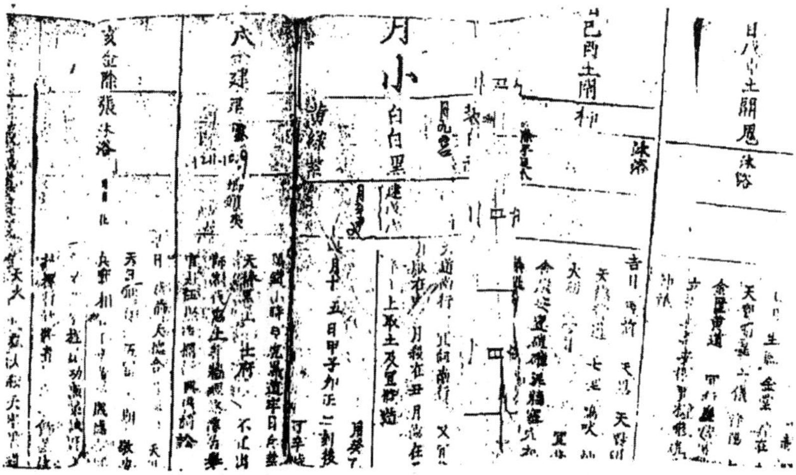

图 2 西夏汉文活字印本残历书(第四竖栏"白"字倒置)TK-5469/V3

在中俄合作出版的《俄藏黑水城文献》第 4 册中已经收录了部分西夏佛经裱纸背面的残历书,编号 TK-269 和 TK-297。② 其余将在近期于第 6 册中刊布。

笔者在 2000 年夏季第 4 次赴圣彼得堡东方学研究所整理该所未编目的文献时,又发现了 3 纸新的汉文的残印本历日,编号为 ИнФ.No.8117(1、2)(图 3、图 4)、5306,也系原作为废弃纸张用作西夏佛经的裱纸,已被裁剪成残片,因年久从佛经上脱落下来。残历书呈表格状,表中各栏内有汉字。从残历书特点看和孟列夫介绍的 5285、5229、5469、269 号历书属同一

① [俄]孟列夫:《黑水城出土汉文遗书叙录》,王克孝译,宁夏人民出版社 1994 年版,第 17 页。

② 史金波、魏同贤、克恰诺夫主编:《俄藏黑水城文献》第 4 册,上海古籍出版社 1997 年版,第 355~357 页。

类型。

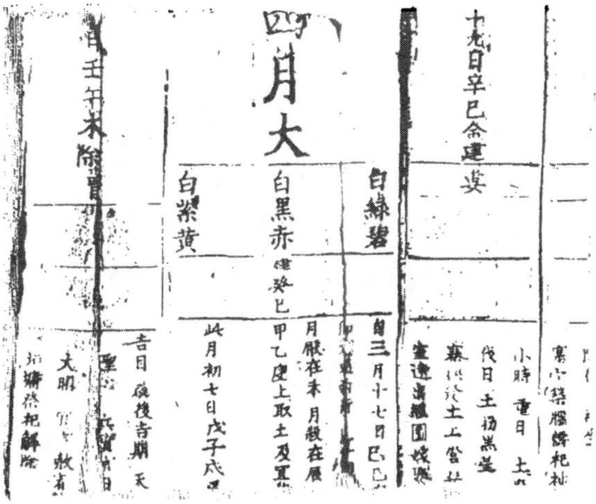

图 3　西夏汉文活字印本残历书 No.8117/1

图 4　西夏汉文活字印本残历书 No.8117/2

孟列夫认为这些历书是 12 世纪前 30 年的宋刻本,并提出了理由:“藏品中宋朝印的历书最多,关于从宋朝得到历书的情况在史料中有很多报道。1127 年女真占领北部后,宋朝印刷的历书就再也得不到了,因此印刷的历书都是 12 世纪前 30 年的木刻本残片。”

这些历书究竟属于什么时代呢?

俄藏黑水城出土汉文历书皆为裁断的残片,无一页完整。据其残存的内容看有月序、月大小、月九宫、月建、各日日期、干支、纳音、建除十二客、二十八宿、蜜日注、吉凶注、日出入时刻、人神所在等,内容十分丰富。

5285、8117、5036、5229、5469 号保存了上段，269 号保存了下段。这与敦煌发现的宋代具注历日的形式基本上一样，并且增加了二十八宿。① 因这些具注历日没有序，也没有岁首，各页上部被裁失，所以不但没有年份干支，甚至也没有完整的月序，因此不能直接知其具体年代。令人欣慰的是从新发现的 8117 号残历书和原有的 5469 号残历书中可以推断出残历书的确切年代。

8117 号有两残片，可上下对接，中间稍有残缺。残片分 3 竖栏，在中间一竖栏上部有 3 个大字："四月大"，这是此月之始。此栏前一栏应为三月最末一日，残存"……十九日辛巳金建"诸字，知前残失一"二"字，三月应是小月，由二十九日辛巳推其朔日为癸丑。由表列第 3 竖栏日干支可知四月朔日干支为壬午。又知四月为大月 30 日，可推知五月朔日干支为壬子。又四月九宫系二黑中宫，倒推可知此年正月九宫为五黄中宫，根据月九宫和年地支的对应关系，又知此年为季年，地支不出丑、未、辰、戌。8117 号残历日还保留着干支纪月法。干支纪月法是古代占卜家出于推算八字等占卜的需要，将十二地支配上十天干而成，缺乏天文历法的实用价值，但干支纪月有益于推断历书年代。② 8117 号残历书中间竖栏中，月九宫下有月干支"建癸巳"三字。用癸巳纪四月的正月干支为庚寅。根据《五虎遁》可知，只有丙年和辛年正月的干支为庚寅。据此这一残历书年天干应是丙或辛。将已知此年的天干丙、辛和已知的地支丑、未、辰、戌相配，有四干支可供选择：丙戌、丙辰、辛未、辛丑。因黑水城出土文献在宋、元时期，根据可供选择的年干支和前述已知三月、四月、五月的朔日分别是癸丑、壬午、壬子，遍查中国中古时期宋、元 400 年的历日，只有宋嘉定四年辛未（1211）完全合于上述条件。

此残历书年代的确定还有其他条件可以佐证。残历书 5285 号可与 8117 号对接，5285 号应接在 8117 号之前，各日上残失"二"字，为三月二十四日至二十九日，从日期、干支、纳音、建除十二客、二十八宿等项内容都与

① 邓文宽：《敦煌天文历法文献辑校》，江苏古籍出版社 1996 年版，第 513~672 页。
② 蒋南华：《中华传统天文历术》，湖南出版社 1996 年版，第 83~90 页。

8117号相接。二十四日下注“蜜”字,该日为阳历5月8日,确为蜜日,完全相合,证明年代推断无误。残历书又注有二十八宿,每日一宿。三月二十九日为娄宿,上推至三月十四日为角宿,是二十八宿之首。已知传世抄本南宋《宝祐四年(1256)会天万年具注历日》也是用二十八宿注历。[①] 其三月最末一天为“三十日辛酉木执轸”,轸宿是二十八宿的最后一宿。从前述考知的宋嘉定辛未四年(1211)三月十四日(角宿)算起至宝祐丙辰四年三月三十日,共计16436日。以28天一周期算,正好是587周。在近45年的时间里往复循环计587个二十八宿周期注历。以已知的宝祐年间会天历的二十八宿注证此黑水城残历书二十八宿注完全吻合,再次证明上述年代推断是正确的。

同样类型的5469号历书,上部亦残,月数和日数皆不完整。其中有一竖行残存大字“□月小”,也是一个月的开始。其下栏内有该月月斗建“建戊戌”,干支纪月的地支和月数序有对应关系。此地支“戌”对应九月。存八月十九日至九月八日共20日历日,表中列九月朔日为“□戌”,据前月末日干支为“己酉”,知所缺字为“庚”,九月朔日应为“庚戌”。九月为小月,可推知十月朔日为“己卯”。其前一日应是八月月末,存“□日己酉”,又其前三日为“□七日丙午”,知月末日为三十日,此月为大月,可推知其朔日为“庚辰”。九月栏下有月九宫,系六白中宫,倒推可知此年正月九宫和8117号同样为五黄中宫,根据月九宫和年地支的对应关系,知此年地支也为季年,不出丑、未、辰、戌。前述表中本月月建为“建戊戌”,其年正月应建庚寅。根据《五虎遁》可知,丙年和辛年正月的干支为庚寅。据此这一残历书年天干应是丙或辛。同样根据可供选择的年干支和前述已知此历书的八月、九月、十月的朔日分别是庚辰、庚戌、己卯,查遍中国中古时期宋、元400年的历日,也只有宋嘉定辛未四年(1211)完全合于上述条件。因此可以推出此残历书和8117号历书是同一年的历书。

---

① 邓文宽:《黑城出土宋淳熙九年壬寅岁(1182)具注历日考》,载《华学》第四辑,紫禁城出版社2000年版。

另5469号历书注有蜜日，八月二十四日、九月一日、九月八日都注“蜜”字，这些日分别为阳历10月2日、10月9日、10月16日。前述8117号三月二十四日下注“蜜”字，上下推算，蜜日皆相吻合。残历书又注有二十八宿，每日一宿。九月五日为角宿，与8117号二十八宿注历相合，当然与宝祐年间的会天历的二十八宿注也相吻合，再次证明上述年代推断正确。

5469号历书还注有物候，八月二十二日（阳历9月30日）下注“鸿雁来宾”、二十七日（阳历10月5日）下注“雀入大水化为蛤”、九月二日（阳历10月10日）下注“菊有黄花”、九月七日（阳历10月15日）下注“豺乃祭兽”，它们分别是霜降次候、末候和立冬初候、次候，这些也都合于该年八月、九月的物候。

5229号残历书存5日，上残，第四行上为“九日”，未知前是否残字，但栏内有“上弦”二字，知确为九日，上不残字。5行依次为六日至十日，第一行栏内有“处暑七月”，知为七月历日。从日干支和二十八宿推算都合于嘉定四年。

又5306号残历书也存5日，第一行“……日庚戌金满”。通过日地支和建除十二客的对应关系，可查找星命月，日地支“戌”和建除十二客“满”对应七月。可知历日也为七月。再核对日数、日干支、纳音、建除十二客和二十八宿皆与5229号相合，应为七月一日至五日的历日，又第一行栏内有“寒蝉鸣”，为处暑次候，正与5229号呼应。又五日下注“蜜”，查嘉定四年七月五日确为蜜日。此残历书当然也是嘉定四年历日。

由此可知5285、8117、5306、5229、5469号都是同一年的历书。它们涉及该年三月、四月、五月、七月、八月、九月、十月共7个月的历日。

又同样类型的269号历书，上部残缺更多，日期干支等皆无，主凶吉栏只有下部，但比上述残历多保存了日出日入栏和人神所在栏。据该残历的“日出卯初三刻”“日入酉正初刻”知为二月，又据其“人神所在”“气冲”等知为十七日至二十二日、二十五日至三十日共12日的历日，虽未确知其属哪一年，但可能是嘉定四年或距该年不远的一年。

这些残历书可推断出明确年代的是宋嘉定四年。因历书是为新的一年使用的,所以此历书产生和印刷的年代应是宋嘉定三年(1210),属13世纪初期。

黑水城还出土西夏文、汉文合璧历书或西夏文历书,多为表格式,绝大部分藏于俄罗斯圣彼得堡,其各年的日干支和中原历书完全一致,如西夏元德三年(1121),年干支为辛丑,正月朔为壬寅;人庆元年(1144),年干支为甲子,正月朔为癸丑;天庆七年(1200),年干支为庚申,正月朔为戊子等。过去英人斯坦因在黑水城发现的西夏文、汉文合璧历书残片以及在武威小西沟岘发现的历书残片,亦皆与中原宋朝历日相合。①

二、残历书是早已失传的古历

西夏统治民族党项羌至隋、唐之际,仍然"候草木以记岁时"②。党项羌北迁后建立的夏州政权是中原王朝的一部分,奉中原正朔,采用汉地历法。西夏前期所用历法为宋朝颁赐的历法。西夏景宗元昊的父亲李德明时期请求宋朝颁给历书即《仪天历》。《宋史》载:宋乾兴元年(1022)曾向西夏"遣阁门祗候赐冬服及颁《仪天具注历》"③。可见,西夏早在正式立国前已用宋朝历法。中原王朝向周边的王朝或政权颁赠历法,不仅说明中原王朝的科学发达、历法精审,更重要的是表明了政治上的从属关系,接受中原王朝历书的周边王朝或政权要遵从中原王朝的"正朔"。元昊自宋宝元元年(1038)称帝,宋朝视为叛逆,双方战争不断,在西夏天授礼法延祚三年至五年(1040—1042)的三年中就发生了3次大战,都以宋朝惨败告终。后经过反复较量,宋朝无力征服西夏,西夏也财困民穷,至宋庆历四年(1044)双方达成妥协,西夏向宋称臣,宋朝承认西夏的实际地位。翌年宋朝向西夏颁赐历书。《宋史》记载:宋仁宗庆历五年(1045)十月"辛未,颁

① 陈炳应:《西夏文物研究》,宁夏人民出版社1985年版,第314~323页。

② 《隋书》卷八三《党项传》,《旧唐书》卷一九八《党项传》。

③ 《宋史》卷四八五《夏国传上》。

历于夏国”①。这时宋朝使用的历法是《崇天历》,《崇天历》系宋仁宗时创制,前后使用了 48 年。② 此后仍能见到宋向西夏颁赠历书的记载。宋元祐四年(1089),宋哲宗颁给西夏历书的诏书曰:“赐夏国主……今赐卿元祐五年历日一卷,至可领也……”③可能宋朝每年颁给西夏下一年的历书,而西夏为满足社会需求,在境内翻印。

宋朝设司天监,“掌察天文祥异,钟鼓漏刻,写造历书,供诸坛祀祭告神名版位昼日”,④属秘书监。中原王朝编制、颁发历书为“明正朔,授民时”。北宋时期共创制了 12 种历法,有 9 种颁行于世。南宋也多次修订历书,仅行用的就有 9 部。⑤

史载南宋绍兴元年(1131)因宋夏失和,八月,宋高宗“诏以夏本敌国,毋复班(颁)历日”⑥。看来西夏自南宋绍兴二年就不能正式得到中原所颁历书了。此后西夏臣侍金朝,与南宋关系紧张。至绍兴十四年(1144)西夏仁宗皇帝“心慕正朔”,又派使臣入贺宋朝天中节,致送贺礼,并“自是岁如之”,自此西夏和宋朝又恢复往来。⑦ 宋开禧三年(1207)宋臣曾渐进言时说:“今年八月,便当颁历外国。”这里所谓“外国”是否包括西夏,并不明确,但从西夏残历书和中原历法完全一致来看,西夏可能从中原得到历书。

从黑水城出土此种汉文活字版历书反映的时间看,当时南宋使用《开禧历》。《开禧历》创制于开禧三年(1207),曾渐任提领官,鲍澣之任参定官。造成后,诏以次年权附《统天历》颁行,至淳祐十一年(1251)共行用 44 年。⑧《宋史》对《开禧历》法则记载附于《成天历》之后,⑨但《开禧历》历书早已不传于世。如果黑水城出土的西夏汉文历书来源于宋朝《开禧

① 《宋史》卷一一《仁宗纪三》。
② 《宋史》卷九《仁宗纪一》,《宋史》卷七一《律历四》。
③ 戴锡章:《西夏纪》卷一九。
④ 《宋史》卷一六五《职官五》。
⑤ 《宋史》卷一五《神宗纪》。参见朱文鑫《历法通志》,商务印书馆 1933 年版。
⑥ 《宋史》卷四八六《夏国传下》。
⑦ 宇文懋昭:《大金国志》卷一一。
⑧ 《宋史》卷八二《律历十五》。
⑨ 《宋史》卷八四《律历十七》。

历》,那么此残历书为南宋当年历书的重现。从现在已知的历书看,至北宋时期尚无二十八宿注历,此残历书是现存最早的有二十八宿注的历书之一,它比 297 号西夏乾祐十三年(1182)有二十八宿历书晚 29 年,比有二十八宿注历的南宋《宝祐四年(1256)会天万年具注历日》要早 45 年。又日本金泽文库藏有中国善本古籍多种,其中有《(大宋)嘉定十一年(1218)具注历》残本一页,系刻本,表格式,其形式和内容与本文所论活字本残历书相近,只是缺少蜜日注。看来,残历书来自南宋的可能性较大。①

当时金朝也编制历书。金朝天象、历法是在北宋的基础上形成的。金朝取宋汴梁后,尽取宋朝天象仪器归燕京。金得宋器后,测候有据,于是编造新的历书。金天会五年(1127)杨级始造《大明历》,后赵知微又造《知微历》或称《重修大明历》,其历法与北宋《纪元历》相似,行用至金末。② 当时西夏与金朝虽屡有摩擦争斗,但岁岁往来,关系密切。颁历既是属国从正朔、表示臣属关系的重要标志,金朝也可能向西夏颁赠历书。所以黑水城出土的汉文残历书也可能来源于金朝的《重修大明历》,此历书也是一部久已失传的古历。

西夏正式立国后,设置 16 司,其中无类似司天监的职司。③ 其后毅宗时期职官有所增益,也未提及类似职官。④ 西夏后期仁宗年间出版的《番汉合时掌中珠》中有"大恒历司",或主历算诸事。⑤ 在西夏法典中大恒历司属中等司,设四正、四承旨、二都案、四案头。⑥ 又有西夏汉文《杂字》,其中"司分部十八"有"天监",可能是"司天监"的简称,但无"大恒历司"。⑦

① 严绍璗:《在金泽文库访"国宝"》,载《中华读书报》2000 年 11 月 8 日。

② 《金史》卷二一《志第二》,《金史》卷二二《志第三》。

③ 《宋史》卷四八五《夏国传上》。

④ 〔清〕吴广成:《西夏书事》卷二〇。

⑤ 〔西夏〕骨勒茂才:《番汉合时掌中珠》,黄振华、聂鸿音、史金波整理,宁夏人民出版社 1989 年版,第 67 页。

⑥ 史金波、聂鸿音、白滨译注:《天盛改旧新定律令》,法律出版社 2000 年版,第 363~375 页。

⑦ 史金波:《西夏汉文本〈杂字〉初探》,《中国民族史研究》第二期,中央民族学院出版社 1989 年版。

《杂字》多为二字一组,可能把“大恒历司”或“司天监”简化成“天监”了。《天盛改旧新定律令》成书于西夏天盛年间(1149—1169),《番汉合时掌中珠》成书于乾祐二十一年(1190),汉文《杂字》也是西夏晚期作品。或许12世纪30年代以后南宋不再向西夏正式颁赠历书,西夏开始自己设立机构编印历书。编制历书需要精确的天象观测和复杂的历法运算,西夏有无这样的仪器和专门人才,不得而知。但在没有材料证实之前,也不能排除西夏自己编制历书的可能性。如果残历书是西夏人自己创制,那更是前所未见的古历。

黑水城出土的残历书无论来自宋朝、金朝,或为西夏自己编制,都是目前不存于世的古代历法,虽为残篇断简,但十分珍贵,对研究已失传的历法确有重要价值。

三、残历书是有确切年代最早的汉文活字印本

笔者在圣彼得堡东方学研究所仔细审视、分析了孟列夫注录过的黑水城出土汉文残历日和新发现的未经注录的同类汉文历日,认为除297号外都不是刻本,而是活字印本。这些文献的活字印本特点如下:

1.字形歪斜,排列不齐。初期活字印刷因排字不紧,固版不精,容易出现字形不正的缺陷。如269号“阴”字,字形歪斜明显,达20°左右。这在雕版印刷中是难以出现的。同一行中文字左右出入明显。如269号第7、9竖行“日入酉正二刻”“日出卯初三刻”,第11行“人神”,8117号“四月大”下“此月初七日戊子戌正”,5469号第5竖行“明皇七圣鸣吠四相”,5229号第1竖行“六日乙卯水危”等,字列不正,左右不齐十分明显。这也是当时雕版印刷不常见,初期活字印刷常有的现象。有的字旁出现活字边角印痕。因一般活字只有反刻文字,不刻边栏,所以正常的活字旁不会出现边痕。但如果因活字稍有倾斜,会形成边角印痕。如8117号首行的“筑”字,8117号第9竖行的“道”字。有的字半个字浓,半个字淡,有的甚至只印出半个字,或字缺一角,这是活字未能固正,本身歪斜所致。如在269号

第2竖行“刻”字,第8竖行“七星”二字,第10竖行“神”字、第11竖行“道”字等。这种现象是活字印刷的明证。

2.字距较大,各字之间无相触、相交现象。雕版印刷书籍一般上下字距较近,甚至没有距离,出现上下字相接甚至有个别相交叉的现象。上述残历书上的字无相触、相交现象(个别字墨迹浸润另当别论)。从文字排列可见,大小号活字印面基本上为方形。可以把每一个字用方框框起来,而互不交叉。而雕版印刷时可以出现有的字方正、有的字扁平的现象。

3.文面显现出以字为单位墨色浓淡不一。因初期活字印刷版面处理不十分平,有的活字较为凸出,有的活字稍微凹进,造成印刷品字面有的字墨色浓深,有的字墨色浅淡。如269号第2竖行“五十三刻”中“三”字较其他字墨色淡。8117号第2竖行中的“寨”字明显比其下的“兴”“发”等字浓黑。若观察页面的反面会发现这种现象更加明显。

4.表格的横、竖线应相交时,往往不相交,横线与竖线间有空缺。活字印刷表格时,以带有相应长度横竖线的活版木条排版。若横竖线相抵,一线稍长则栏内活字难以紧凑固版,会造成活字散脱。上述残历书通栏竖线,或双线,或单线,横线多不与竖线相交,而是稍短一截,这样便于栏内活字固版。这种现象在几页残历书中都普遍存在(注意区分照片中印面的竖线和折痕)。表格中应贯通的横线,在竖线相隔处有上下错落不相贯通的情况。这是因为排版时横线被竖线分开,分段排印,相邻的两段横线没有严格对齐的缘故。靠近表格横竖线的文字和横竖线不相交触,而雕版印刷有时会出现相交触的现象。

5.文字倒置。5469号图一第2竖栏竖1行“吉日”二字中的“日”字、图二第4竖栏竖1行“白虎”二字中的“白”字倒置。文字倒置是活字版印刷排字疏忽造成的特殊现象,这些倒置字往往发生在正置和倒置形体相近的字上。这种现象是区别活字版印刷品和雕版印刷品的重要标志。

活字印刷中同类型文字大小应相等,但此残历日有同一栏同一行中字形大小不等的现象。如269号第1竖行“进入”二字,“入”字比“进”字大。第2竖行“四十七刻”中“四”字显然比“刻”字大。其实,活字印刷刻字时,同一号活字,不同的工匠可以刻成大小不等的字,即便是不同号的活字,在排版后固版时,只要紧固不松散,也可印刷。当然,这种文字大小不均匀的情况,属于印刷不精的表现,往往是早期活字印刷的产物。

对比同是从黑水城出土的汉文刻本历日 297 号,更可显示出上述残历书的活字版特征。297 号为三残片,也是具注历日,表格式。从文字看,上下字之间相交、相叉现象较多,还有文字和格线相交的情况,有的文字方正,有的文字扁平,没有以字为单位墨色浓淡不一的现象。

据上考查论证可以确定 5285、8117、5306、5229、5469、269 号残历日为活字版印刷品。

历史文献记载,中国发明活字印刷术在 11 世纪,言之凿凿,确定无疑。但终以缺乏早期活字印刷实物感到遗憾。近几年由于西夏文献研究的进展,现已知最早的西夏文活字印刷品推定为西夏仁宗时期,为 12 世纪中期,是现在看到的世界上最早的活字印刷品,为活字印刷术的研究提供了早期实物。然而在过去出土的文献中还没有见到有确切年代的汉文活字印刷品。① 温州市白象塔中出土的汉文《佛说观无量寿佛经》,有的专家推测为北宋崇宁二年(1103),但是否为活字版印刷品学术界尚有争议。② 因此本文所论残历书是目前已发现的有确切年代的最早的汉文活字印刷品。

四、残历书是西夏印本

这些汉文活字版残历书是在哪里印刷的,又是一个需要讨论的重要问题。

因残历书缺乏明确的王朝年号标志,只能从其内容中寻找所在王朝的

---

① 牛达生:《西夏文佛经〈吉祥遍至口和本续〉的学术价值》,《文物》1994 年第 9 期;史金波:《西夏文〈维摩诘所说经〉——现存最早的泥活字印本考》,《今日印刷》1998 年第 2 期。

② 金柏东:《早期活字印刷的实物见证》,《文物》1987 年第 5 期;孙启康:《温州白象塔出土的"佛经"残叶应为活字捺印》,《出版科学》1996 年第 4 期;刘云:《对〈早期活字印刷术的实物见证〉一文的商榷》,《文物》1995 年第 10 期。

蛛丝马迹。在5285号第3竖行，8117号第4竖行，5306号第1竖行、第4竖行，5229号第2竖行，5469号第5竖行、第8竖行、第11竖行、第12竖行、第21竖行，269号第3竖行的“明”字的右部的“月”明显缺中间两横笔，也即此字的最后两笔。这显然是避讳字。

宋朝有严格的避讳制度，金灭辽后与宋人接触频繁，受宋熏陶，避讳渐盛。西夏和中原王朝一样，也有避讳制度。在俄藏黑水城文献中发现仁宗仁孝时期的西夏文文献中“孝”字缺笔，如西夏文刻本《论语》“孝”字缺最后一笔，但“仁”字并未缺笔避讳，而有的“孝”字也未缺笔。① 仁宗时刊印的《番汉合时掌中珠》西夏文和汉文“孝”字都不缺笔。看来西夏的避讳不似宋朝那样严格。查宋朝和金朝诸帝名讳，未见有“明”字，目前尚未见讳“明”的记载和例证。② 而西夏诸帝的名讳中，被追谥为太宗的李德明名字中有“明”字，他的后辈确实避其名讳。元昊在即位之初就为避父德明讳，将宋“明道”年号，改为“显道”。③ 可以推论，残历书讳“明”字，系避西夏太宗德明的名讳。残历中5255号、5306号、5469号、269号都有“德”字，不缺笔，这和仁孝时期的西夏文《论语》只避讳皇帝名字的第二字，不避讳第一字是一致的。此残历书讳“明”字，且出土于西夏管辖的黑水城，可推断为西夏印制的历书，其时间为西夏神宗遵顼光定元年(1211)，可称作《西夏光定元年辛未岁具注历》。因历书是为新的一年使用的，所以此历书印刷年代应是西夏襄宗安全皇建元年(1210)。据此可知，至少在那一时期西夏就使用活字印刷的具注历书了。

俄藏黑水城文献中尚有木刻版297号历日，共有3残片，存8日历日。④ 此历书已有邓文宽先生详加考证，推断其为《宋淳熙九年壬寅岁(1182)具注历》。⑤ 据该历书残片1第5、8竖栏，残片2第3、4竖栏内

① 史金波、魏同贤、克恰诺夫主编：《俄藏黑水城文献》第1册，第47~59页。

② 陈垣：《史讳举例》，科学出版社1958年版，第152~158页。

③《宋史》卷四八五《夏国传上》。

④ 史金波、魏同贤、克恰诺夫主编：《俄藏黑水城文献》第4册，第385~385页。

⑤ 邓文宽：《黑城出土宋淳熙九年壬寅岁(1182)具注历日考》，载《华学》第四辑，紫禁城出版社2000年版。

"明"字依然缺笔避讳,说明这些残历书也是西夏历书,时在西夏仁宗乾祐十三年,比上述活字版历书早 29 年。

在黑水城出土的其他西夏汉文文献中也能找到讳"明"字的例证。如 TK-327《中有身要门》、A4V《照心图》、A15《梦幻身要门》、A19《金刚亥母禅定》、A38Ⅱ《释摩诃衍论》等文献中都有"明"字明显缺最后两笔的现象。但有的文献避讳并不严格,同一文献甚至同一页中,有的"明"字缺笔,有的"明"字不缺笔。①

五、余论

上述黑水城出土的活字版印本残历书 5285、8117、5306、5229、5469 号属于西夏神宗遵顼时期,印制于襄宗安全时期。历书是社会实用文书,随着时间的流逝,便成为过去的文献,往往被视为社会"无用"的物品而被废弃,所以保存至今的古历书很少。西夏黑水城出土的汉文残历书以及其他历书,是研究中国中古时期历法的珍贵实物,值得人们重视。

残历书上距活字印刷术发明的北宋庆历年间 160 多年,是目前最早的有确切年代的汉文活字印刷品,是研究活字印刷术的重要实物,填补了汉文早期活字印刷品的空白。

西夏使用活字印刷所印文献是用途很广、印份很多的历书,同时又印刷印份很多的佛经。大批量印刷文献最能发挥活字印刷的长处。正如《梦溪笔谈》所载:"若止印三二本,未为简易;若印数十百千本,则极为神速。"②

西夏所印此种历书,有比较复杂的表格,至少有 4 种大小型号的活字,在活字印刷术使用初期就显现出难得的创意思想和很高的技术水平。尽管其中也含有不甚完善之处,带有初始活字印刷品的特点,但其活字印刷

① 史金波、魏同贤、克恰诺夫主编:《俄藏黑水城文献》第 5 册,第 106~111、130~134、244~246、130~134、256~258、338~375 页。

② 《梦溪笔谈》卷十八《板印书籍》。

的工艺水准也足以表现西夏文化的发达和科学技术的进步。

中国自古以来就是多民族的国家,中华民族文化是多民族的文化。汉字是汉民族使用的文字,但汉字又有其特殊地位。在有自己民族文字的王朝中,汉字也往往是与民族文字并行使用的。在与宋朝同时的辽、西夏、金朝境内除分别使用各统治民族的契丹文、西夏文、女真文外,也都使用汉文。在西夏境内不仅用汉文刻印佛经,还用来书写各种文书,就是西夏皇陵的墓碑也往往一面是西夏文,一面是汉文。著名的凉州感通塔碑也是一面西夏文,一面汉文。在黑水城出土的大量文献中也有不少汉文文书。西夏在使用西夏文历书的同时又使用汉文历书当然是不足为奇的。此次新发现的残历书再一次证明汉文化在西夏的深远影响。孟列夫在其为俄藏黑水城出土汉文历书注录时曾经说过:"我们所了解的那些碎片并不使人惊讶,因为历书过了若干年之后,就失去它本身的实际意义。"实际上这些残历书是久已失传的古代历书的重现,是有确切年代可考的最早的汉文活字印刷品,是十分珍贵的文献,它不仅有重要的学术意义,而且有其他文献难以代替的文物价值。

附记:本文请中国文物研究所邓文宽研究员、上海古籍出版社蒋维裕先生审阅,他们提出了很多宝贵意见和建议,在此表示衷心感谢。

(原载:《文物》2001 年第 10 期)

我国最早的木活字印刷品
——西夏文佛经《吉祥遍至口和本续》

牛达生*

西夏文佛经《吉祥遍至口和本续》(简称《本续》),是1991年秋在宁夏贺兰山拜寺沟方塔废墟中发现的西夏文献之一。它包括四部分内容:

一是《本续》本身,存卷三、卷四、卷五,计3册;

二是《要文》,全称为《吉祥遍至口和本续之要文》一卷,计1册;

三是《广义文》,全称为《吉祥遍至口和本续之广义文》下半,计1册;

四是《解补》,全称为《吉祥遍至口和本续之解生喜解补》第×,存完本第一、第五,残本第二、第三,计4册。

以上总计9册(完7残2),共220多页,加上尚未能入册的零散残页,计约10万字。

《本续》不是足本,没有首卷、末卷,更无题跋文字,不知其排印的确切年代。根据与之共出的西夏崇宗贞观年(1101—1114)西夏文木牌,仁宗乾祐十一年(1180)发愿文两件纪年文献判断,它应为西夏后期之物。通过经名、题款的翻译①,知其译自藏文,是藏传佛教密典;西夏后期,也是藏传佛教在西夏传布与发展的时期。

笔者曾撰文就《本续》的刻本特点及学术价值进行过初步探讨②。近来,又从版本学的角度做进一步研究,认为《本续》是木活字印本。据我所知,当前尚无发现任何宋(包括辽、金)木活字印刷品的报道,这就意味着

---

* 牛达生,宁夏文物考古研究所研究馆员。

① 《本续》经名、题款的翻译,皆经北京图书馆研究员黄振华先生审定,谨致谢忱。

② 《新发现西夏文佛经〈吉祥遍至口和本续〉的刻本特点及学术价值》,《中国印刷》1993年第40期。

我们发现了我国也是世界上现存最早的木活字印刷品。现将《本续》为木活字印本的依据及有关问题陈述如下,敬请专家指教。

一

被誉为“文明之母”的印刷术,是我国古代人民最为光辉的发明之一。从印章、拓印,发展到雕版印刷、活字印刷,经历了一个漫长的历史过程。据研究,雕版印刷出现于7世纪,活字印刷发明于北宋时期。在浩瀚的古代文献中,除大量的雕版印刷书籍外,还有一些活字摆印书籍,从而为鉴别雕版印刷品和活字印刷品提供了材料。

活字与雕版均为凸版印刷,印刷原理相同,用这两种方法印出来的印刷品,也多相类,颇难区别。但是,活字印刷与雕版整块印刷的工艺不同,要经过雕版印刷所没有的造字、排字、拼版等工序,从而形成了与雕版印刷品不完全相同的特点,给人们提供了具体的鉴定依据。在这方面,版本学家、印刷史研究者做了很多工作,积累了丰富的经验,并见诸有关论著。笔者就是根据这些经验,对《本续》进行版本鉴定,认为它不仅有一般活字印本的特点,还有其自身独具的特点。

1.版框栏线四角不衔接,留有大小不等的空隙,左右栏线一般较短,上下栏线或者不足,或者超长;版心左右行线长短不一,与上下栏线也不衔接。这两种现象在每一页经上都可见到。有的经卷,最后一页不是按版框设栏线,而是紧接经文最后一行加栏线,如《要文》最后一页(图1);有的经卷,最后一页甚至不设左侧栏线,上下栏线也长短不一,如《解补》第五。

2.综观《本续》各册文字,有大小两种:经名及正文用大字,10毫米左右见方;题款用字较小,6~7毫米见方;文字总体风格较为一致。但是,在部分正文中插有小字,还有一些字大小介于前述两者之间,很不一致;有的字的笔锋与它字不尽相同。(图2)

字体笔画粗细不一,也是多见现象。在同一行中,笔画繁复的字较粗,笔画较少的字反倒较细。

图 1 《要文》最后一页，未按版框加设左侧栏线，而将此栏线右移至最后一行经文之后。从本图还可看到，版面墨色不匀，文字横向排列不够整齐

图 2 《本续》卷四第 4 页，插入小字最多，有的字与其他字风格不一

3.墨色浓淡不匀，不仅反映在印本正面，印本背面更为清楚。有的页面呈黑白斑驳的状况，有的字墨色半深半浅，个别字有一半没有印上。

4.发现个别倒字出现，如《本续》卷五汉文页码“二十二”前一“二”字倒置；《要文》第 3 页背 2 行第 3 字横书“二□（分）”中的“二”字倒置（图 3）；第 17 页 2 行中横书“四（分）”的“四”字倒置；《解补》第一汉文页码“十四”中的“四”字倒置。还发现个别缺笔字，如《要文》第 11 页 1 行末的“□”字，右下横笔未向左穿（图 4）；第 15 页 9 行第 5 字“□”，缺了左下一笔。这些均不是避讳缺笔。

图 3 《要文》第 3 页背 2 行第 3 字横书中“二”字倒置

5.版心行线漏排。如《本续》卷四第 5 页，通版排印，没有版心，当然也没有书名简称和页码。但是，从文字内容看，并无省去版心行线的必要，显然是漏排所致（图 5）。《本续》卷五的最后一页，没有版心文字和左侧行线，又打破每半页 10 行的格式，加出 1 行，成为 11 行。这似乎是为了少印一页而有意为之。

图 4 《要文》第 11 页的缺笔字(本图 1 行末)

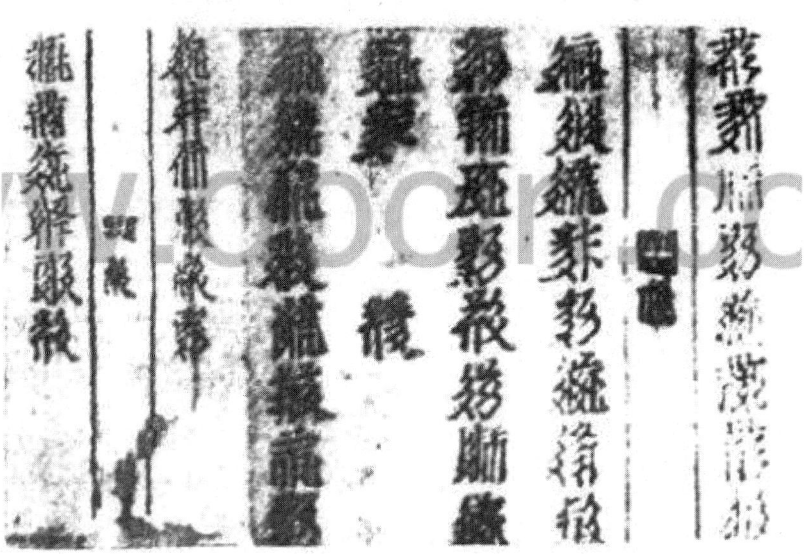

图 5 《本续》卷四第 5 页版心行线漏排

6.书名简称用字混乱，时见排错。如《本续》卷五，书名简称应为西夏文“续五”或“五”，有时误排为西夏文“七”，更有的误排为汉文“七”；《解补》第×，应简称为西夏文“补×”或“×”，“补一”有的误排为西夏文“三”，“补五”有的误排为西夏文“续二”。《要文》的简称，先后被排成西夏文“五”“四”“五三”，有的还排成汉字“五”，很乱，令人不解其意。

7.页码用字无定规，错排、漏排现象严重。有的页码用汉字，有的用西夏文，有的则汉夏合文，无一定之规。在汉字页码中，有的排成黑底白字的阴文，有的则用阴文和阳文组成一个页码。如《本续》卷五第二十一页，“二”是阳文，“十一”是阴文。更有甚者，《本续》卷四第廿一至廿八页，“廿”作汉字阴文，尾数作西夏文阳文（图6）。有一页汉字页码排成“卅二”，紧接着下一页排成“三十三”。看来，页码用字非常随意。至于页码误排、漏排，在《本续》卷三、卷五，《要文》，《解补》第五中均有发现，至少不下十几处。

图6 《本续》卷四有页码，十位数字为阴文，个位数字为阳文

8.残留有隔行竹片的印痕。本经书没有界格,但有的页面却残留隔行竹片的印痕,印痕墨色深浅不一,断断续续,个别页面上竟出现十数条之多。在9册经书中,以《本续》3册最为严重,各卷中有印痕的页面超过半数。如卷四共37页,有印痕者竟达26页。

以上各条,足以说明《本续》为活字本,尤其是第8条进一步说明,《本续》为木活字印本。我们注意到,王祯在其《农书》卷二十二"造活字印书法"中介绍木活字印刷技术时,谈到"排字作行,削成竹片夹之",这个隔行用的"竹片",如果处理不当稍有突起,便会有印痕落在纸上。《本续》上残留的竹片印痕,正是这样形成的。这种现象,在现今的铅字印刷品中亦可见到。而毕昇的泥活字在排字时"以一铁范置铁板上,乃密布其字,满铁范为一板"①,无隔行之工序,当然不会有行间印痕出现。由此判断,有无隔行印痕,是区分泥活字和木活字印本的重要标志之一。

通过对《本续》木活字印本的鉴定,结合前人的经验,觉得活字印本的特点,是有规律可循的。如前述各条中,第1~3条是由活字排印工艺本身所造成的,任何活字本都难以避免,从而形成活字本的基本特征。比如,一条条竹片或是木条,在排栏线和行线时,栏线转角处或行线和栏线交会处,很难做到严丝合缝、不留空隙,雕版则绝不会出现此种情况;活字是一个个一次次刻出来的,刻工也并非一人,字形大小,笔画粗细,很难完全保持一致,不像雕版印刷在写版和刻版时,字与字之间可以做到相互照应,一气呵成。墨色浓淡不匀,或许同活字版版面的平整度难以与雕版版面相比有关。至于第4~7条出现的如版心行线漏排,漏字、错字、倒字、缺笔字、卧字等现象,按说本是可以避免的,显然是由于排字粗放、校对不精所致。错字、漏字现象在雕版书籍有时亦可见到,但活字版印刷工艺为形成这种错误提供了更多的机会。倒字、卧字现象在雕版印刷品中是绝不会出现的,除非有意而为,写版人是绝不会将倒字、卧字、缺笔字写在稿样上的。西夏文佛经中未发现倒字,是因为西夏文笔画繁复,排字时不易看错;而汉文

① 钱存训:《纸和印刷》,引自李约瑟《中国科学技术史》第5卷第1分册,科学出版社、上海古籍出版社1990年版。

“二”“四”倒正形近，稍不经心，便会排错。至于书名简称、页码用字混乱，漏误严重，这在雕版印刷品中则是难以想象的。

二

我们注意到，有些似乎不属于活字而属于雕版印刷品的现象，却在《本续》中有所发现。下面将要谈到，这不仅不能否定《本续》的活字属性，反倒向我们展示了早期活字本的特有面貌。

字行的排列，横看比较整齐，竖看歪扭不正，被认为是活字印本的特点之一。综观《本续》诸册，《广义文》《解补》二种内容全部是散文，字行间少有空格，横看比较整齐，符合上述特点。《要文》也是散文，但竖看左右摆扭并不突出，倒是横看上下参差，不能成行，有悖上述特点。以韵文为主的《本续》三卷中，个别页也存在此种现象。这应做何解释？原来《要文》字行间空格特多，差不多每行都有，有的一页多达五六十个。按理说，每个空格的大小应占一个字的位置，但实际上有的大于一个字，有的不足一个字。也就是说，填补空格的字丁，未按标准尺寸划一，可大可小，有很大的随意性。《本续》三卷中的韵文，字行上下都有较大的空间。有些页码内，韵文与穿插的散文在横向排列上，也未注意上下标齐。看来，经文活字排版，似乎更注意纵向的排列，而忽视横向的排列。这或许是早期活字排版的一个特点，也是《本续》的特色之一。

上下文字之间笔画交叉，这种被认为只存在于雕版印刷品中而绝不会出现于活字印刷品中的现象，在《本续》中也有发现。如《本续》卷五页码“廿七”排成“芢”，不细看，简直成为一个字；汉文页码“十一”是黑底白字的阴文，二字相连被刻在一个字丁上；页码“二十一”中的“十一”，与页码“十一”一样，刻在一个字丁上；页码“十四”“三十四”中的“十四”；“二十三”“三十三”中的“十三”；“二十二”“二十五”“二十六”“二十八”“二十九”中的“十二”“十五”“十六”“十八”“十九”，均为二字相连，刻在一个字丁上。应该说明，这种现象只出现在《本续》卷五中，而且只是页码数字上,正文内绝对没有。笔者认为,这些连字的出现,如同页码文字有汉文、有西夏文、有汉夏合文,有阳文、有阴文,有贴得近、有离得远一样,是刻工有意将两个字刻在一个字丁上的。这使我想起一位朋友曾谈到的:在20世纪六七十年代,银川某寺院的印经木活字被烧,他发现其中有些佛经上多见的词组,不是单个木字,而是刻在一个字条上。他认为这是为了检字、拼版省工省时而为。因此,偶然的笔画交叉字的出现,并不能否定《本续》的活字属性。

不同页上若干相同的字,有时"绝对完全"相同的现象,也被认为是活字印本的特点之一。这种现象在《本续》中却没有出现。我们注意到,由于经文内容所致,不同页有相同的字,同页也有相同的字,有时还很多。如《要文》第13页背面各行中,发现8个"(一)"字,9个"(之)"字,经过仔细鉴别,竟然找不到"绝对完全"相同者,甚至找不到难以区分的形近者。我们认为,同一字"绝对完全"相同,只能出现在采用字模浇铸技术之后,而不会在之前;并且只能适用于泥活字或金属活字,而不能适用于木活字。毕昇泥活字是否搞过"字模",不见记载,无从推定。有人认为,清代翟金生搞过"字模翻铸"的泥活字;或许明清泥活字、金属活字使用过"字模翻铸"技术,因此明清活字印本中同一字有"绝对完全"相同者,也未可知。木活字是在写版后一个个刻出来的。可以设想,或许有人先刻一个字,然后再用这个字翻刻出多个同样的字,或可做到同一字形近。但是,刻工熟练程度不同,同一刻工刻相同字时精力、情绪不同,用力轻重不同,要做到同一字"绝对完全"相同,怕是很困难的。《要文》中出现同一字字形不同的现象,似乎说明西夏刻工还没有想到先刻一个字,再用这个字翻刻它字,而完全是一次次一个个刻出来的;有些熟练工对重复多次的字,可能不写版就直接刻出来。这也应成为早期活字的特点。同字"绝对完全"相同,似乎只能出现在晚期活字印本中,而不会出现在早期活字印本中。

现在,人们所能见到的活字印本,只能是明清的;所总结出的活字印本特点,也只能是明清活字印本的特点。但是,这些特点是活字印本的基本特点,具有很强的可操作性,对认识和鉴别任何活字印本,都具有重要的参考价值。然而，事物总都是复杂的，富于变化的，同一时代的东西，会有所不同，更何况隔代的东西。我们说《本续》是活字印本，正因为它具备明清活字印本的基本特点。但是与明清活字本不同，它又显露出许多不够成熟、不够完备、不够规范之处，这正是早期活字印本所难以避免的。《本续》的重大价值之一，或许就是它向我们展示了早期活字印本的本来面貌，难得见到的面貌。

张秀民先生在论及活字与刻本的区别、几种不同活字印本的区别时，曾感叹地说："至于泥字、木字、铜字印本的区别，则在细微之间，更为不易。"①道出了区别几种活字印本之难。可是，泥字和木字的具体区别和界定，还很少有人论及。笔者不揣浅陋，仅根据有关毕昇泥活字、王祯木活字文字记载上的细微差别，提出有无隔行竹片印痕，是区别泥字和木字印本的重要标志之一。这也许是一种尝试吧，我们期待着有新的活字印本的发现，对这一尝试加以检验。

三

我们注意到，在一些权威性的印刷史论著中，在论述木活字时，都强调元代王祯的突出贡献："发明第一套实用木活字之功，必须归于王祯""正式用木活字印成书，最早的不得不算是元代的王祯""木活字版为元代的科学家王祯首创"等。这就提出了一个问题：王祯之前有没有木活字，木活字是不是王祯"首创"的、"发明"的，《本续》的发现，向这一结论提出了挑战。

其实，木活字是不是王祯"首创""发明"的这一问题，早就有人提出不同看法。20 世纪 70 年代初，著名学者王静如先生，在论述西夏文活字版《大方广佛华严经》时，曾明确地说"王祯以前早就有了木刻活字版；王祯自己也从来没有说他曾创造发明过木活字"。王先生对这一问题并没有

① 张秀民：《中国活字印刷简史》，转引自《活字印刷源流》，印刷工业出版社 1990 年版。

展开论述,但我很同意这样的看法①。

我可以举一个例子,进一步说明这个问题。西夏文《大方广佛华严经》,是木活字印本,已为中外学者所公认②。它的刻印年代,一种意见认为在"大德年中"(1297—1307),另一种意见认为在"皇庆年间之后"(皇庆只有二年,即1312年、1313年)。王祯使用木活字刷印《旌德县志》,是在大德二年(1298)完成的,而载有"造活字印书法"的《农书》,则是在皇庆二年(1313)面世的。这就是说,《大方广佛华严经》与《农书》大体同时面世,前者不论刻印在大德年间还是皇庆年间,刻印者都不可能看到《农书》,更谈不上利用《农书》提供的方法制作西夏文木活字。

在元代使用木活字印书,除了西夏文《大方广佛华严经》和王祯的《旌德县志》外,浙江奉化知州马称德,在王祯之后20年造10万个木活字,印了20册一部的《大学衍义》。他比王祯只造了3万个木活字,印6万字的《旌德县志》,规模要大得多③。事物总不是孤立存在的,可以设想,既然有10万字规模的,是否就有更多的2万字、3万字的小作坊呢?正如同今天有规模很大的印刷厂,又有更多的小印刷厂。据有关资料,在敦煌发现过维吾尔文的木活字,在库车与和田,发现过汉文、八思巴文和古和田文的木活字印刷品,据说都是元代印刷的④。我们可以推论,如果没有中原地区

---

① 王祯《农书》有"命匠创活字,二年而工毕","创"当作"制作"讲,有人认为"创就是发明",从而引申出王祯自己说他"发明"了木活字之说,我认为是欠当的。

② 罗福苌译《大方广佛华严经》卷一首三页,附"活字印本一页",《国立北平图书馆馆刊·西夏文专号》(1932);[日]滕枝晃氏《西夏经——石与木与泥》,《东洋学论丛》1958年;王静如:《西夏文木活字版佛经与铜牌》,《文物》1972年11期;张思温:《活字版西夏文〈华严经〉卷十一至十五简介》,《文物》1979年10期;张文玲:《现存最早的活字印书》,《江苏图书馆工作》1982年第2期;史金波:《中国佛教史略》,宁夏人民出版社1988年;张秀民:《中国印刷史》,上海人民出版社1989年版。

③ 乾隆三十九年(1774)清政府花银2300余两,印制《武英殿聚珍版丛书》134种,2300多卷。这是我国在使用近代铅印技术之前,规模最大的一次木活字印书。这次印书,刻成大小枣木活字253500个,它比马称德印《大学衍义》晚450年,这从另一个侧面说明10万字在元代是多大的规模。

④ 蔡美彪等:《中国通史》第七册,人民出版社1983年版;张秀民:《中国印刷史》,上海人民出版社1989年版。

对木活字的长期使用,并达到一定规模,木活字何以能传到边远少数民族地区呢? 尽管文献记载很少,更难看到汉文木活字印本,但可以相信,有元一代,不是处于木活字印刷的初始阶段,而是相当发展的时期。王祯的突出贡献,不仅仅是制作出转轮排字盘,印刷了木活字本《旌德县志》,更主要的是用他敏锐的眼光,对当时已经成熟的木活字印刷技术,进行了系统的、科学的总结,给人类留下了宝贵的财富。

在宋代,泥活字技术早已被世人所承认,木活字技术是否已经存在呢? 我认为是存在的,尽管没有任何文献记载。清代以来的藏书目录中,著录有六七种宋活字本。这些活字本,经张秀民先生论证,已被全部否定。认为或者根本不是活字本,或者虽为活字但却是明版。不过,这并不能证明,宋代就没有木活字技术。事实是木活字印刷技术的社会实践,早在毕昇发明泥活字时就开始了。毕昇就做过木活字的试验。他之所以采用泥活字而不用木活字,是因为"木理有疏密,沾水则高下不平,兼与药相粘,不可取"①。毕昇未搞成,不等于他人没有成功。宋代刻书印刷是我国印刷史上最辉煌的时期,不仅中央政府刻,地方政府刻,连私刻、坊刻也"遍及全国"②。刻书之数量,远远超过前代;刻书质量之高,至今仍为人们所称道(所谓"宋版书"),活字印刷是雕版印刷发展的必然结果。木活字的出现,是社会生产实践的结果而非一人所独创。就如同纸的发明一样,考古材料已经证明,西汉时已有纸,并非东汉蔡伦所发明。雕版印刷也无法确指为某人所发明。可以设想,在众多的刻坊进行雕版印刷的同时,必定有人进行技术改造和木活字的试验。尽管不见文献记载,必定有人试验成功。只有宋代木活字的发明和一定规模的使用,才有元代木活字的发展与成熟。

西夏与两宋相始终。西夏在发展民族文化的同时,十分注意汲取中原文化。他们在建国之初创制西夏文字后,就翻译《孝经》《尔雅》《四言杂字》;继而又上表宋朝,乞赐《九经》《乐书》《唐史》《册府元龟》等。到仁宗仁孝时,设立太学,尊孔子为文宣帝,设科取士,儒学之盛,不啻于中原地

① 《梦溪笔谈》卷十八。

② 〔宋〕罗璧:《识遗》,转引自罗树宝《中国古代印刷史》,印刷工业出版社 1993 年版。

区。西夏帝王，崇奉佛教，在西夏王朝（成立）前后的40年中，先后六次向宋购买《大藏经》。作为社会文化的一部分，西夏的印刷事业也深受宋朝的影响。西夏刻版印书业虽不见正史记载，但出土的西夏文献却给我们提供了不少情况。西夏政府设有“造纸院”“刻字司”，统管西夏造纸刻印事业。就已出土文献看，西夏所印书籍，有儒家著作、字典辞书、历史实录、兵书律令、天文历法等。其中，辞书《文海》《音同》，法典《天盛年改定新律》，兵法《贞观玉镜统》等，都是印刷精良的大型典籍①。有的书往往重版印刷，《音同》几经重印，已发现的竟有五种版本之多。西夏刻印佛经数量更大。在贺兰山佛祖院印刷了全部汉文《大藏经》；西夏文《大藏经》（即番《大藏经》）也已全部译就，并有部分刻印②。西夏皇族进行佛事活动，刻经动辄数万，散施臣民。天盛十九年（1167），仁宗为“皇太后周忌”“开版印造番、汉（经）共二万卷”；乾祐十六年（1185），在仁宗“本命之年”，散施番、汉佛经达二十万卷；仁宗死后，桓宗天庆二年（1195），罗太后为“恸先帝之遐升，祈觉皇而冥荐”，度僧三千，散施番、汉佛经“九万三千部”③。1987年，在宁夏贺兰县西夏宏佛塔中，发现一批被火烧过的西夏文佛经雕版④。以上事例说明，西夏的印刷能力相当可观，并不比同时期的辽、金落后多少。宋朝的活字印刷，西夏当然不会视而不见。1973年，印度新德里出版的英人格林斯培德所编《西夏文佛经》9卷，其中的《维摩诘所说经》，经日本著名西夏学者西田龙雄研究，认为质量很差，很可能是泥活字⑤，就是证明。西夏是具备了刻印木活字本的社会条件和技术能力的。

我国用活字印刷书籍，虽然始于宋元时期，然而，有记载的宋元活字本，仅见周必大印的《玉堂杂记》，杨古印的朱子《小学》《近思录》，吕祖谦

① 黄振华：《西夏文字典〈文海〉〈文海杂类〉及其研究》，《中亚学刊》1983年12月第一辑。

② 史金波：《西夏佛教史略》，宁夏人民出版社1988年8月版。

③ 史金波：《西夏佛教史略》，宁夏人民出版社1988年8月版。

④ 宁夏回族自治区文物管理委员会办公室、贺兰县文化局：《宁夏贺兰县宏佛塔清理简报》，《文物》1991年第8期。

⑤ 史金波：《西夏佛教史略》，宁夏人民出版社1988年8月版。

的《东莱经史论说》,王祯印的《旌德县志》,马称德印的《大学衍义》等数种;就是仅有的这几种书,也未能流传下来。作为印刷术故乡的炎黄子孙,对此不能不深感遗憾。然而,今天考古学的新发现,使我们有机会目睹我国古代印刷术的伟大成果——《本续》,又令人倍感欣慰。

20 世纪以来,对我国唐宋时期的印刷品,有过很多重大的发现。如敦煌咸通九年《金刚经》,成都卞家《陀罗尼经》,绍兴五代的《宝箧印经》,应县木塔的辽刻《契丹藏》,赵城的金刻《赵城藏》等,不下十数种,极大地丰富了研究我国古代印刷史的材料。然而,以上都是雕版印刷品,活字印刷品仅有一件,即 1965 年温州白象塔发现的回旋式北宋《佛说观无量寿佛经》残叶。可是,学术界还有歧见,难以最后认定。《本续》用西夏文字,以木活字印刷藏传佛教密典,融多种文化于一身,显示出多方面的学术价值。就印刷而言,唯其是少数民族文字,它所揭示的内容就更为丰富。《本续》向我们展示了我国早期活字印刷品的真容,为西夏印刷史、中国印刷史,乃至世界印刷史,增添了新的篇章。

笔者初步鉴定《本续》是木活字印本后,曾得到宿白、潘吉星、冀叔英、李致忠等先生的肯定与鼓励。初稿完成后,赴京参加第一届中国印刷史学术讨论会时,又得到张秉伦等先生的热情帮助。在此,谨表衷心感谢。

(原载:《中国印刷史学术研讨会文集》,
印刷工业出版社 1996 年版)

有关回鹘文木活字的几个问题

彭金章*

众所周知,印刷术是我国古代四大发明之一,它的出现对世界文明的发展起到了极其重要的促进作用,是中华民族对人类文明的巨大贡献。印刷术又可分为雕版印刷术和活字印刷术。尤其是我国宋代毕昇发明的活字印刷术,被视为是"现代文明的重要支柱,被西方人誉为'文明之母'"①。而敦煌所出回鹘文木活字"是世界上现存最早的活字实物,也是研究中国和世界活字印刷技术的创造和发展非常珍贵的资料"②,"也是现存世界上最早的含有以字母为单位的活字实物"③。迄今为止,回鹘文木活字均出自敦煌莫高窟。但学术界对这些木活字发现的批次、每批发现的数量、现分别收藏在哪些国家以及在国内除敦煌研究院收藏外,是否还有其他单位收藏回鹘文木活字等情况却有不同表述。现仅就其中的几个问题进行讨论,或许对回鹘文木活字以及活字印刷术的进一步深入研究有所裨益。

一、关于回鹘文木活字的首次发现、流散、收藏以及数量等问题

(一)回鹘文木活字首次发现

敦煌回鹘文木活字首次发现于1908年,由法国人伯希和在莫高窟北

---

* 彭金章,敦煌研究院研究员。

① 肖东发:《活字印刷术的发明及其在宋元时代的发展与传播》,《北京大学学报》(哲学社会科学版)2000年第6期,第96~104页。

② 雅森·吾守尔:《回鹘文木活字》,《文史知识》2004年第5期,第52~56页。

③ 肖东发:《活字印刷术的发明及其在宋元时代的发展与传播》,《北京大学学报》(哲学社会科学版)2000年第6期,第96~104页。

区 P.181 窟,即今敦煌研究院编第 464 窟内发现。据《伯希和敦煌石窟笔记》记载:“该洞部分地被废物碎片堵塞。稍微清理一下就可以拍摄它了。我们于那里发现了用于印刷蒙文(笔者按:经学者考证实为回鹘文)书籍的大量小方木块,它们各自能印出一个完整的字来”①。在这里伯希和只说“大量小方木块”,没有说具体发现了多少小方木块。此后,美国印刷史专家卡特在其著名的《中国印刷术的发明和它的西传》一书中也有记载:“伯希和曾在敦煌一个石窟里的地上发现了一套木活字……它们无疑是现存最早的活字……总数有几百个,大部分都完好无损。”②从卡特所记知伯希和当年在莫高窟一个洞窟,即今第 464 窟内发现的回鹘文木活字总数有几百个。1908 年伯希和将他在莫高窟 P.181 窟发现的“大量小方木块”以及在 P.181 窟和 P.182 窟发现的大量汉文、回鹘文、西夏文、藏文、婆罗谜文和蒙古文的残卷等足足装了三箱,分别编号:No.924、No.925、No.922,运回法国③。据学者调查,伯希和考察队一行返回法国后,从敦煌藏经洞及莫高窟北区 P.181 窟和 P.182 窟所获的多种文字文献,除一小部分入藏法国吉美亚洲艺术博物馆外,绝大部分由法国国家图书馆东方部收藏。而从敦煌拿走的绢画、纸画等美术品则入藏巴黎罗浮宫,后来又移交给吉美亚洲艺术博物馆,其中包括在莫高窟北区 P.181 窟发现的回鹘文木活字。现在这些回鹘文木活字摆放在该馆精致的木盒里,馆藏编号为 MG25507④(图 1)。

(二)1908 年所发现回鹘文木活字之流散

伯希和将在敦煌莫高窟北区 P.181 窟发现的数百枚回鹘文木活字运出中国国门,运到法国,可算得上是敦煌回鹘文木活字的初次流散,而且远远地流散到了外国。有关资料还显示,伯希和在敦煌发现的回鹘文木活字

① 伯希和:《伯希和敦煌石窟笔记》,耿升、唐健宾译,甘肃人民出版社 1993 年版,第 383 页。

② 卡特:《中国印刷术的发明和它的西传》,吴泽炎译,商务印书馆 1957 年版,第 187~188 页。

③ 森安孝夫:《敦煌出土蒙古至元代的回鹘文书》,《讲座敦煌 6:敦煌胡语文献》,东京大东出版社 1985 年版,第 37~98 页。

④ 史金波、雅森·吾守尔:《中国活字印刷术的发明和早期传播:西夏和回鹘活字印刷术研究》,社会科学文献出版社 2000 年版:第 88 页。

图1 法国吉美亚洲艺术博物馆藏部分回鹘文木活字

运回法国后又有流散。据日本学者森安孝夫先生在《敦煌出土蒙古至元代的回鹘文书》一文中推测,美国纽约大都会博物馆所藏的木活字,或许就是伯希和所赠之物,并引用日本东京东洋文库库长的话,说东洋文库也有伯希和当年所赠的木活字数件①。根据森安孝夫先生提供的这一线索,笔者开始寻找敦煌所出回鹘文木活字运到法国后是否又有一部分流散到了日本和美国。

1998年6月,适逢我院学者赵声良先生在日本东京进行学术访问,于是我请他帮忙寻找敦煌所出回鹘文木活字在日本的下落。受赵声良先生拜托,日本著名学者池田温先生曾亲自前往位于东京文京区的东洋文库,向该文库图书部长斯波义信先生了解东洋文库是否收藏有伯希和所赠木活字一事。斯波义信先生当即告诉池田温先生,东洋文库的确收藏有敦煌所出的4枚回鹘文木活字,而且系伯希和所赠,因该木活字属于文物,仅限于收藏,从不展示,故鲜有人知,亦无人对它们进行研究②。

在得知日本东洋文库收藏有4枚敦煌所出的回鹘文木活字后,笔者又

① 森安孝夫:《敦煌出土蒙古至元代的回鹘文书》,《讲座敦煌6:敦煌胡语文献》,东京大东出版社1985年版,第95页。

② 承蒙池田温先生、斯波义信先生见告,谨表谢意,并对赵声良先生表示感谢。

把寻找木活字的目标投向美国。2000 年 10 月,笔者应邀到美国讲学,在纽约哥伦比亚大学的讲学结束后,由美国朋友宁姗小姐陪同去参观纽约大都会博物馆。在参观过程中,笔者特意向出面接待的该馆亚洲部副主任孙志新博士询问,该馆有无收藏敦煌所出的回鹘文木活字。有幸得到孙志新博士的关照,在大都会博物馆文物库房,目睹了出自敦煌莫高窟的回鹘文木活字,共计 4 枚,其编号为:24.114.1~4。每枚木活字至今尚留有墨迹。从该馆所撰 4 枚木活字的英文简介可知,它们是由伯希和于敦煌莫高窟的某一个洞窟发现的,断代为 1300 年左右的遗物。系伯希和于 1924 年赠予大都会博物馆①(图 2)。

图 2　美国纽约大都会博物馆藏回鹘文木活字

1925 年美国著名印刷史专家卡特先生对大都会博物馆所收藏的 4 枚回鹘文木活字进行了研究。他在其所著《中国印刷术的发明和它的西传》一书中写道:"敦煌所发现的活字,仍旧完全仿照中国的方法,不是字母而是一个个拼成了的字。"②这是对敦煌所发现回鹘文木活字的首次刊布。经学者研究,美国纽约大都会博物馆所收藏的 4 枚木活字意译分别为"敬""信""七""事"③。对于卡特所谓"敦煌发现的活字,仍旧完全仿照

① 彭金章:《讲学·参观·寻宝:赴美讲学纪略》,《丝绸之路》2001 年第 3 期,第 44~48 页。

② 卡特:《中国印刷术的发明和它的西传》,吴泽炎译,商务印书馆 1957 年版,第 188 页。

③ 杨富学:《敦煌研究院藏的回鹘文木活字:兼谈木活字的发明》,《敦煌研究》1990 年第 2 期,第 34~37 页。杨富学、牛汝极:《沙州回鹘及其文献》,甘肃文化出版社 1995 年版,第 260 页。程溯洛:《唐宋回鹘史论集》,人民出版社 1993 年版,第 412 页。

中国的方法”的结论,已有学者指出其错误,仅从“几个活字就判断敦煌回鹘活字与王祯所发明的活字一样,是以词为单位的,从而对这些活字的性质得出了错误的结论”①。另外,法国印刷史家古斯曼(Pierre Gusman)收藏有美国大都会博物馆所藏的4枚木活字的摹本(图3)②,并以敦煌所出回鹘文木活字为例,对中国活字印刷技术向西传播的路线进行了探讨③。

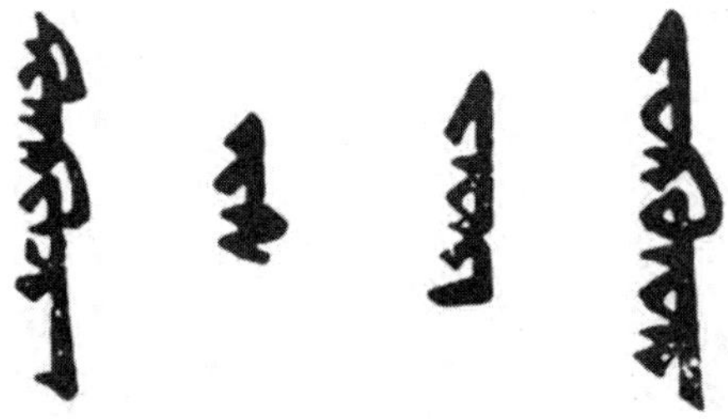

图3 法国印刷史家古斯曼(Pierre Gusman)收藏的4枚木活字的摹本

(三)1908年所发现木活字的收藏

从目前所见资料可知,伯希和从敦煌运回法国的回鹘文木活字的确切收藏地有三处:第一处是法国吉美亚洲艺术博物馆,它是目前所知收藏敦煌所出回鹘文木活字数量最多的单位。1995年,回鹘文突厥文专家雅森·吾守尔博士在获得联合国教科文组织“平山郁夫丝绸之路研究奖学金”后,专程赴巴黎,在吉美亚洲艺术博物馆文物仓库,见到了出自敦煌的回鹘文木活字。“由吉美博物馆收藏的这批回鹘文活字共960枚……并按这些活字的尺寸制作了盒子,列为重要文物保存。现在这些活字摆放在一个精致的木盒里带槽的三层抽屉中。馆藏编号为MG25507。”④雅森·吾守尔

① 雅森·吾守尔:《回鹘文木活字》,《文史知识》2004年第5期,第89页。

② 卡特:《中国印刷术的发明和它的西传》,吴泽炎译,商务印书馆1957年版,第188页。

③ 潘吉星:《中国、韩国与欧洲早期印刷术的比较》,科学出版社1997年版,第185页。

④ 史金波、雅森·吾守尔:《中国活字印刷术的发明和早期传播:西夏和回鹘活字印刷术研究》,社会科学文献出版社2000年版,第88页。

博士当即将该馆所收藏的960枚回鹘文木活字全部用法国产公文印章用墨拓印在中国产宣纸上“带它们回家”——回到了中国。如今这960枚木活字拓片收藏于中国社会科学院民族学与人类学研究所①。第二处收藏伯希和从敦煌莫高窟所拿走的回鹘文木活字的单位是日本东京东洋文库，数量为4枚。第三处收藏伯希和所拿走的回鹘文木活字的单位是美国纽约大都会博物馆，数量为4枚。

（四）1908年伯希和发现的回鹘文木活字数量

伯希和从敦煌拿走的回鹘文木活字的确切数量，迄今未见报道。从1908年《伯希和敦煌石窟笔记》和1925年卡特著《中国印刷术的发明和它的西传》这些早期著作中，只看到了伯希和发现木活字数量是“大量”“一套木活字……它们总数有几百个”的笼统记载，并没有确切数量。针对上述这一特殊情况，我们只好采用现在收藏单位的收藏数量相加，来推算当年伯希和发现的木活字数量。从前述可知，法国吉美亚洲艺术博物馆现收藏有伯希和在敦煌发现的回鹘文木活字960枚，日本东京东洋文库现收藏有伯希和所赠回鹘文木活字4枚，美国纽约大都会博物馆现也收藏有1924年由伯希和所赠回鹘文木活字4枚。除此之外，迄今尚未发现其他单位或个人收藏有伯希和在敦煌发现的回鹘文木活字。而以上三家收藏的回鹘文木活字合计为968枚。故在没有发现新的收藏有伯希和从敦煌莫高窟拿走并运回法国的回鹘文木活字的单位或个人这一前提下，我们认为，伯希和当年在莫高窟北区P.181窟发现并拿走的回鹘文木活字的确切数量为968枚。而不是在有些文章中所说的伯希和从敦煌拿走的回鹘文木活字的数量为960枚。

二、关于俄国人奥登堡在敦煌发现回鹘文木活字一事

1997年，上海古籍出版社出版了由俄罗斯国立艾尔米塔什博物馆、上

① 雅森·吾守尔：《回鹘文木活字》，《文史知识》2004年第5期，第52~56页。

海古籍出版社共同编纂的《俄藏敦煌艺术品》第Ⅰ卷。该卷首次披露了俄国人奥登堡在敦煌发现回鹘文木活字一事，而此前学术界对此事鲜有人知。据俄罗斯著名汉学家孟列夫在为《俄罗斯国立艾尔米塔什博物馆藏敦煌艺术品》一书所撰写的《序言》中记载，1914 年 8 月 20 日至 1915 年 1 月26 日，奥登堡率领的考察队在敦煌莫高窟考察长达 6 个月之久。“在挖掘洞窟沙质地面时，有许多重要的发现：写本和碎片、钱币、日常生活用品等。考察队中的人以他们发现的古代回鹘文木活字为特别重要。奥登堡编写的考察队工作报告初稿未完稿上也有‘130 件回鹘文木字’的句子。这种活字和中国传统的雕版印刷方法有根本的区别，而奥登堡考察队发现的古物是活字印刷的最早的例证”①。

2005 年，上海古籍出版社出版了由俄罗斯国立艾尔米塔什博物馆、上海古籍出版社共同编纂的《俄藏敦煌艺术品》第Ⅵ卷。该卷发表了奥登堡考察队的考察日记，其中有如下记载：1914 年 12 月 27 日清理回鹘窟（笔者注：即伯希和编 P.181 窟，敦煌研究院编第 464 窟），为了割下此窟的一部分上有回鹘文的水彩壁画，首先要拍照。在主室还是找到一些东西，“很小的手书残片：有梵文的、库车文的、回鹘文的、吐蕃文的（一般的书法，还有斜体字，手书为蓝色带有金色）、西夏文的（蓝地金色，残片），还有汉文的，此外还有回鹘文的、汉文的和西夏文的木刻残片。”“遗憾的是这些残片实在太小。”“此外，另一收获也十分有价值：105 块刻有回鹘文字的木块，12 月 29 日我和戈尔施柯夫又找到了 25 块，现在一共有 130 块。”“这些小块完全可以用作印刷活字，也可以印一些回鹘文木刻残片，这说明，那时人们已不用木板，而是用活字印刷了。据我所知，这一事实至今尚无人提及。有的是符号、个别字母，有的是音节和单词、符号，还有一些是双面都有的。大多数是戈尔施柯夫找到的，我和戈莫诺夫也找到一部

① 孟列夫：《序言》，俄罗斯国立艾尔米塔什博物馆、上海古籍出版社《俄藏敦煌艺术品》第Ⅰ卷，上海古籍出版社 1999 年版，第 9~11 页。

分。"①奥登堡不仅记录了回鹘文木活字的发现经过,还对这些木活字进行了初步研究。

上述两条资料充分证明俄国人奥登堡在敦煌莫高窟北区 P.181 窟,即今第 464 窟发现了多达 130 枚的回鹘文木活字,应该是不争的事实。这是在莫高窟第二次发现回鹘文木活字。奥登堡在敦煌发现的回鹘文木活字运回俄国后,原藏于俄罗斯圣彼得堡。据俄国学者孟列夫说:"可惜,我们不能知道这些木活字现在保存在什么地方"②。如今又过去了多年,是否找到了它们的下落,依旧是个悬念。但是在研究敦煌所出回鹘文木活字的部分文章中,只字未提俄国人奥登堡在莫高窟北区"回鹘窟"(即伯希和编的 P.181 窟,今第 464 窟)发现回鹘文木活字之事。故有必要将当年俄国人奥登堡在敦煌莫高窟北区 P.181 窟发现回鹘文木活字的经过进行转录,以便供学界参考。

三、关于国立敦煌艺术研究所收藏回鹘文木活字的来历

1944 年 2 月,国立敦煌艺术研究所——敦煌研究院的前身在莫高窟成立,从此结束了我国最大的石窟群无管理机构的历史。莫高窟任人偷盗、破坏的历史也一去不复返。自 1944 年至 1949 年,以常书鸿所长为首的一大批有识之士,不顾环境恶劣、生活艰苦、经费匮乏,白手起家,克服了常人难以想象的困难,竭尽全心力呵护莫高窟,为后来科学保护、深入研究、大力弘扬博大精深的敦煌石窟文化奠定了坚实基础。在此期间,国立敦煌艺术研究所的职工发现了著名的莫高窟土地庙文书,还收集了许多零散文物,其中包括 6 枚回鹘文木活字(图 4)。由于在记载该木活字的原始文字档案中,没有记录是谁、于什么时间、在什么地方发现的这些木活字,

① 奥登堡:《敦煌千佛洞石窟叙录:清理回鹘窟》,俄罗斯国立艾尔米塔什博物馆、上海古籍出版社《俄藏敦煌艺术品》第Ⅵ卷,上海古籍出版社 2005 年版,第 325~326 页。

② 孟列夫:《序言》,俄罗斯国立艾尔米塔什博物馆、上海古籍出版社《俄藏敦煌艺术品》第Ⅰ卷,上海古籍出版社 1999 年版,第 9~11 页。

故它们的来历时至今日一直是个谜而为学术界所关注。根据1908年伯希和以及1914年奥登堡在莫高窟北区P.181窟(即今第464窟),发现大量回鹘文木活字的事实分析,国立敦煌艺术研究所所收藏的6枚回鹘文木活字,很可能也是在北区第464窟及其附近发现的。至于发现人及具体发现时间已无从考辨。无奈,我们只好暂且将它们的发现笼统地定为敦煌回鹘文木活字的第三次发现。

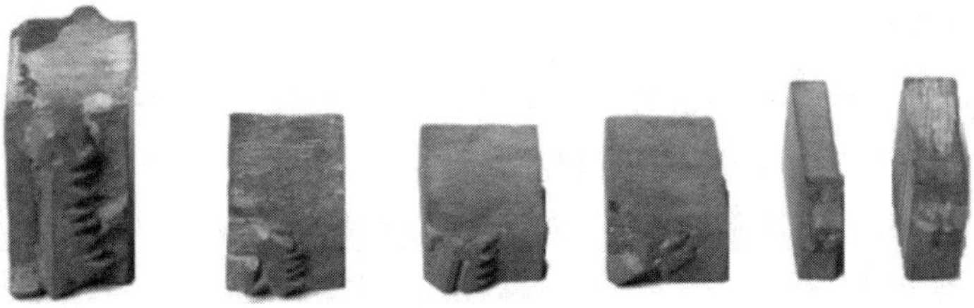

图4 国立敦煌艺术研究所收藏的回鹘文木活字

国立敦煌艺术研究所收藏的上述6枚回鹘文木活字中的5枚,曾于20世纪60年代初赴北京展出。著名印刷史专家张秀民先生曾前往参观,并撰文说:"木活字不但流行于内地,也流传到兄弟民族中间。敦煌千佛洞中,曾发现元代维吾尔文的木活字,用硬木锯开,大小不等……可惜这几百个富有历史意义的木活字,已被法国人伯希和偷走了。去年(笔者按:指1960年)北京历史博物馆从敦煌艺术研究所调到五个,据说用杜木雕成,是伯氏劫余之物,现陈列在该馆中。"①

据敦煌研究院陈列中心文物库房文物外出展览记录记载,上述6枚发现于1944—1949年间的回鹘文木活字,于1997年4月赴北京参加"中国古代科技文物展",后又到多地展出,并于2000年12月归还,现珍藏于敦煌研究院陈列中心文物库房。

对于国立敦煌艺术研究所收集,现由敦煌研究院收藏的上述6枚回鹘

① 张秀民:《元明两代的木活字》,《张秀民印刷史论文集》,印刷工业出版社1988年版,第207页。

文木活字,我院学者已对其进行了研究,具体研究成果如下:1 枚词根后加被动态,意译为“依靠”;1 枚在古突厥语中常表示“树枝”,具有“柳树”的意思;1 枚意译为“说”;1 枚意译为“我”;1 枚是一个标点符号;1 枚系一字母的后连书体①。

四、回鹘文木活字的最新发现

有关资料表明,从 20 世纪初至国立敦煌艺术研究所成立前,曾有多人涉足莫高窟北区,先后有法国人伯希和、俄国人奥登堡及沙俄军人等在北区洞窟内偷盗,乱挖乱掘,但从未进行过科学的考古发掘。北区崖面上现存洞窟数量有多少?洞窟形制有什么特征?开凿数以百计的洞窟有什么用途?在莫高窟石窟群中北区洞窟处于什么地位?它们分别属于什么时代?以至形成一个个的谜为学术界所关注。为了揭开蒙在北区洞窟上的神秘面纱,1988—1995 年,敦煌研究院考古专业人员对北区进行了长达数年的考古发掘,获得了重大的考古收获。其中在 6 个洞窟,即 B56 窟、B59 窟、B160 窟、B162 窟、B163 窟、第 464 窟发现回鹘文木活字 48 枚(图 5、图 6)。这些木活字均经中国社会科学院人类与民族学研究所雅森·吾守尔博士进行了考释与研究②。现将雅森·吾守尔博士对这些新发现回鹘文木活字的考释、研究结果概述如下。

B56 窟出土 1 枚,编号 B56:2,保存完整,木活字宽 1.3 厘米,高 2.2 厘米,厚 2.3 厘米,内容为“自己”。

B59 窟出土 16 枚,其中 15 枚保存完整,1 枚稍残。木活字均宽 1.3 厘米,高 2.2 厘米,厚 0.2~1.2 厘米。其中有 2 枚木活字,即编号 B59:78-3、

① 杨富学:《敦煌研究院藏的回鹘文木活字——兼谈木活字的发明》,《敦煌研究》1990 年第 2 期,第 34~37 页。杨富学、牛汝极:《沙州回鹘及其文献》,甘肃文化出版社 1995 年版,第 260 页。程溯洛:《唐宋回鹘史论集》,人民出版社 1993 年版,第 412 页。

② 莫高窟北区新发现的回鹘文木活字均由中国社会科学院民族学与人类学研究所研究员雅森·吾守尔博士进行了研究,其研究成果详见彭金章、王建军《敦煌莫高窟北区石窟》第 1 卷,文物出版社 2000 年版,第 352 页。

B59:78-16 两端刻字。B59:78-3 一端字面内容为“连接、继续”,另一端内容为语音组合;B59:78-16 一端字面为单栏,另一端字面为双栏。其余木活字均为一端刻字。其中刻一字母者有 5 枚,即编号 B59:78-4、B59:78-6、B59:78-10、B59:78-13、B59:78-15。刻标点符号者有 4 枚,即编号 B59:78-7、B59:78-9、B59:78-11、B59:78-12。刻语音组合者有 2 枚,即编号 B59:78-5、B59:78-14。有 1 枚内容为领属第三人称词缀,即编号 B59:78-1。有 1 枚内容为“我”,即编号 B59:78-2。有 1 枚内容为与格词缀,即编号 B59:78-8。

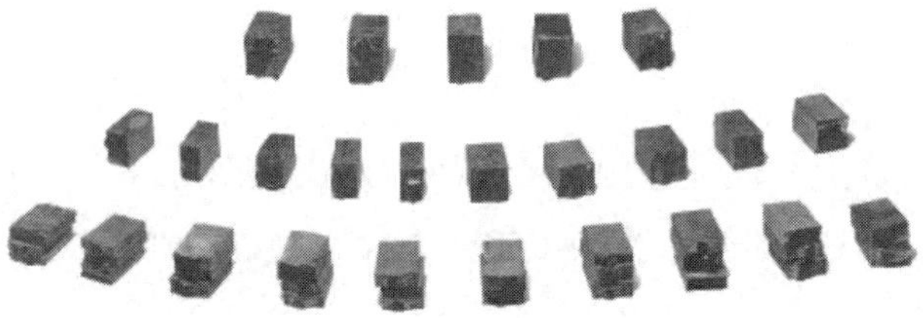

图 5　新发现的回鹘文木活字

图 6　新发现的回鹘文木活字特写

B160 窟出土 1 枚,编号 B160:2,保存完整,木活字宽 1.4 厘米,高 2.2 厘米,厚 1.9 厘米,内容为“黑色的”。

第 464 窟(即伯希和编号第 181 窟)出土 19 枚,每枚木活字皆宽 1.3 厘米,高 2.2 厘米,厚薄不一,均有墨迹。其中有 1 枚两端刻字,即编号第 464:19-17,两端所刻均为双栏。其余均为一面刻字。编号第 464:19-1,内容为“涅槃”。编号第 464:19-12,内容为“是”。编号第 464:149-1,内容为“罪”。编号第 464:19-4、464:19-5、464:19-7、464:19-8、464:19-11、464:19-14 内容为一字母。编号第 464:19-2、464:19-6、464:19-9、464:19-10、

464:19-15、464:19-16,内容为标点符号。编号第464:19-3、464:19-13,内容为语音组合。编号第464:149-2,内容为双栏。

B162窟出土1枚,编号B162:2,完整,有墨迹,内容为"我们"。

B163窟出土10枚,均有墨迹。其中有1枚两端刻字,编号B163:49-9,一端内容为"返回",另一端内容为"快的"。编号B163:49-1,其内容为工具格词缀。编号B163:49-2,其内容为"你"。编号B163:49-3,内容为一字母。编号B163:49-4,内容为第三人称时位格词缀。编号B163:49-8,内容为一单框。编号B163:49-10,内容为一夹条。编号B163:49-5、B163:49-6、B163:49-7,内容为标点符号。

以上48枚回鹘文木活字是现存唯一经过科学考古发掘出土的回鹘文木活字,也可以说这是在莫高窟第四次发现的回鹘文木活字。这批木活字现由敦煌研究院收藏。

五、回鹘语与回鹘文的特点

据学者研究,"回鹘文记录回鹘语,由18~22个字母组成(因时代不同,字母数目略有不同),主要通行于9—15世纪。基本上属于辅音音素文字,其字母均为辅音字母,元音一般不写出来,因而缺少必要的元音字母,还有个别辅音字母可以混用。字母按词中位置的不同,有词首、词中、词尾不同形式。后虽经过改革,以加点的办法区别混用的辅音,增加了元音字母,但仍未完全摆脱辅音音素文字的窠臼。"①

另据回鹘文突厥文专家研究,认为"回鹘语属黏着型语言。其语言特点是在词干的后面按一定顺序附加不同的语法或构词词缀,从而表示不同的词义或语法关系"②。从敦煌莫高窟北区新近发现的回鹘文木活字可知,这些木活字中,既有类似汉字以词为单位的活字,比如"你"(编号

① 张铁山:《回鹘文及其文献》,《文史知识》2008年第12期,第73~77页。

② 史金波、雅森·吾守尔:《中国活字印刷术的发明和早期传播:西夏和回鹘活字印刷术研究》,社会科学文献出版社2000年版,第88页。

B163:49-2)、“我”(编号B59:78-2)、“是”(编号第464:19-12)、“罪”(编号第464:149-1),“涅槃”(编号第464:19-1);又有类似西方文字的字母,如编号第464:19-4、464:19-5、464:19-7、464:19-8、464:19-11、464:19-14、B163:49-3等活字内容为一字母;还有音节(词缀),如编号B163:49-4,内容属于第三人称时位格词缀。编号B163:49-1,其内容为工具格词缀。编号B59:78-8,其内容为与格词缀。编号B59:78-1,其内容为领属第三人称词缀。编号B59:78-3,一端字面内容为“连接、继续”,另一端内容为语音组合。可知,“敦煌回鹘文活字不是单一的以词为单位的活字,而是包括以字母、音节(词缀)和词为单位的混合类型的活字,其中已经蕴含了西方字母活字形成的基本原理。”①并据此得出了“敦煌回鹘文木活字是我国活字思想和技术向西传播的中介类型”这一很有见地的判断。②

我国的汉文活字是方块字(词)活字,欧洲活字是字母活字。但在以往西方学者的研究中,一直流行的看法是,认为德国人古登堡于15世纪中叶所创金属活字印刷与中国宋代毕昇发明的活字印刷不一定有关系。其主要依据是汉字与西方拼音文字分别属于两种不同的文字类型。如今在敦煌发现的回鹘文木活字,既与方块汉字活字有相同之处,但又不完全相同;而与西方拼音文字既有相似的地方,又有明显区别。它属于“中介类型”的活字。从而使我们似乎找到了宋代毕昇发明的活字印刷术在向西方传播中缺失的一环。

至于我国毕昇发明的活字印刷术何时传入欧洲?法国印刷史家古斯曼(Pierre Gusman)认为,中国活字印刷技术有可能在元朝时期经两条途径传入欧洲:一是曾与维吾尔人有接触,后来居住在荷兰的亚美尼亚人将活字技术传入欧洲;二是古登堡在布拉格居住时学会了经中亚和俄罗斯传入欧洲的这种技术③。我国学者亦对中国活字印刷术的西传路线进行了详

① 史金波、雅森·吾守尔:《中国活字印刷术的发明和早期传播:西夏和回鹘活字印刷术研究》,社会科学文献出版社2000年版,第138页。

② 史金波、雅森·吾守尔:《中国活字印刷术的发明和早期传播:西夏和回鹘活字印刷术研究》,社会科学文献出版社2000年版,第138页。

③ 潘吉星:《中国、韩国与欧洲早期印刷术的比较》,科学出版社1997年版,第185页。

细的探讨。提出了元代东西交通的北线,即数条“从中国内地出发,然后在钦察草原地带相汇,进入通往欧洲的道路”;南线,即“从中国内地沿陆路一直西行,到河西走廊的尽头可分几条路线西行”的古丝绸之路。“活字印刷术就是在这一时期(即元朝时期)通过西夏和回鹘地区,有可能通过欧亚通道的北路或波斯阿拉伯地区”,也就是说,中国的活字印刷术有可能是通过上述这两条路线传播到西方的①。李约瑟主编的《中国科学技术史》一书中有这样的论述:“如果印刷术由东方传到西方的过程中有那么一个中间环节的话,既熟悉雕版印刷又熟悉活字印刷的维吾尔人,极有机会在这种传播中起重要的作用”②。而在地处古代通往中国之门、丝绸之路重镇的敦煌发现的介于汉字与西方拼音文字之间“中介类型”的回鹘文木活字,为中国活字印刷术的西传提供了最新证据,并进一步证实了上述论断的正确性。

六、敦煌所出回鹘文木活字的时代

最早提出敦煌所出回鹘文木活字的时代者是伯希和,他在《伯希和敦煌石窟笔记》中有如下记载:“我们于那里(笔者按:指 P.181 窟即今第 464 窟)发现了用于印刷蒙文书籍的大量小方木块(笔者按:实际是回鹘文木活字),它们各自能印出一个完整的字来。那里在元代可能于该洞中有一个刊经厂”③。此后,这一观点为多位学者所采纳。卡特在 1925 年所著《中国印刷术的发明和它的西传》一书中写道:“伯希和根据它们(笔者按:指回鹘文木活字)存放的地点和其他因素,考定为 1300 年左右的东西”④。

李约瑟主编的《中国科学技术史》第 5 卷第 1 分册《纸和印刷》中仍沿

---

① 史金波、雅森·吾守尔:《中国活字印刷术的发明和早期传播:西夏和回鹘活字印刷术研究》,社会科学文献出版社 2000 年版,第 126~139 页。

② 钱存训:《纸和印刷》,李约瑟《中国科学技术史》第 5 卷第 1 分册,科学出版社、上海古籍出版社 1990 年版,第 272 页。

③ 伯希和:《伯希和敦煌石窟笔记》,耿升、唐健宾译,甘肃人民出版社 1993 年版,第 383 页。

④ 卡特:《中国印刷术的发明和它的西传》,吴泽炎译,商务印书馆 1957 年版,第 188 页。

用卡特旧说:“在敦煌找到一套古维文木活字,有几百个,其年份大约是1300年。”[①]我国的学者认为“回鹘使用木活字比西夏略晚,在13世纪末和14世纪初”[②]。有的学者则“根据敦煌地区回鹘人活动的史料以及莫高窟兴衰的历史等因素考虑,敦煌回鹘文木活字的年代应在12世纪到13世纪上半叶之间”[③]。我院学者认为,“考虑到回鹘在敦煌的活动情况及莫高窟兴衰的历史,我们或可将回鹘木活字的时代推定在12世纪末到13世纪上半叶之间或沙州回鹘王国时期(1036—1070?)”[④]。通过近年对莫高窟北区的考古发掘得知,集中出土回鹘文木活字的第464窟最终废弃于元代。考虑到宋代毕昇发明活字印刷术后以及向西传播到西夏和回鹘,再结合回鹘在敦煌的史实,故将该窟所出回鹘文木活字的时代“推定在12世纪末到13世纪上半叶之间”,我们认为是可以成立的。

七、国内是否还有收藏回鹘文木活字的单位

迄今为止,在国内仅有敦煌研究院收藏着莫高窟发现的回鹘文木活字。从上述可知,共收藏有两批:第一批有6枚,为1944—1949年由国立敦煌艺术研究所所收集,第二批有48枚,为敦煌研究院于1988—1995年所发现,两批共计54枚。但有的文章却说,国家博物馆收藏有回鹘文木活字数枚,新疆维吾尔自治区博物馆亦有4枚回鹘文木活字,在展厅内陈列,甚至有的还说国家图书馆也有回鹘文木活字的收藏。对此,我们进行了一一考察。

(一)关于国家博物馆收藏回鹘文木活字一事

经核实,确实有6枚回鹘文木活字的复制品收藏在该馆,但不是原出

---

① 钱存训:《纸和印刷》,李约瑟《中国科学技术史》第5卷第1分册,科学出版社、上海古籍出版社1990年版,第272页。

② 肖东发:《活字印刷术的发明及其在宋元时代的发展与传播》,《北京大学学报》(哲学社会科学版)2000年第6期,第96~104页。

③ 雅森·吾守尔:《回鹘文木活字》,《文史知识》2004年第5期,第52~56页。

④ 杨富学:《回鹘文献与回鹘文化》,民族出版社2003年版,第352页。

土物。1997 年 4 月 26 日,国家博物馆的前身——中国历史博物馆,从敦煌研究院借调 6 枚回鹘文木活字赴北京参加“中国古代科技文物展”,后又到多地展出。随展的回鹘文木活字于 2000 年 12 月 22 日归还敦煌研究院。这 6 枚回鹘文木活字的复制,当在 1997 年 4 月至 2000 年 12 月间。据悉,国家博物馆收藏复制的 6 枚回鹘文木活字,后又在为迎接 2008 年北京奥运会举办的“中国古代发明创造文物展”展出,详见《奇迹天工:中国古代发明创造文物展》①。

(二)关于新疆维吾尔自治区博物馆展厅中的回鹘文木活字

经了解,在新疆维吾尔自治区博物馆展厅中,的确有 4 枚回鹘文木活字的复制品在展出。该复制品为敦煌研究院于 2005 年所赠,以庆祝新疆维吾尔自治区博物馆成立五十周年。这几枚回鹘文木活字复制品,是依据敦煌研究院藏 1944—1949 年所收集的 6 枚回鹘文木活字中的 4 枚用杜木 1∶1 复制而成,而具体复制工作由敦煌研究院陈列中心何明阳先生负责完成。该回鹘文木活字复制品现仍在新疆维吾尔自治区博物馆展厅中展出。

(三)关于国家图书馆收藏回鹘文木活字的传闻

有文章说,国家图书馆也收藏有回鹘文木活字,却未提其数量及来历。故希望该信息披露者进一步提供国图所藏木活字的详情。

八、结语

通过以上论述,我们有如下几点认识:

1.在有关论述敦煌所出回鹘文木活字的部分文章中,有的学者认为现已发现的回鹘文木活字数量为 1014 枚。有的学者则认为现存世回鹘文木

① 国家文物局、中国科学技术协会:《奇迹天工:中国古代发明创造文物展》,文物出版社 2008 年版,第 224 页。

活字数量为 1118 枚。然而经过我们多年考察了解，得知从 1908 年在敦煌莫高窟北区首次发现 968 枚回鹘文木活字后，又陆续在该区三次发现回鹘文木活字，即 1914 年发现 130 枚，1944—1949 年发现 6 枚，1988—1995 年发现 48 枚。迄今为止，在敦煌莫高窟发现的回鹘文木活字总数量为 1152 枚，显然比部分文章中提到的回鹘文木活字的总数量要多。

2.敦煌所出回鹘文木活字是当今世界上现存时代最早的活字实物。这些回鹘文木活字除敦煌研究院收藏外，还分别收藏于法国、俄罗斯、美国及日本。

3.敦煌所出回鹘文木活字不是单一的以词为单位的活字，而是包括以字母、音节（词缀）和词为单位的混合类型的活字，是我国活字印刷技术向西传播的中介类型活字。

4.敦煌莫高窟北区所出回鹘文木活字的时代大约推定在 12 世纪末到 13 世纪上半叶之间。

附记：本文在撰写过程中得到中央民族大学教授张铁山博士、法国东亚文明研究中心牟和谛博士以及我的同事陈列中心魏丹博士、梁旭澍先生、王海云女士、敦煌学信息中心李菇女士的帮助，深表谢意！

（原载：《敦煌研究》2014 年第 3 期）

清代泰山徐氏的磁活字印本

朱家濂*

清代康熙年间泰山徐志定用磁活字印书,在印刷史上为中国印刷术放一异彩,张秀民先生在其所著《中国印刷术的发明及其影响》一书和1961年第三期《文物》上发表的《清代泾县翟氏的泥活字印本》一文中都已述及。中华人民共和国成立12年以来,北京图书馆收藏古籍急遽增加,至今已不下200万册,宋元明清各代古刻精华荟萃于斯,但是清代磁版和泥版则姗姗来迟。1958年,北京图书馆连续自安徽屯溪获得泾县翟金生在咸丰年间用自制泥活字印成的《水东翟氏宗谱》和《泥版试印初编》。1959年我在故宫博物院校理清代皇家图书馆藏书,又发现了翟氏泥版所印的清代宜黄黄爵滋的《仙屏书屋初集》,当时已经是如获至宝。而徐氏磁书仍在寤寐以求。直到1961年中国书店为北京图书馆多方搜罗,才获致徐氏磁印的《周易说略》,又承谢刚主先生见告,辗转自济南获得徐氏磁印的《蒿庵闲话》①,至此,清代有名的磁版,在国家图书馆中不再是一个缺门,这是我们非常高兴的事情。

磁活字印书渊源很早,北宋毕昇开始创制活字版,就是用胶泥烧成的。朝鲜的陶活字,也是毕氏遗法的一脉相传。但有明一代铜活字、木活字盛行,以土烧字方法的应用反而寂然无闻。清初曾有人试造磁书,据王士祯《池北偶谈》上说:"益都翟进士某为饶州府推官,甚横暴。一日集窑户造

---

* 朱家濂(1908—1997),曾在故宫博物院和北京图书馆任职多年,资深版本学家。

①《蒿庵闲话》一书发现于山东济南古旧书店,当北京图书馆访求这部书的时候,已被山东省图书馆购去,后来两馆协商以后,由山东省图书馆慨然转让给北京图书馆,所以这部书留有山东省图书馆的藏书印记。

青瓷《易经》一部，楷注精妙，如西安石刻十三经式①。凡数易然后成。蒲城王孝斋综官益都令，曾见之。”从这一段记载里可以看出，这部青瓷《易经》刻得很成功，但这还是仿制石经制成的，不是印刷的书版，徐氏磁书才真是沿用毕氏遗法创袭成功的磁版书。

关于泰山徐氏创造磁版的文献，直到现在，所知道的材料还非常贫乏。据民国重修的《泰安县志》卷七《人物志》记载，仅知徐志定字静夫，雍正元年举人，曾做过知县。对于他制造磁版的过程，则尚无所得。过去在没有发现这两部书以前，我们能够知道有这两部磁版书，是靠了《周易说略》和《蒿庵闲话》两书的其他版本透露了一些线索。雍、乾之间刻印的《周易说略》（过去认为是康熙刻本，刻印人不详）留下了徐氏原序，从序文中“偶创磁刊，坚致胜木”得知有此奇书。《蒿庵闲话》粤雅堂丛书本印有李文藻跋语说：“张稷若先生《蒿庵闲话》二卷，计二百九十九条，向有真合斋磁版印本，予假钞于历城周书昌永年，携至岭南，藏行箧五年，始校而刻之。”清嘉庆刻本印有蒋因培跋语说：“济阳张稷若先生《蒿庵闲话》二卷，向有真合斋磁版印本，益都李南涧大令文藻又刻于岭南，历城周林汲太史永年编入《贷园丛书》，其版今并不存。”过去就是根据这些线索，使我们知道清代初叶尚有磁版流传人间。至于金埴的《不下带编》所说的：“泰安州有士人……能锻泥成字，为活字版。”似乎并没有看见这两部书，是否另有根据，还没有考证出来。

今据原书检阅，《周易说略》和《蒿庵闲话》都是每半页九行，行二十字，字体端正秀丽，纯是康熙间木刻写体字的风格，而且排字比较整齐，墨色比较调匀，比起翟氏的泥活字要精致得多。

《周易说略》计四卷，前有康熙己亥四月徐志定序和康熙六年著者自序。封面上端题“泰山磁版”四字（图1）。民国初年曾为陈乃乾先生所得，卷末有董康题跋。据徐氏序文，他在康熙五十七年创制磁刊，次年春天就

① 西安《开成石经》实为十二经，没有《孟子》，因为唐朝的时候，《孟子》尚列诸子中，《论语》《孟子》并称，自宋代始，直到清代康熙年间，陕西巡抚贾汉复依式补刻《孟子》，换成十三经。

印成了本书,说明《周易说略》是徐氏创制磁刊的第一部书,而磁版《周易说略》也是这部著作的第一个版本。

图1 《周易说略》封面

这部书印成以后流传得很少,不久就有一个木刻的本子出现,这个重刊本是完全依照磁版翻印的,不但保留了徐氏原序,而且连磁版的错误处也没有改正,如徐版序文中将顾亭林先生误为顾林亭先生,后一版本仍沿其误。

《蒿庵闲话》二卷,前后没有序跋,卷端有“真合斋较正”五字(图2),卷尾有“真合斋磁版”五字(图3)。此书印成,流传也不广,40年后,李文藻即不得不借抄于人,足见传本甚少。此本为山东日照王献唐所藏,王氏在卷前有长跋,叙得书经过甚详。他开始只得上卷,多方觅求后来才从章丘李氏散出残书中得到下卷,合成完璧。王氏跋此书时,还不知道真合斋是何许人,只揣测刻书者必是服膺张尔岐学行的山东人,就近觅取原稿上版。今天我们能够两书对勘,证明王氏的揣测是对的。王氏的跋语中还细致地考订了这部《蒿庵闲话》的流传原委。他推测这部书即是李文藻据以传抄上版的原书。因为王献唐知道章丘李氏的上辈和历城马国翰是亲戚关系。马国翰的玉函山房辑佚书原版,著述手稿以及藏泉,书籍多归李氏。王氏又根据玉函山房藏书簿了解到马国翰的藏书多得自历城周永年,因而推测这部《蒿庵闲话》即是李文藻所据以传抄上版之本。我认为王氏这种推测还是有根据的。至于王氏跋中怀疑此书可能是在博山制版的话,今得《周易说略》对证,可以肯定这个磁版是制于泰安而非制于博山。

这两部书发现以后,极受各方面的重视,但是有两个问题还有不同的意见,第一,这两部书是磁版还是磁活字?第二,是上釉的磁版还是未上釉的陶版。

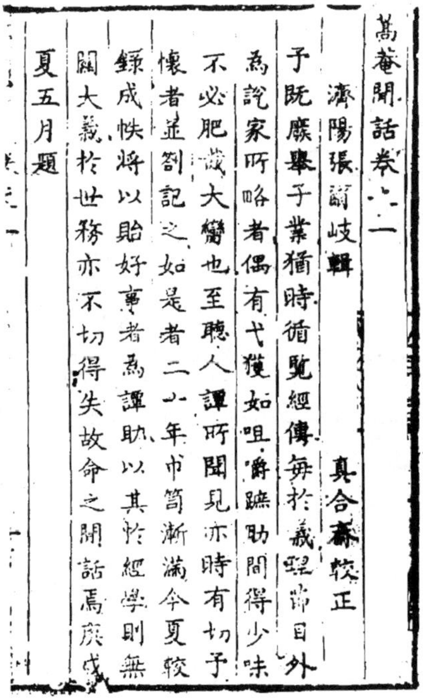
蒿菴閒話卷之一
濟陽張爾岐輯　真合齋校正
予既廢舉子業猶時循覽經傳每於義理節目外
爲說家所略者偶有弋獲如咀嚼蹠肋間得少味
不必肥𦢊大臠也至聽人譚所聞見亦時有切予
懷者並劄記之如是者二十年帀笥漸滿今夏校
錄成帙將以貽好事者爲譚助以其於經學則無
關大義於世務亦不切得失故命之閒話焉庚戌
夏五月題

图 2 《蒿庵闲话》书影

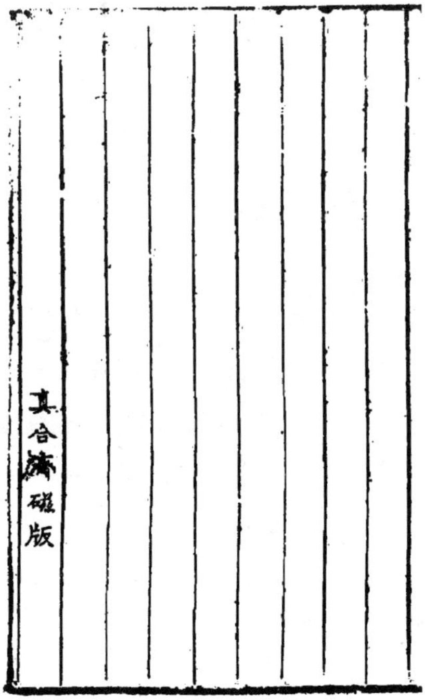

图 3 《蒿庵闲话》卷尾

主张这两部书是整块磁版的有两点理由:

1.发现书内有断裂之处(见《周易说略》卷一第三十三、三十四、四十八页,卷七第十页等)认为断版裂版是整版才能有的现象,活字排印本是不会有的。

2.徐志定在序文中只说是磁刊,封面上也题为磁版,并没有提出排字、排印等字样。

主张是活字版的,有以下四点理由:

1.两书排印虽比翟氏泥活字工整调匀,但行气仍多倾斜不直的情况,如《蒿庵闲话》卷一自第四十五页至四十八页,行线几成弧形:排字一顺歪斜,最为明显。整版不应有此现象。

2.字体大小不匀,有的悬殊很大。而且以《周易说略》和《蒿庵闲话》两书对勘,发现字体大的都大,小的都小,相同的字,体皆吻合。常用的字如者、之、高、经、节等,两书都是小字,一、二、四等数字,则两书都是大字,尤其是特大的字,如《周易说略》卷一第三十二页后半页第一行的"避"字和《蒿庵闲话》卷一第六页后半页第六行的"避"字,字体吻合,丝毫不爽。如两书均是整版,不应有此现象。

3.墨色浓淡不匀,有时在同页同行内毗连的字,着墨轻重非常悬殊,如《蒿庵闲话》卷一第三十六页后半页第三行"货滞于民用"一句,"于民用"三字,"民"字墨色特浓,而"于、用"两字则墨色极淡。又同卷第四十七页后半页第五行"酒醴"两字,"酒"字淡而"醴"字浓,这证明是活字排版,有时凸凹不平,所以印出字来,墨色就轻重不一致。

4.翟金生在他的《泥版试印初编》里说"以三十年心力造泥字活版,数成十万",可见这样一件重大创造,绝不能一蹴而就,徐氏的创制,正不知费几许经营,做成了磁字,才能冬创磁刊,春已成书。如是临时制造整块的磁版,哪能如此神速?

我个人的看法是同意磁活字之说的。因为主张磁版的主要论据,是说《周易说略》一书版面有断裂之处,但是揣度情理,只有木版才会因木质胀缩的缘故而发生断裂,磁版是不会发生这种情形的。《周易说略》版面虽有断裂之处,原因还不能肯定,也许是印刷时纸张折皱的关系,还有待于今后进一步研究。但却不能因有断裂的地方而证明为磁版。主张磁版之说的又一论点，是说徐氏原书明明题为磁版，并没有提出磁活字排印等字样。其实木活字印本的书，绝大部分也并没有活字或排印等字样，甚至有些铅印本的书还题有版存某某处，这是因为我国印刷技术1000余年以来，一直以雕版为主流，活字印本一般也沿用惯称。所以这是不能执以为据的。

至于上釉不上釉的问题，我认为陶坯上釉之后，才叫作磁。制造者既称为磁版，当然是上过釉的。磁版刷墨是否印得清楚？虽然磁版久佚，无由执对。但是古代的磁印还有实物存在，可资考证。正如王献唐在《蒿庵闲话》跋语中所说的，"请以磁印钤盖，施朱施墨，固无不可"。

我们获得这两部磁版书以后，有一个设想，就是徐氏泰山磁版可能还印有其他的书。因为徐氏序文中对于张尔岐的著作深致服膺，特别提到张氏所著《仪礼句读》《春秋传义》等书。徐氏磁版成于康熙五十七年，而他中举是在雍正元年，在这五年之中，既有现成的磁字，又有现成的稿子，再印几部书，应该说是完全可能的。

（原载：《活字印刷源流》，印刷工业出版社1990年版）

清吕抚活字泥板印书工艺

白莉蓉*

最近，笔者在天津图书馆藏《精订纲鉴二十一史通俗演义》一书中，发现两篇关于活字泥板印书工艺文献，此文献是该书编撰者吕抚对其自制泥活字字母、制泥板印刷此书的方法及所用各种工具的详细记载。文中所述制字、制板方法，是我国古代印刷术中的又一新工艺，且鲜为人知。今试作探讨，并求教于方家。

一、《精订纲鉴二十一史通俗演义》的成书经过

《精订纲鉴二十一史通俗演义》二十六卷，四十四回，首一卷。清吕抚撰，原著录为清雍正间正气堂活字印本（此著录有误，详见后）。十行二十二字，白口，四周单边，花鱼尾，无界行。书名页镌"正气堂藏板"。前有雍正五年（1727）邑令李之果序，雍正十年（1732）族叔吕作肃序及凡例。编撰者吕抚字安氏，号逸亭，浙江新昌人，生于清康熙十年（1671），年十五补诸生，博通经史百家，然屡试不第，遂以邑庠隐居。所著有《四大图》《心图》《三才一贯图》《格言教家箴》《正修乐天图》《纲鉴通俗演义》《文武经伦》等。吕抚于"康熙甲子（二十三年）三月，借读《三国志》于旷轩，因恨三国前后无有如《三国志》者，遂欲将古今事迹汇为通俗演义。……凡越十寒暑而成"，故是书于康熙三十三年（1694）完稿。此书原辑"凡为二百四十二卷，六百八十五回"，编撰者"早欲将是书问世，以工价繁重未能也，

* 白莉蓉，天津市图书馆古籍部研究员。

藏之笥箧者三十年”。大约到康熙末年，吕抚才率其子侄，以自制活字泥板的方法印刷此书。但因“计其印刷纸张之费，非二金不能成一部。……因将旧本毁弃，删多为少”，至四十四回，二十六卷，于雍正末至乾隆初年印讫。

二、新见活字泥板印书工艺文献

编撰者吕抚在该书第四十二回（卷二十五）“说鬼神”之末，“录格言”之前，将其自制活字泥板的方法，介绍得十分详细，现将原文移录如下：

抚因思一法，以秫米粉和水捻成团，如梅子大，入滚汤内煮令极熟。去汤，用小木捶练成薄糊，待牵丝不断，以大梳梳弹过新熟棉花和匀，乃和漂过燥泥粉，放厚板上，用斧杵千百下，宁硬无软。用两开方铜管，借他人刻就印板，或照《字汇》将要字另刊挤印，造成字母，如图书状，阴干待燥。照《字汇》分行分格排定，面写本字，以便寻印；背写行格码子，以便退还。

然后以熟桐油练漂过细泥，用斧杵千万下，宁燥毋湿。待极黏腻，屈丝不断，将油泥打成薄薄方片，用飞丹刷格板，以泥片印成细格，乃用木板刷薄油一层，以泥片切齐铺板上。先做外方线，撮字母，依书样用尺用线照格逐字印之。其字母有高者，用砖略磨平之，印以平直为主。每印一行，用刻字小刀割清一行。若有歪斜，用字母套移端正，再用平头小竹针于空处筑实，用笔再涂桐油做圈点。待坚燥讫，用砂纸沙平刷印，价甚廉而工甚省。因与儿维垣、维城、维基，侄维藩、维封、维荣，及亲邻俞说再等，姑试为之，坚于梨枣。

编撰者除对制字、制板方法作上述记载外，还撰有《印字物件列后》一文，对所用各种工具的形状及功用以及漂泥方法，常用字储备等作了详尽的描述，并附有绘图，其文如下：

漂泥法：择细腻好泥入水内搅浑，去下沙，将泥水另取澄清，去水，用下泥晒干，其底下一层沙亦须割去。临用，杆细，将绢筛筛过听用。

煎桐油法：煎油与漆匠煎法同，须略老些，泥须拌油燥炼，久之自溶。

两开方铜管总形。竹针形(图1)：此竹针两头平，一头大一头小，须于铜管内面可行，不大不小方妙。铜管形见图2。铜管分形(图3)：外边中间有耳，以便开合。内边中间外面为雌雄笋(榫)，犬牙相挽，拿紧方不参差。将铜管擗开，入秫米粉糊所取泥条在内，叩在印板字上，将平头方竹针撴下，即成阴文字一个，待阴干后，晒极燥听用。

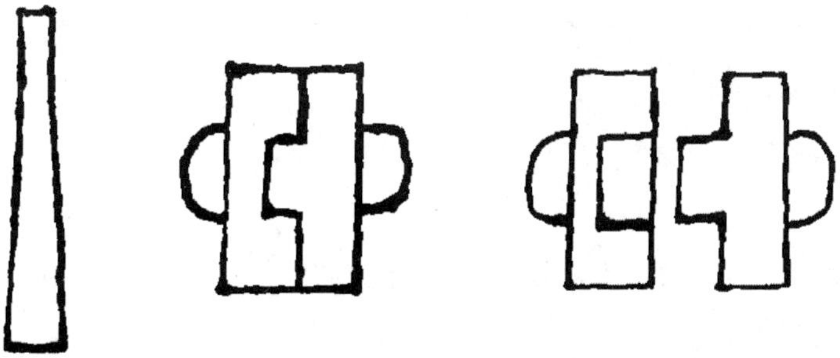

图1 竹针形　　图2 铜管形　　图3 铜管分形

放字格子形(图4)：长约二尺五六寸，阔约一尺五六寸，高约寸余，与窗格一同造法。长五格，阔三格，下钉薄板以放字母。其每格旁边，将格内所有字开写于上，以便寻觅。共一十六盘作一担，以便携带。每八盘为一头，上下用夹板，以便捆缚收藏，临时依次序排列听用。

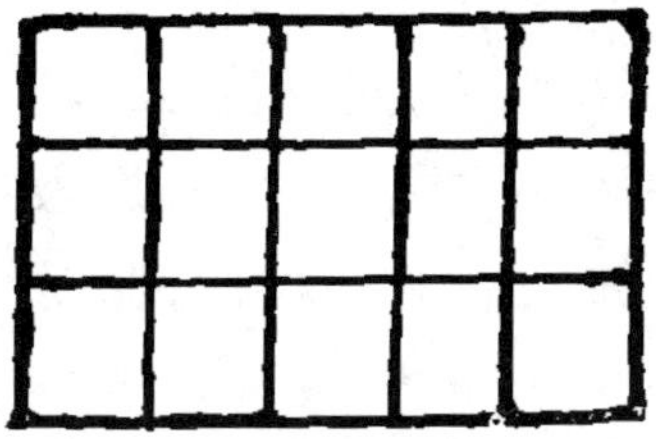

图4 放字格子形

其字，择《字汇》中紧要常用者，其奇怪不常用者，不必入也。其体，或宋、或明，或苏、王、米、蔡不拘。文章约刊三千余字，古书约刊七千余字。将铜管叩印出，已自足用矣。

其〇、丶、△、乚阴文，每个用木刊就，大小须多造几个听用。

其放字格，一、乙为一格，丨、丿、丶、丿为一格，二、棃为一格。人字照画数分为九格，入、八一格，儿、几一格，冂、匚、⼕一格。其胄、冐二字，兼入肉部，晟、冕二字，兼入曰部。冖、宀共分二格，穴一格，刀二格，力一格。勹、凵、厶一格，出字兼入山部。匕、比、毛一格，十、卜、寸一格，卩、邑共为三格。其危、卷、卺三字，兼入己部。阜二格，厂、广共分为二格。又、攵、夕一格，歹、殳一格。口九格，囗一格，土三格，士、千、工一格。大一格，女四格，子一格，小、尢、巛、己一格。山三格，尸、户一格，巾二格。幺、玄、支、无、斗一格，廾、弓一格、弋、戈一格，彐、彡、斤一格，彳一格，行、止一格，文、攴一格。心八格，手九格，方一格，日四格，曰、白一格，月、肉共五格。欠一格，木十格，禾二格。毋、氏、气、父、爻一格，冫、水共为十二格。火四格，爿、片、爪、瓜一格，牛一格、犬三格，玉三格。瓦、缶一格，甘、生、用、疋、癶、皮一格。田一格，疒二格，皿、血一格，矛、矢，内一格。目二格，自、网一格，石二格，示二格，衣三格，立、辛一格，竹五格，艸（草）十一格。米一格，系六格，羊、耒一格，羽一格，老、而、耳一格。臣、舌、至、舛、艮、色一格。聿、臼、虍一格，舟一格，虫五格、西、角、谷一格。见一格，言六格，豕、豸一格。贝二格，页二格，豆、赤、身、辰、采一格。反、走一格，辵四格，足二格，车二格，酉二格，金四格，里、青、非、面一格。门、斗二格，隹一格，鸟三格，雨一格，革一格，食二格。韦、音、风一格，首、香、鬯、鬲、卤、麦一格，骨、髟一格，马二格，鬼、鹿一格，鱼二格。麻、黄、黍、黹、鼎、鼓、鼻一格，黑、黽、龟一格，鼠、齐、齿、龙一格，杂字一格。常用中花字及之、乎、者、耶、有、在、无、夫、存，心、怀、想、念、天、大、小、上、中、下、盖、以、焉、哉、矣等字，与数目字，重放二格。〇、丶、△、乚一格，刀、线、竹针等项放一格。

格板、托板：格板，即刊就格板，全部只用一片，多少随意。托板，乃托油泥印字板，每二页共一片，必须此面干燥极，乃可用反面，及印纸。其板，杉木为上，白杨、杂木次之，唯松木伸缩不可用。

凡印字，先印格数行，托字板上刷油令匀。粘泥倒退印完，再将泥片印格数行，放上续印，方不燥皮。字母，先在燥泥粉中印过，则不粘。

界方，印字者每人一根，须高阔至一寸六七分以上，以便靠手，使不坏字。

小竹界方、平头竹针：亦每人一根，如篾片状，须平直，以便画线。又将字数长短、阔狭，画于其上，叩字使无朗密高低。其平头小竹针，两头削成大小方圆不等，所以剔字旁使清，筑字旁使实。

线（图5）：约长尺余，以细为妙，两头垂以泥饼，每印一行，两头牵线叩字，使无歪斜高低。

清字小刀（图6）：如刻字刀形，一头圆扁，小而平，以便筑字空处使坚，一头如马蹄刀形，以披切余泥，并切线。凡印字，指力须匀，乃称妙手，多印则巧生。

刮铁（图7）：所以移正行数之字。

图5 线

图6 清字小刀

图7 刮铁

撮字手格（图8）：以薄板为之，阔约五寸，长约六寸，柄长三寸，四旁钉以小木条，木条内边上下开孔，界以篾片，以便行走撮字。

放字板（图9）：直短阔长，所以放字于前便印。

其余做法，悉见前篇，大抵一人撮，二人印，每日可得四页。率昆弟友生为之，不用梓人，虽千篇数月立就。士人得书之易，无以加于此矣。

图 8 撮字手格

图 9 撮字手格

按:此文为刻版印刷,附于该书第二十五卷末,题名按原书所题。

三、吕抚活字泥板印书工艺探析

在上述记载中,吕抚将他印刷此书的全部工艺分为两大工序。第一道工序,即制作泥活字字母及所用材料的准备工作。吕抚用秫米粉和水捻成团,于水中煮熟后,与弹打过的纤维物质的棉花和匀,再掺入漂过的细泥粉,用木棒反复捶打,和熟,宁硬勿软,以此作为制作泥活字字母的材料。然后,用两开方铜管(此铜管是制作泥字母的主要工具)放入和好泥条,在别人雕刻好的现成的阳文反字印板(字板上没有的字,照《字汇》另行刊刻)挤印出单个的阴文正体泥活字字母(《印字物件列后》一文"铜管分形"条下注"将铜管擗开,入秫米粉糊所取泥条在内,叩在印板字上,将平头方竹针揿下,即成阴文字一个")。再将这些制好的泥字母,放在阴凉通风之处,待其干燥。然后将这些字母按顺序排列在储字盘内。并在字盘正面放字格旁边,将格内所放之字写在上面,同时在字母的反面,标明此字母在字盘中的排放位置,以便取还。

这里有一点令人费解,即按文中所附两开方铜管的图形,此铜管为凹凸两部分组成,而且在铜管内面应有一平头方竹针,制字时,将此竹针揿下,即成阴文字一个。但在图中并未标出竹针的位置,所以据此图形,很难想象如何在印字板上叩出单个的泥字母,因此笔者以为,文中所附两开方铜管的图形,似与其所释用法不太相符。

第二道工序,是制版、印刷。首先是制作泥板,以桐油与漂过燥泥粉和匀,用小木棰将此油泥打成薄泥片,并用刷有红颜料的格板,在泥片上印上格,再将此泥片铺在一块刷有薄油的木板上。泥片(即泥板)准备好后,开始在上面印字,先是用互不连接的木片或竹片在泥板上作边栏,然后拣字,并按书的内容,将干燥的阴文正体泥字母,字面朝下,逐个摆印在带有细格的泥片上。印字时,以尺和两头系以泥饼的水平线做标准,手指用力须均匀。字母有高者,用砖略磨平,使所印每行文字平直且无疏密高低。每行文字印好后,其字面与泥板是在同一平面上。这时,还需用刻字小刀,将行间与字间的板面,剔成低于字面的凹形板面,这样才可使板上文字突出,便于印刷。若印有歪斜之字再用该字的字母套在上面,将其扭正。然后用平头小竹针于字周围的板面筑实,最后在需圈点之处,用笔涂桐油,用刊刻好的阴文符号印在板面上,这样一块可直接用于印刷的阳文反字泥板便制好了。最后是印刷,待此板干燥后,用砂纸将板面略磨平,便可铺纸印刷了。

用胶泥制成活字印刷书籍,是由北宋庆历年间布衣毕昇首先发明的。从宋代沈括《梦溪笔谈》中的有关记载可知,毕昇是用黏土刻成薄薄单字,用火烧硬,一个字一个印,把这些活字排列在铁制的框子里,再把排好的板,往火上一烘,药稍熔化,再用平板一块按在上面一压,字面平整,就可印刷了。

历经800年之后,到清代道光十二年,江苏吴县李瑶,以仿宋毕昇胶泥板印法,自制泥活字,印刷了他自己校补的《金石例四种》及《南疆绎史勘本》等书。

继李瑶之后,清代道光二十四年,安徽泾县翟金生,又竭30年之心力,以毕昇遗法仿制泥活字10万余个,并用这些泥活字摆印了《泥版试印初编》《仙屏书屋初集》《水东翟氏宗谱》等书。

总之,无论是宋代的毕昇,还是清代的李瑶、翟金生,都是用胶泥制成阳文反体泥活字,进行活字排版印刷。而吕抚的活字泥板印书工艺则自有其特点。

第一,在原料的选择上,吕抚不是单纯地用泥作为制字的原料,而是用具有一定黏度的秫米粉,及属于纤维物质的棉花,再与经水中澄洗去沙的细泥粉和在一起。用这种原料制成的泥字,不但具有一定的韧性,不易断裂,而且坚于梨枣,这比毕昇、翟金生等单纯用泥刻字更具科学性。

第二,吕抚是在别人雕刻好的现成的阳文反字印板上,制成阴文正体泥字母的。这种做法与翟金生使用胶泥在雕板印刷或活字印刷中的现成的阳文反体字上"制得阴文正体泥字模"的做法是一致的。

关于这种阴文正体泥字母的作用,北京图书馆李致忠先生在对翟氏泥活字实物中的阴文正体泥活字进行分析后指出:"原来这些阴文正刻的字,是制作阳文反刻字的母范。"还指出:"泥活字的制字方法,至少是常用字的制造方法,并非直接在泥块上镌刻阳文反字,而是先制造出阳文正刻字的母范……"。① 吕抚在别人雕刻好的现成的阳文反字印板上制出的阴文正体泥字母,正是这种制作阳文反体字的母范。

第三,在制版方法上,笔者认为吕抚是采用活字印刷与雕版印刷相结合的方法,即先制作阴文泥活字字母,再用字母制泥板,进行整版印刷,故可称作活字泥板印书法。其根据是:

1.在上述两篇文献中,都没有记载用在现成印字板上制成的阴文正体泥字母,再制成阳文反体泥活字的过程。更未见用活字进行排版的记载,说明是非活字印刷。

2.如果是活字印刷,排版时用的字,应是阳文反字,而据此文所记,却是在制好阴文正体泥字母后,就开始按图书的内容,将这些阴文泥字母直接摆印在准备好的泥片上。因此笔者认为,这些泥字母在泥片上的摆印方法,应是将字面朝下。这样印出的字,才是可直接用于印刷的阳文反字。如果将这些阴文正刻的字母,像活字排版那样,将字面朝上,摆印在泥片上直接印刷,印出的则是空心反字,而这是不符合印刷常规的。

3.文中所说所印之字"若有歪斜,用字母套移端正",是说明泥板上的字应是突出板面的阳文反字,否则无法用这些阴文字母套在印歪了的字

① 李致忠:《古书版本学概论》,北京图书馆出版社 1990 年版。

上,将其扭正。而且只有制作整版,才有套移歪字的问题。另外,“每印一行,用刻字小刀割清一行”,是指用小刀将每个字周围与字面在一平面的余泥清理干净,而这也不是活字排版印刷所需要的。

4.在完成了在泥板上印字的这道工序后,吕抚并没有将这一整块印有文字的泥板,切成一个个单字,而是“待坚燥讫,用砂纸沙平刷印”,也就是待整块泥板干燥后,在上面直接铺纸印刷了。

5.从该书本身的情况来分析,可看出此书既具有活字印刷的特点,同时也具有整版印刷的明显特征。如此书版框的四角衔接处,鱼尾与靠近版心栏线之间均有明显缝隙。这是活字印刷的特点,这种现象是因为该书制版是先准备好一整块泥片,再做外方线,也就是在泥片上插进互不衔接的木片或竹片作为版框所致。另外,有个别板面上的文字墨色浓淡不匀,这也是活字印书中的一个特点。但前面已经说过,吕抚是用手将这些单个的字母,一个个按在泥片上的,这样肯定会因指力不匀而出现有的字印得深,有的字印得浅,造成板面不够平整。所以印出的文字就会出现墨色浓淡不匀的现象。尽管在整块泥板干燥后,用砂纸将板面略磨平,也很难像雕板印刷那样,板面平整,墨色均匀。

能够说明其具有整板印刷特征的,是在该书卷三第二十三页、二十八页,卷四第十五页等处出现的断板现象,而且有的断板已断至距板框的第二行文字间。这是活字印刷中绝对不会出现的问题。还有文中的圈点符号及人名、地名、书名旁所作的各种符号,均与文字相距很近,明显看出,应是在用字母印完每一板文字后,再用单个的阴文符号另行加印的。此外,观其全书风貌,也给人以行气整齐、印刷精良之感。这些现象都说明此书为整版印刷。

四、版本考定

是书原著录为“清雍正间正气堂活字印本”,且流传不广,除《中国善本书目录》(草目)收天津图书馆一家所藏外,其他各家书目均不见著录。

然而,上述的考察分析则证明此书非活字印本,而为活字泥板印本。据该书第二十五卷中,吕作肃所作“安世传”中所云:“……癸卯年(雍正元年)邑主李,丙辰年(乾隆元年)邑主程,俱重其才德品望,两举孝廉方正。力辞,程不准辞,乃辞官受爵,请给六品顶带荣身……”说明此书记事已至清乾隆元年。故该书的印刷年代,当在雍正末至乾隆初,因此该书版本应著录为“清雍正末至乾隆初正气堂活字泥板印本”。

是书编撰者吕抚一生未做过官,经济并不宽裕,故在印书时因计其纸张之费昂,将原稿大加删削。所以该书的印数一定不会很多,致使此书传本甚稀。

关于制泥板印书,在我国史籍中不见记载。张秀民先生《中国印刷史》一书中“泥板与纸型”条下记载:“1804 年英人斯坦荷普伯爵发明泥板,其法以泥覆于排成活板之上,压成阴文,以铅等混合金属熔烧其上,即成阳文铅板,可以印刷,有木板之利,而无活板之弊。”这里所说英人斯坦荷普发明的泥板,是用于浇铸铅板之用,即现代纸型印书法之雏形。而清代吕抚所制泥板,虽不是制作铅板之用,但在制作原理及工艺上却有相通之处。而吕抚发明泥板的时间,却要比英人斯坦荷普发明泥板早近 70 年。因此,吕抚所创活字泥板印书方法,不但是我国古代印刷术中又一新工艺,也是我国劳动人民对世界印刷技术的又一伟大贡献。

(原载:《文献》1992 年第 1 期)

新发现的泥活字印本

——《泥版试印初编》

冀叔英*

活字印刷术是我国对世界文化贡献极大的发明之一。最早发明活字印刷的是宋朝的毕昇(宋仁宗庆历年间,1041—1048)。宋人沈括在他写的《梦溪笔谈》中,有较详细的记载,但当时的应用情况如何,却再没有其他资料可供考查。元代(1314 年前后)王祯发明了木活字印刷术。王祯在他所著的《农书》中,谈到他在安徽旌德创制了一套木活字,试印《旌德县志》,全书 6 万余字,不到一个月,便印成了 100 部,他认为这个发明是切实可用的。这些最早的活字印本,可惜都没有流传下来。明代中叶(15 世纪)苏州、无锡一带,铜活字印书大为盛行。有很多著名的铜活字印本流传至今,印本的年代和创制人大都可考。

清代的活字印书,首先要提到的是雍正四年(1726)铜活字印的《古今图书集成》,和乾隆三十八年(1773)木活字印的《武英殿聚珍版丛书》。这两次活字印书因为是官方主持的,规模之大,可谓空前。除此而外,清代一般的活字印书也不少,大多是用木活字。这当然是因为取材和刻制的便利,使用金属(铜或锡及其他)制作活字,在用料及铸造上,与木料相差很大,何况印一部书又不是少数活字能办到的。至于泥版印书,除了清末北京出的一部分京报外,简直还没有看见过一部正式用泥活字印的书籍。京报的印刷也是因陋就简质量较差。

这部道光廿四年(1844)泥活字印的《泥版试印初编》作者翟金生,也就是泥活字的制造者。他以 30 年的心力,制成泥活字10万个,用来试印自

---

* 冀叔英,国家图书馆研究馆员、资深版本学家。

己生平所作的诗。诗的篇数并不太多，按诗体分为五言绝、六言绝、七言绝、五言古、七言古、五言律、七言律等部分。他制作泥活字，是受了《梦溪笔谈》中的记载所启发。他看到当时一般的木活字，印到200多部以后，字画就会胀大模糊。他认为不如泥版，即使多印也不会失真。因此抟土锻造，专一从事，到了将近70岁时，才积成10万多字，又恐怕印起书来会“墨似鸦粗，字如斗大”，所以先印了自己的诗，这是个试验工作。我们可以说，这个试验是成功的，从书面看，字画清晰方正，行列整齐，如果不是他自己说明，很难想象是泥活字印的。不知在试印取得这样的成绩之后，他是否接续印了别的书，我们已无从查考。假如老先生在70高龄时，实现了他的愿望，如自序所说“印三箧之亡书，惟愁纸贵，摹五车之古本，不虑毫枯”，那贡献一定是大有可观的。即使只从这一本诗集看，这种三十年如一日，孜孜不倦的创造精神，也是值得我们钦佩的。

这部书的封面，题作“试印编”。全部造字、检字等工作，都由作者自己和他的子孙以及门人子婿等担任。在序文后面，有一页题名，说明了他们的分工。原文是这样的：

泾上翟金生西园氏著并自造泥字
发曾振如
男 一棠召亭 同造泥字
一杰兴甫
一新焕然

孙 家祥余庆 检字
内侄查夏生禹功

门人左骏章伯声
婿查腾蛟雨门
受业 左 宽裕者校字
内侄查藻言松亭
侄翟齐宗渭川

查光垣翰卿
外孙查光鼎铸山归字
王惟稷理斋

书中藏印,有“查春华印”“古猷州查氏厚亭藏书”等印,可知此书原由查氏收藏。从上面的题名看,想来收藏此书的查氏定是作者的亲戚。书中五言绝内载有“拙著编成赋五绝句”,这是作者的自道,全诗字数不多,抄在下面。

自刊

一生筹活版,半世作雕虫。珠玉千箱积,经营卅载功。

自检

不待文成就,先将字备齐。正如兵养足,用武一时提。

自著

旧吟多散佚,新作少敲推。为试澄泥版,重寻故纸堆。

自编

明知终覆瓮,此日且编成。自笑无他技,区区过一生。

自印

雁阵行行列,蝉联字字安。新编聊小试,一任大家看。

关于翟金生的生平,我曾查过道光泾县志,但没有找到什么资料,可能因为他不是举人进士,又不是达官闻人,所以县志不载。从书中他的自序和他族侄翟松的序文,可以对他的生平得到一些概括的认识。他自称“下里寒儒,乡贤后裔”,自注说“先祖驾部震川公讲明正学,著述甚富,殁祀乡贤祠,省志儒林有传”。按震川公即是翟台,字思平,号震川,嘉靖三十八年进士,曾官南京车驾司主事,所以称驾部。翟台是翟金生的八世祖。自翟台以下,到翟金生的祖父、叔父,大约世代都是读书人,在翟松的序文中,说是“世列黉宫,有声庠序”。从县志中看,选举志中的举人进士表,以至列传，翟氏一族中的人，在在皆是，想来是当地的所谓“世家”。

翟金生本人，从仅有的材料看，知道他幼年曾应童子试，后来屡考不中，中年倦于进取，遂“专以经术文章垂教后学”（翟松序），作了教书先生，四方从游者甚众。他擅长书法，能诗，并且善画，书中题画之作不少。这说明他是个多才多艺的人。他创制泥活字的动机，自己说是“遗编蠹蚀，每嫌借读之烦，善本梓行，更乏开镌之力”，因此，仿《梦溪笔谈》所记胶泥炼字之法，在课读之暇，手自为之。这真是“采花酿蜜，集腋成裘”，竭三十年之力，终于制成泥活字十万有余。他期望用这一大批泥活字来“表章绝业，补缀残编，莫令古书漫漶”。可惜我们无从知道他的愿望实现的程度如何，十万有奇的泥活字，除印了他自己的诗集外，究竟还印了什么书。

这部泥活字印书是研究我国印刷术发展的新的有意义的实物资料。

（原载：《图书馆工作》1958 年第 1 期）

清代泾县翟氏的泥活字印本

张秀民

印刷术的发明，是我国人民对世界文化宝库的极大贡献。去冬在清初陈芳生的《先忧集》①中，看到后赵石祇永宁二年（东晋穆帝永和七年），黄门侍郎刘景先为了京师襄国米粮太贵，建议把太白山隐士传给他的济饥辟谷仙方“镂板广传天下”的记载。要把药方雕板，广传四方，自非用纸印刷不可；不过我个人认为此事有不少可疑之处。假使可信，那么我国发明雕板印刷的时期，更得上溯至公元351年了。到了唐初贞观十年（636），唐太宗令人雕印他的长孙皇后的遗著《女则》。同时玄奘法师也大量印施佛像。唐末、五代，公私刊板盛行。至宋代，则几乎无书不刻了。

为了要补救雕板印刷人工物力的浪费，北宋布衣毕昇用胶泥烧成一个个独立的单字，来排印书籍，极为神速。这在印刷技术上是一大革新。他比欧洲最先用活字印书的德国古登堡要早400年，所以在世界印刷史上，毕昇占有很重要的地位。

毕昇的泥活字到底什么样子，无人见过。明正德年间（16世纪初），在河南汝南有人从地下掘出黑子数百颗，每子有一个字，书法类似唐欧阳询书体，坚如牛角。当时有人以为这些精巧的活字，恐非毕昇不能造。② 自然这只是后人的一种推测而已。毕昇的发明，虽然没有引起宋朝政府的注意；但是后来依法仿造的还是代不乏人，并且影响到朝鲜。前些年朝鲜还保存着大小陶活字200多个，并有1722年陶活字印本《三略直解》等书流

① 《先忧集》（雍正刊本）卷五十，陈氏误作晋惠帝永宁二年（302），或又款为唐永宁三年，唐代并无永宁年号。

② 〔明〕强晟：《汝南诗话》。

传。清乾隆间天禄琳琅藏有所谓“自”字横排的宋活字本《毛诗》,近人或以为明铜活字本。我曾细阅原书(全书四册、蓝色印本),在第二册唐风、山有枢诗中,有一个横排的“自”字。在六月,鹿鸣两诗中,又看到匡、筐两字缺笔,觏字或避,或不避,其他宋讳佶、构、慎等字均不避。宋板书中有避讳极谨严的,也有很马虎仅避一两字的。如宋建本《纂图互注点校毛诗》,亦只避匡、筐两字,桓字或避,或不避,而徽宗赵佶的佶字亦不缺笔,与活字本同。所以这部自字横排的毛诗有可能也是宋代活字本,有的甚至就是泥活字本。不管它是泥字、铜字或木字,反正它是采用了毕昇的方法排印的。元王祯一再提到烧熟瓦字为活字印板。15 世纪朝鲜著名学者金宗直说:元初杨惟中盛行活板,“其字率皆烧土而为之”。他所说的杨惟中可能为杨古之误。姚枢教他的学生杨古为沈氏活板印《小学》《近思录》《东莱经史论说》诸书,散之四方。这比王祯用木活字印书要早 50 年。至于沈氏活板,当然是毕昇活板之误。沈括不过把毕氏的创造发明记录下来而已。

明代有少数文人用磁印,或用宜兴紫砂陶印,海瑞用火烧过的黄泥印,文曰“掌风化之官”。清乾隆间嘉兴人盛复初任泾县云龙书院山长时,曾用黄泥刻字,草火烧炼,于秋夜邀集朋友,分赋秋虫诗,每人各取泥字数千个,于诗盘上排列成诗,①以代纸笔,作为文字游戏。这些黄泥印,或黄泥字,虽与印书无关;但也可以说是从毕昇一脉相传下来的。

清代用泥字正式印书可考的,有泰安徐氏与泾县翟氏两家。清金埴《不下带编》说:“康熙五十六、七年,泰安州有士人,忘其姓名,能锻泥成字,为活字版。”这位不知姓名的山东士人,其实就是徐志定。徐氏字静夫,雍正元年举人,曾做过知县。② 在康熙五十七年(1718)冬天他创造了磁活字,第二年(1719)春天,很快印成了他的同乡张尔岐所著的《周易说略》。封面上题“泰山磁版”③,序末题“泰山后学徐志定书于七十二峰之

---

① 〔清〕赵绍祖:《琴士诗钞》卷四。

② 民国重修《泰安县志》卷七《人物志》。

③ 泰山磁板《周易说略》图片,余曾据日人长泽规矩也近著《和汉书之印刷及其历史》转载在拙著《中国印刷术的发明及其影响》卷首,图一七乙。又图一七甲为翟氏《泥版试印初编》照片两张。

真合斋”。徐氏真合斋又以磁版印成张氏的《蒿庵闲话》二卷。徐氏一再提到磁刊或磁版,他烧造活字时,似乎是加过磁釉的,因此称为磁版,而不称为泥版或陶版。磁的硬度很高,所以他说,“偶创磁刊,坚致胜木”。

翟金生字西园,是安徽泾县西南八十里水东村的一个穷秀才,靠舌耕(教书)为生,他能作诗,写字与绘画,有相当艺术才能。他感觉到一般人的著作,因为雕板费用太大,无力刊行,往往被埋没,深为可惜。读了沈氏《梦溪笔谈》所记的泥版,很感兴趣,就不顾“家徒壁立室悬罄”,生活如何困难,设法仿造,把一生精力都消耗在这上面,他的毅力是很可取的。旧社会不重视科学,凡从事科学研究或技术创造的人,往往被笑为玩物丧志,或不务正业。所以翟氏认为自己的工作,也只不过是“雕虫小技,博儒林佳话而已”。翟氏亲手制造的泥字,共有 10 万多个,均为明体字(俗称宋字),约分大、中、小,次小、最小五号。制造的方法是“抟土爇炉,煎铜削木”“直以铜为范”“调泥埏埴,磨刮成章”。好像是先做木模,或浇铸铜模,后造泥字,入炉烧炼,再加修整。可惜他没有把制造方法与整套工序详细记录下来。因为制造相当复杂,又需一定的费用,所以竭 30 年辛勤不倦的劳动,才能完成。到道光二十四年(1844)试印自己写作的诗集,那时他已是古稀之年了。书上注明自造泥字,其子翟一棠、一杰、一新、发曾等,同造泥字,孙子翟家祥,内侄查夏生检字(排字),学生左宽等校字,外孙查光鼎等归字。用白连史纸,自己印刷,字画精匀,纸墨清楚。若书上不说明是泥字,很容易误认为木活字印本。他为纪念这次试印成功,因此即名其诗集为《泥版试印初编》(图 1),或简称《试印编》,还作了五首绝句,题目有自刊(图 2)、自检、自著、自编、自印。以作家而兼印工,在中国印刷史上,是比较罕见的。翟氏自称为“泥斗版”,亦名“澄泥版”,又叫“泥聚珍版”。泥字并非如一般所想象的触手即碎,澄浆细泥经过烧炼后,硬得同石头骨角一样。并且它比木字还有一个优点,据包世臣所作的《试印编序》上说:木字印二百部,字画就“胀大模糊,终不若泥版之千万印而不失真也”。

《试印编》出版后三四年,翟金生又印成他的朋友黄爵滋的诗集——

《仙屏书屋初集》。① 黄氏路过泾县时,翟氏愿意用泥字排印他的诗集。不久黄氏就把诗集底本寄去,于道光丁未九月(1847)付工,第二年五月(1848)翟家就把印好的四百部书送往黄家。诗集封面上有“泾翟西园泥字排印”两行小字(图3),总目后泥印排检名单中,除翟金生本人外,有其家属翟廷珍、一熙、家祥、文彪、一蒸、承泽、朝冠等七人。这部诗集所用泥字较小,称小泥字,诗中小注,字体更小,共五册。虽经两次校正,把误字排印在集前,但校勘不精,错误还是不少。泥印本很快被作者分完,已酉之秋(1849)黄氏由浙入京路过苏州,又把它刻成木板,并说:“览者自当以今刻为定”。因此《仙屏书屋初集》同时有两个版本,一为小泥字本,一为大字木刻本,内容几乎相同。

图1 《泥版试印初编》书影

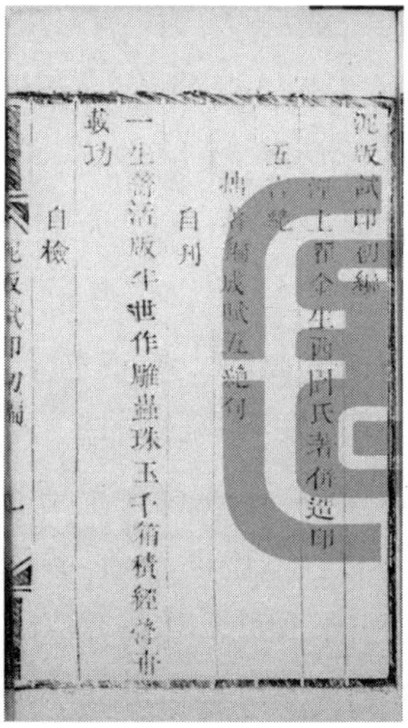

图2 《泥版试印初编》“自刊”

黄爵滋字树斋,江西宜黄人。道光三年(1823)进士。他看到当时鸦片烟流毒之深,影响国 家经济命脉,切齿痛心。早在道光十五年(1835)就

① 泥字本黄氏《仙屏书屋初集》,为去冬朱家濂同志在故宫整理书籍时所发现的。

指出“以无用有害之物，毒中国之人，而又竭中国之财，夷计之狡，莫甚于此！”道光十八年（1838）他又上有名的《严塞漏卮疏》，他的意见代表当时广大人民的要求，得到林则徐大力的支持，并对于当时政府的禁烟政策起了很大的作用，接着林则徐就以钦差大臣名义赴广东查办。所以黄氏是与鸦片战争有关的重要人物之一。同时也是诗人，黄氏少年时代即以诗名，在北京做官时提倡诗学，奖励后进。所著诗凡 34 卷，《仙屏书屋初集》所收者 18 卷，其中作品就超过 1000 首。

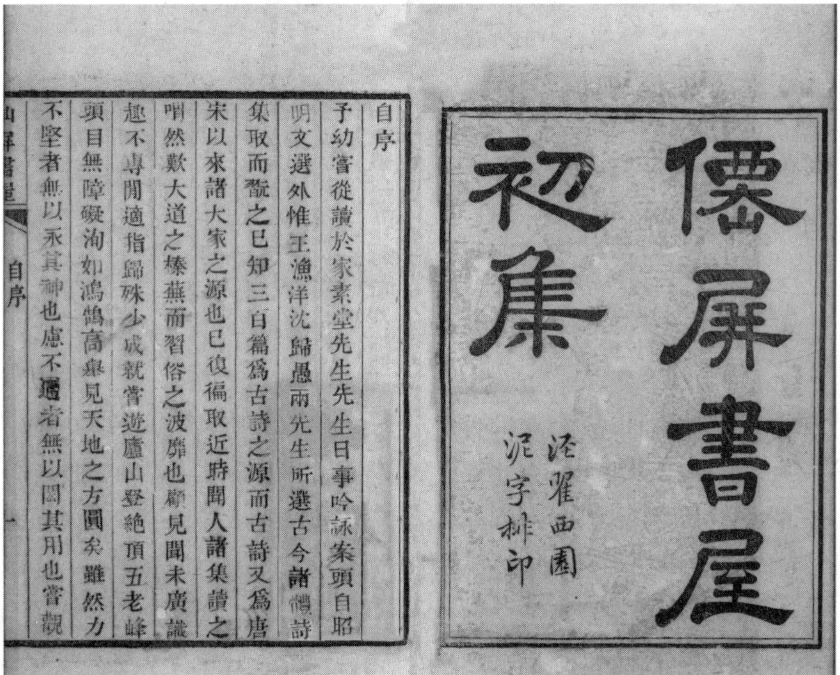
僊屏書屋初集
涇翟西園
泥字排印

自序
予幼嘗從讀於家素堂先生先生日事吟詠案頭自昭明文選外惟王漁洋沈歸愚兩先生所選古今諸體詩集取而翫之已知三百篇爲古詩之源而古詩又爲唐宋以來諸大家之源也已復徧取近時聞人諸集讀之喟然歎大道之榛蕪而習俗之波靡也竊見聞未廣識趣不專閒適指歸殊少成就嘗遊廬山登絕頂五老峰頭目無障礙洶如鴻鵠高舉見天地之方圓矣雖然力不堅者無以永其神也慮不遠者無以閎其用也嘗觀

图 3 《仙屏书屋初集》书影

咸丰七年（1857）翟金生已是 83 岁的老人，他为出版明代所修的翟氏老家谱，又利用它的泥字，叫孙子翟家祥摆印，名为《水东翟氏宗谱》。封面上题“泥聚珍板重印”字样（图 4）。

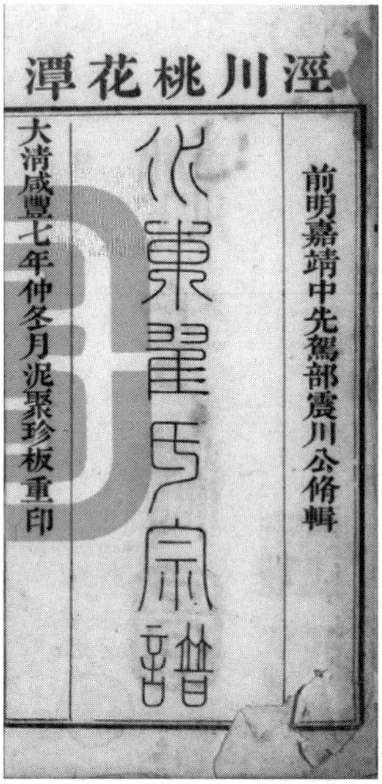

图 4 《水东翟氏宗谱》书影

翟金生初次就印的有自著各体诗文及联语二册，今存《试印编》有诗无文，亦无联语，仅为 64 页一小册。前数年已故郑振铎先生以廉价 4 元得之。其后北京市场上又出现翟氏家谱。以上两种与在故宫新发现的黄氏诗集，今均归北京图书馆收藏。翟氏同乡利用泥字所印之书，尚待考。《周易说略》与《蒿庵闲话》所见者多为木刻本，国内似尚未见到徐氏真合斋磁板原本。至于清代宜黄与光绪间无锡泥字印本，也无人说起。然仅就翟氏这三部泥印本的被发现，已可充分说明过去一部分中外学者认为泥字不能印书是主观错误的想法，并证实了沈括《梦溪笔谈》所记的毕昇泥活字印书，是完全可信的。

（原载：《文物》1961 年第 3 期）

翟金生的又一种泥活字印本
——《试印续编》

蔡成瑛*

安徽泾县的翟金生是我国活字印刷史上的一个非常重要的人物，他曾在清朝道光年间花了30余年功夫而创制的10多万个胶泥活字，排印了好几种书。现在流传的泥活字印本，要以翟氏的为最多、最可信。翟氏的功绩不但在于他成功地用泥活字印成了图书；更为重要的是由于北宋（庆历年间1041—1048）毕昇用胶泥活字印书没有实物流传，翟氏则通过他的工作，有力地证明沈括在《梦溪笔谈》中对毕昇的记载，尤其是毕昇的泥活字印书方法是完全符合实际的。从而也就间接地证明活字印刷术的发明，完全应该归功于我国的劳动人民。

至今已发现的翟氏泥活字印本有：道光二十四年（1844）翟氏自著自编的诗文集《泥版试印初编》，道光二十八年（1848）翟氏朋友黄爵滋的《仙屏书屋初集》以及咸丰七年（1857）翟氏孙子翟家祥排印的自家的家谱《水东翟氏宗谱》等。这几种书现均归北京图书馆收藏，其中《仙屏书屋初集》嘉兴图书馆也有藏本（以上几种书的详细介绍见张秀民先生《清代泾县翟氏的泥活字印本》一文，原文载《文物》1961年第3期）。但翟氏的泥活字印本绝非仅此几种，《泥版试印初编》在相距四年之后，于道光二十八年（1848），经翟氏修订补充，改用《试印续编》的书名重新排印（北京大学图书馆有藏本）。《试印续编》不仅对我们进一步研究翟氏的泥活字印刷，无疑是一件非常宝贵的实物资料，而且从中还提供了一些翟氏用泥活字排印其他图书的线索。

---

* 蔡成瑛，青海师范大学图书馆研究员。

《试印续编》(以下简称《续编》),全书共123页,分订为上下两册,版心上端有"泥字摆成"四字,原书封面已佚。卷首有道光甲辰(1844)包世臣的序和翟氏自序以及道光戊申(1848)翟氏自己和他的儿子一新的题记。卷末有翟氏的另一个儿子一杰的跋语和《校正误字》(即本书刊误表)一页。全书内容均为翟氏自著的各体诗文及联语等。按其体裁的不同分为五言绝、六言绝、七言绝、豫章景物竹枝词、五言古、七言古、五言律、七言律(以上为上册)、诗余、铭、杂著、联语(以上为下册)共十一个类。全书无总目,而在每类前有细目。因此,从内容看,它实际上是《泥版试印初编》(以下简称《初编》)的修订本或增订本。根据卷首翟氏题记:"道光甲辰岁,泥字摆成试印拙著,质正名流。乙巳之冬,黄树斋先生过泾,游桃花潭,因请斧削,承示卷内尚有应校字画并有误检之字,手为拈出,须改之字究属无多,速改之以成此册。今排印《仙屏书屋诗集》既毕,练熟生巧,续检排印是书……"从而知道翟氏排印《续编》的目的是嫌《初编》杂有"俗写字画"且"卷内尚有应校字画并有误检之字",因而对《初编》做了修改并增加了一部分诗文后,用另一种新创制的活字排印而成。《续编》所用的活字较之《初编》稍小,因此《续编》的行款也和《初编》不同。《初编》半页八行,行十八字,《续编》却为半页九行,行二十一字。《续编》字体匀整、笔画清晰流利,这是由于翟氏已经有了排印《初编》和《仙屏书屋诗集》等书经验,从而排印技术较为熟练的结果。参加排印《续编》工作的有翟氏的儿子一棠、一杰、发曾、一新,学生左宽,婿查腾蛟,门人左骏章,孙子家祥、邦祥,外孙查光鼎、查光垣、王惟稷等十二人。与参加排印《初编》的人相较,缺翟氏的侄子翟齐宗、内侄查夏生、查藻言等人,新增加的仅翟邦祥一人。

《初编》和《续编》诗集部分内容的变化主要有以下几方面(北京图书馆所藏《初编》仅存诗集,并非完书。杂著、联语等部分无法比较)。

1. 增加内容。

六言绝中增加《清明即事》《七四吟》三首。七言绝中增加《甲午元旦》二首、《自得》、《写白菜红萝画幅》、《画牡丹戏题》、《买兰有感》。五言古前面增加豫章景物竹枝词一个类。七言律中增加《牡丹诗(附查宪章亲翁次韵)》二首、《余借榻济阳文星楼,润之弟设帐灵台书院,相距五里许,同查君瑶圃雨若过访,用壁间韵率成二章》、《感怀》、《鹰羽扇》等。

2. 修改文字。

以五言绝中的“拙著编成,赋五绝句”为例,除其中的《自著》和《自印》二首外,其余三首都做了修改、二者比较如下(括号内为《续编》所做的改动):

自刊

一生筹活版,半世作雕虫(工)。

珠玉千箱积(积累千箱列),经营卅载功。

自检

不待文成就,先将字备齐。

正如兵养足(如兵千日养),用武一时提。

自编

明知终覆瓮,此日且编成(成编)。

自笑(拙手)无他技,区区过一生(微劳只自怜)。

3. 改换标题。

六言绝中的《天台山山下雨》,改题《登天台山望山下雨》;《水灾》改题《观涨》;《老去》改题《感时》。七言律中的《五十感怀》改题《五十述怀》;《泾川道中即事》改题《泾川道中》。

4. 调整编排次序。

以七言律为例比较如下:

《初编》

……

五十三岁吟

……

除夕感怀
鄱阳湖乘风适南康村，晚抵屏风市
泾川道中即事
……
丙戌元旦，同吴云坡百花洲小酌、观梅，效乐天连珠合壁体

《续编》
……
丙戌元旦，同吴云坡百花洲小酌，观梅，效乐天连珠合壁体
五十三岁吟
鄱阳湖乘风适南康村，晚抵屏风市
重寓左补园
泾川道中
……

5. 删削内容。

卷首删去：赐进士出身原任沛县知县、子乔侄松的《序》，七言律中删去《磨蝎》等，但删去的数量很小。

翟氏的泥活字印本，由于当时各种条件的限制，得不到社会的重视，翟氏活动的时代虽然距今仅120年左右，可是流传下来的印本却是凤毛麟角。《初编》和《续编》几乎都成了海内孤本，尤其是《初编》，北京图书馆仅有的藏本存诗缺文，尚非完本，要了解《初编》的全貌，也就不得不借助于《续编》了。

《续编》的内容，涉及翟氏生活的各个方面，对我们研究翟氏生平及其用泥活字印书的情况，提供了不少准确而又可靠的资料。如七言律《牡丹诗(附查宪章亲翁次韵)二首》的序中说："道光丙子岁，西园先生设帐文星楼，子侄辈受业焉。庭前牡丹上岁被僧窃半而逃，初恐有伤，今乃益盛，爰造花亭以蔽风雨而延客吟赏。诗成即以自制泥字排印，一时和者甚众，已

汇成集,传为佳话。"道光无丙子干支,这首诗在《初编》中未收,因此,丙子系为丙午之误,即在道光丙午(1846),翟氏在印完《初编》后,曾排印过众客吟赏牡丹的诗集,《牡丹诗》很可能就收在其中,在相距两年排印《续编》时,又增收到《续编》中来。据此我们可以推断:翟氏在试制泥活字过程中,还会试印过其他东西,只是由于印数少,因而既不见记载,也没有实物流传下来。我们期望将来能有更多的翟氏泥活字印本的实物或其他有关资料的发现,能够帮助我们进一步弄清翟氏泥活字印书的情况,有助于解决学术界有争论的关于泥活字制造方法以及整个印书的工艺过程等问题。

[原载:《青海师范学院》(哲学社会科学版)1980 年第 1 期]

关于翟氏泥活字的制造工艺问题

张秉伦*

据沈括《梦溪笔谈》所载我国北宋庆历年间(1041—1048)布衣毕昇发明了泥活字,创活字印刷术。这是我国科学技术史上的一大发明。然而,900多年后的今天,毕昇所造泥活字早已无从寻觅;至于曾否印过何种书籍,不仅无书可考而且历代未见著录。因此,在国内外绝大多数学者公认我国毕昇是活字印刷术发明家的同时,也有少数学者对毕昇泥活字提出了种种疑问。如罗振玉认为"泥不能印刷",胡适认为"火烧胶泥作字似不合情理,也许毕昇所用是锡类"等等①。这实际上是怀疑沈括《梦溪笔谈》所记毕昇发明泥活字印刷术史料的真实性。然而,现存翟金生据《梦溪笔谈》所载毕昇泥印活板之法而仿制的泥活字及其所印书籍,则可使上述这些怀疑涣然冰释。

翟金生(1775—?),字西园,号文虎,安徽泾县人。其"先祖驾部震川公,讲明正学,著述甚富,殁祀乡贤";自谓"下里寒儒,乡贤后裔"。一生以教书为业,精诗善画,颇有艺术才能。他深感其先祖"遗编蠹蚀"殊为可惜,总想付梓刊行。但刻板印刷费资甚巨,以金生家境,颇"乏开镌之力"。② 后读沈括《梦溪笔谈》,"见泥印活板之法而好之",因而"每于课读之余,不惮烦劳,竭智虑以穷其术"③,终以"三十年心力,造泥活字,数成十万"④。从而成功地开展了翟氏的泥活字印刷事业。

---

* 张秉伦,当代中国科学史家、科学史教育家。

① 见张秀民:《中国印刷术的发明及其影响》,人民出版社1958年版,第73页。

② 翟金生:《泥版试印初编》"自序"。

③ 翟金生:《泥版试印初编》"翟一杰自识"。

④ 翟金生:《泥版试印初编》"包世臣序"。

道光二十四年(1844),翟金生七十岁时,在儿孙们协助下,用白连史纸"试印其生平所著各体诗文及联语"两册①,取名《泥版试印初编》(图1),并附五言绝句数首,言其自刊、自检、自著、自编、自印诸事。

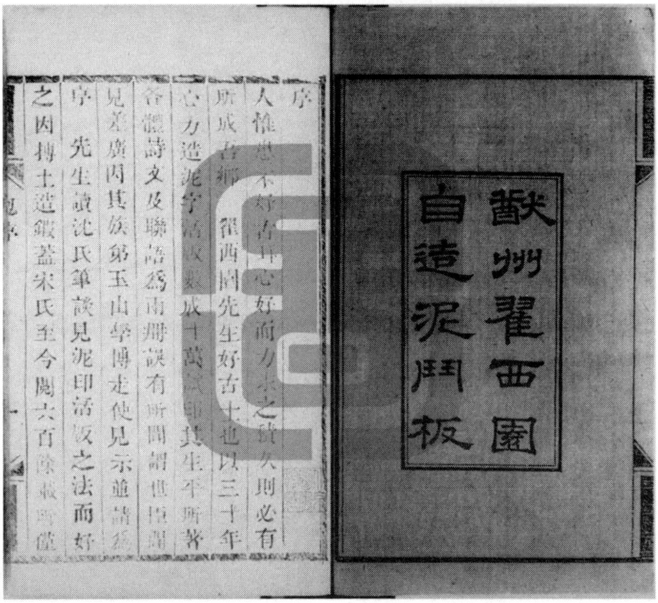

图1 《泥版试印初编》书影

就印刷质量而言,《泥版试印初编》字划精匀,纸墨清晰。如果不是封面注明泥板印刷,很难看得出是泥活字版。包世臣在为此书作序时指出,木字印数稍多之后,木质就会胀大,字划往往变得模糊,"终不若泥板之千万印而不失真也"。② 可见,泥活字印刷比木活字印刷有更大的优越性。

道光二十七年(1847),翟氏又用小字排印了江西宜黄友人黄爵滋诗集《仙屏书屋初集》五册十八卷。封面印有"泾翟西园泥字排印"小字两行。诗集中的小注,字体更小。

① 翟金生:《泥版试印初编》"包世臣序"。

② 翟金生:《泥版试印初编》"包世臣序"。

咸丰七年(1857),翟金生年已八十三岁,又命其孙翟家祥利用翟氏泥活字排印了明朝嘉靖年间(1522—1566)翟震川修辑的翟氏老家谱,名为《泾川水东翟氏宗谱》,封面左题“大清咸丰七年仲冬月泥聚珍重印”一行(图2)。

图1 《泾川水东翟氏宗谱》书影

翟金生泥活字版《泥版试印初编》和《泾川水东翟氏宗谱》在北京图书馆、安徽省图书馆、安徽省博物馆和泾县文化馆等单位仍有珍藏。翟氏所造泥活字及其所印书籍的传世,证实了沈括关于毕昇发明泥活字印刷的记载的可靠性。张秀民先生于1961年[1]、笔者于1979年[2]曾先后著文论及。笔者又经多方搜集,亦保存了一部分翟氏泥活字,并曾配齐一套作为中国古代科技成就之一送加拿大、美国展览。翟金生自造泥活字绝非“雕虫小技”,其在中国科学技术史上的地位是不可低估的。

然而,关于翟氏泥活字的制造工艺问题,由于翟氏没有系统地记载下

① 张秀民:《清代泾县翟氏的泥活字印本》,《文物》1961年第3期。
② 张秉伦:《关于翟金生的泥活字问题的初步研究》,《文物》1979年第10期。

来,给研究工作造成了一定的困难,以致产生了一些值得商榷的观点。如张秀民先生用力甚勤,曾由翟氏所印泥版书籍中集得数语,排列如下:

抟土爇炉,煎铜削木。直以铜为范。调泥埏埴,磨刮成章。

张秀民先生据此推测说:"好像是先做木模,或浇铸铜模,后造泥字,入炉烧炼,再加修整。"①这种解释有令人费解之处:若先浇铸铜模,何不直接浇铸铜活字,以铜活字印刷呢?而且浇铸十万多个铜模,费用很高,这与翟金生本意不符。问题是以上几句话,原文中并非如此连贯在一起,而是摘自若干篇章的。排列的次序不同,就可有不同的解释。对于这个问题,应该联系上下文,理解它的本来含义然后进行重新排列,才能勾画出翟氏造泥活字过程的轮廓。如翟金生在《泥版试印初编》自序中说:

自揣雕虫小技……于是调泥埏埴,磨刮成章,制字甄陶、坚贞拟石。蜂采花而酿蜜,镇日经营;狐集腋以成裘,频年积累……

这里说到用水调和黏土,制成一个个坚硬的泥字。

又在《泥版造成试印拙著喜赋十韵》云:

卅载营泥版,零星十万余;坚贞同骨角,贵重赛璠玙。直以铜为范,无将笔作锄……

这里的"直以铜为范"是说直接用铜范来密布泥活字,亦即排版。铜范就是《梦溪笔谈》中所说的铁范。以铜代铁,其用相同。绝不是指以铜浇铸字模,否则前两句已指出泥活字"坚贞同骨角"怎么能以铜字模再来修整呢?而且,"无将笔作锄"一语是对应于"直以铜为范"而言的,意思是说,有了泥活字,就不必再用笔来抄写,直接用铜范排版,便可印书了。因

① 张秀民:《清代泾县翟金生的泥活字印本》,载《文物》1961 年第 3 期。

此,“直以铜为范”说的是排版工艺,与泥活字本身制造工艺无关。至于“煎铜削木”可能是指排版的工艺过程。因为用泥活字印刷时,须用蜡(石蜡或蜂蜡)作黏固剂,“煎铜”即是用火熔化铜范中的蜡剂;又在排版时,活字之间会有间隙,或版面安排时,须留空白,这就需要“削木”以填。或者是指制造最小号字的铜模,因为至今只发现了大、中、小三种型号的泥字模,而未发现次小号泥字模,而且次小号字太小,以泥制模恐有困难。

另一方面,要探讨翟氏泥活字的工艺过程还须结合翟氏泥活字实物,进行研究。

从中国科学院自然科学史所、安徽省博物馆、泾县文化馆以及笔者所收藏的数千枚之多的翟氏泥活字来看,约可分为一号泥方字、二号泥方字、三号泥长方字、四号泥方字和小圆圈五种,亦即大、中、小、最小四种型号字和小圆圈(图 3)。其规格大小如表 1 所示。

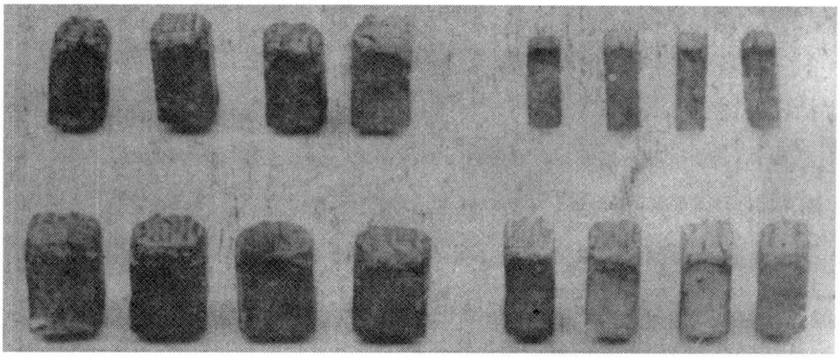

图 3 翟氏四种型号泥活字

表 1 翟氏泥活字规格大小(平均值)

项目	一号泥方字/厘米	二号泥方字/厘米	三号泥长方字/厘米	四号泥方字/厘米	小圆圈/厘米
长	0.90	0.70	0.75	0.40	0.60
宽	0.85	0.66	0.60	0.35	0.30
高	1.20	1.20	1.20	1.20	1.20

各型号字均为明体字(俗称宋字)阳文反体,直接可用于印刷;小圆圈可用于句逗。另外还有相当数量的白丁和各种型号的阴文正体字。白丁可能是作为填空用的,相当于现代铅字印刷中的空铅,或者是制阴文正体字剩下的泥坯。

问题是这些型号的阴文正体泥字究竟是做什么用的?从长宽尺寸来看,它们分别与相应型号的阳文反体泥活字一致,而高度仅有 0.5 厘米左右,不及各种型号泥活字的一半,显然不便印刷,而且阴文正体泥字如直接用于印刷,印出来的则是空心反体字,不合印刷常规。因此,笔者认为这些阴文正体泥字不是直接用于印刷,而可能是作为字模使用的。现在已经找到五对阴阳文正反体可以配对的泥活字和"字模",每对字体和笔画完全相同,只是阳文反体泥活字笔画比阴文正体的泥字笔画细一些(图 4),这可能是以先烧干的阴文正体泥字为字模,用湿胶泥制出阳文反体泥活字,稍加修整,再烧干,失水、收缩所致。

图 4 阳文反体泥字和阴文正体字模对照

字模问题,《梦溪笔谈》中并无记载。这些阴文正体字模是否单个刻制的?翟金生为什么要制这么多字模呢?笔者认为这些字模不是单个刻制的。因为如果是单个刻制的,为什么不直接刻成阳文反体字,而要多此一举呢!此外,每个阴文正体字模,笔画平整没有明显刀痕,而笔画周围并不十分平整,显然是以其他阳文反体字为模制成的。这样说是否意味着还有一个专制木模或金属字模的过程呢？当然不是，因为如果要专制木字模，可直接刻成阴文正体木字模，而这些阴文正体泥字模就不必要了；如果专制金属字模，当为阳文反体字，可直接用于印刷，并与阳文反体泥活字相矛盾。我们知道，明清时期皖南的雕板印刷和活字印刷都相当发达，仅泾县赵绍祖就曾刻印过《泾川丛书》45 种、70 卷，潘锡恩也印有《乾坤正气集》等。因此，翟金生便可能用胶泥在现成的阳文反体字上制得阴文正体泥字模，然后再用这种泥字模制成阳文反体泥活字，这比单个刻制泥活字要方便得多。当然，一些奇缺的单字还是要单个刻制的。

关于翟氏泥活字的成分，经中国科学院上海硅酸盐研究所帮助分析化验，结果如表 2 所示。

表 2　翟氏活字的化学成分

化学成分	SiO_2	F_2O_3	Al_2O_3	TiO	MnO	Na_2O	MgO	K_2O	CaO	烧失
测定值/%	54.50	9.58	26.68	1.06	0.08	1.08	1.93	2.43	0.26	1.99

又承建筑材料工业部地质公司研究所用 X 射线衍射仪进行分析，知其矿物组成为石英和长石，用差热分析法知其烧成温度为 870℃左右。

综上所述翟氏泥活字的制造工艺过程应该是：先选择适当的黏土和水制成胶泥；制坯；在现成的阳文反体字上制成阴文正体泥字模；再用泥坯以阴文正体字为模制成阳文反体泥活字；最后经 870℃左右的高温烧焙，使其变得“坚贞同骨角”。因此，时至今日，存世的翟氏泥活字仍不失其“坚贞”，依然可用于印刷。

本文在调研过程中曾得到华觉明先生、张秀民先生、张宏礼同志的支持和帮助，在此一并致谢。

（原载：《自然科学史研究》1986 年第 1 期）

从青铜器铭文铸造看我国活字印刷的发展渊源

孙启康

毕昇于公元11世纪中叶发明的活字印刷术，先传入高丽、日本，又辗转经中亚远传欧洲。这一重大革新的印刷术，素为中外学者所肯定。而有的西方学者虽然认为，中国毕昇发明活字印刷，是“印刷中最重要之改良”，但却又觉得“远东各国文字，颇不宜于活字印刷，而首先使用活字印刷者，乃远东各国，亦奇谈也”。[①] 对于使用不适宜用活字排印的方块字的中国，反而比使用便于活字排印的拉丁字母的西方国家先采用活字印刷，感到不可理解。如果要解决这个问题，应该从考察这个使用方块字的民族深厚的文化根基入手。

中华民族具有5000年文明历史，在距今6000年左右，在黄河流域和长江中游即已在当时制作的陶器上出现了类似文字符号的刻划陶文，直到甲骨文和金文的问世，已大体形成了比较规范的文字。特别是青铜器铭文的铸造，更是直接孕育了活字的产生。

我们在研读青铜器铭文时，曾多次发现有一些铭辞存在文字跳行、字词颠倒、错位等不合规范的现象。这种现象的产生，似乎与铸器当时已知使用活字有关。现分类举例介绍，供大家研究。

第一类，铭文跳行。

例：小臣逋鼎。[②]

此器藏于北京清华大学，属西周成王时期，铸铭文3行17字（图1）：

---

① 卡德：《中国印刷术源流史》，刘麟生译，商务印书馆1938年版。

② 陈梦家：《西周铜器断代》（二），《考古学报》第十册，科学出版社1955年版，第110页。

小臣逋即事于西
休中易逋鼎
扬中皇作宝

图 1 “小臣逋鼎”铭文

此器末句应为“作宝鼎”，其第二行末尾之“鼎”字，本应在第三行之末，却跳到了第二行“逋”字之下。

上器，因铸字跳行，而形成句读错乱的现象。

第二类，文字颠倒。

例：叨孳君毁。①

此器系武汉市文物管理部门于湖北省废旧物资（金属）仓库拣选所得。器形为侈口、圆腹，圈足较高，双耳有珥，口沿下饰对称兽面纹及凸弦纹二周，按纹饰和铭文风格，时代为西周早、中期之际，底内壁铸铭 2 行 13 字（图 2）：

叨孳君休于王，
自作器，孙子永宝。

① 黄锡全：《湖北出土商周文字辑证》，武汉大学出版社 1992 年版，第 33 页。

铭文第三字“君”字横置。

图 2 “叨孳君𣪘”铭文

第三类，语词错位且文字颠倒。

例：起右盘。①

此器 1979 年出土于湖北随县安居镇桃花坡一西周晚期墓葬中，铜盘口径 36.5 厘米，浅腹、圈足、平底，有流及鋬。腹外壁饰窃曲纹，圈足外饰垂鳞纹一周，圈足下附加四个伏兽状足。盘内底部铸铭 4 行 26 字（图 3）：

唯起右，自作用
其吉金，宝盘，迺
用万年子子孙孙永
宝用享、□用之。

---

① 湖北随县安居出土青铜器，《文物》1982 年 12 期。

图3 “起右盘”铭文

这段铭辞因语词错位，致使有的句子不能通读，按当时通常采用的文例，此铭应作“唯起右，用其吉金，自作宝盘，迺（乃）用万年，子子孙孙，永宝用享”（其末句也可作“永宝用之”）。但在这件铜器上，却把本应排在“用其吉金”之后的“自作”二字，置于“用其吉金”之前，并在末尾还加上了“□用之”等文义明显重复的字样，不仅如此，而且还有几个单字如第三行之“子子孙孙”，第四行末尾的“之”字，呈颠倒状。

上述种种现象，似乎是在向我们传递着这样一种信息，在西周时期的青铜器铸造中已知使用活字制作铭文模版。

当然，这其中有些现象还不一定能够确认是使用活字的成品。比如，第一类现象举例中，虽然可能是用的活字，但似乎也有可能是铸造这件器物的匠师，在整板刻制铭文模版之初，对铭文的行列缺乏周密安排，可是当刻完最后一行时，才发现多出一字。如果将最后一字另作一行，在版面上就显得很不均衡，于是就顺手把剩下的这个字补刻在前面一行下方所留的空白处。这样，从总体效果上看，版面就比较均衡了。这也可以认为是一种“将错就错”而采用的这种比较自由、随意的章法。类似这种情况,还不能简单地认定是采用活字所为。

第二类,文字横卧、颠倒的现象,是否可以解释为铭文模版仍为整版雕刻,只是由于某种原因,对个别字采取了有意颠倒的手法呢?如例中铭文将“君”字横置,有无可能是因为在铸造此器时,“叨孳君”的封号已被废黜,为了表示区别,故将“君”字横刻,犹如现今通常在一些已经离职的官员姓名之前加上“原部长”“原厅长”之类的头衔呢?但从铭辞的含义来看,这位南方大国的国君——“叨孳君”铸造铜器的原因是“休于王”,即受到了周王的赞美和嘉奖,因而“自作器”以为纪念的。因此,所谓由于封号被罢黜而有意将“君”字横刻的推测,就不能成立。

在第三类“起右盘”的铭文中,这种差误就暴露得更为明显了。该器铭辞计 26 字,如将其“子子、孙孙”两个重文各按一字计算,仅有 24 字,在这样一个较短的篇幅中,就出现了三种错误——一个语词前后错位,三个单字排列颠倒,还莫名其妙地渗入了三个多余的字。这种现象很显然是在使用活字拼排铭文模版时发生的错误,由于监制者把关不严,致使这段铭文铸成大错。

综上所述,认为我国至少在西周早、中期之际(公元前 900 多年以前)的青铜器铭文铸造中就已知使用活字制作模版,到春秋早期,用活字拼排铭文模版,就可能更为流行了。中国使用活字,可以说是有着深远的历史渊源。

由此看来,一个在公元前 900 多年以前就已知使用活字铸印铭文的民族,到公元 1045 年前后用活字版来印刷书籍,就不足为奇了。

(原载:《广东印刷》2000 年第 1 期)